U0637752

社科文献 **SSAP** 学术文库

| 文史哲研究系列 |

帝国霸权
与巴尔干"火药桶"
从南斯拉夫的历史解读科索沃的现实

**IMPERIAL HEGEMONY AND THE "BALKAN POWDER KEG":
WHAT THE HISTORY OF
YUGOSLAVIA TEACHES US ABOUT KOSOVO TODAY**

郝时远　著

社会科学文献出版社
SOCIAL SCIENCES ACADEMIC PRESS (CHINA)

巴尔干火药桶并不是巴尔干各民族造成的，也不是他们所点燃的。巴尔干民族通常总是在巴尔干土地上进行的战争的最大受害者和唯一受害者。巴尔干火药桶是由外部的强国及其追随国造成和点燃的。

〔南〕兰科·佩特科维奇（1978 年）

　　而欧洲该明白，在整个欧洲历史上，射向巴尔干胸膛的枪弹最多。

〔南〕米拉·马尔科维奇（1992 年）

出版说明

社会科学文献出版社成立于 1985 年。三十年来，特别是 1998 年二次创业以来，秉持"创社科经典，出传世文献"的出版理念和"权威、前沿、原创"的产品定位，社科文献人以专业的精神、用心的态度，在学术出版领域辛勤耕耘，将一个员工不过二十、年最高出书百余种的小社，发展为员工超过三百人、年出书近两千种、广受业界和学界关注，并有一定国际知名度的专业学术出版机构。

"旧书不厌百回读，熟读深思子自知。"经典是人类文化思想精粹的积淀，是文化思想传承的重要载体。作为出版者，也许最大的安慰和骄傲，就是经典能出自自己之手。早在 2010 年社会科学文献出版社成立二十五周年之际，我们就开始筹划出版社科文献学术文库，全面梳理已出版的学术著作，希望从中选出精品力作，纳入文库，以此回望我们走过的路，作为对自己成长历程的一种纪念。然工作启动后我们方知这实在不是一件容易的事。对于文库入选图书的具体范围、入选标准以及文库的最终目标等，大家多有分歧，多次讨论也难以一致。慎重起见，我们放缓工作节奏，多方征求学界意见，走访业内同仁，围绕上述文库入选标准等反复研讨，终于达成以下共识：

一、社科文献学术文库是学术精品的传播平台。入选文库的图书必须是出版五年以上、对学科发展有重要影响、得到学界广泛认可的精品力作。

二、社科文献学术文库是一个开放的平台。主要呈现社科文献出版社创立以来长期的学术出版积淀,是对我们以往学术出版发展历程与重要学术成果的集中展示。同时,文库也收录外社出版的学术精品。

三、社科文献学术文库遵从学界认识与判断。在遵循一般学术图书基本要求的前提下,文库将严格以学术价值为取舍,以学界专家意见为准绳,入选文库的书目最终都须通过该学术领域权威学者的审核。

四、社科文献学术文库遵循严格的学术规范。学术规范是学术研究、学术交流和学术传播的基础,只有遵守共同的学术规范才能真正实现学术的交流与传播,学者也才能在此基础上切磋琢磨、砥砺学问,共同推动学术的进步。因而文库要在学术规范上从严要求。

根据以上共识,我们制定了文库操作方案,对入选范围、标准、程序、学术规范等一一做了规定。社科文献学术文库收录当代中国学者的哲学社会科学优秀原创理论著作,分为文史哲、社会政法、经济、国际问题、马克思主义五个系列。文库以基础理论研究为主,包括专著和主题明确的文集,应用对策研究暂不列入。

多年来,海内外学界为社科文献出版社的成长提供了丰富营养,给予了鼎力支持。社科文献也在努力为学者、学界、学术贡献着力量。在此,学术出版者、学人、学界,已经成为一个学术共同体。我们恳切希望学界同仁和我们一道做好文库出版工作,让经典名篇"传之其人,通邑大都",启迪后学,薪火不灭。

社会科学文献出版社

2015 年 8 月

社会科学文献出版社专家委员会

主　任　赵志敏

副主任　冀祥德

委　员　（按姓氏笔画为序）

丁国旗　卜宪群　马怀德　王延中　叶海林
史　丹　冯仲平　邢广程　朱昌荣　刘作奎
孙壮志　李　林　李正华　李向阳　李国强
李培林　李雪松　杨伯江　杨艳秋　吴志良
何德旭　辛向阳　张　翼　张永生　张宇燕
张志强　张伯江　张树华　张冠梓　张晓晶
陈光金　陈星灿　林　维　郑筱筠　赵忠秀
荆林波　胡正荣　都　阳　莫纪宏　夏春涛
柴　瑜　倪　峰　高培勇　程　巍　魏后凯

作者简介

郝时远　中国社会科学院学部委员、研究员，主要从事马克思主义民族理论、国内外民族问题与民族政策、历史民族学研究。享有蒙古国科学院外籍院士、全球中国学术院院士等学术荣誉，曾兼任中国民族学学会、中国民族史学会、中国世界民族研究学会、中国人类学学会会长等学术职务。出版《中国共产党怎样解决民族问题》《类族辨物——"民族"与"族群"概念之中西对话》《台湾民族问题：从"番"到"原住民"》《中国特色解决民族问题之路》《兽之美者：滇象北往与贡象南来——基于历史民族学的人象伦理关系考察》等著作。

《帝国霸权与巴尔干"火药桶" ——从南斯拉夫的历史解读 科索沃的现实》 内容简介

　　《帝国霸权与巴尔干"火药桶"——从南斯拉夫的历史解读科索沃的现实》一书，聚焦于 1999 年以美国为首的北约打着"人权高于主权"的旗号，对南斯拉夫联盟实施轰炸和利用民族、宗教问题制造"科索沃模式"这一重大事件，以欧洲地缘政治的传统命题——巴尔干"火药桶"——为标识，展开一项关涉历史学、民族学、国际问题研究等多学科知识的学术研究。巴尔干半岛以其联结欧亚大陆和扼制两河六海而成为具有重要战略位置的地区，从罗马帝国开始，该半岛就处于欧亚大陆各帝国交相争夺之下。本书认为巴尔干"火药桶"并不是巴尔干各民族造成的，也不是他们所点燃的。巴尔干民族通常是在巴尔干土地上进行的战争的最大受害者和唯一受害者。巴尔干"火药桶"是由于外部的强国及其追随国造成和点燃的。

　　本书认为，研究巴尔干半岛中世纪以来的历史，离不开南斯拉夫人的民族和国家演进过程。作者遵循历史和现实提供的巴尔干半岛南斯拉夫人及其国家这一线索展开的讨论，主要探讨自古以来帝国强权是如何制造巴尔干"火药桶"和为什么不断点燃巴尔干"火药桶"的问题，以期对以美国为首的北约集团再次点燃巴尔干"火药桶"的目的得到更加深刻的认识。书中对南斯拉夫人的古代历史、近代历史和现代历史中的民族、宗教问题，国家的聚散离合问题，以及科索沃地区对塞尔维亚人的历史象征意义展开的研究，不仅关涉了历史上罗马帝国、奥斯曼帝国、奥匈帝国、沙俄帝国交相染指巴尔干半岛的内容，而且也涉及第二次世界大战之后"苏联模式"对巴尔干半岛的影响及其产生的"苏南关系"，其中对南斯拉夫社会主义联盟时期处理和解决民族问题的讨论，突出了南斯拉夫联盟中塞尔维亚共和国的"科索沃问题"，指出了高度集权的"苏联模式"和无度放权的"南斯拉夫自治模式"，在超越社会发展阶段的激进实践中导致包括解决民族问题失败的"殊途同归"——联盟解体。

本书对以美国为首的北约利用南斯拉夫联盟"科索沃问题"施加的武力干涉，以苏联解体、东欧剧变和冷战后美国重返欧洲的霸权扩张为主旨，辨析了其利用他国民族、宗教、人权问题制造"科索沃模式"的目的，指出了这一重大事变后的北约东扩终将面对俄罗斯的前景。

Abstract

Imperial Hegemony and the "Balkan Powder Keg" : *What the History of Yugoslavia Teaches Us about Kosovo Today* is a multi-disciplinary study of the manufacturing of the "Kosovo model", an event of historic significance. Trumpeting the idea that human rights trump sovereignty, NATO, led by the United States, bombed the Yugoslavia in 1999, and created the "Kosovo model" by exploiting pre-existing ethnic and religious conflicts in the region. The author offers an analysis of these developments in the "Balkan powder keg", a perennial theme of European geopolitics, that brings together historical, ethnological, international relations and other perspectives. The strategic significance of the Balkan peninsula derives from its geographical location, with Europe to the west and Asia to the east, and being home to two major rivers and six seas. The peninsula has been contested territory since the time of the Romen Empire, with many states trying to stake a claim over it. The author argues that the Balkans did not become a "powder keg" because of something the different ethnic groups on the peninsula did. Nor were they the ones who ignited the keg. In fact, they were usually the only and the hardest hit victims of wars fought on the peninsula. It is instead external forces in the form of major powers and their followers that are responsible for the volatility of the region.

Any study of the history of the Balkan peninsula since the medieval era, according to the author, must address the ethnic and national evolution of the South Slav people. By examining how, over the course of history, various imperial powers engaged in behaviors that eventually led to the "Balkan powder keg", and why they repeatedly ignited it, the author aims to gain a deeper understanding of recent behavior of US-led NATO. The book covers the ancient, modern and contemporary history of the South Slavs, including such topics as ethnic and religious issues, choices between forming a single or separate countries, and the historical symbolic significance of the Kosovo region to the Serbian people. The book looks at how the Roman, Ottoman, Austro-Hungarian and Russian Empires all tried at one point or another to subjugate the Balkan peninsula, the impact of the "Soviet model" post-WWII and the resulting "Soviet Union-Yugoslavia relations". In the discussion of how the Socialist Federal Republic of Yugoslavia dealt with and resolved ethnic issues, considerable space is devoted to the difficult relationship between Serbia and Kosovo. The author contends that radical conduct that disregarded inherent social-development limitations of the times led both the highly centralized "Soviet model" and the highly decentralized "Yugoslavian model of Self-rule" to the same place, namely, the failure to resolve ethnic grievances and disintegration of the union or federation.

Through its analysis of how the US-led NATO tried to justify its military intervention in Yugolavia by taking advantage of the country's predicament in relation to Kosovo, the East European revolutions of 1989, and attempt by the US to reassert its hegemonic ambitions in Eruope after the Cold War, the book exposes how the US created the "Kosovo model" by exploiting ethnic, religious and human rights tensions in other countries. The author points out that the eastward expansion of NATO in the years since will one day come up against resistance from Russia.

目　录

再版序言

　　1999 年 7 月 11 日凌晨，在百多天夜以继日的激情写作完成时，我在本书的后记中，针对以美国为首的北约发动轰炸南斯拉夫联盟的战争及其制造"科索沃模式"的图谋写道："在北约东扩问题上的斗争高潮还没有到来，俄罗斯将如何应对，世界形势将会发生何种变化，这里未定的因素还很多。"

　　时隔 25 年，在完成这篇再版序言时，俄罗斯因北约东扩而发动对乌克兰的"特别军事行动"已经持续了两年之久。在 21 世纪北约一波又一波的"高歌猛进"东扩中，这是俄罗斯与北约地缘政治较量形成军事对抗的重大事变。虽然这场对抗的前线早已跨越了巴尔干半岛，但是就历史文化意义来说，乌克兰的"基辅–罗斯"和"小俄罗斯"历史渊源，对俄罗斯来说约略科索沃之于塞尔维亚共和国。当然，这属于由来已久的泛斯拉夫民族主义历史书写；就帝国霸权的地缘政治战略争夺而论，乌克兰作为欧亚大陆地缘政治的支轴国家，既是北约东扩的前沿阵地，也是俄罗斯抵御北约东扩的最后防线。因此，举世瞩目的乌克兰危机无疑是俄罗斯与北约东扩的斗争高潮，也是国际形势百年未有之大变局的重要症候之一。

日月如梭，退休之年，社会科学文献出版社人文分社社长宋月华女士与我商议再版这部书，以作为对长期合作者给予的一种褒奖性纪念，我对此深感荣幸，也颇为开心。选择再版这部书的理由：一是《帝国霸权与巴尔干"火药桶"——从南斯拉夫的历史看科索沃的现实》一书，是我在社会科学文献出版社出版的第一部著作；二是这部书的写作过程可谓"激情燃烧"，投入的时间短、效率高且比较系统；三是该书出版后，时任欧洲所所长的陈乐民先生曾说过：书分有用和没用，郝时远的这本书就有用，把巴尔干那么复杂的历史梳理得很清楚。得到前辈大家"有用"的评价，令后学念念不忘、深感荣幸；四是对巴尔干半岛总怀有一种难以名状的南斯拉夫情结，在完成这部书之后，我一直关注着原南斯拉夫地区的形势、塞尔维亚的国情和科索沃地区的事态，持续积累着相关资料，似乎仍有继续研究这一话题的冲动。或许，这也正是这次再版除了错漏脱衍的文字校订，内容没有修订的原因。保持原貌，当然也意味着保持当时的认知，也包括功力不及的缺失。

记得 2008 年科索沃在北约和欧盟左右下宣布独立后，有位业内知名人士向我提及本书的结论问题，意思是说这本书没有预测到科索沃独立这一结果。对此，我不假思索地回应说：当时除了奉行"新干涉主义"的美英始作俑者及其追随者，恐怕没有人会预期这种结果。其实，对研究者来说，观点、推论、判断，并非以事后是否显示"先见之明"而论长短，重要的在于研究者对这一事件的历史脉络和是非曲直能否做出中国学人的价值判断与立场表达。

事实上，美英主导制造"人权高于主权"的"科索沃模式"，虽然以战争暴力压服了南斯拉夫联盟，并因此获得"丑陋的胜利"① 之

---

① 参见〔美〕伊沃·达尔德、迈克尔·奥汉隆《丑陋的胜利——解剖科索沃战争》，沈建译，新华出版社，2001。

评判，但是它留给国际社会的新干涉主义"经验"，既非当时美英领导人言之凿凿宣示的那些立意"高尚"的价值观，也非构建21世纪多极化世界的国际秩序可资借鉴的正当案例。就其现实意义来说，唯一的作用就是在俄罗斯与北约东扩的斗争高潮中为乌克兰危机提供了"背书"。正如2014年乌克兰的克里米亚公投入俄时俄罗斯总统普京所说："克里米亚政府还有科索沃这一先例，这一先例是我们西方的伙伴自己造的，亲手制造的，和克里米亚现在的情况完全一样。他们承认科索沃从塞尔维亚独立出来是合法的，并向所有人证明，科索沃独立不需要得到任何中央政府的允许"①。显然，以美国为首的北约制造的"科索沃模式"，不过是陷入以子之矛、攻子之盾的国际政治困境而已。

自1999年北约轰炸南联盟之后，中东欧地区的一系列国家渐次加入欧盟、归附北约。其间，2017年南斯拉夫联盟再次裂变为塞尔维亚共和国、黑山共和国，历史上血浓于水的门的内哥罗兄弟（黑山共和国）与塞尔维亚分道扬镳，加入北约；此外，自南斯拉夫联邦解体后以"前南斯拉夫马其顿共和国"为名跻身于国际社会的马其顿，也终于在争夺历史上马其顿帝国荣耀的民族主义伸张中妥协并得到北约成员国希腊的"谅解"，更改国名为北马其顿共和国（The Republic of North Macedonia）后于2020年加入了北约。② 这一系列变故，使承袭现代南斯拉夫国家历史脉络的塞尔维亚共和国，不仅因为黑山自立门户而失去出海口，成为一个内陆国家；而且由于坚守科索沃主权和领土归属的原则立场，成为巴尔干半岛"欧盟化""北约化"政治格局中的一个"孤岛"，继续经受着主权被侵蚀和领土被肢解的"科索沃

---

① 《普京就克里米亚独立并加入俄罗斯演讲》（观察者网独家全文翻译），观察者网（guancha. cn），2014年3月19日。

② 北马其顿共和国与保加利亚共和国之间存续的马其顿语和保加利亚语争端，属欧盟框架下的双边关系问题。

模式"伤痛。

自 2008 年科索沃在北约"科索沃和平实施部队"提供的安全保障下宣布独立后，曾一度得到超过一百个国家承认，后又有一系列国家撤除了承认。其中的重要原因，不仅是 2013 年在欧盟斡旋下塞尔维亚与科索沃之间达成关系正常化原则的《布鲁塞尔协议》，在科索沃一直未能得到执行，尤其是关涉科索沃地区塞尔维亚族的权益保障原则未予落实；而且是对以美国为首的北约利用民族问题干涉他国内政、肢解他国领土的"科索沃模式"有了更加清醒的认识。就巴尔干半岛国家而言，国内有阿尔巴尼亚族的希腊、国内有匈牙利族的罗马尼亚和斯洛伐克，以及国家南北分裂的塞浦路斯，必然对西方霸权制造的"科索沃模式"警惕有加。甚至伊比利亚半岛上的西班牙，鉴于国内加泰罗尼亚、巴斯克分离主义运动和直布罗陀领土争端，也不支持科索沃独立建国。

事实上，以美国为首的北约制造的"科索沃模式"，并未在其所谓"科索沃和平实施部队"的保障下实现北约打造的西方民主和平，科索沃地区阿尔巴尼亚族与塞尔维亚族之间的紧张关系一直持续，不时引起国际社会的高度关注。诸如 2022 年关涉塞尔维亚与科索沃之间关系正常化的人员自由往来问题，因科索沃当局强制更换汽车牌照等措施而引发的族际冲突。而新近的族际冲突事件发生在 2023 年 5 月，即科索沃当局执意在北部塞尔维亚族聚居的四个城镇举行选举，并在投票率只有 3.47% 且仅有 13 名塞尔维亚族人投票的情况下，宣布这些城镇的行政长官均由阿尔巴尼亚族人当选，由此引起了当地塞尔维亚族的强烈抗议，爆发了军警、民众和北约维和部队卷入的冲突，以至塞尔维亚共和国军队进入临战状态、蓄势待发，巴尔干"火药桶"再度点燃的舆论一时哗然。对此，美国和欧盟对科索沃当局的行径给予了谴责，甚至提出了重新选举的动议。

　　美欧国家一改历来偏袒科索沃当局的这一"难能可贵"的态度，一方面出于它们已深度陷入乌克兰危机的困扰，力求避免欧洲再出现一个棘手的冲突"热点"；另一方面则是它们为"科索沃模式"植入的西方民主体制及其价值观，遭到了科索沃当局的无情亵渎。按照欧盟崇尚的民主价值观，加入欧盟的"哥本哈根政治标准"之一即是拥有捍卫民主稳定的机构、法治、人权、尊重和保护少数民族权益。然而，科索沃当局在谋求加入欧盟的努力中却始终反其道而行之，将其域内的塞尔维亚族视为眼中钉，通过种种方式和措施"去塞尔维亚"，拒绝实施《布鲁塞尔协议》有关北部塞尔维亚族聚居地区实行社区联盟的自治以保障少数民族平等权益的原则。这对北约和欧盟制造、扶持、经营了20多年的"科索沃模式"而言，无疑是颜面扫地的一记沉重"掌掴"。

　　尽管如此，美国和欧盟为科索沃加入欧盟的努力不会休止，但想获得欧盟所有成员国的支持也绝非易事。在涉及国家主权独立、领土完整这一基本国际准则问题上，外部势力、强权政治、霸权行径利用民族、宗教问题干预他国内政、肢解他国领土的阴谋或阳谋，无论在巴尔干半岛、欧洲抑或世界范围，都从"科索沃模式"中得到了足够的教训。科索沃问题对北约和欧盟而言，"丑陋的胜利"不过是食之无味、弃之可惜的一根鸡肋，至今无法将其包装成一份"甜点"端上北约东扩、欧盟扩张的"盛宴"。同时，塞尔维亚共和国加入欧盟的意愿和努力，不仅面对着关涉本国核心利益的科索沃问题，而且塞尔维亚共和国是欧洲唯一自始没有加入制裁俄罗斯行列的国家，这使其加入欧盟的进程增加了双重障碍。

　　欧盟对塞尔维亚开出承认科索沃独立和制裁俄罗斯的"投名状"条件，决定了塞尔维亚注定排在巴尔干半岛"欧盟化"的队尾。从这个意义上说，塞尔维亚共和国坚守科索沃地区主权归属和国家领土完整的立场，已经成为俄罗斯与北约斗争高潮中掩盖的一个"巴尔干议题",正如 2022 年 9 月 21 日塞尔维亚总统武契奇在联合国大会上向国际社会提出的质问一样：我们正在寻找一个明确的答案——乌克兰的主权和领土完整，与塞尔维亚的主权和领土完整有什么区别？① 这是一个维护联合国宪章一视同仁还是"双重标准"的问题。因此，乌克兰危机的最终结果也将对塞尔维亚的科索沃问题产生新的影响。

历史上沙俄帝国染指巴尔干半岛的立足点是塞尔维亚王国及其所代表的南斯拉夫人，现代苏联与南斯拉夫的恩怨情仇随着这两个联盟国家解体已成为历史，但是南斯拉夫联盟在抵抗北约轰炸和制造"科索沃模式"的斗争中，俄罗斯曾以最低限度的军事介入而成为南斯拉夫联盟的有力后盾。在当前北约东扩引发的乌克兰危机中，塞尔维亚共和国不仅是巴尔干半岛"欧盟化""北约化"政治格局中的"孤岛"，而且也是俄罗斯"双头鹰"西看欧洲的地缘政治"支点"。尽管俄罗斯在巴尔干半岛的传统政治影响已经处于鞭长莫及的状态，但是，北约制造"科索沃模式"的理由和行动，却以"似曾相识"的情节显现于这场正在进行的乌克兰危机之中。战争最终要走向和平，乌克兰危机及其彰显的俄罗斯与北约东扩"斗争高潮"的结局，会不会产生一个取代"科索沃模式"的"乌克兰模式"，这是值得探讨的假设。

2022 年 2 月 24 日俄罗斯对乌克兰发动的"特别军事行动"，除了"北约置俄的抗议与关切于不顾，仍然不断继续扩张。北约的军事机器已直抵俄边境"② 的地缘政治安全问题外，乌克兰国内在"去苏联化"、"去俄罗斯化"和"西方化"的进程中，特别是 2014 年以后，

---

① 参见《武契奇在联大演讲时质问：塞尔维亚与乌克兰的领土完整有什么区别?》，环球网（huanqiu.com），2022 年 9 月 22 日。

② 弗拉基米尔·普京：《俄罗斯为什么要这样做》（2 月 24 日的电视讲话），党浩楠译，观察者网（guancha.cn），2022 年 2 月 25 日。

俄语居民在俄语教育和使用等社会平等权利方面受到"乌克兰化"的法律和政策压制，也是俄罗斯采取"特别军事行动"的重要动因。对此，俄罗斯总统普京强调指出："此次军事行动的目标在于保护那些八年来一直遭受基辅当局欺凌乃至种族灭绝的人们。为此，我们将致力于乌克兰的去军事化和去纳粹化，并将那些对包括俄公民在内的平民犯下无数血腥罪行的分子绳之以法"①。北约轰炸南斯拉夫联盟的名义，是塞尔维亚政府在科索沃实行了针对国内阿尔巴尼亚族的"种族清洗"（Ethnic cleansing）；俄罗斯"特别军事行动"的最重要理由之一，是乌克兰政府实行了针对其国内俄罗斯族（或俄语居民）的"种族灭绝"（Genocide）；何其相似乃尔！

事实上，苏联解体之后，有 2500 万俄罗斯族人成为分布于俄罗斯联邦以外的其他原苏联加盟共和国中的少数民族，俄罗斯联邦政府也坚定表明要维护境外俄罗斯族人平等权益的立场。在苏联解体后的 30 余年间，俄罗斯联邦境外的俄罗斯族人，大都经历了所在国家"去苏联化"、"去俄罗斯化"和"本土化"的"洗礼"，涉及公民身份、选举权、语言使用等一系列国家法律和社会政策的"归化"问题，这在波罗的海三国尤为突出，随后是乌克兰。

在北约东扩背景下，乌克兰作为古代东斯拉夫人的一支，如果说其国家"去苏联化"的政治取向——诸如推倒列宁塑像、毁坏苏军战士纪念碑和陵园、更改地名和街道名称等——属于苏联解体后遗症的通病，且俄罗斯即便心存不满但毕竟自身也已经从政治上否定了苏联；那么，乌克兰自 2014 年以来加快实行的国语政策和社会行动——包括从国家教育体系中剔除俄语、拆除普希金等象征俄罗斯历史文化的纪念碑等——则属于全面"去俄罗斯化"的行径。乌克兰称之为"去殖民化"的民族主义社会政策及其极端性的社会行动，势必

---

① 弗拉基米尔·普京：《俄罗斯为什么要这样做》（2 月 24 日的电视讲话），党浩楠译，观察者网（guancha. cn），2022 年 2 月 25 日。

造成俄语居民的恐慌和抵制，进而引起国内族际关系的紧张和冲突。对此，俄罗斯作为东斯拉夫人的"老大哥"，无论是出于维护境外俄罗斯族人平等权益的承诺，还是出于维系东斯拉夫人（俄罗斯、白俄罗斯和乌克兰）"三位一体"民族历史关系的责任，势必采取行动，尤其是在乌克兰加入北约将使俄罗斯失去地缘政治战略竞争"缓冲区"的历史关头，俄罗斯的"特别军事行动"成为应对北约东扩大棋局的胜负手。

冷战时期的北约、华约集团对抗，具有鲜明的东西方意识形态和社会制度特点。而当代俄罗斯与北约的对抗，则不能从资本主义和社会主义的社会制度分野去解读，尽管其中的确存在着美欧发达资本主义国家对前社会主义国家的戒心和歧见，北约轰炸南斯拉夫联盟的背景就包括了这一政治背景。但是，自苏联解体之后，俄罗斯属于抛弃了马克思列宁主义和实行资本主义制度的国家，这是一个事实。然而，对北约集团的核心国家而言，俄罗斯虽然不再是"红色帝国"但却是一个奉行"新欧亚主义"的国家。事实上这也是俄罗斯致力于民族复兴目标的理论来源之一。因此，俄罗斯与乌克兰及其后盾北约展开的斗争，只能从冷战后是"单极霸权"还是"多极世界"的国际秩序重构进程去理解和评判。

至于力图从东斯拉夫人的历史源流去述说乌克兰不是一个现代民族，或以列宁建立苏联时"人为制造"了乌克兰国家去否认当代乌克兰是一个主权独立的现代国家，都属于违背历史事实、歪曲是非的观点。这类话语对俄罗斯与北约的这场决斗毫无意义，且因违背现代政治常识而为国际社会所不齿。苏联建立的 15 个加盟共和国大都属于现代国家建构过程的"人为制造"，这就如同东斯拉夫人的白俄罗斯也是一个现代民族和主权国家一样不容置疑。假设苏联时期没有一个乌克兰加盟共和国，或者苏联解体时乌克兰留在了俄罗斯联邦，那么北约东扩到波兰、罗马尼亚等与俄罗斯毗邻接壤国家时，俄罗斯早已面对"它们的进攻性武器已经架设到了我们的家门口"[①] 的危局了，哪里还有战略"缓冲区"可以周旋？或可以实施"特别军事行动"的地缘政治条件和理由？

乌克兰顿巴斯地区的顿涅茨克和卢甘斯克是俄语区，以俄语为母语的民众分别达到 74.9% 和 68.8%，与俄罗斯民间交往密切。这两个地区宣布独立建国后，乌克兰政府派军队弹压，爆发了内战。2014 年 9 月，在乌克兰、俄罗斯和欧安会组成的三方联络小组主导下，达成《明斯克协议》，除上述三方外，乌克兰的顿涅茨克和卢甘斯克两个"国中之国"的领导人也参加了协议签署。次年 2 月，法国、德国、俄罗斯和乌克兰在"诺曼底模式"会议上达成了《明斯克 2 号协议》，再次申明了《明斯克协议》的条款。除了乌克兰内战双方无条件停火等条款，要求乌克兰对顿巴斯地区特殊地位给予法律承认是其重要内容。但由于乌克兰政府军无法管控顿巴斯地区与俄罗斯的边境，《明斯克协议》没有得到实施。在各方努力下，虽然"诺曼底模式"的谈判几度重启，但乌克兰东部的战事并未缓解，且俄罗斯遭遇了美国、欧盟和北约国家不断加码的国际制裁，而乌克兰也得到这些国家和集团不断攀升的军事援助，最终导致了乌克兰危机的全面爆发。

2022 年 2 月 22 日，俄罗斯承认乌克兰东部顿巴斯地区的两个"国中之国"的主权独立，并与这两个"国中之国"签署了包括相互"提供军事援助以抗击侵略"约定的友好互助条约，为随即展开的"特别军事行动"创造了符合俄罗斯联邦法律的条件。随着"特别军事行动"的进展，当年 9 月 30 日，普京总统签署了"顿涅茨克人民共和国"和"卢甘斯克人民共和国"以及实行公投独立的赫尔松州、扎波罗热州加入俄罗斯联邦的文件。普京总统在签署仪式的演讲中，

---

① 弗拉基米尔·普京：《我们怎么办？》（2022 年 3 月 16 日电视讲话），杨波、尤冠群译，观察者网（guancha.cn），2022 年 3 月 18 日。

以俄罗斯民族"共同的命运和千年的历史"称赞这四个地区的民众"建立在历史统一的基础上"的自决行动,从大历史的视野回溯了俄罗斯千百年来维护国家统一的斗争历程,对美国等西方国家宣扬"恐俄症"和奉行新殖民主义霸权的极权主义、专制主义、种族隔离主义给予严厉地抨击。① 2014 年以来,俄罗斯总统普京针对乌克兰问题发表了一系列长篇演讲和文章,回溯俄罗斯的辉煌历史,论说苏联解体的动因和后果,揭示北约东扩背信弃义的霸权行径,阐释俄罗斯解决乌克兰问题的目标,申明了俄罗斯为构建多极化国际秩序的坚定立场。当然,战场上的对垒并非言辞的较量。

俄罗斯在乌克兰展开的"特别军事行动",对手是北约、欧盟武装的乌克兰军队和雇佣性的"国际志愿武装"。北约、欧盟在军事装备、军事情报、军事顾问和指挥体系等方面源源不断、持续升级的援助,使战场形势在事实上呈现了俄罗斯与北约之间的较量。根据基尔世界经济研究所(Kiel Institute for the World Economy)的统计,仅2022 年 1 月 24 日至 2023 年 1 月 15 日,北约和欧盟国家政府双边承诺对乌克兰的援助超过 1430 亿欧元,其中美国达到 731.8 亿欧元。② 这些援助中包括重武器在内的军事装备是大宗。因此,这场战争走向旷日持久的前景已然显现,俄罗斯力求达成乌克兰"去军事化"的目标,随着乌克兰军事力量迅速"北约化"而日渐遥远,乌克兰危机的负面影响早已超越了欧洲,在地缘政治、安全形势、军事力量、经济活动和国际关系等诸多方面显现了全球性的影响。因此,2014 年克里米亚公投入俄事件后的乌克兰危机,注定成为影响 21 世纪国际形势的重大事变,它整体上关系到东西方的兴衰嬗替,南北方的分化重

---

① 参见弗拉基米尔·普京:《如果不是种族主义,现在蔓延全世界的恐俄症又是什么》(2022 年 9 月 30 日的演讲),兰阳、罗琦译,观察者网(guancha.cn),2022 年 10 月 3 日。

② "The Ukraine SupportTracker:Which countries helpUkraine and how?",Kiel Institute for the World Economy,No. 2218 February 2023WORKING PAPER.

组，使多极化的多"极"日益清晰可见。

　　对乌克兰来说，声索克里米亚主权、领土的政治宣示，虽然赢得西方国家对俄罗斯的全面制裁和战场上源源不断的先进武器支援，但是"东部共和国"却得到俄罗斯军事力量的全面支持。由于乌克兰东部一些地区公投入俄，乌克兰事实上已经处于东西部被肢解的状态。不过，我认为俄罗斯并没有吞并乌克兰东部地区的企图，俄罗斯缺少的不是领土，而缺少制约乌克兰全面投入西方怀抱的"抓手"，而乌克兰东部地区未来合法"高度自治"（成为乌克兰联邦单位）的政治地位，及其在乌克兰国家事务中的发言权，则是阻止乌克兰加入北约的"掣肘"之手。

　　早在20世纪90年代末，长期从事民族学研究和担任俄罗斯政府民族事务部长的季什科夫在讨论俄罗斯联邦制的现实政治意义时，认为这种分权制对乌克兰、格鲁吉亚、乌兹别克斯坦、摩尔多瓦和塔吉克斯坦也具有潜在的意义。其中强调指出："将来，这种做法可能被证明对乌克兰和已有的克里米亚自治体也是恰当的，在乌克兰西部和东部可以实行联邦化，而克里米亚可能也会要求此种地位"①。或许，这是俄罗斯地缘政治由来已久的筹谋，也是结束乌克兰危机最乐观的一种结局，即联邦式的"乌克兰模式"。

　　当然，这取决于俄罗斯在乌克兰的"特别军事行动"中取得稳定的战场优势，显示出俄罗斯在与北约的这场斗争高潮中占据"胜手"的效应。虽然目前的形势还看不出这种效应，但是从克里米亚到东部四地公投入俄，已经为俄罗斯在最终的和平谈判中赢得了事关乌克兰主权独立、领土完整这一根本原则的主动权。也就是说，未来的乌克兰只有在宪法上承认顿涅茨克、卢甘斯克、扎波罗热和赫尔松等地政治上的特殊地位，以联邦化模式给予这些地区分享乌克兰国家权力的

---

　　① 〔俄〕瓦列里·季什科夫：《苏联及其解体后的族性、民族主义及冲突——炽热的头脑》，姜德顺译，中央民族大学出版社，2009，第523页。

合法性，才能达成乌－俄之间的和平协议，包括最终实现克里米亚作为乌克兰联邦的主体之一回归乌克兰。若此，乌克兰作为中立国家可以加入欧盟但无法归附北约，俄罗斯在与北约东扩的斗争高潮中赢得了地缘政治的"缓冲区"，而北约在这场斗争中将失去乌克兰这个地缘政治的"支轴国家"。

假设"乌克兰模式"成为解决乌克兰危机的最乐观结局，那么对解决俄罗斯地缘政治中关涉他国主权、领土和民族问题的争端，也可能有所借鉴。诸如摩尔多瓦共和国及其"国中之国"——"德涅斯特河左岸共和国"（俄罗斯控制），格鲁吉亚共和国及其"国中之国"——"南奥塞梯共和国"和"阿布哈兹共和国"（俄罗斯控制）等。联邦化的"乌克兰模式"不仅将使俄罗斯避免兼并或肢解乌克兰领土而"恶名昭著"，而且有利于它在巴尔干半岛的地缘政治影响重振，乃至对塞尔维亚共和国的科索沃问题产生涟漪效应，这正是塞尔维亚总统武契奇在欧盟政治框架下签署《雅典宣言》的原因。

2023 年 8 月 23 日，在欧盟主导下，包括塞尔维亚共和国在内的巴尔干－东欧国家领导人，在希腊雅典共同签署了《雅典宣言》，以表达支持乌克兰的立场和欧盟扩张的原则，重申了 20 年前塞萨洛尼基峰会承认西巴尔干地区属于欧盟的立场。该宣言的核心内容是"我们坚定支持乌克兰在国际公认边界内基于民主和法治价值观的独立、主权和领土完整"。毫无疑问，这是针对 2014 年以前的乌克兰领土而言，即包括克里米亚。同时，也强调"我们表示愿意在乌克兰和摩尔多瓦完成必要改革后支持其下一步入盟进程"[1]。对乌克兰、摩尔多瓦两国入盟的"必要改革"，最重要的因素无疑是解决两国中的"国中之国"及其与俄罗斯的关系问题，而以联邦形式维护其主权独立、领土完整，应属可行的方案之一。因此，塞尔维亚共和国签署这一宣言

---

[1] 《希腊招待巴尔干和东欧"朋友圈"，欧洲领导人发表〈雅典宣言〉》，希华时讯（greekreporterchina.com），2023 年 8 月 23 日。

的意义，以西巴尔干国家的自我归属为前提，既站在了欧盟对乌克兰主权独立、领土完整的原则立场一边，又强化了塞尔维亚对科索沃主权、领土归属原则的自我坚守。塞尔维亚在为加入欧盟创造条件的同时，也为乌克兰危机之后的"乌克兰模式"留下了以联合国宪章为原则"一视同仁"解决科索沃问题的伏笔。况且，正如本书中所示，巴尔干地区现代国家形成和发展历程中联邦化建国曾是历史传统。从这个意义上说，1999 年北约制造"科索沃模式"之后展开的东扩进程，也将在"乌克兰模式"之后终结。

无论如何，至少可以预见：乌克兰危机的终结和达成"乌克兰模式"之类的和平方案，不再是冲突双方、北约、欧盟或类似《明斯克协议》签署方的参与，将是体现国际社会"多极化"的参与和全球治理机制的实践，其结果也非历史上立足于欧洲地缘政治格局的凡尔赛、雅尔塔体系。国际秩序多极化所遵循的基本理念，即是中国国家主席习近平面向国际社会的宣示："世界只有一个体系，就是以联合国为核心的国际体系。只有一个秩序，就是以国际法为基础的国际秩序。只有一套规则，就是以联合国宪章宗旨和原则为基础的国际关系基本准则"[1]。这也是不断深化对国际形势百年未有之大变局研究的基本指向。正是秉持这一政治立场，在刚刚结束的慕尼黑安全会议上，中国外交部长王毅向塞尔维亚总统武契奇承诺：中国将一如既往地坚定支持塞尔维亚的主权和领土完整。这一承诺不仅源自中塞两国深厚的友谊，也是为了反对分裂主义行径，维护联合国宪章宗旨和原则，捍卫国际公平正义。[2]

最后，衷心感谢为本书再版给予评鉴推介的邵滨鸿编审、王伟教

---

[1] 习近平：《坚定信心 共克时艰 共建更加美好的世界——在第七十六届联合国大会一般性辩论上的讲话》，2021 年 9 月 21 日，新华网（http://www.news.cn/politics/leaders），2021 年 9 月 22 日。

[2] 参见《塞尔维亚总统武契奇会见王毅》，新华网（http://www.xinhuanet.com/world），2024 年 2 月 18 日。

授，特别感谢社会科学文献出版社周志静女士在履行编辑、出版工作
方面付出的努力和辛劳。

郝时远

2024 年 2 月 23 日于北京寓所

前　言

　　巴尔干半岛（Balkan Peninsula）是欧洲南部三大半岛之一（另两个为伊比利亚半岛、亚平宁半岛）。无论是在欧洲的三大半岛中，还是在世界其他大陆的众多半岛中，巴尔干半岛可以说是最为引人注目的一个地区。不过，其举世知名并非由于这里发祥了古希腊的文明，而是由于它特殊的地理位置、动荡不安的形势、错综复杂的民族矛盾和频繁爆发的战争。所以，人们一提起巴尔干，就自然会想到"火药桶"这个代名词。

　　从历史上而言，巴尔干半岛历来是欧亚大陆帝国竞相争夺的地区，征服战争连绵不断，巴尔干半岛的民族形成过程和国家演进一直伴随着血与火的洗礼。进入 20 世纪，1912—1913 年巴尔干半岛连续爆发了两次战争：1914 年萨拉热窝的刺杀行动引发了第一次世界大战；在第二次世界大战中巴尔干半岛出现了异常残酷的战争和民族仇杀。这使巴尔干"火药桶"之说似乎成为无可辩驳的事实。"巴尔干化"（Balkanize）也因此成为国际政治学中的专有词语，用于形容那些分裂、动荡、冲突不休的地区。同时，对巴尔干半岛这一特点的研究，也成为地缘政治、地区安全、军事战略等研究中的重要专业方向，欧美国家中出现了不少巴尔干专家，有的国家建立了从事巴尔干问题研究的机构。

从现实中来看，1991年南斯拉夫解体过程中相继爆发的斯洛文尼亚、克罗地亚尤其是波斯尼亚和黑塞哥维那共和国的内战，成为冷战后民族、宗教冲突和国家裂变中最令人瞩目的焦点，巴尔干"火药桶"再次点燃的舆论沸沸扬扬、不胫而走。波黑内战停息之后，正当世人将视线从巴尔干半岛转向人类社会全球化进程中所面临的一系列诸如生态环境、人口爆炸、国际犯罪、金融危机等热点问题时，1998年南斯拉夫的科索沃危机升级引起的武装冲突，再次吸引了人们的注意力。1999年3月24日以美国为首的北约作为世界上最强大的军事集团置《联合国宪章》和国际法准则于不顾，悍然发动了对欧洲最弱小的国家之一南斯拉夫的大规模空中打击，使巴尔干半岛又一次成为举世关注的焦点。巴尔干"火药桶"在世纪末的再度点燃，以美国为首的北约联军对一个主权国家的野蛮侵略，使世人对新世纪充满的和平希冀与发展憧憬，蒙上了一层晦暗的阴影，平添了一份深重的忧虑。在经过78天的狂轰滥炸之后，这场战争停息了，但是人们的冷静思考却刚刚开始。

科索沃危机是南斯拉夫国家内部民族矛盾激化的结果，属于南斯拉夫国家的内政，国际社会有义务敦促南斯拉夫冲突双方通过和平谈判的政治解决方式来消除危机，而这正是联合国责无旁贷的使命。然而，以美国为首的北约集团通过炮制一份任何一个主权独立国家都无法接受的所谓"和平协议"来强迫南斯拉夫按照它们的意志解决自己的内政，从而为其军事介入提供口实。这种霸权主义的"炮舰政策"，在人类文明发展到当今时代是世人无法理解和不能容忍的。那么，以美国为首的北约集团为什么会冒天下之大不韪，对世界上并不罕见——包括北约成员国内部也存在——的类似于科索沃这样的民族矛盾而对南斯拉夫大动干戈呢？巴尔干半岛为什么会成为"火药桶"？是谁在不断充填这个"火药桶"？是谁在一次又一次地点燃这个"火药桶"？这正是本书试图探索的问题。

研究巴尔干半岛中世纪以来的历史，离不开南斯拉夫人的民族和国家演进过程，甚至可以说南斯拉夫人是一条主线。第二次世界大战以后建立的南斯拉夫社会主义联邦共和国，使历史上的南斯拉夫人所形成的各民族大部分统一在了一个国度之中。这个国家无论在统一时期还是在分裂之后，对巴尔干半岛的形势都产生着举足轻重的影响。20 世纪 40 年代末苏南关系的破裂及其对冷战格局的影响，90 年代以来的波黑内战和科索沃危机引起的帝国强权干预及其对世界和平的威胁，都在证明着这一点。本书将遵循历史和现实提供的巴尔干半岛南斯拉夫人及其国家这样一条线索展开讨论。但是，本书的笔墨并不着重于巴尔干半岛斯拉夫各民族的历史，而主要探讨自古以来帝国强权是如何制造巴尔干"火药桶"和为什么不断点燃巴尔干"火药桶"的问题，以期对以美国为首的北约集团再次点燃巴尔干"火药桶"的目的提供更加深刻的认识。

在南斯拉夫的历史上，或者准确地说是塞尔维亚民族的历史上有一个特殊的日子——"6 月 28 日"。这个日子对于塞尔维亚民族、科索沃、南斯拉夫都是意味深长的，尽管其中会有巧合，但是它至少在过去 600 年间多次出现，并反映着塞尔维亚民族、南斯拉夫国家的存亡绝续和盛衰荣辱。

1389 年 6 月 28 日，塞尔维亚王国拉扎尔大公率领的巴尔干半岛各民族联军在抵抗奥斯曼帝国侵略时兵败科索沃，"科索沃战役"由此成为塞尔维亚民族重要的纪念日。

1835 年 6 月 28 日，尚未完全独立的塞尔维亚王国依据《拿破仑法典》制定了第一部具有民主思想的宪法。但是，在奥斯曼、奥匈和沙俄帝国的干预下，这部被称为"土耳其森林中的法兰西树苗"的宪法被扼杀。

1914年6月28日，奥匈帝国的王储斐迪南大公在萨拉热窝被塞尔维亚民族主义激进分子刺杀身亡，导致奥匈帝国对塞尔维亚王国的侵略并引发了第一次世界大战。

1919年6月28日，在距离萨拉热窝刺杀整整5年之际，《凡尔赛和约》在巴黎签订，南斯拉夫人终于摆脱了帝国的统治，走上了独立建国的道路。

1921年6月28日，塞尔维亚-克罗地亚-斯洛文尼亚王国颁布了他们统一建国后的第一部宪法。

1948年6月28日，南斯拉夫共产党被苏联领导的"共产党和工人党情报局"开除，坚持独立自主的南斯拉夫联邦人民共和国在孤立的逆境中开始探索自治社会主义的道路。

1989年6月28日，南斯拉夫塞尔维亚共和国领导人米洛舍维奇率领数以百万计的塞尔维亚人来到科索沃自治省，参加"科索沃战役"600周年的纪念活动，事实上这是对科索沃自治省阿尔巴尼亚族分离主义势力的一次声讨，同时也是大塞尔维亚民族主义在整个东欧政治演变中的高涨，科索沃自治省的地位由此被取消。科索沃民族问题的激化导致了20世纪90年代南斯拉夫国家的危机，并最终引来20世纪末的灾祸。

1999年6月28日，北约在科索沃的维和部队加强了戒备和巡逻，以防止在这个对塞尔维亚民族极其重要的日子里，发生"科索沃解放军"与塞尔维亚人的冲突。

当然，"6月28日"不过是一个符号，但是历史的巧合与人为的安排却使这个日子贯穿了塞尔维亚民族、南斯拉夫国家和科索沃地区的历史。因此，这些"6月28日"所代表的那些事件及其背景对于世人从南斯拉夫的历史解读科索沃的现实，可以说是联结纵横交错、纷繁复杂历史线索的枢纽。

实际上，像南斯拉夫科索沃这样的民族问题，虽然有深刻的历史背景，但是这种现实的表现在世界上并不罕见。以美国为首的北约煽动和夸大科索沃问题的态势，是为了通过这一"小题"来"大做"称霸世界的文章，也就是要通过建立一个"科索沃模式"来为《北大西洋联盟战略概念》的可行性提供一个实验成果，因为北约在建立50周年时抛出的《北大西洋联盟战略概念》就是美国为冷战后构建单极世界"新秩序"的宣言书。

在此之前，笔者曾主编过《南斯拉夫联邦解体中的民族危机》和《旷日持久的波黑内战》两本书。在与多位从事南斯拉夫问题研究的专家合作过程中启发颇多、受益匪浅，这使我对选择这一题目进行研究不仅建立了信心，而且也在一定程度上消除了狗尾续貂的汗颜。但是，对于巴尔干问题这样一个复杂的、涉及多种学科知识的题目来说，以笔者之能尚难以梳理清楚、驾驭得当和论述深刻。所以，抛砖引玉在这里就绝非客套话了。简陋错误之处，请指正。

郝时远

1999 年 7 月 10 日于北京寓所

第一章

历史视野中的巴尔干半岛

中东欧下属的第三个地理区域是巴尔干山脉；亚得里亚海、爱琴海和黑海环抱着一个三角形的半岛，萨瓦河与多瑙河连成的一线恰为其底边，巴尔干山脉占满了三角形的大部分。巴尔干山脉本身是由一座座峰峦结成的一条链子，自东而西横贯保加利亚，长达三百七十英里；整个半岛即由此山脉而得名。

〔英〕艾伦·帕尔默：《夹缝中的六国——维也纳

会议以来的中东欧历史》

当我们离开大西洋、通过直布罗陀海峡后，便进入了世界最美丽的水域，这也就是希腊的历史舞台。

〔美〕威尔·杜兰：《世界文明史》

这样，罗马人迅速地接连蹂躏并吞并了马其顿、希腊……

阿瓦尔人还迫使斯拉夫部落向南进入巴尔干半岛。

〔美〕斯塔夫里阿诺斯：《全球通史：1500 年以前的世界》

而意义最为重大的是君士坦丁正式将首都迁往重建过的拜占庭。该城他称之为新罗马，但世人为纪念他而称之为君士坦丁堡。尽管其真正动机是出于政治和军事防御，但结果对宗教却带来了深远的影响。

〔美〕威利斯顿·沃尔克：《基督教会史》

南部斯拉夫各民族为争取立足安居之地，曾进行了连绵不断的战争。他们抗击过拜占庭人、阿瓦尔人、佛（弗）兰克人和威尼斯人，创建了独立的中世纪国家。

〔南〕兰科·佩特科维奇：

《巴尔干既非"火药桶"又非"和平区"》

第一节　巴尔干半岛的自然地理

巴尔干（Balkan）一词源于土耳其语，意为"森林覆盖的山脉"。巴尔干半岛处于南欧东部，面积约为 50.5 万平方公里，以两河流域和六海为界：萨瓦河和多瑙河，黑海、马尔马拉海、爱琴海、地中海、亚德里亚海和伊奥尼亚海。巴尔干半岛海岸曲折，多岛屿。内陆群山起伏，地势复杂。横贯东西的巴尔干山脉的两条支脉，即罗多彼山脉和皮林山脉，由西北向东南穿过保加利亚至色雷斯伸向爱琴海。西部的迪纳拉山脉则贯穿了南斯拉夫，与阿尔卑斯山之间隔着斯洛文尼亚一片森林密布、沟壑纵横的高原。而迪纳拉山脉的扩展则将大部分波斯尼亚和全部黑塞哥维那环抱在一起。属于此山脉的洛夫琴山，被称为黑山。

迪纳拉山脉一直延伸到阿尔巴尼亚，并在希腊北部分出奥林匹斯山和帕纳萨斯山，而其主脉则蜿蜒南下直入伯罗奔尼撒半岛。位于巴尔干半岛北部的罗马尼亚境内，喀尔巴阡山脉呈弧形盘踞在中部。

巴尔干半岛山地、高原、平原错综分布，海拔从 2925 米的穆萨拉峰到 100 米以下的多瑙河平原。巴尔干半岛除多瑙河、萨瓦河外，还有很多短小湍急的河流，较大的湖泊包括斯库台湖、奥赫里德湖、普雷斯帕湖，水力资源比较丰富。从整体上看，巴尔干半岛处于西欧海洋性气候和东欧大陆性气候的交汇过渡地区，包括温带湿润大陆性气候和亚热带地中海气候的条件。年平均降雨量由内陆向沿海递增，在 500—1500 毫米之间。

巴尔干半岛地下矿藏颇为丰富，包括石油、天然气、铁、煤和多种有色金属等，森林覆盖率几近 1/3，种植业较为发达。

"从地图上看，这个半岛是中东欧洲唯一为群山和海洋维护的地区，但从古至今，它不但没有成为亚洲与西方之间的障碍，反而是一座桥梁。"巴尔干半岛作为欧洲东南隅的门户，也是控遏北非、中东、中亚地区的前沿，而且通过苏伊士运河进入红海即通达印度洋。这一地理位置决定了巴尔干半岛作为战略要冲和兵家必争之地的地位。所以，虽然巴尔干半岛具有辉煌的古代文明，但至今仍然是欧洲最落后的地区，因为它"始终是个无尽无休的冲突的中心"。[①]

第二节　巴尔干半岛的古代文明

考古发掘表明，"新石器时代巴尔干半岛地区和爱琴群岛就有人居住"。[②] 而位于巴尔干半岛南端的希腊，是人类古代文明的摇篮之

---

① 〔英〕艾伦·帕尔默：《夹缝中的六国——维也纳会议以来的中东欧历史》，商务印书馆，1997，第 20 页。

② 〔苏〕兹拉特科夫斯卡雅：《欧洲文化的起源》，三联书店，1984，第 49 页。

一。在数千年以前，以幼发拉底河和底格里斯河流域、尼罗河流域、印度河流域、黄河流域孕育的古代大河流域文明交相发生时，在希腊的克里特岛出现了海洋类型的米诺斯文明。

克里特岛的米诺斯文明见于荷马史诗的《伊里亚特》和《奥德赛》中，被人们视为远古的民间传说。"直到 19 世纪末，人们才不怀疑这一文明确实存在。"① 考古发现再现了米诺斯文明的辉煌，大型宫殿、绘画、雕像、图记、花瓶、金属器物、泥版象形文字、浮雕、排水系统、祭坛、神庙等，使公元前 16—前 15 世纪的爱琴海文明达到的高峰昭然于世。克里特岛作为地中海的古代贸易中心，因其先进文明、经济繁荣和地近大陆而对周边产生着文明的辐射，同时吸引着外来文明和征服者，如米诺斯文明中包含的美索不达米亚和埃及文明的影响，米诺斯文明在蛮族入侵后毁灭。

希腊的伯罗奔尼撒半岛距离克里特岛最近，迈锡尼文明直接受到米诺斯文明的影响。"在艺术方面，迈锡尼人都是模仿克里特的，并且非常忠实，以致考古学界怀疑他们是否从克里特输入主要的艺术家。"至少"从迈锡尼宗教中，可以看出是源自克里特或是与克里特有密切关系"。② 迈锡尼人拥有强大的海上力量，贸易、劫掠和扩张，不仅逐步瓦解了克里特岛在地中海的经济霸权，而且克里特岛本身也是在迈锡尼人的洗劫下开始衰落的。

从公元前 2000 年开始，在欧亚大陆的腹心地带游牧民族在不断的迁徙中已分布在从多瑙河平原到奥克苏斯河和贾哈特斯河流域的广阔地区，"他们以这片广阔地区为根据地，日益威胁在地理上可进入的各文明中心——中东、巴尔干半岛和印度河流域"。③ 到公元前 12

---

① 〔美〕斯塔夫里阿诺斯：《全球通史——1500 年以前的世界》，上海社会科学院出版社，1988，第 130 页。

② 〔美〕威尔·杜兰：《世界文明史》第 2 卷，《希腊的生活》，东方出版社，1999，第 25 页。

③ 〔美〕斯塔夫里阿诺斯：《全球通史：1500 年以前的世界》，第 151 页。

世纪，多里安人占领伯罗奔尼撒半岛并向海上扩张，迈锡尼文明随之衰败，整个希腊倒退到农业和畜牧的历史状态，直到公元前 800 年后希腊城邦国家的兴起。

希腊的古典文明的崛起，在公元前 6 世纪末形成了对外扩张的气候。虽然各个城邦之间相互隔绝，但是随着人口的增多对农业生产形成的巨大压力，各城邦的人再度走向海洋，去当海盗、从事贸易或开拓殖民地。到公元前 5 世纪，"包括黑海在内的整个地中海地区环布繁盛的希腊殖民地，这些殖民地成为与母邦一模一样的海外城邦"。①它们实行与母邦一样的制度和习俗，但是它们却完全不受母邦的控制。在这一发展进程中，各城邦也形成了不同的政治体制，如雅典的梭伦改革使其走上民主政治的发展道路，而斯巴达则停留在组织严密的军事化社会状态。

公元前 6—前 5 世纪，波斯帝国征服了小亚细亚的希腊城邦并威胁巴尔干半岛。希波战争随之爆发。公元前 490 年，波斯军队在雅典西北的马拉松登陆，雅典军队在没有得到其他城邦支持的情况下打击了入侵者，同时也激发了各自为政的希腊各城邦选择联合抗敌之路。10 年以后，波斯人卷土重来战败了斯巴达人统领的混合部队并洗劫了雅典，但是雅典强大的海军力量却在爱琴海上占据了优势，并最终迫使波斯人放弃了对小亚细亚地区希腊城邦的统治。雅典在希波战争中的重要作用，不仅进一步推动了雅典国家本身的民主政体发展，同时也确立了它在希腊各城邦中的权威地位。雅典迎来伯里克利统治时期（公元前 461—前 429）的"黄金时代"。公元前 450 年，以雅典为盟主的各希腊城邦联盟已经形成了雅典帝国。

雅典帝国虽然不断对外扩张，但是从其政体上来说初期又是比较开明的。这一特点对希腊文明的繁荣发展起到了极大的促进作用。在

---

① 〔美〕斯塔夫里阿诺斯：《全球通史：1500 年以前的世界》，第 202 页。

原始文明的基础上，希腊的古典文明在哲学、宗教、文学、历史学、艺术、雕塑、音乐、舞蹈、戏剧、建筑、竞技、数学、天文、医学等诸多方面都取得了辉煌的成就，涌现出诸如苏格拉底、柏拉图、亚里士多德、希罗多德、修昔底德、希波克拉底等一大批思想家、艺术家、发明家和各方面的学术大家。

雅典帝国的繁盛和扩张，使雅典的中心地位和权力专制不断加强，从而引起了斯巴达等越来越多城邦的疑惧和反对，最终引发了希腊的内战。当斯巴达对雅典宣战之后，希腊各城邦几乎都卷入了这场战争。这场战争断断续续，各城邦的关系分合变化，雅典日益孤立且受瘟疫袭击，在接连不断的失败下于公元前404年向斯巴达投降，保留了一个城邦地位。这场内战，使希腊陷入民穷财尽的困境，而斯巴达的专横再次引起各城邦的分崩离析，这也为外部强国的入侵提供了契机。

公元338年，巴尔干半岛马其顿王国大败雅典、底比斯联军，侵入希腊。巴尔干半岛随之置于马其顿王国亚历山大大帝的统治之下。亚历山大时期，马其顿王国的势力随着亚历山大大帝的远征而席卷波斯、近东，遍及印度的旁遮普。这一时期最大的特征就是希腊文化在中东地区的普及。希腊本土的衰微，使大量的希腊人移居中东地区，同时也使希腊文化在更加广泛的地区传播开来。希腊的科学与中东早期文明成就的结合，极大地促进了科学事业的发展，设在埃及的亚历山大图书博物馆成为历史上最早的由国家供给的科学研究院，整个地中海的各类学者纷纷来到埃及。当时，虽然在哲学和宗教方面发生了古典希腊的现世主义和理性主义向神秘主义和修来世的转变，但是"在科学方面取得的进步超过了17世纪以前的任何别的时期"。如数学方面欧几里得的《几何原理》；天文学方面希帕恰斯发明并一直沿用到近代的多种仪器，阿利斯塔克关于宇宙的"太阳中心说"；地理学方面埃拉托斯特尼对地球圆周周长的计算与实际数值的差距只有250里并沿用到18世纪；医学方面加伦对人体解剖学作出重大贡献；

力学方面阿基米德定理的产生和"给我一个支点，我能转动地球"的科学箴言；等等。这些辉煌的文明成就是希腊化过程与其他文明交融创新产生的结果。

第三节　罗马统治下的巴尔干半岛

在巴尔干半岛的希腊文明发展变化的同时，大约在公元前 500 年时罗马人统一了亚平宁山脉到海岸的整个拉丁平原。从城邦国家的体制的演进来看，罗马与希腊是相似的。这与希腊在意大利南部和西西里建立的殖民地影响有直接关系。从公元前 264 年到公元前 146 年的三次布匿战争，罗马人不仅统一了整个意大利半岛，而且确立了在地中海头号强国的地位。

在此后的年代中，罗马帝国迅速对外扩张，先后征服了马其顿、希腊、小亚细亚的帕加马、叙利亚、埃及、高卢以及不列颠，其版图最大时东至里海和波斯湾，南达红海和尼罗河流域，西到大西洋，北及大不列颠，成为横跨欧亚大陆最强大的帝国。这一庞大帝国的建立，曾带来两个多世纪的"和平时期"。经济的繁盛、人口的繁衍、文化的繁荣、城市生活的繁华，成为这一时期的重要特点。在巴尔干半岛，希腊和马其顿成为罗马帝国治下的行省，但雅典和斯巴达获准保留各自原有的法律制度。

历史学家认为，公元 180 年马可·奥勒留的去世是罗马帝国结束辉煌、走向衰微的转折点。其原因是马可·奥勒留改变了其前任从有才干的养子中选拔继承人的方式，而传位于热衷犬马竞技的儿子康茂德。公元 193 年康茂德遇刺身亡后，罗马帝国内部争权夺利造成的分裂日益突出，罗马皇帝频繁更迭，军权至上的局面引起了内乱，而边远行省不断面临日耳曼人各部（哥特人、法兰克人、汪达尔人、伦巴第人等）、西徐亚人、波斯人、萨尔马特人等日益严重的侵扰，这又增加了罗马帝国的外患。公元 267—269 年，哥特人两次侵入巴尔干半岛劫掠了雅典、斯巴达、哥林西、底比斯、马其顿等地。

公元 3 世纪末到 4 世纪初，罗马帝国在戴克里先和君士坦丁统治时，曾一度加强帝国内部的统一，同时为了对庞大帝国进行有效的治理和恢复经济发展，罗马帝国分为东西两个大区，进而形成东西罗马帝国。在君士坦丁统治时期有两件事情对后来的历史产生了重要影响。其一是君士坦丁于公元 313 年颁布了"米兰敕令"，宣布基督教的合法地位，改变了此前将基督教视为异教的排拒和镇压政策，而且他本人公开支持基督教，公元 4 世纪末基督教作为罗马帝国国教的地位得以确立；其二是君士坦丁在古希腊殖民地的拜占庭废墟上重建都城，从而使君士坦丁堡不仅成为拜占庭帝国长达 1000 年的首都，而且成为奥斯曼帝国数百年统治的首都。

第四节　民族大迁徙与南斯拉夫人

从公元 3 世纪始，欧亚大陆出现了由东至西的民族大迁徙浪潮。推动这股浪潮的重要动力之一，是来自亚洲腹地的匈奴人。这股民族迁徙浪潮对于巴尔干半岛最直接的影响是改变了那里的民族结构，从而也奠定了巴尔干半岛各民族长期共存的历史基础。

匈奴民族崛起于中国北方，在中国秦汉时期建立了雄踞北方草原的强大游牧帝国。公元 48 年匈奴分裂为南北两部，南匈奴与汉朝通好内附，北匈奴则与汉朝攻战不休。公元 89 年，北匈奴内部争立单于引起动乱，汉军乘势攻伐，北匈奴大败，其中一部分余部向西迁徙。西迁的匈奴人通过中亚进入欧洲，并于公元 372 年渡过伏尔加河进入俄罗斯平原。他们击溃了东哥特人，从而推动了民族迁徙的"多米诺骨牌"。尤其是在阿提拉统治时期，东方的匈奴人在欧洲历史上扮演的角色被称为"上帝的鞭子"，他们所到之处都推动或裹挟着诸多民族的流动，直到他们在匈牙利平原定居下来之后，仍不断侵袭着罗马帝国的属地。公元 441 年匈奴人渡过多瑙河进入巴尔干半岛，451 年抵达莱茵河，452 年兵临罗马城下。453 年阿提拉死后，匈奴帝国内部政权分裂，势力迅速衰落，匈奴人在与被征服民族的血缘混杂中逐步销声匿迹于匈牙利平原。

匈奴人的西进，极大地改变了罗马帝国治下的民族结构，日耳曼人各部纷纷拥入并分裂着罗马帝国的领土。汪达尔人渡过莱茵河，经由高卢、西班牙越过直布罗陀海峡进入北非建立了王国；法兰克人在高卢扩张发展；盎格鲁、撒克逊和朱特人入主不列颠；凯尔特人则避难于苏格兰和威尔士；这一变化导致了西罗马帝国的解体。在此之后，统治巴尔干半岛、小亚细亚、叙利亚和埃及的东罗马帝国（即拜占庭帝国）试图收复失地，恢复大罗马帝国的版图。然而，新一轮民族迁徙浪潮的冲击却粉碎了拜占庭帝国的梦想。

公元 6 世纪的民族迁徙浪潮是由东方游牧民族阿瓦尔人推动的，他们也是以匈牙利平原为基地而四处出击。公元 568 年，阿瓦尔人将伦巴第人赶到意大利，伦巴第人又将拜占庭人从亚平宁半岛驱逐出去；其后阿瓦尔人迫使大量的斯拉夫人涌入巴尔干半岛，斯拉夫人又将伊利里亚人（阿尔巴尼亚人的祖先）、达契亚人（罗马尼亚人的祖先）赶入深山；在此之后，融有匈奴、乌克兰和突厥人血统的保加尔人一支，于公元 679 年越过多瑙河进入巴尔干半岛，他们建立了保加利亚王国，在奴役统治当地斯拉夫人的同时自身也融于斯拉夫人中。这个王国一度侵入了东罗马帝国的马其顿省。

在这种持续的民族迁徙浪潮中，斯拉夫人除西南方向进入巴尔干半岛外，西向则越过维斯杜拉河而进抵易北河，形成了后来的文德人、波兰人、捷克人、斯洛伐克人等，称西斯拉夫人。而巴尔干半岛的斯拉夫人则逐步形成了聚居于亚得里亚海岬角的斯洛文尼亚人，聚居于德拉瓦河与亚得里亚海之间的克罗地亚人，聚居于亚德里亚海和多瑙河之间巴尔干半岛中部的塞尔维亚人,聚居于黑海西岸地区的保加利亚人,统称南斯拉夫人。"因此,7世纪时,巴尔干半岛上的种族分布已基本形成了现在的格局:希腊人在南部,阿尔巴尼亚人在西部,罗马尼亚人在东北部,斯拉夫人则居住在从亚德里亚海到黑海的广阔地带。"① 在公元7世纪以后,巴尔干半岛的斯拉夫人的各部长期受到保加利亚人、阿瓦尔人、法兰克人和拜占庭帝国的分割统治。

第五节　巴尔干各民族的宗教皈依

公元313年君士坦丁发布"米兰敕令"并最终确立基督教为罗马国教地位之后,他试图统一基督教教会的努力却未成功。在君士坦丁之后,其继承者又将帝国一分为二,基督教内部的教派之争也由此愈演愈烈,最终导致了东西方教会的分裂。

作为东罗马帝国继承者的拜占庭帝国从公元8世纪开始,成为"一个文化上既与东方的伊斯兰教,又与西方的新欧洲截然不同的帝国"。② 拜占庭帝国治下的臣民种族和民族成分十分复杂,包括希腊人、叙利亚人、犹太人、埃及人、亚美尼亚人、波斯人、保加尔人、斯拉夫人、日耳曼人以及其他在民族大迁徙浪潮推动下进入拜占庭帝国范围的各种所谓"蛮族",同时也包括巴尔干半岛上的马其顿人、伊利里亚人和达契亚人等土著民族。③ 拜占庭人虽然仍称自己为罗马人,但是从语言文字上则通用希腊语,拜占庭帝国继承了希腊文化传统,西罗马帝国则形成了拉丁文化传统,这使东部教会和西部教会的分裂也得到不同文化传统的依托。并且也造成拜占庭人与罗马人之间

---

① 〔美〕斯塔夫里阿诺斯:《全球通史:1500年以前的世界》,第320页。
② 〔美〕斯塔夫里阿诺斯:《全球通史:1500年以前的世界》,第405页。
③ 〔美〕爱德华·麦克诺尔·伯恩斯等:《世界文明史》第1卷,商务印书馆,1987,第424页。

观感上的分裂，"在希腊人看来，拉丁人是野蛮人；在拉丁人看来，希腊人正在变成'东方人'"。① 这种社会民众意识加剧着宗教理念上的隔阂。到 11 世纪初期，东、西部教会彻底分裂，东部教会以正统自居，称为东正教，也称希腊正教。西部教会则强调自己的普遍性，称为公教，也就是罗马天主教。② 在基督教分裂的这一过程中，东、西教会的传播和斗争，一直伴随着各种势力对东、西罗马帝国的侵蚀，巴尔干半岛的各民族在多种势力的统治下，在宗教皈依方面也随之分化。

公元 7 世纪，伊斯兰教兴起，对欧亚大陆乃至世界的历史产生了重大影响。当时，整个阿拉伯半岛处于两大帝国的统治之下。以幼发拉底河为界，东部是波斯文明系统的萨珊王朝，西部则是希腊-罗马文明系统的东罗马帝国。在穆罕默德创立伊斯兰教并建立国家之后，新兴的阿拉伯王国走上了历史舞台。从公元 632 年穆罕默德去世到 651 年征服波斯萨珊王朝，阿拉伯人已经成为阿拉伯半岛的主人。在此期间，东罗马帝国不仅失去了叙利亚、埃及等地，而且这些地区的基督徒也迅速皈依了伊斯兰教。阿拉伯人能够迅速征服这些地区的一个重要原因，是东罗马帝国在统一宗教的进程中对各种被视为异教邪说的宗教加以镇压和基督教内部无休止的激烈争论造成的叙利亚、埃及等地各个民族日益强烈的不满，"以致许多东正教教徒宁愿接受伊斯兰教的统治，而不愿意受君士坦丁堡的宗教统治"。③ 所以，这些罗马帝国长达千年统治下的地区，在 20 年间便轻而易举地落入阿拉伯人之手。

阿拉伯人的对外扩张，很快就开始了海上的征服，他们先后征服塞浦路斯和罗得岛，大败拜占庭的海军，并从 669 年起数度围攻了君

---

① 〔英〕汤因比：《历史研究》下册，上海人民出版社，1964，第 237 页。
② 唐逸主编《基督教史》，中国社会科学出版社，1993，第 92 页。
③ 〔美〕斯塔夫里阿诺斯：《全球通史：1500 年以前的世界》，第 404 页。

士坦丁堡。在这种持续不断的扩张中，巴尔干半岛的克里特岛也于823 年陷落。这大概是伊斯兰教进入巴尔干半岛之始。当时，拜占庭帝国还受到来自保加利亚人的威胁。而拜占庭帝国再次强盛发展，则是公元 9 世纪到 11 世纪初这一时期。在此期间，欧亚大陆上的几个因素为拜占庭帝国的再度崛起提供了契机。首先，公元 866 年阿拉伯人在意大利的扩张受到遏制，教皇领导的联军于 916 年最终打垮了阿拉伯人对基督教堡垒的进攻。[①] 其次，伊斯兰教的迅速扩张使其很快成为众多民族信仰的世界性宗教，同时也造成伊斯兰教内部派别林立的分裂并造成哈里发帝国内部不同政治势力的对抗和王朝更迭。阿拔斯王朝将首都东迁至巴格达，表明其地中海利益的下降。所以，西班牙于 756 年、摩洛哥于 788 年、突尼斯于 800 年先后自立门户，也说明了阿拔斯王朝的衰落和无法调节的内部矛盾。[②] 再次，哈里发帝国受到操突厥语诸民族的内外压力。哈里发的突厥语族禁卫军在国势衰微的形势下于 836 年控制了巴格达，成为帝国的心腹之患。[③] 而大约970 年突厥语族的塞尔柱人开始从中亚大规模地侵入，形成帝国的强力对手。[④] 最后，从巴尔干半岛北部来看，来自东方的马扎尔人于895 年来到匈牙利平原，这支强悍的势力将东欧和进入巴尔干半岛的斯拉夫人隔绝开来，[⑤] 从而结束了斯拉夫人向巴尔干半岛的迁徙。这几个因素，对于拜占庭帝国在马其顿诸君主统治下的重新崛起是具有重要意义的。

在哈里发帝国内忧外患走向衰落之际，拜占庭帝国不仅有能力对付来自保加利亚人的攻击，并且开始了收复失地的对外征讨。当时，保加利亚王国的势力仍相当强大，并一度控制了巴尔干半岛的中、北

---

① 〔美〕威尔·杜兰：《世界文明史》第 4 卷《信仰的时代》，第 233 页。
② 〔美〕斯塔夫里阿诺斯：《全球通史：1500 年以前的世界》，第 368 页。
③ 金宜久主编《伊斯兰教史》，中国社会科学出版社，1990，第 156 页。
④ 〔美〕斯塔夫里阿诺斯：《全球通史：1500 年以前的世界》，第 375 页。
⑤ 〔南〕伊万·博日奇等：《南斯拉夫史》上册，商务印书馆，1984，第 40 页。

部的大部分地区，拜占庭在承认其所控制的领土的同时，也成功地从宗教方面利用保加利亚人称霸巴尔干半岛并取代拜占庭帝国的心理，使保加利亚人在 864 年接受了东正教。保加利亚人作为保加尔人融入斯拉夫人的民族，斯拉夫人的成分是主体，所以其斯拉夫化的过程在皈依东正教后也显著加快。与此同时，拜占庭帝国先后收复了克里特岛和塞浦路斯岛，重新将其势力范围扩展到叙利亚北部、亚美尼亚和格鲁吉亚。帝国势力的重振不仅制止了阿拉伯人对地中海的侵袭，而且"被再征服的克里特岛上的穆斯林的皈依，以及巴尔干北部地区斯拉夫人的皈依，也使拜占庭教会显得生气勃勃"。[①] 这种影响除了在巴尔干半岛推动的东正教皈依外，东斯拉夫人（即俄罗斯人）也在公元 10 世纪末皈依了东正教。当然，巴尔干半岛在剔除了伊斯兰教影响后，并没有实现斯拉夫人的宗教同一化。保加利亚人、塞尔维亚人皈依了东正教，而在日耳曼人控制下的克罗地亚人、斯洛文尼亚人则受到罗马公教的影响，同捷克、斯洛伐克、波兰等西斯拉夫人一样皈依了天主教。以匈牙利平原为基地四面侵扰的马扎尔人，也于 975 年接受了天主教。[②]

如果说 1014 年拜占庭帝国彻底征服了保加利亚，而且巴希尔二世以其残酷的屠杀获得"保加利亚人的刽子手"（Bulgaroctonus）恶名是拜占庭帝国重振的高峰；那么 1025 年巴希尔去世后，其后继者无力控制军队而造成的地方割据，则使帝国衰落的不可避免性随之显现。东正教的勃兴最终使基督教东西教派彻底分裂，基督教内部的对立和来自东方塞尔柱人的扩张压力，使拜占庭帝国陷于孤立。面对塞尔柱人日益强劲的入侵，君士坦丁堡不得不暂时收敛东正教的骄傲向西方求助。而西方教派内部诺曼底人从穆斯林手中收复西西里并削弱伊斯兰教在西班牙的统治之后，使东正教屈服于罗马教皇并在教皇神权政治统治下建立统一的基督教世界的愿望也日益强烈。表达这种要

---

① 〔美〕斯塔夫里阿诺斯：《全球通史：1500 年以前的世界》，第 406 页。
② 〔美〕威尔·杜兰：《世界文明史》第 4 卷《信仰的时代》，第 355 页。

求的行动以收复塞尔柱人占领的基督教圣地耶路撒冷为契机，开始了持续近 200 年的十字军东征。

第一次十字军东征在 1099 年取得了胜利，建立了耶路撒冷的拉丁王国，东正教的势力被驱逐。第二次十字军东征从 1146 年开始，日耳曼人和法兰西人沿途洗劫了许多拜占庭的城市，十字军在与塞尔柱人的交战中惨败。在此之后，耶路撒冷由于拉丁王国内部的分裂和统一了埃及和叙利亚穆斯林的萨拉丁兵临城下而投降。1189 年开始的第三次十字军东征是为了从萨拉丁手中赎回耶路撒冷，其结果是 1192 年萨拉丁和英王理查惺惺相惜地签订和约：分割巴勒斯坦，理查拥有已征服的海岸城市，穆斯林和基督教徒可以自由出入双方领土，朝圣者在伊斯兰教控制下的耶路撒冷受到保护。[①] 在此期间，拜占庭帝国得到喘息，并从中渔利，收复了小亚细亚的大部分失地。所以，1202 年发起的第四次十字军东征，其中包括了对君士坦丁堡兴师问罪的怨恨。这次东征虽然以失败告终，但是威尼斯、法兰克、佛莱芒、日耳曼军队在返程中直逼君士坦丁堡破城洗劫，并建立了拉丁帝国，对拜占庭进行分割统治。拜占庭帝国由此一蹶不振。此后的数十年间，西方的十字军东征虽继续组织和发动，但接连的失败和内部的分裂，使这场基督教与伊斯兰教争夺圣地的战争难以为继，罗马教皇的地位显著下降，而且无法向虔诚的信徒解释在神的使命下未能取得卫道胜利的原因，也造成基督教信仰的衰微。但是，在整个十字军东征的过程中，对西方世界而言，最大的成就是沟通了东西方之间的商业和贸易，吸收了大量工艺技术和农副业产品，推动了海上交通的发展，从而促进了西方社会工业的兴起、商业的扩张和社会的变革。

拉丁帝国对拜占庭的封建统治，不仅造成数个拉丁王国的出现，更重要的是这种分治为巴尔干半岛的原拜占庭各民族臣民提供了建立各自

---

① 〔美〕威尔·杜兰：《世界文明史》第 4 卷《信仰的时代》，第 471 页。

王国的条件。不久，拉丁征服者就面对了北方的塞尔维亚王国、保加利亚王国和南方希腊的几个国家。其中位于小亚细亚西部的尼西亚对拉丁人的统治构成了直接挑战，并于公元 1261 年将拉丁人皇帝和威尼斯殖民者赶出了君士坦丁堡，拜占庭帝国再次恢复。不过这次恢复并未改变巴尔干半岛已经形成的割据，巴尔干半岛各民族的国家演进也开始进入高潮，而 15 世纪中叶土耳其人的入侵则将彻底终结拜占庭的帝国历史，同时也将再次改变巴尔干半岛的民族成分并传入伊斯兰教。

第六节　南斯拉夫人的国家演进

巴尔干半岛的国家进程是伴随着米诺斯文明、迈锡尼文明和希腊文明而兴起的，可谓历史悠久。而作为民族大迁徙浪潮推动下进入巴尔干半岛的斯拉夫人等民族建立国家，则是公元 9 世纪的事情。

对早期进入巴尔干半岛的斯拉夫人的社会组织状况，几乎没有文献记载。希腊文献中提及的"斯克拉维亚"或"斯洛维尼亚"所表达的"斯拉夫国度"并不是指斯拉夫人的国家，而是对大量斯拉夫人拥入及其所占据的广大地区的一种描述。大量的斯拉夫人并不是一个统一体，他们分散聚居，属于部落群体。同时，他们在与君士坦丁堡或保加尔人等打交道时，又趋向于联合行动。后来文献中所提及的一些斯拉夫人公国（茹帕），实际上也还是处于部落联盟向国家演进的阶段。

保加尔人在与拜占庭争霸中建立的保加利亚王国，或许是以斯拉夫人为主体的第一个斯拉夫化的国家。保加利亚王国的君主西美昂（公元 893—927）曾兵临君士坦丁堡城下要求加冕登基。这一行动对巴尔干半岛的斯拉夫人产生了重大影响，以至"复兴西美昂帝国一事，成了巴尔干斯拉夫人以后多次运动的纲领和宗旨"。[①] 当时的塞尔

---

① 〔南〕伊万·博日奇等：《南斯拉夫史》上册，第 41 页。

维亚处于拜占庭和保加利亚势力的交相控制，塞尔维亚人内部对投靠哪一方出现不同倾向，这导致保加利亚王国于 924 年将塞尔维亚纳入自己的统治之下。

在公元 10 世纪初期，克罗地亚王国占领了潘诺尼亚平原，在与马扎尔人和保加利亚人的冲突中取得了稳定的控制权，而拜占庭出于对付保加利亚人的需要，对克罗地亚的兴起采取了让步的政策，这一度带给了克罗地亚王国扩张发展的时机。据记载，10 世纪 30 年代克罗地亚已经成为一个军事上颇为强盛的国家，步兵达 10 万余众，骑兵 6 万和水兵 5000。"尽管数字无疑是被夸大了，但是，它们说明，克罗地亚的军事力量给同时代的人留下的印象。"[1] 在此之后，克罗地亚王国在近 200 年中虽然不断受到巴尔干半岛形势变化和东西方教派分裂斗争的影响，但是一直保持了国家的独立。1091 年，马扎尔人的匈牙利帝国将克罗地亚置于控制之下，并于 1102 年将克罗地亚并入匈牙利。[2]

如前所述，1014 年保加利亚王国被拜占庭残酷征服后，拜占庭帝国也很快走向衰落。这为在保加利亚王国统治下的塞尔维亚人带来了重新崛起的空间。在塞尔维亚人内部的权力争夺趋于缓解后，各个茹帕开始走向联合。1169 年，斯蒂芬·尼满雅在传说中的中世纪尼满雅建立"塞尔维亚王国"的拉什卡，再次建立了塞尔维亚王国。在此后的 200 年间，塞尔维亚王国不断扩张，在拜占庭帝国衰落并被第四次十字军倾覆的形势下占领了不少领土。1331 年，在大败保加利亚和拜占庭联军后，塞尔维亚王国开始成为巴尔干半岛的新帝国。在斯蒂芬·杜尚（1331—1355）统治塞尔维亚时期，塞尔维亚帝国从北部向南推进先后占领了马其顿、阿尔巴尼亚、塞尔和希腊的大片土地。杜

---

① 〔南〕伊万·博日奇等：《南斯拉夫史》上册，第 43 页。

② 〔英〕斯蒂芬·克利索德主编《南斯拉夫简史》，黑龙江人民出版社，1976，第 41 页。

尚王朝鼎盛时的版图从内陆扩大到亚得里亚海、伊奥尼亚海和爱琴海沿岸①，成为巴尔干半岛历史上最大的斯拉夫人帝国。斯蒂芬·杜尚也多次加冕自己为"塞尔维亚人与希腊人的皇帝""塞尔维亚人与希腊人、保加利亚人与阿尔巴尼亚人的皇帝和极权君主"，而原属拜占庭皇帝的尊号"德斯波特"、罗马皇帝名称"恺撒"等则被杜尚用来授予大臣。然而，杜尚死后，庞大的塞尔维亚帝国开始分裂，各地纷纷宣布独立，帝国处于解体之中。

波斯尼亚和黑塞哥维那地区的斯拉夫人直到 12 世纪仍处于各部落分治的状态，没有形成统一。这与不同时期克罗地亚、塞尔维亚、匈牙利、拜占庭对这一地区的分割统治直接相关。传说中的库林王朝（1180—1204）曾统一过波斯尼亚。1254 年成为匈牙利的附属，被分为上、下波斯尼亚。位于南部山区的上波斯尼亚被允许仍由波斯尼亚的巴昂（统治者）辖制，北部的下波斯尼亚则与塞尔维亚北部的一部分合并为马奇瓦和波斯尼亚公国，成为匈牙利人对付保加利亚和塞尔维亚的前沿屏障。1229 年，下波斯尼亚转入克罗地亚舒比奇家族，该家族以匈牙利帝国臣属的身份重新统一了上、下波斯尼亚。1322 年，波斯尼亚人起义，舒比奇家族灭亡，斯蒂芬·科特罗马尼奇成为波斯尼亚的巴昂。1325 年，波斯尼亚获取了胡姆公国（即黑塞哥维那）之地，得到了出海口。此后，波斯尼亚在与塞尔维亚、匈牙利及其属国克罗地亚、威尼斯，以及罗马教皇之间形成了错综复杂的关系，战争频仍、领土盈缩。到 1374 年再度夺回胡姆并吞并了达尔马提亚一部分后，开始成为巴尔干半岛的强国，甚至曾经强大无比的塞尔维亚也在分崩离析的危难中以割地求助。1376 年，波斯尼亚的巴昂特弗尔特科加冕称"塞尔维亚、波斯尼亚及滨海地区之王"。此后，他又从匈牙利手中获得亚得里亚海沿岸的大片土地。1390 年，特弗尔特科又

①　〔南〕伊万·博日奇等：《南斯拉夫史》上册，第 96 页。

在自己的称号中加上"达尔马提亚及克罗地亚之王"。①

塞尔维亚帝国在杜尚王朝之后迅速解体之际,被称为门的内哥罗(即黑山,另作门得内哥罗、门第内哥罗)的地区出现了一个独立的公国。巴耳沙建立的这一公国一直存在到1421年。而这个公国的后继者却在维护国家独立方面演出了最顽强的一段历史,始终没有被奥斯曼帝国所征服。

公元9—14世纪的600年间,进入巴尔干半岛的斯拉夫人在民族形成的进程中迈入了国家过程。在这一过程中,南斯拉夫人经历了不同种族、不同民族的混杂和融合,受到了拜占庭文化和拉丁文化的交相影响,皈依了东正教、天主教的不同信仰,形成了相对稳定的地域分野,在与东、西斯拉夫人疏离和隔绝的情况下,逐步分化为不同的斯拉夫人民族共同体。这些民族先后建立的国家此起彼伏、兴衰嬗替,但是其命运却始终脱离不开拜占庭帝国和其他帝国势力交相争霸的影响。而且这种影响使巴尔干半岛各民族在反抗帝国统治的同时也纷纷效仿帝国的模式来构建国家、竞相扩张称霸。结果演出了一幕幕"你方唱罢我登场"的国家演进历史剧。在这种相互征服的建国历史中,斯拉夫人的各民族乃至巴尔干半岛的各民族之间,都不同程度地结下了征服与被征服的历史积怨。然而,这种局面随着奥斯曼帝国的入侵在后来的400余年中受到了抑制。巴尔干半岛在结束拜占庭帝国上千年的统治之后,又面临着新一轮的帝国奴役历史。

---

① 〔英〕斯蒂芬·克利索德:《南斯拉夫简史》,第91—96页。

第二章

奥斯曼帝国统治下的巴尔干半岛

穆斯林对近代初期欧洲的最大挑战，自然是来自奥斯曼帝国的土耳其人。

〔美〕保罗·肯尼迪：《大国的兴衰》

15世纪末，除了几座由威尼斯控制的沿海堡垒外，他们已统治了多瑙河以南的整个巴尔干半岛。

〔美〕斯塔夫里阿诺斯：《全球通史：1500年以前的世界》

但它终究不是一个单一的帝国，因为奥斯曼帝国本身的机构是适应于某些地区沿袭的传统，而在这些地区，特别是在巴尔干半岛，大部分人民是按照自己旧有的习惯生活，而置自己统治者的国家机构、宗教和文化于不顾。

〔南〕伊万·博日奇等：《南斯拉夫史》

为摆脱土耳其的奴役进行了民族解放斗争，但是许多起义遭到血腥镇压。

〔南〕兰科·佩特科维奇：
《巴尔干既非"火药桶"又非"和平区"》

第一节　奥斯曼帝国的崛起

13世纪，在欧亚大陆帝国兴衰嬗替的历史演进中出现了两股由东向西的扩张势力。

其一是1206年成吉思汗统一蒙古各部建立的强大蒙古游牧帝国。这一强大的帝国东征西讨、南下侵袭，不断扩张。公元1219年，成吉思汗因派往中亚花剌子模通商贸易的商队被杀而亲督大军开始了西征。在此之后，蒙古持续西向出征，先后征服了中亚、俄罗斯、波斯的大部分地区。蒙哥汗即位后，于1252年派遣其弟旭烈兀再次西征波斯未征服的地区，并于1258年攻克巴格达，结束了阿拔斯王朝。次年，蒙古军队进军叙利亚，并一度攻陷大马士革。在近40年的西征中，蒙古的骑兵席卷了中亚、中东、俄罗斯和东欧，并与日耳曼十字军和条顿骑士团大战。其间，蒙古军队在征服马扎尔时也越过多瑙河进入巴尔干半岛，占领萨格勒布，兵锋直抵亚德里亚海。[1]其帝国势力一度控制了从日本海到亚得里亚海之间欧亚大陆的广大地区，并对伊斯兰教、基督教的东正教和天主教世界产生了极大的影响。旭烈兀在波斯建立伊儿汗国，拔都在钦察草原建立金帐汗国，在争夺阿塞拜疆牧场的斗争中，蒙古人曾应保加尔人的求助于公元1265年干预巴尔干事务，击败拜占庭帝国的军队并洗劫

---

① 韩儒林主编《元朝史》上册，人民出版社，1986，第143—170页。

了色雷斯。[①]而拜占庭帝国为了遏制统治埃及的马木鲁克帝国和金帐汗国对东正教世界的威胁曾支持伊儿汗国，结果导致金帐汗国于公元1271年对拜占庭帝国的征服。[②] 不过，蒙古帝国对如此广大的异域所施加的统治是软弱的，尤其对东欧的征服只是洗劫性的而未建立统治。在此之后，伊儿汗国、金帐汗国的统治者先后皈依了伊斯兰教，他们自己也淹没在波斯化和突厥化的汪洋之中。

其二是穆斯林突厥人的复兴和崛起。其中土耳其人趁塞尔柱帝国衰微之际，侵入小亚细亚西北，并于公元1299年建立了奥斯曼帝国。公元1340年土耳其人完成了对拜占庭帝国在小亚细亚残留领地的征服。然后开始向欧洲扩张。当时的欧洲，正处于旷日持久的十字军东征失败后的分裂状态，东正教与天主教势力所依托的帝国之间冲突不断，巴尔干半岛由于拜占庭、匈牙利、保加利亚、塞尔维亚等帝国的征伐扩张变得四分五裂，并相继走向衰落。这种形势为奥斯曼帝国势力侵入欧洲提供了有利的时机。在向拜占庭帝国势力范围逐步推进的过程中，土耳其人从被征服的基督徒中挑选少年组成近卫军团（童子军团），对他们进行伊斯兰教育和军事训练，"使他们充满圣战的思想：'要么就侵袭，要么就牺牲'。这支童子军后来成为奥斯曼帝国军队的主力，称为'新军'"。[③] 这支军队随着帝国征服的进程而不断扩大，皈依并忠于伊斯兰教的基督教民众也越来越多。奥斯曼帝国所代表的伊斯兰势力迅速向欧洲大陆的推进，导致了15世纪君士坦丁堡的陷落和拜占庭帝国千年统治的终结。

在蒙古帝国西向扩张和奥斯曼帝国崛起的过程中，最重要的意义在于改变了欧亚大陆的帝国势力平衡。"其中伊斯兰教是主要的、决

---

① 〔法〕勒内·格鲁塞：《草原帝国》，商务印书馆，1998，第503页。
② 〔苏〕格列科夫、雅库博夫斯基：《金帐汗国兴衰史》，商务印书馆，1985，第67页。
③ 金宜久主编《伊斯兰教史》，第287页。

定性的力量。"① 特别是在蒙古人建立的伊儿汗国、金帐汗国信奉伊斯兰教之后,伊斯兰教的势力开始在欧亚大陆广泛传播,从中亚到东欧,从中东到南亚次大陆乃至东南亚,从北非沿岸穿过撒哈拉大沙漠到西非,伊斯兰教作为世界性宗教获得了广大的传播地域和庞大的穆斯林群体,这对当时乃至后来的世界产生了重大影响。与此同时,蒙古人和突厥人的西向侵袭以及后来土耳其人建立的欧亚大陆帝国,对东西方文明的交流产生了深远的影响。特别是东方文明的思想成就和技术发明对西方世界的复兴和变革进程起到了重要的推动作用。

第二节　征服巴尔干半岛

奥斯曼帝国势力侵入巴尔干半岛的历史起始于 1354 年,并在 1362 年占领埃迪尔内且定都于此。巴尔干半岛的门户洞开。而当时的巴尔干半岛已经四分五裂,拜占庭帝国龟缩于君士坦丁堡及其周围地区,原帝国范围的各民族臣民则"卷缩在除匈牙利、热那亚和威尼斯领地以外的巴尔干诸小国家之间,这样的小国家曾经有二十四个"。② 强盛一时的塞尔维亚杜尚王朝的贵族们围绕着领地和权力争斗不休。而此时的土耳其人则先后征服马其顿、索菲亚、萨罗尼加和希腊北部地区攻入塞尔维亚人控制的领土。

在当时群雄争斗的塞尔维亚,声望最高的是姆尔尼亚夫切维奇兄弟,他们的领地最先遭到土耳其人的侵袭。为抵抗土耳其人的入侵,他们号召比邻的贵族势力联合抗战,但是 1371 年在马里查河的切尔诺门战斗中,他们没有得到支援,兄弟二人双双战死。这一地区的许

---

① 〔美〕斯塔夫里阿诺斯:《全球通史:1500 年以前的世界》,第 390 页。
② 〔南〕伊万·博日奇等:《南斯拉夫史》上册,第 125 页。

多塞尔维亚贵族势力纷纷不战而降，接受土耳其苏丹的分封统治。这次抵抗的失败，使土耳其人在巴尔干半岛辖制了一系列的附属小国。同时，这一事件也激发了其他塞尔维亚势力抗御外侮的民族自尊。他们中的莫拉瓦河流域的统治者拉扎尔大公成为联合塞尔维亚各部抵抗土耳其的组织者和领导者。

拉扎尔大公一方面努力实现各贵族势力的统一，另一方面依靠塞尔维亚教会寻求与君士坦丁堡大总主教区和解的途径，通过弥合宗教上的分歧来获得更广泛的支持。当时，拉扎尔大公的女婿武克·布兰科维奇是科索沃的统治者，这种亲缘关系也壮大了他的实力。在公元1381年和1386年，拉扎尔大公曾两次击败穆拉特苏丹的军队。这些胜利不仅极大地增强了塞尔维亚民族抵抗土耳其人侵略的信心，同时也刺激了土耳其人的征服心理。他们卷土重来的大战在科索沃拉开了帷幕。

1389年6月28日，土耳其军队在穆拉特苏丹的统领下，在科索沃平原的普里什蒂纳和布拉之间，与拉扎尔大公统领的包括武克·布兰科维奇和波斯尼亚国王特夫尔特科一世军队在内的塞尔维亚人、阿尔巴尼亚人、保加利亚人和匈牙利人联军展开了激战。这就是南斯拉夫历史上乃至巴尔干半岛历史上抵抗土耳其人入侵的最著名战役——科索沃战役。战斗初期，拉扎尔联军取得了一定优势，特别是对苏丹营帐的偷袭杀死了不可一世的穆拉特苏丹，引起土耳其军队内部的不稳定。但是，这种优势在穆拉特苏丹的儿子巴亚奇德继承权力后就难以维持了。土耳其军队在圣战理念与复仇激情的交相作用下发起的进攻，很快形成了战场上的优势，并彻底击溃了拉扎尔的联军，拉扎尔本人被俘，随后被处死。拉扎尔大公的遗孀以幼子斯特芬的名义向土耳其人臣服，同意每年向土耳其人进贡和提供辅助兵员。武克·布兰科维奇为了保存实力率部撤出战场，曾被视为拉扎尔大公的出卖者。拉扎尔大公的殉难，使教会授予他"圣徒"的称号，"此举引起了对英烈的颂扬，鼓舞了后继战士们起来反抗土耳其的统治，要'为科索沃的失败报仇雪耻'"。① 从此以后，6月28日这个日子在塞尔维亚民族和南斯拉夫国家的历史上开始留下了特殊的印记。

科索沃战役的失败，对巴尔干半岛是灾难性的。1392年，仍保留一定实力的武克·布兰科维奇在土耳其人势如破竹的进攻下不得不俯首称臣。现在，土耳其人的对手是匈牙利人。当时的匈牙利帝国在经历了蒙古铁骑的蹂躏后也处于分崩离析的状态。多瑙河以南地区的克罗地亚人与布达宫廷分庭抗礼，波斯尼亚也站在克罗地亚一边。塞尔维亚大公拉扎尔战死之后，土耳其人的威胁在即，匈牙利的新国王力主统一内部，粉碎了克罗地亚霍尔瓦特兄弟势力及其追随者，在波斯尼亚恢复了权威，开始同土耳其人对垒。公元1395年，为了保护匈牙利治下的瓦拉几亚大公，匈牙利国王率领基督教联军在罗维尼击败了土耳其军队。但是，第二年在尼科波列却遭遇惨败的厄运。土耳其人如同他们在整个征服战争中所采取的策略一样，参加战斗的军队包括了苏丹统治下的巴尔干各民族的军队，巴尔干各民族之间相互仇杀的历史在土耳其人的驱使下变得更加残酷。匈牙利军队的失败，使即将覆灭的阴云笼罩了整个巴尔干半岛。然而，一个偶然的历史插曲却使奥斯曼帝国推迟了对巴尔干半岛的最后征服。

1370年，在蒙古察哈台汗国统治下的中亚地区崛起了一支号称是察哈台汗国继承者的突厥势力，称汗者是史家所说的"拐子帖木儿"。帖木儿定都撒马儿罕，开始了他的对外征服。在后来的几十年间，帖木儿帝国的对外征服的兵锋南到印度，西至埃及，北达伏尔加河流域，东抵库车，成为又一支强大的伊斯兰教帝国势力，它的对手则是奥斯曼帝国。1400年，帖木儿开始进军奥斯曼帝国统治下的小亚细亚。在这种形势下，准备攻克君士坦丁堡的巴亚奇德苏丹不得不回师

---

① 〔南〕伊万·博日奇等:《南斯拉夫史》上册，第128页。

迎接帖木儿的挑战。双方的决战发生在 1402 年，是时两军对垒于安卡拉以北的丘布克。在巴亚奇德苏丹的队伍中包括了他所征服地区的各民族士兵，其中包括拉扎尔的继承人斯蒂芬带领的塞尔维亚军队。[①] 战斗以土耳其人及其联军的失败告终，巴亚奇德苏丹被俘。"奥斯曼人在安卡拉遭到的突然灾难使拜占庭帝国又出人意料地苟延了半个世纪（1402—1453）。"帖木儿防止奥斯曼帝国再度复兴所采取的措施，使"巴尔干的基督教世界由这一事实更加走运"。[②] 此后的奥斯曼帝国陷入了诸子争位和藩属分立的混乱时期。而 1405 年帖木儿汗的去世，使帖木儿帝国的势力也在子嗣的权力瓜分中大为削弱。这一"天时"为奥斯曼帝国的再度崛起无疑创造了条件。

在土耳其人卷土重来之前，巴尔干半岛的形势也在发生变化。塞尔维亚的斯蒂芬大公在参加安卡拉战役后，被拜占庭授予了"德斯波特"的称号，塞尔维亚的势力开始壮大。但是他面临着自己兄弟和武克·布兰科维奇后代的挑战，无法统一塞尔维亚。为此，他在摆脱土耳其人控制之后转而投靠了匈牙利帝国。在匈牙利帝国的庇护下，斯蒂芬以贝尔格莱德为中心向外扩展自己的领地，1411 年获得了波斯尼亚最大的矿区，在经济发展方面取得了进展，塞尔维亚的实力有所增强。但是，在匈牙利帝国和正在复苏的奥斯曼帝国夹缝中生存的塞尔维亚，内部贵族势力的对抗和外部威胁的存在，使它只能左右逢源地求得和平。1413 年，斯蒂芬和波斯尼亚统治者桑达利一起参与了奥斯曼帝国继承者的权力斗争，帮助穆罕默德一世夺取了王位。斯蒂芬在重新承担起对土耳其苏丹的义务时，也为塞尔维亚国家争取到 12 年的和平。在此期间，塞尔维亚的领土逐步扩大，并在土耳其人的支持下制服了与之对抗的贵族势力，建立起强硬的中央政权，并在全国范围（除驻有土耳其军队的地方）废除了传统的"茹帕"制，实行新

---

① 〔法〕勒内·格鲁塞：《草原帝国》，第 566 页。
② 〔法〕勒内·格鲁塞：《草原帝国》，第 568 页。

的行政分权管理。同时，矿山的开发和冶铁业的发展，促进了社会经济的发展和国库的充实。塞尔维亚人的文化事业也开始振兴。一批有学识的僧侣建立了文学中心，抄写和修缮古老的手稿，撰著颂扬拉扎尔大公的著作和塞尔维亚编年史，继续改进正字法，翻译、美术和家谱学也开始兴起，修道院和教堂的建筑风格也开始形成特色。塞尔维亚人的民族意识显著增强。

在奥斯曼帝国势衰期间，匈牙利帝国的目光转向欧洲，在平息克罗地亚和波斯尼亚等地的反对势力的同时，开始与正在崛起的奥地利哈布斯堡家族发生冲突。然而匈牙利帝国向欧洲扩张的企图随着齐格蒙德国王的去世和哈布斯堡家族的兴盛被遏制。与此同时，奥斯曼帝国在结束王位继承的纷争后开始重整旗鼓，其中对军队的改革是重要的措施。他们不仅继续扩大从被征服的基督徒中征收儿童从军的规模，而且在过去只有土耳其小贵族才能参加的骠骑兵中吸收皈依伊斯兰教的基督徒，甚至提升他们为高级军官。① 所以，在西方各国感觉到土耳其人日益逼近的压力而开始酝酿联合起来再组十字军时，塞尔维亚已经成为土耳其人的囊中之物了。1439 年，罗马教廷出资在佛罗伦萨宣告教会合并以推动基督教世界的联合来抗拒土耳其人时，整个塞尔维亚落入奥斯曼帝国的征服之手。作为斯特芬继承人的久拉吉·布兰科维奇在匈牙利参加了对土耳其人的反攻。1443 年，匈牙利人、塞尔维亚人、波兰人和德国人组成的大军经由贝尔格莱德和尼什，长驱直入保加利亚。这一胜利，激起一系列反抗土耳其人的斗争。其中包括苏丹统领下的阿尔巴尼亚军队也在其首领斯坎德培带领下发动了起义，进而得到阿尔巴尼亚各地贵族势力的响应，纷纷向驻防的土耳其军队发动进攻，并在斯坎德培的领导下结成了阿尔巴尼亚联盟。② 在这种形势下，奥斯曼苏丹向匈牙利国王提出休战 10 年的建议，并

---

① 〔南〕伊万·博日奇等：《南斯拉夫史》上册，第 141 页。
② 〔阿〕克·弗拉舍里：《阿尔巴尼亚史纲》，三联书店，1972，第 98—100 页。

同意久拉吉·布兰科维奇重新统治塞尔维亚的失地。但是，匈牙利第二年就撕毁了协议，向黑海推进，结果塞尔维亚领土成为土、匈双方拉锯的战场，蒙受了巨大的灾难。[①]

1453 年，对于基督教世界来说是具有特殊意义的年份。一直苟延残喘的拜占庭帝国首都君士坦丁堡，在新即位的苏丹穆罕默德二世统领土耳其军队两个月的围攻下陷落。入城后土耳其人纵兵屠杀 3 日，大肆劫掠。大量的文物古迹被毁坏，大量的书籍经典被焚烧，拜占庭帝国千年的文化积累遭到野蛮的践踏。这对于人类文明的发展来说无疑是一场浩劫，同时对欧洲而言也是一个悲剧。因为在西罗马帝国灭亡之后的 1000 年间，拜占庭除了在社会发展的各个方面作出重要的贡献外，还起到了西方避免伊斯兰势力大规模侵袭的屏障作用，它"使盾牌后面的西方能自由地发展自己的文明。这一点的全部意义，在 1453 年君士坦丁堡沦陷后变得非常清楚；土耳其人仅在半个世纪内便抵达欧洲的中心，包围了维也纳"。[②] 在君士坦丁堡陷落和拜占庭帝国灭亡之后，东正教的中心转移到正在从蒙古帝国瓦解后的统治余波中崛起的俄罗斯首都莫斯科。

无论巴尔干半岛的各个民族在拜占庭帝国的千年统治下如何谋求独立，君士坦丁堡的覆灭，对巴尔干半岛各民族来说并不意味着解放。拜占庭帝国的消失，从某种程度上削弱了巴尔干半岛各民族抵抗土耳其人进攻的信心。在那之后的几十年间，奥斯曼苏丹的军队裹胁着被征服地区的各民族军队进行了持续不断的征服战争。1459 年塞尔维亚被彻底征服；1463 年整个波斯尼亚被占领；1469—1526 年土耳其人对斯洛文尼亚发动了 45 次进攻；1479 年土耳其人与威尼斯人瓜分了阿尔巴尼亚；1482 年黑塞哥维那被占领；1493 年克罗地亚军队的抵抗被彻底摧毁，在历史上"被称为'克罗地亚败北'的这一场

---

① 〔南〕伊万·博日奇等：《南斯拉夫史》上册，第 144 页。
② 〔美〕斯塔夫里阿诺斯：《全球通史：1500 年以前的世界》，第 416 页。

战役，并未使土耳其人在领土方面有任何扩大，但是，整个地区变成了不设防的空白区"。① 在此之后，土耳其人势如破竹地摧毁了已经虚弱不堪的匈牙利帝国防御体系，沿多瑙河长驱直入洗劫了匈牙利帝国的首都布达。在匈牙利帝国占领下的巴尔干领土也基本上纳入苏丹的统治之下。唯一的例外只有黑山（门的内哥罗），该公国以其山地险峻复杂的条件一直没有被彻底征服，在策蒂涅建立了都城。"从此以后，门的内哥罗公国就一直以此为首都。丧失了斯库台里湖畔肥沃的平原地区，又被海岸阻隔的门的内哥罗人今后的命运，是与土耳其人进行持续不断的战争，几乎长达四个世纪。"②

在奥斯曼帝国对巴尔干半岛的整个征服过程中，欧洲诸帝国之间的矛盾在不断加深，法兰西帝国支持土耳其人进攻匈牙利，是为了将祸水引向正在崛起的哈布斯堡家族，以便消除其身边最危险的敌人。波兰王国对自己的匈牙利亲戚见死不救，则是为了通过与土耳其议和来保全自己。帝国之间的利益关系在巴尔干半岛的争夺中已现端倪。从巴尔干半岛的国家与民族来说，"占领与不可避免的合作和相互影响交织在一起"。作为苏丹的臣属，进贡的义务既包括钱财又包括兵员，从某种意义上说奥斯曼帝国对巴尔干半岛的征服包括了被征服的各民族统治阶级"对土耳其的胜利作出了贡献"。③ 帝国征服利用被征服者来实现自己目的的策略，通过挑起巴尔干半岛各民族之间的战争而加速了征服战争的过程。但是，它留给巴尔干半岛各民族的却是不断加深的民族仇怨和复杂难解的领土争端。这一点在后来的岁月中不断被交相染指巴尔干半岛的帝国势力所效仿和放大，致使巴尔干半岛的各个国家，特别是南斯拉夫成为民族问题较为复杂的地区。

---

① 〔南〕伊万·博日奇等：《南斯拉夫史》上册，第150页。
② 〔南〕伊万·博日奇等：《南斯拉夫史》上册，第116页。
③ 〔南〕伊万·博日奇等：《南斯拉夫史》上册，第152页。

第三节 苏丹统治下的巴尔干半岛

从 1354 年奥斯曼帝国入侵巴尔干半岛开始，到 1526 年攻占匈牙利帝国的都城布达，在持续 270 余年的征服战争中，巴尔干半岛终于被置于土耳其人的统治之下。

奥斯曼帝国对其庞大的领土实行军事行政大管辖区的统治，即行省制。在行省之下，划分为"桑贾克"（即县或旗）。在匈牙利帝国覆灭之前，被占领的巴尔干半岛各国都被划归在鲁梅利亚行省，其中心设在索非亚。随着帝国的扩张，又划分出若干行省，其中在南斯拉夫历史上最重要的就是 1580 年建立的波斯尼亚行省（也称巴夏辖区），下分 25 个"桑贾克"。在"桑贾克"之下划分为较小的"纳希"管辖区（相当于区、乡）和独立于行政管辖之外的司法辖区"卡迪"。可以说这一套行政和司法体系是相当完备的。

从社会阶层的划分来看，"不论有什么样的称号，一切行政管理的、司法的和财政的官员、宗教长老和教授、一切在帝国内能为皇帝（苏丹）的荣誉作出自己贡献的人，都属于统治阶级"。而帝国强大的军队及其所具有的特殊地位和功劳，也获得属于统治阶级之列的称号——阿斯克尔（士兵）。至于"平民百姓的义务就是为统治阶级的需要而劳动和生产，他们都被称为'赖雅'（意为一群畜牲，臣民）"。[1] 所有的"赖雅"都是赋税的缴纳者，受层层盘剥，而非穆斯林"赖雅"中有劳动能力的男子还要向苏丹缴纳人头税和"血贡"，即向苏丹奉献自家的少年儿童，去接受伊斯兰的教育和效忠苏丹的训练，成为苏丹军队的有生力量。皈依伊斯兰教的"赖雅"情况要好得多，包括人头税在内的一些贡赋可以得到减免。

---

① 〔南〕伊万·博日奇等：《南斯拉夫史》上册，第 188 页。

奥斯曼帝国的统治者为了维护在巴尔干半岛的征服者地位，通过对社会阶层的不同待遇来推行伊斯兰化。这种以宗教划界的歧视性政策及其所造成的社会不平等，在很大程度上促使一些被征服民族向伊斯兰教皈依。阿尔巴尼亚人因不堪忍受不断提高的贡赋和为了改善社会地位皈依伊斯兰教，① 在很多城市中不少人为了脱离"赖雅"的身份进入宽泛的所谓"统治阶级"行列而改信伊斯兰教，因为"倘若有谁想在帝国的军事行政机构中使个人飞黄腾达，想在城市里从事经济活动而发财致富，或者单纯地对新的社会制度表示拥护，他就得改宗伊斯兰教"。② 城市中的伊斯兰化逐步对农村发生着辐射性影响，农村中的小贵族们为了保住自己的庄园，也纷纷改信了伊斯兰教。在改信伊斯兰教的一些斯拉夫贵族中，凭借个人的才能和苏丹的赏识，也得到高官厚禄，例如苏里曼二世的女婿、担任宰相的穆罕默德·索科洛维奇，就是塞尔维亚人。他曾为苏丹进行过远征，战功卓著。在大量的伊斯兰风格的建筑中，横跨德里纳河的维舍格勒桥，就是为了纪念他而修建的。

在波斯尼亚和黑塞哥维那，斯拉夫人的宗教皈依最为普遍和彻底。其原因是比较复杂的。如前所述，这个地区的国家进程相对滞后，克罗地亚人、塞尔维亚人、匈牙利人和拜占庭帝国在不同时期都曾控制过这一地区的某些部分。所以，这一地区的斯拉夫人部落被分隔统治，而统治者又频繁更迭，以致到 12 世纪末还未形成自然的边界和强有力的中心。在宗教信仰方面，这一地区受到东正教和天主教的交相影响，但都未形成优势。到库林王朝时期，鲍古米尔异端教派在波斯尼亚广为流传，库林也一度放弃了天主教而皈依鲍古米尔教派。在波斯尼亚上、下分治时期乃至马奇瓦和波斯尼亚公国时期，东西方宗教势力都未能改变这一地区的信仰。即便是波斯尼亚极盛时

---

① 〔阿〕克·弗拉舍里：《阿尔巴尼亚史纲》，第 133 页。
② 〔南〕伊万·博日奇等：《南斯拉夫史》上册，第 196 页。

期，即所谓"达尔马提亚及克罗地亚之王"的时期，不仅没有将王国所征服的领土融为一体，而且也未能改变其治下的东正教徒塞尔维亚人与天主教徒克罗地亚人、波斯尼亚斯拉夫人与达尔马提亚的拉丁人、鲍古米尔派异教徒与狂热的天主教徒之间的鸿沟。在波斯尼亚王国衰落之后，天主教和东正教势力对鲍古米尔教派的排拒与迫害，致使土耳其人的入侵成为波斯尼亚人所期望的解救。"他们本来就宁愿被苏丹征服，而不愿被迫皈依教皇；而他们一旦被苏丹征服，便毫不犹豫地在宗教上也来个转变。伊斯兰教的教义与他们自己的受人鄙视的'异端'颇有相似之处；此外，按照伊斯兰教的教规，皈依本教的人还可以保留他们的土地和封建特权等实际利益。这样波斯尼亚就出现了一种奇特的贵族阶级：论种族是斯拉夫人，论宗教却是穆罕默德的信徒。"① 皈依了伊斯兰教的波斯尼亚贵族们除了语言之外，从各方面也仿效土耳其人，这使苏丹派驻波斯尼亚行省的总督很少干预地方的事务。

在奥斯曼帝国统治下的巴尔干半岛，"土耳其人在许多方面肆行民族压迫，但在宗教事务上却相当宽容"。② 这里所说的宽容，当然不是指其按照宗教信仰划分社会地位，而是说天主教徒和东正教徒们仍可以实行各自的宗教管理和进行自己的宗教活动。"其原因主要在于伊斯兰教法。伊斯兰教法承认基督教徒和犹太教徒跟穆斯林一样，是圣经的臣民。"③ 因此，在穆罕默德·索科洛维奇的努力下，1557 年苏里曼二世同意恢复了佩奇大总主教区，其辖区扩大到塞尔维亚、黑山、波斯尼亚、保加利亚的一部分、马其顿的北部地区以及达尔马提亚、克罗地亚、斯拉沃尼亚和匈牙利境内的塞尔维亚人居住的所有居

---

① 〔阿〕克·弗拉舍里：《阿尔巴尼亚史纲》，第 99 页。
② 〔阿〕克·弗拉舍里：《阿尔巴尼亚史纲》，第 101 页。
③ 〔美〕斯塔夫里阿诺斯：《全球通史：1500 年以后的世界》，上海社会科学院出版社，1992，第 53 页。

民点，先后设立了 40 多个总主教。这些总主教区"通过业已恢复的和新建的教堂和修道院内的大批教士，把散居在奥斯曼帝国广阔地区的塞尔维亚人民联合成为一个整体，俨然以塞尔维亚人民的代表出现，并促进关于塞尔维亚人民统一的思想"。[①] 塞尔维亚的文化也在此基础上得到了发展。然而，天主教徒的命运则有所不同，其原因是土耳其人在征服巴尔干半岛之后所面对的敌人是天主教世界中已经崛起的哈布斯堡王朝。

虽然巴尔干半岛的大多数民族和人口并没有皈依伊斯兰教，但伊斯兰文化对这一地区的影响是广泛和深远的。在塞尔维亚-克罗地亚语中融入了三千余土耳其语的词汇，斯拉夫人的民间文艺中，也融入了伊斯兰诗歌和东方音乐的痕迹，许多塞尔维亚和克罗地亚的诗歌是用阿拉伯文写成的。伊斯兰的建筑艺术和美术风格在城市中尤为明显。在社会生活中，日用器物、生活方式以及价值观念也对南斯拉夫人产生了潜移默化的影响。不过，这些影响主要是在长达四个世纪的统治中自然发生的。对于土耳其人来说，"只要自己的统治得到承认，不遭反抗，是不会触动这个世界的"。[②] 特别是在东正教新的中心——俄罗斯帝国还没有觊觎巴尔干半岛对土耳其人构成威胁的情况下，巴尔干半岛各民族的传统文化和社会生活主流没有受到强制伊斯兰化的压迫。

在奥斯曼帝国统治时期，巴尔干半岛的民族成分进一步趋于复杂，各民族的人口流动所造成的杂居状况显著增多。奥斯曼帝国的扩张一直是裹挟和利用着被征服地区的各个民族，这些人包括中亚和小亚细亚的游牧民族、印度的茨冈人、流散的犹太人等。在土耳其人进行征服战争初期，巴尔干半岛形成了由南向北躲避战祸的移民。而在土耳其人北上征伐的过程中，又迫使一些斯拉夫人向东欧和西欧扩

[①] 〔南〕伊万·博日奇等：《南斯拉夫史》上册，第 202 页。
[②] 〔南〕伊万·博日奇等：《南斯拉夫史》上册，第 199 页。

散，同时巴尔干半岛上的游牧民族如瓦拉几亚人也在这种迁徙中逐步融散在各个地区，并和当地居民渐渐融为一体。这种移民导致的民族分化与聚合，使一些传统文化的因素也逐步扩散开来，并在一些地区形成了主流。如塞尔维亚和克罗地亚方言区的变化和两个民族的杂居相处，使他们的语言和习俗的同一性得到了加强，只是由于拜占庭与罗马文化传统及其造成的宗教分化，形成了塞尔维亚人的塞尔维亚-克罗地亚语用基里尔字母拼写，克罗地亚人的克罗地亚-塞尔维亚语则用拉丁字母拼写。

第四节　巴尔干半岛的各民族起义

奥斯曼帝国在征服巴尔干半岛期间，西欧正在发生深刻而剧烈的变革，相继经历了以意大利为中心的文艺复兴、以马丁·路德为代表的宗教革命，以西班牙、葡萄牙为先导的海外扩张所引起的商业革命和殖民浪潮，民族君主专制国家的建立和哈布斯堡王朝的崛起。在此期间，虽然奥斯曼帝国仍在向四方扩张，甚至曾兵临维也纳城下，引起了基督教世界的无比恐慌。然而，哈布斯堡王朝的出现遏制了土耳其人继续向欧洲的扩张。虽然从 15 世纪末开始，欧洲各君主国之间由于宗教和领土以及谋求霸权等原因，发生了持续不断的战争，但是并没有给奥斯曼帝国提供继续扩张的条件。因为欧洲正处于生机勃勃的发展时期，而奥斯曼帝国从 16 世纪下半叶开始已出现了由盛向衰的转变。

在奥斯曼帝国统治下的欧亚非三大洲的广阔领土上，统治阶级（包括军队）的庞大及其所造成的官僚机构臃肿，不断消耗着国家的财力。地方各级官吏、贵族们聚敛钱财的利益争斗，使传统的军事封建统治体制走向崩溃，中央政权维护统治权威不得不更多地依赖雇佣军，而养息雇佣军、改进军事技术需要大量的资金。国库空虚、地方分治，迫使帝国不断提高赋税来增加收入、充实内帑。经济剥削的加重以及征税人的残暴和掠夺，使阶级矛盾及其加剧的民族矛盾日益尖锐。巴尔干半岛各民族人民的反抗斗争也就不可避免地爆发了。

最初的反抗是以"哈伊杜克"形式普遍出现的。所谓"哈伊杜克"实际上就是一些贫苦民众揭竿而起、以抢劫为特点的反抗，他们主要袭击土耳其人的商队，洗劫财物之类。随着这种"哈伊杜克"式的造反越来越多，在土耳其人的清剿镇压下，他们逐步联合在一起，并产生了反抗土耳其人统治的政治主张。巴尔干半岛各民族人民自发的反抗斗争，使土耳其统治阶级以民族划界的征服者意识迅速复苏，以致"土耳其人成了社会和政治的压迫最突出的代表者，而信奉基督教的民族——塞尔维亚、马其顿和克罗地亚人，都是被奴役的'赖雅'"。[1] 阶级矛盾向民族矛盾的转化，使被压迫民族内部的阶级对立成为次要因素，所以当塞尔维亚等民族的起义爆发后，他们得到了塞尔维亚教会的大力支持。但是，这并不意味着宗教方面的对立发挥了主导作用，因为皈依伊斯兰教的巴尔干民族同样起来反抗土耳其人的压迫，特别是在阿尔巴尼亚体现得尤为显著。[2]

从促发巴尔干半岛各民族反抗奥斯曼帝国统治的外部因素来看，土耳其与哈布斯堡之间的战争是最直接的。1593 年，土耳其军队为争夺已被哈布斯堡统治的克罗地亚地区向奥地利宣战，拉开了新一轮土奥战争。在教皇试图推动西方甚至俄国共同抵抗土耳其人之际，塞尔维亚人在其总主教的支持下爆发了起义，并一度取得了一些胜利。1597 年，黑塞哥维那各部发动起义。同时，在阿尔巴尼亚也爆发了大规模的起义。在各民族的起义中，联合反抗土耳其人压迫的取向也开始出现。1614 年在阿尔巴尼亚山区的库查曾召开过有阿尔巴尼亚、塞尔维亚、黑山、马其顿起义首领参加的会议，商讨共同开展起义斗争

---

① 〔南〕伊万·博日奇等：《南斯拉夫史》上册，第 212 页。
② 〔阿〕克·弗拉舍里：《阿尔巴尼亚史纲》，第 133 页。

的事宜。① 巴尔干半岛各民族的起义虽然都遭到了残酷的镇压，但是反抗奥斯曼帝国奴役统治的斗争并没有停止。特别是在黑山地区，土耳其人始终没有建立起稳定的统治。从 1516 年开始，黑山从过去的世俗统治转变为神权统治，这种转变不仅加剧了东正教与伊斯兰教的宗教对立，而且也加强了黑山在抵抗土耳其人征服方面的内在力量。加之黑山地区为多山复杂地理条件，土耳其人无法在崇山峻岭中建立自己的统治。所以，黑山地区的反抗斗争一直没有停止。1623 年和 1687 年，土耳其军队曾两次占领了黑山的都城策蒂涅，但是无法实施统治。在黑山南部地区，一些塞尔维亚人和阿尔巴尼亚人已经皈依了伊斯兰教。黑山统治者为了巩固政权和消除内部的隐患，在 1702 年采取残暴的手段对穆斯林大加杀戮，其中既包括土耳其人，又包括皈依伊斯兰教的斯拉夫人和阿尔巴尼亚人。② 在此之后，土耳其军队虽然第三次占领了策蒂涅，但是在黑山人民的游击战困扰下和无法获得给养的困境中不得不退出黑山。

奥斯曼帝国虽然国势衰落，但是巴尔干半岛各民族的反抗斗争毕竟是分散的和局部的。所以，从 17 世纪到 18 世纪，巴尔干半岛反抗土耳其苏丹统治的斗争虽然一直在继续，但是没有取得实质性的成果。而在此期间，奥斯曼帝国与奥地利等欧洲国家的冲突，也使巴尔干半岛各民族的起义对外部势力的支持寄予厚望。如塞尔维亚人的起义、黑塞哥维那的起义、阿尔巴尼亚的起义和黑山的起义都曾为得到教皇、西班牙、奥地利、威尼斯等方面的支持而充满成功的希望。但是，当时的欧洲各君主国之间的矛盾和冲突日益激烈，抵抗土耳其人的战争同盟是不稳定的，而且利益至上的原则已经代替了"十字军"时代的所谓"圣战"团结。法兰西帝国与哈布斯堡王朝的争霸，使法

---

① 〔阿〕克·弗拉舍里：《阿尔巴尼亚史纲》，第 132 页。
② 〔英〕斯蒂芬·克利索德主编《南斯拉夫简史》，第 119 页。

国敢于在基督教世界一片哗然声中与奥斯曼帝国通好,"从而反映了中世纪统一的基督教世界的观念已为王朝利益所取代的程度"。[①] 而巴尔干半岛东方崛起的俄罗斯帝国与黑山反抗者的接触,促使黑山参加了俄土战争,也并非出于东正教帝国对伊斯兰帝国统治下的东正教徒的解救。帝国利益的冲突在西欧各国平息后,奥斯曼帝国占领下的巴尔干半岛成为东西方帝国之间利益争夺的对象。

在奥斯曼帝国与维也纳王廷的战争以失败告终之后,来自东方和西方的新的帝国势力开始介入巴尔干半岛。此后,巴尔干半岛在相当长的岁月中成为多种帝国势力竞相角逐的战场,南斯拉夫各民族在帝国势力拉锯般的争斗中随着战争的需要被利用,随着帝国势力范围的盈缩被分割,整个巴尔干半岛的形势变得异常复杂,巴尔干半岛各民族的命运完全被帝国势力所主宰。随着奥斯曼帝国势力的退缩,凌驾于巴尔干半岛各民族利益之上的帝国统治并没有终结,只是变成了新的帝国统治者而已。

---

① 〔美〕斯塔夫里阿诺斯:《全球通史:1500年以后的世界》,第149页。

第三章

东西方帝国染指巴尔干半岛

哈布斯堡王朝的权力，是在反对南方斯拉夫人的斗争中通过联合德国人和马扎尔人的方法建立起来的。

恩格斯：《匈牙利的斗争》

彼得大帝一上台就破除了斯拉夫族的所有传统。"俄国需要的是水域"——他对坎特米尔亲王讲的这句辩驳之词被铭刻在他的传记扉页上。他第一次对土耳其作战的目的是为了征服阿速海；他对瑞典作战是为了征服波罗的海；他第二次对土耳其征服作战是为了征服黑海；他对波斯进行欺诈性的干涉是为了征服里海。

马克思：《十八世纪外交史内幕》

十八世纪末叶，俄国为了争取对巴尔干东正教徒的保护权，也正像奥地利要求保护巴尔干天主教徒一样，他们都为实现自己的目标而斗争。然而，当问题涉及攫取业已衰败的土耳其领土时，这种宗教的原则也就被抛到九霄云外了。

〔南〕伊万·博日奇等：《南斯拉夫史》

在十九世纪以及二十世纪的最初十年里，在力量均势的局面下，秘密外交盛行。欧洲大国就划分他国领土进行公开的和秘密的磋商。这些领土大部分都是属于奥斯曼大帝国的。但是这个"博斯普鲁斯的病夫"即使软硬兼施，也无法保住那些领土了。由于奥斯曼帝国的衰落和瓦解正是以丧失其巴尔干半岛的领土开始的，这一地区在一段时间内就成了欧洲历史上大国秘密外交的重点。

〔南〕兰科·佩特科维奇：
《巴尔干既非"火药桶"又非"和平区"》

第一节　哈布斯堡王朝与土耳其

16 世纪的西欧，海外地理大发现的殖民主义扩张迅速兴起。但是，这并没有改变欧洲各民族君主国之间图谋建立大陆帝国的竞争和冲突，只是一时还没有哪一个国家具备再现罗马帝国对外征服历史的能力，各君主国之间处于一种虎视眈眈的均势对峙或相互之间争夺领土的拉锯战争状态。然而，谁也未曾料到"这些王朝间的均势被通过联姻而惊人地崛起的西班牙王室所破坏"。① 这种政治联姻所造成的继承权使哈布斯堡家族形成领土庞大的欧洲帝国。

西班牙作为欧洲最早向海外扩张的殖民主义帝国，在 16 世纪初已开始垄断欧洲的海上贸易，到 16 世纪中叶它已经在中南美洲建立

---

① 〔美〕斯塔夫里阿诺斯：《全球通史：1500 年以后的世界》，第 148 页。

起地域广大的殖民统治，成为当时欧洲最大的殖民帝国，而其国力也随着对殖民地的金银聚敛和财富掠夺而迅速增强。1516 年西班牙国王斐迪南死后，因其无子嗣，遂由其外孙哈布斯堡家族的查理继承王位，称查理一世。查理一世从其母系继承了西班牙及其领地那不勒斯王国、西西里、撒丁尼亚和美洲的殖民地，同时又从其父系继承了哈布斯堡家族世袭领地（包括奥地利、施蒂里亚、卡林西亚、卡尼奥卡公国以及蒂罗尔州）和"勃艮第遗产"（包括尼德兰、卢森堡和佛朗士孔泰）。1519 年，查理一世以其治下的庞大版图当选为神圣罗马帝国皇帝，并按照神圣罗马帝国的皇权传承称查理五世。[①]渊源于奥地利的哈布斯堡家族由此成为欧洲大陆帝国争霸中最大帝国的统治者。

当然，哈布斯堡家族再建的神圣罗马帝国虽然统治了从西西里到阿姆斯特丹、从直布罗陀到匈牙利的广大地域，但是它只是一个靠政治联姻和世袭继承形成的联合王朝，其内部的分散性和多向性难以构成坚强的凝聚力，所以"哈布斯堡家族的帝国永远也不可能和亚洲的统一、中央集权的帝国相比"。[②] 不过它庞大的势力范围对欧洲正在兴起的其他帝国所构成的威胁，不可避免地引发了法兰西帝国与哈布斯堡王朝之间的争霸战争。此后，查理五世及其继承者还面临着路德宗教改革后新教的挑战、尼德兰革命和英国人的争霸以及被占领土内的起义。这一系列战争使庞大的哈布斯堡王朝迅速衰落，到1555年查理五世将神圣罗马帝国的皇位王位传给其弟斐迪南一世，次年将西班牙的王位传给其子腓力二世，哈布斯堡家族权力在奥地利和西班牙的分化如同帝国国徽的双头黑鹰一样名副其实地成为两个头，一个在维也纳、一个在马德里。到 17 世纪它在欧洲已经不是一个举足轻重的

---

① 周一良、吴于廑主编《世界通史·中古部分》，人民出版社，1962，第402页。〔美〕斯塔夫里阿诺斯：《全球通史：1500 年以后的世界》，第 148 页。

② 〔美〕保罗·肯尼迪：《大国的兴衰》，世界知识出版社，1990，第 48 页。

帝国了。但是，哈布斯堡王朝在奥斯曼帝国西进的威胁下又处于西欧的前沿。在与土耳其人的战争中，哈布斯堡王朝的势力扩展到了巴尔干半岛。

1593 年至 1606 年的土奥战争，主战场在匈牙利境内。土耳其人在克罗地亚边境地区收复了一些失地，但也受到奥地利和瓦拉几亚、摩尔达维亚联军的强烈抵抗。而其统治下的其他地区不断爆发的民族起义，又使它受到来自内部动荡的牵制。所以，1606 年土、奥双方签订和约之后，这两个帝国各自去应付自身面临的其他挑战。奥斯曼帝国不仅需要平息巴尔干半岛各地、各民族的暴动和起义，更重要的是其在北非、波斯的统治出现了严重的危机。直到土耳其人于 1638 年重新占领巴格达之后，重振帝国的信心才有所恢复，遂发动了从威尼斯手中争夺克里特岛的长达 24 年的康迪战争。而 1618 年波希米亚基督教徒反对斐迪南二世的反叛，使哈布斯堡王朝卷入了长达 30 年的欧洲宗教战争。1648 年签订的《威斯特伐利亚和约》，使奥地利摆脱了冲突，而西班牙与法兰西的战争仍在继续，直到 1659 年签订《比利牛斯条约》。维也纳、马德里哈布斯堡家族在欧洲称王称霸的时代由此一去不返。

在欧洲持续 30 年的宗教战争中，"来自匈牙利和克罗地亚军事边区的大批斯洛文尼亚人、克罗地亚人和塞尔维亚人，站在皇帝一方，作为一支轻骑兵参加了三十年战争的多次战役"。① 在三十年战争之后，维也纳哈布斯堡家族在巩固其君主专制政权的同时，开始逐步从罗马-德意志帝国的空壳中脱离出来，斯洛文尼亚天主教势力的单一性使它作为维也纳皇廷的世袭领地也得到巩固。而克罗地亚在奥地利与土耳其的战争中被分割，分别受制于奥地利、匈牙利和土耳其。为了防止土耳其人的北上西进，奥、匈在与土耳其拉锯地区建立了克罗

① 〔南〕伊万·博日奇等：《南斯拉夫史》上册，第 220 页。

地亚军事边区，并对这一地区移民以充实边区。这些移民除了德意志人外，主要是吸纳了大量信仰东正教的塞尔维亚人。这些塞尔维亚移民要求自治和宗教信仰自由的呼声，得到基本上由德意志人担任的边区军事长官的支持，克罗地亚军事边区也因此从克罗地亚的传统统治中分离出来，成为特殊管辖区。对于边区军事当局的自行其是和东正教势力的发展，奥地利是不能容忍的，通过废除自治、裁抑边区军事首领权力等措施的推行，奥地利在克罗地亚军事边区最终建立了专制统治。而对哈布斯堡家族专制统治不满的克罗地亚贵族势力，不得不摇摆于奥、匈的矛盾之间。

在奥地利哈布斯堡王朝的专制统治日益向匈牙利和巴尔干半岛发展的过程中，匈牙利的贵族势力与克罗地亚的贵族势力曾联手密谋抗拒维也纳，并为此先后求助于土耳其苏丹和哈布斯堡的欧洲对头法兰西。然而，刚从克里特岛战争中脱身的土耳其不愿与奥地利发生新的战争，法国则利用这一时机就西班牙的继承权问题向哈布斯堡勒索了利益。所以，当1670年克罗地亚巴昂佩塔尔·兹林斯基发动起义时，没有得到外部任何力量的援助，迅即失败。次年，佩塔尔等克罗地亚贵族被处死，"而他们的领地，相当于半个巴昂管辖的克罗地亚，落入皇帝手中"。[1]

1683年至1699年的土耳其和奥地利战争期间，虽然土耳其军队曾将维也纳围攻长达两个月之久，但是最后却以欧洲人的胜利而告结束。1687年，奥地利军队在反攻的过程中占领了整个匈牙利，参加作战的还有克罗地亚人和边区的塞尔维亚人，来自达尔马提亚的"乌斯科克"，[2] 来自斯拉沃尼亚、波斯尼亚和黑塞哥维那的"哈伊杜克"起义军。次年，奥地利军队进入贝尔格莱德。与此同时，威尼斯人及

---

① 〔南〕伊万·博日奇等：《南斯拉夫史》上册，第220页。
② "乌斯科克"指从土耳其边界逃亡到哈布斯堡势力范围的各类流民武装，民族成分复杂，基本上是东正教教徒，其中多为斯拉夫化的巴尔干土著。

其占领地的"哈伊杜克"在达尔马提亚北部清除了土耳其人的势力。威尼斯人感到奥地利人开始不断向南推进时，也派兵到黑山的策蒂涅建立总督府。这些帝国势力在同土耳其人作战的同时，开始在巴尔干半岛划分自己的势力范围。在奥地利军队从贝尔格莱德南下期间，土耳其人统治的塞尔维亚地区普遍爆发了起义，并在号称"整个伊利里亚世袭的德斯波特"的乔尔杰·布兰科维奇的号召下联合在一起，"塞尔维亚民兵"的势力日益壮大。然而，奥地利人在利用塞尔维亚等巴尔干民族打击土耳其人的同时，对这些起义力量并不放心，也并不给予真正的支持。奥军深入马其顿时，带动了马其顿的起义运动，然而奥军为躲避鼠疫旋即放弃了已攻占的地区而退守科索沃的普里什蒂纳。结果马其顿的起义很快被土耳其人镇压，其领导人卡尔波什在普里什蒂纳失守后被处死。同时，奥军为防止塞尔维亚起义队伍坐大，将其领导乔尔杰·布兰科维奇逮捕监禁，从而造成塞尔维亚人起义的再次失败。

奥军深入巴尔干半岛腹地并一度取得了对土耳其人的胜利之后，开始回防贝尔格莱德。这一行动又引起塞尔维亚、马其顿等地的居民怕土耳其人的报复而向北逃亡迁徙。当土耳其人的反攻再次攻陷贝尔格莱德后，塞尔维亚人也只好背井离乡寄居于匈牙利境内。塞尔维亚人为了保住自己民族的完整和重建塞尔维亚国家，向奥地利提出承认奥皇是世袭君主，同时要求奥皇承认塞尔维亚大总主教在君主国范围内对东正教居民的管辖权，并且要求释放乔尔杰·布兰科维奇来担任塞尔维亚人的长官。然而，哈布斯堡的"列奥波特一世不愿意让复兴塞尔维亚国家的思想复活而拒绝了这一要求，给塞尔维亚人指定了一个'副长官'，而把管理教会和世俗事务的权力交给了危险性较小的大总主教"。①

---

① 〔南〕伊万·博日奇等：《南斯拉夫史》上册，第232页。

过去一直对哈布斯堡专制统治不满的匈牙利在这次战争中已置于奥地利的统治之下，出于无奈而表现出对维也纳将土耳其势力赶出匈牙利的感激，匈牙利议会于1687年承认哈布斯堡家族的世袭君主地位。此后，匈牙利的国家体制开始按照哈布斯堡的政策进行了改变，如建立匈牙利-德意志混编的军队，在原土耳其人占领的地区废除宗教信仰自由并让德意志人移居这些地区，自由土地赐予奥地利的将军们，建立新的封建庄园等。对于新收复的克罗地亚土地，维也纳坚持由军事边区统治，而克罗地亚则要求收归自己所有。边区的塞尔维亚人反对克罗地亚贵族的统治，加之天主教僧侣一直企图把他们引向教会合并的矛盾，所以在这个问题上他们站在维也纳一边，赞成由边区军事长官统治。哈布斯堡王朝的"中央政权机关巧妙地利用了国内本身的阶级和宗教的冲突，而对克罗地亚贵族的要求未加理睬"。[①] 这使得克罗地亚贵族势力与匈牙利王国反对维也纳中央的势力日益密切起来。

在这次土奥战争中，威尼斯人企图在黑山建立统治的野心被土耳其人打破，策蒂涅被土耳其军队洗劫焚烧。而一度深入巴尔干半岛腹里的奥地利军队也未站住脚。但是，从总体来看，土耳其人在匈牙利南部和巴尔干半岛北部的统治已告结束。而哈布斯堡王朝的统治势力虽然在西欧一蹶不振，但在东欧特别是巴尔干半岛却获得了新的领土。1697年，奥地利军队再次打败土耳其人，并直插萨拉热窝，最终结束了这场土奥战争。1699年，在哈布斯堡同盟国英、荷两国的调停下土、奥双方签订了斯雷姆卡尔洛夫齐和平条约，各自保留了当时占领的土地。这场战争的意义，对于土耳其苏丹和哈布斯堡家族都是重大的。只是前者预示着退出巴尔干半岛的先声，而后者则是哈布斯堡家族的专制统治在中东欧地区产生长久影响的开始。但是，无论是土

---

① 〔南〕伊万·博日奇等：《南斯拉夫史》上册，第234页。

耳其人的退缩也好，奥地利人的推进也罢，巴尔干半岛所面临的是新一轮帝国争夺的命运。

第二节　沙俄帝国与土耳其

东斯拉夫人是斯拉夫人中人数最多的一支。从6世纪起，称为罗斯的南部东斯拉夫人曾多次与拜占庭发生冲突，860年罗斯王公曾从海路进攻君士坦丁堡。罗斯国家的最终形成是在882年，以基辅为中心，故称基辅罗斯，统治着从第聂伯河到伊耳缅湖之间的土地。[①] 从10世纪初开始罗斯人多次向黑海地区扩张，同拜占庭之间的战争频繁。967年打败保加尔人，进入多瑙河河口地区。987年罗斯与拜占庭结盟，次年罗斯大公弗拉基米尔宣布皈依东正教。进入11世纪之后，随着罗斯阶级矛盾的发展，农民起义频繁爆发，被基辅大公征服的王公贵族也纷纷拥兵自立，罗斯国家处于分裂状态。

13世纪初期，蒙古游牧帝国西征扩张，成吉思汗的孙子拔都在征服钦察草原过程中于1238年征服了罗斯诸公国，1240年占领了基辅。其后拔都在伏尔加河下游地区建立了金帐汗国（也称钦察汗国）。在此之后的100多年间，随着金帐汗国的内讧及其与伊尔汗国之间的冲突，罗斯各公国在逐步脱离蒙古人统治方面取得了很大进展。而当时的莫斯科公国在联合俄罗斯诸公国反抗蒙古帝国统治的斗争中起到了核心的作用，1380年莫斯科大公德米特利带领各王公的联军在顿河流域的库里科沃战役中取得了重大胜利，从而为俄罗斯摆脱金帐汗国的统治和建立统一的俄罗斯国家奠定了基础。[②] 当然，俄罗斯最终摆脱金帐汗国及其后继汗国势力的统治是15世纪末期的事情。在16世纪初期，俄罗斯最终从立陶宛手中收复了失地，形成了统一国家。而在

① 周一良、吴于廑主编《世界通史·中古部分》，第63页。
② 〔苏〕格列科夫、雅库博夫斯基：《金帐汗国兴衰史》，第248页。

君士坦丁堡落入土耳其人之手后，东正教的中心也转移到莫斯科。伊凡三世在接收菲罗修斯修士的祝词——"整个东正教世界都归您统治，您是世界上唯一的君主，基督徒唯一的沙皇"——后，在其妻子索菲娅（拜占庭末代皇帝的侄女，逃亡罗马后皈依天主教）的怂恿下，采纳了拜占庭的宫廷礼仪，并以拜占庭的双头鹰作为自己的徽章，开启了第三罗马的沙皇历史。[1] 正如恩格斯所指出的，"当君士坦丁堡刚落入土耳其人之手，莫斯科大公就把拜占庭皇帝的双头鹰添进了自己的国徽，从而宣称自己是他们未来的继承人和复仇者"。[2] 沙皇俄国的双头鹰标志，如同哈布斯堡家族的徽章一样，一边觊觎着东方，一边窥视着西方。

俄罗斯帝国统一之后，即开始了一系列的对外扩张。从 1581 年叶尔马克率领哥萨克越过乌拉尔山脉征服西伯利亚，到 1637 年俄罗斯的势力已抵达太平洋的鄂霍次克海，其也成为横跨欧亚大陆的帝国。此后，俄罗斯在东方不断向南扩展，并从中国攫取了大量的领土。1689 年俄罗斯在与中国清朝政府签订《尼布楚条约》的同时，彼得大帝对乌克兰草原的征服受到克里米亚鞑靼人和土耳其人的强烈抵抗。当时的俄国在西方扩张的首要目标是出海口，而波罗的海在瑞典人手中，黑海在土耳其人手中。1696 年，彼得大帝亲率大军沿顿河南下，从土耳其人和鞑靼人手中夺得了顿河河口亚速，随即开始打造战船，为进入黑海做准备。为此，他不仅派人到意大利、荷兰和英国这些海上强国去学习造船技术，而且他本人也游历欧洲，引进技术，寻求结盟。1700 年，俄国加入丹麦、波兰攻打瑞典的联盟，这场战争持续了 21 年，其间俄国曾多次失败，甚至瑞典和土耳其人一度联手，引发土俄战争，俄国在巴尔干半岛新结的盟友保加利亚、塞尔维亚也

---

① 〔美〕斯塔夫里阿诺斯：《全球通史：1500 年以前的世界》，第 424 页。

② 恩格斯：《工人阶级同波兰有什么关系？》，《马克思恩格斯全集》第 16 卷，人民出版社，1964，第 180 页。

反悔，结果彼得战败，几乎亡国。1711 年，在俄国的请求下，土、俄签订了普鲁特条约，俄放弃亚速，不得干预波兰的事务，允许瑞典国王查理从土耳其安全返回瑞典。1714 年英国乔治一世联合丹麦和普鲁士再次发动对瑞典的征伐，拉开了"北方大战"的序幕。这场战争以瑞典失败告终，瑞典政府缔约媾和。同时，在俄国出兵的压力下，瑞典与俄国于 1721 年签订了尼基塔条约，"俄国占有利沃尼亚、爱沙尼亚、英格利亚和部分的芬兰。波罗的海的争夺，使俄国跻身于'强国'之林"。①

沙俄帝国染指巴尔干半岛的目的是利用土耳其人统治下的信仰东正教的民族造成奥斯曼帝国内部的反抗，从而使其在与土耳其人争夺出海口的斗争中占据优势。1711 年，俄国在土俄战争中失败的同时，将眼光投向巴尔干半岛的门的内哥罗（黑山），其原因是黑山地区在土耳其人统治巴尔干半岛期间始终没有被彻底征服，反抗斗争一直在持续。"1711 年俄国的使节来到门得内哥罗（同时也到了巴尔干地区的其他国家）；沙皇作为门得内哥罗自由的维护者而受到欢呼。"②1712 年土耳其军队在黑山一度被击败，无疑也受到这一事件的鼓舞。在此之后，黑山的统治者曾多次前往俄国拜访彼得大帝，沙皇承认黑山的独立，并赠予款项进行援助。但是，黑山与俄罗斯之间的联盟，对于当时俄国的扩张进程来说仍是杯水车薪，而黑山对俄罗斯的依靠也是远水解不了近渴。所以，1717 年黑山再度与威尼斯合作，威尼斯暂时成为黑山独立的保护国。

18 世纪中叶，黑山的统治者试图加强与俄罗斯的关系，要求将黑山真正作为沙皇的保护国，并对黑山进行册封。为了使俄国社会更多地了解黑山，黑山的统治者瓦西里耶于 1754 年在莫斯科发表了《黑山历史》一书来宣传黑山抵抗土耳其人的历史。但是，当时的俄国在

---

① 〔美〕威尔·杜兰：《世界文明史》第 8 卷《路易十四时代》，第 317 页。
② 〔英〕斯蒂芬·克利索德主编《南斯拉夫简史》，第 120 页。

彼得大帝之后正处于从急功近利学习西欧向传统回归的混乱阶段，在与土耳其人的争夺中没有取得新的进展。所以，瓦西里耶在俄国的游说如同他先期对奥匈帝国的请求一样，没有得到预期的成果。当时，西欧也正处于战乱时期，日耳曼霍亨索伦家族统治的普鲁士王国向奥地利的挑战，引起了一系列的战争。1766 年，黑山的统治权力落入一个自称"俄国沙皇彼得三世"的名叫什切潘·马利的人手中。他在很短时间内制服了黑山内部相互冲突的部族势力，"他还许下诺言，要把塞尔维亚人从土耳其和威尼斯的统治下解放出来"。这个人的出现以及他所表现出的狂热和铁腕，在赢得巴尔干一些被压迫民族拥护的同时，也引起了威尼斯和土耳其人的警觉，威尼斯要将他处决，土耳其则出兵讨伐黑山。但是，俄罗斯却赞成让他掌权，以便配合俄罗斯即将发动的对土耳其人的战争。

沙皇俄国在叶卡捷琳娜统治时期，向克里米亚的鞑靼人和土耳其人发动了两次战争。1768—1774 年的第一次战争，俄国控制了克里米亚半岛；1787—1792 年的第二次战争使俄国获得了整个黑海北岸的统治权。[1] 在第一次战争期间，1772 年俄国、奥地利和普鲁士三国瓜分了波兰，俄国人向东欧地区的扩张进一步深入。就在这一年，黑山的武装根据彼得格勒的命令进行了改组，次年被史家称为冒险家和投机者的什切潘·马利被侍从暗杀，而改组后的武装则在"几十年之后成了行将建立的中央政权机构的前身"。[2] 在 1792 年，当欧洲各国密切注视法国动荡的政治形势并准备联合武装干涉法国革命之际，俄国再次向领土残缺不全的波兰发动进攻。这一行动不仅引起了哈布斯堡、霍亨索伦家族和奥斯曼苏丹的警觉，而且在伦敦、斯德哥尔摩也引起了强烈的反响。叶卡捷琳娜在衡量利弊之后，撇开奥地利与普鲁士达成共同分赃的协议再次从波兰攫取了领土。1795 年，俄罗斯、奥地利

---

① 〔美〕斯塔夫里阿诺斯：《全球通史：1500 年以后的世界》，第 210 页。
② 〔南〕伊万·博日奇等：《南斯拉夫史》上册，第 251 页。

和普鲁士在第三次瓜分了波兰的剩余领土后，还达成如何瓜分奥斯曼帝国在欧洲占领的土地的秘密协议，俄罗斯帝国的扩张势头日益强烈。在欧洲爆发的第二次反法联盟的战争中，法国"热月党"人的政变使法国保卫革命成果的战争转变为对外扩张的战争。在这场战争中，波拿巴通过迎合俄罗斯急于扩张的野心而分化了反法联盟，俄国退出了战争，并开始与法国商定战后如何肢解奥斯曼帝国的领土，拟议中俄国将得到摩尔多瓦、保加利亚等地，而用波斯尼亚、塞尔维亚和瓦拉几亚去安抚奥地利。不难看出，俄罗斯与奥地利等帝国势力，无论如何是要瓜分巴尔干半岛的，而巴尔干半岛的各民族在他们的分赃方案中不过是帝国之手划来拨去、讨价还价的财产而已。

在沙皇俄国与土耳其人争夺出海口取得连续胜利并向东欧扩张之际，欧洲大陆的形势也在发生重大的变化。科学革命、思想启蒙、政治革命和工业革命的发生，正在迅速地改变西欧一些国家的政治格局和经济结构，英、法帝国的日益强盛使其不仅在海外殖民扩张中建立了绝对的优势，而且在欧洲正在形成新老帝国主义的分野。这预示着进入19世纪的欧洲，强大的海外殖民帝国与传统的大陆帝国之间的矛盾将日益激化。资产阶级革命的勃兴正在开启一个新的时代，即资本主义战胜封建主义的时代，而这一时代的重要特征"是同民族运动联系在一起的"。[①] 然而封建帝国势力统治下的巴尔干半岛各民族，在欧洲的资本主义与封建主义的斗争中仍将扮演牺牲品的角色。

第三节　帝国缝隙中的民族觉醒

18世纪末期的欧洲处于革命与战争交相发生的时期。工业革命引起新兴资本主义生机勃勃的扩张，启蒙运动引起的政治革命从根本上

[①]　列宁：《论民族自决权》，《列宁选集》第2卷，人民出版社，2012，第370页。

改变资产阶级对封建阶级斗争的劣势。在这一急剧变革的时代，"充满了有时几乎达到起义地步的政治鼓动和殖民地争取自治的运动，这种运动有时甚至可使他们脱离宗主国，而且不仅发生在美国（1776—1783），还见诸爱尔兰（1782—1784）、比利时和列日（1787—1790）、荷兰（1783—1787）、日内瓦，甚至英格兰（1779年，此点曾有争议）。这一连串的政治骚动是那样地引人注目，以致近来一些历史学家形容这是一个'民主革命的时代'"。[1] 西欧的革命对于中东欧地区也产生了不同程度的影响。处于欧洲发展边缘地带的巴尔干半岛也开始受到民主思想和民族运动的影响。

哈布斯堡帝国在欧洲作为幅员最大的国家，最缺乏的是内部的统一。奥地利、匈牙利和波希尼亚这三顶王冠所支撑的帝国皇权，在18世纪末期也开始受到启蒙思想的挑战。在特雷莎女皇之后的约瑟夫二世被称为"开明的专制君主"，他曾力图改革帝国的体制，例如解放农奴、容忍新教徒的信仰、对伏尔泰的哲学的青睐等，引起贵族和教会势力的强烈不满。[2] 虽然这些改革受到反对，但是毕竟鼓舞了帝国内的民主思想和民族运动。

在匈牙利出现了被称为"匈牙利的伏尔泰"的杰尔杰·贝塞恩耶，在塞尔维亚出现了游方修道士奥布拉多维奇宣传启蒙思想和理性主义。[3] 当时，在匈牙利出现了马扎尔人的民族运动。约瑟夫二世试图统一帝国内部而颁布语言法令以推行德意志化，引起了匈牙利人的抵制，在国内推行匈牙利语，这也引起深受日耳曼文化影响的克罗地亚的响应。克罗地亚贵族主动加强了同匈牙利人的关系，甚至把克罗地亚的管理权转交给匈牙利摄政议会，同意在克罗地亚的学校中把匈牙利语列为选修课。克罗地亚贵族势力为了抵制维也纳的改革对其既得利益的损

---

[1] 〔英〕艾瑞克·霍布斯鲍姆：《革命的时代》，江苏人民出版社，1999，第70页。
[2] 〔美〕威尔·杜兰：《世界文明史》第11卷《拿破仑时代》，第318页。
[3] 〔美〕斯塔夫里阿诺斯：《全球通史：1500年以后的世界》，第336页。

害，投向了匈牙利，克罗地亚也因此受到匈牙利化的影响。

在匈牙利控制下的塞尔维亚，"塞尔维亚人要求作为得到承认的民族而具有社会所有阶层同样的权利"，他们对独立领土和实行自治的要求日益强烈，以致哈布斯堡宫廷专门设立了御前塞尔维亚办公厅，负责处理塞尔维亚人的问题。1792 年，匈牙利同意给予境内塞尔维亚人以市民的权利，他们的总主教和主教在议会中享有发言权。"这样，虽然没有实际授权，塞尔维亚人也能够把自己的教会首脑看作是民族的政治首脑。"① 同时，在塞尔维亚兴起了对传统文化的改革。过去，塞尔维亚人一年中包括礼拜日在内有 170 个节日，形成了该民族沉重的社会负担。匈牙利境内的塞尔维亚资产阶级率先把这些名目繁多的宗教节日改为 81 个，减少了的节日更强烈地突出了塞尔维亚的历史人物和民族英雄，这对塞尔维亚民族的统一与凝聚产生了重要作用。此外，塞尔维亚人对旧的文学语言进行了改革，因为这种文学语言对于广大民众是完全陌生的。用奥布拉多维奇的话说，这种语言"在全民族中，严格地说来，万人之中只有一个人懂得"。② 他在文化与教会分离和简化文字方面的努力，集中体现了民族是语言共同体而不是宗教共同体的思想。对于塞尔维亚人来说，他们的民族文化复兴运动一直受到俄罗斯和奥地利的影响，从宗教的角度他们更多地倾向于得到俄罗斯的支持和保护，但是在接受西方民主思想的同时他们又对俄罗斯的君主专制充满疑惧。所以，塞尔维亚的资产阶级对维也纳也寄予希望。他们的出版宣传是以维也纳为中心的。1792 年，在维也纳出版了《斯拉夫-塞尔维亚新闻》，广为散发并流传到土耳其人占领的地区；1794 年约万·拉伊奇大司祭所著主要反映保加利亚、塞尔维亚和克罗地亚的《斯拉夫各民族历史》一书，在维也纳出

---

① 〔南〕伊万·博日奇等：《南斯拉夫史》上册，第 282—283 页。
② 转引自〔南〕伊万·博日奇等《南斯拉夫史》上册，第 287 页。

版。① 这些出版物对强化塞尔维亚人的民族意识产生了十分重要的影响。当然，塞尔维亚民族复兴的中心是在匈牙利，"塞尔维亚的第一个文学社团就是在布达佩斯成立的；伏伊伏丁那成了塞尔维亚文化的中心之一，其重要性远远超过塞尔维亚本土"。② 所以，当后来塞尔维亚实现统一建立公国时，绝大多数的官员和很多神职人员来自匈牙利控制下的北部塞尔维亚也就不足为奇了。

在斯洛文尼亚，民族复兴主要体现在语言文化方面。由于斯洛文尼亚长期受德意志文化的同化，所以其既得利益阶层对日耳曼化表现得比较顺从。甚至在 17 世纪巴洛克文化传到巴尔干半岛之后，在斯拉夫人中出现了强调斯拉夫人的统一性思潮时，"在斯洛文尼亚各省，对历史的看法没有为'斯拉夫主义'所左右"。③ 但是，在约瑟夫二世改革时期，过去反宗教改革后被贬抑的斯洛文尼亚语又开始复兴，并在教育体制中取得了一定的地位。④

在奥斯曼帝国统治下的巴尔干地区，"最先觉醒的是希腊人，因为他们具有某些有利条件：他们与西方的交往频繁，他们的古典和拜占庭的光荣传统促进了民族自尊心，他们的希腊正教体现和保护了民族觉悟"。⑤ 同时，在频繁发生的巴尔干战争中，希腊几乎没有受到蹂躏，沙俄在 1783 年给予希腊商船悬挂俄国国旗的特权，希腊人利用这种机会和条件在经济发展方面取得了很大进展，同时文化教育也随之复兴起来。⑥ 而在土耳其人统治下的斯拉夫各民族，武装反抗土耳其人的统治是他们民族觉醒的主要标志，同时谋求得到俄罗斯和奥地

---

① 〔南〕伊万·博日奇等：《南斯拉夫史》上册，第 287 页。
② 〔英〕斯蒂芬·克利索德主编《南斯拉夫简史》，第 176 页。
③ 〔南〕伊万·博日奇等：《南斯拉夫史》上册，第 274 页。
④ 〔英〕斯蒂芬·克利索德主编《南斯拉夫简史》，第 28 页。
⑤ 〔美〕斯塔夫里阿诺斯：《全球通史：1500 年以后的世界》，第 408 页。
⑥ 〔英〕克劳利等编《新编剑桥世界近代史》第 9 卷，中国社会科学出版社，1999，第 726 页。

利这些土耳其人宿敌的支持则是他们获得解放的希望所在。在 1787 年俄、奥与土耳其的战争中，塞尔维亚人发动了声势浩大的起义斗争。其中包括米哈伊洛·米哈列维奇率领的"自由军团"，还有"巴纳特自由军团"、波斯尼亚志愿军和科查·安杰尔科维奇领导的东部塞尔维亚起义军等。同时，黑山也爆发了起义斗争。塞尔维亚人的起义斗争使奥地利的对土进攻获得很大进展，贝尔格莱德等地的土耳其势力被驱逐。然而，这一胜利对于塞尔维亚人来说只是昙花一现的成功。1791 年 8 月，在英、法两国的干预下奥地利与土耳其签订了《斯维什托夫条约》。根据这一条约，奥、土双方恢复了战前的领土状态，贝尔格莱德以南的塞尔维亚地区重新回到土耳其苏丹的统治之下。虽然根据条约的规定起义者受到赦免，但是对于谋求民族统一和独立的塞尔维亚人来说，他们不得不"抛弃过去对奥地利皇帝的巨大信任，因为，在战争中奥地利皇帝出卖了他们"。[①] 从这一事件中不难再次看出，巴尔干半岛各民族的解放虽然主要是推翻奥斯曼帝国的统治，但是他们的民族解放运动又受到沙俄、奥匈帝国的直接控制，受到英、法、普鲁士等西方帝国日益强烈的干预。

不过，无论如何，在西欧启蒙思想和政治革命的影响下，巴尔干半岛各民族的民族觉醒已经开始走向成熟，文化复兴所提供的思想理论准备和起义斗争对土耳其统治势力的削弱，都在酝酿和培育着民族解放运动的爆发。当然，也正是因为土耳其人在巴尔干半岛的统治衰落和巴尔干半岛各民族反抗斗争的高涨，欧洲新老帝国主义对巴尔干半岛结束奥斯曼帝国统治之后的格局进行了新的设计。

第四节　诸帝国瓜分巴尔干的图谋

在 18 世纪中期以前，对巴尔干半岛的争夺主要发生在沙俄和奥

[①] 〔南〕伊万·博日奇等：《南斯拉夫史》上册，第 289 页。

匈与土耳其之间。但是，在 1756 年爆发的"七年战争"之后，欧洲的形势发生了重大变化，法国的败落、英国在海外和欧洲取得的胜利，普鲁士的复兴，使欧洲形成沙俄、奥地利、英、法、德五国势力角逐的大棋盘。它们相互利用、相互制衡，通过结盟、协约和钩心斗角的交易来维护自己的既得利益和扩大自己的势力范围，通过相互的制衡来维持均势，使各帝国的地缘政治利益变得异常复杂多变。在这种情况下，俄国向西方的扩张和哈布斯堡王朝在中东欧的势力以及向巴尔干半岛的推进，也引起了英、法等国的遏制和分赃要求，日渐衰落的奥斯曼帝国统治下的巴尔干半岛，从 18 世纪后期到 20 世纪初期一直是这些帝国图谋瓜分的地区。

沙俄帝国在君士坦丁堡陷落之后，便承担了拜占庭帝国继承者的"责任"。在沙俄与奥匈竞相在巴尔干半岛扩大势力范围的利益交易中，1782 年达成的瓜分巴尔干半岛的秘密协定，不仅包括了建立达契亚独立国和恢复以君士坦丁堡为中心的希腊帝国，这在表面上反映了天主教和东正教势力范围的划分；而且，根据这一协定，俄国皇室人员将出任希腊帝国的国君，而比萨拉比亚、摩尔达维亚和瓦拉几亚组成的达契亚国家则作为沙俄和奥地利之间的缓冲国。同时，这一协定也将法国拉入其中，即可以从奥斯曼统治下的巴尔干半岛中获得土地。因为，在此之前，法国为了遏制哈布斯堡家族的兴起一直与奥斯曼帝国进行交易，并在奥土战争中多次牵制奥地利向巴尔干半岛的深入。所以，为了消除这一来自西方基督教与东方伊斯兰教长期对抗中出现的反叛力量，俄、奥的协定不仅给法国人分了一杯羹，而且 1786 年俄国与法国缔结了商约，以改善两国的关系，并且"促使法国政府不复在君士坦丁堡从事反对俄国的宣称鼓动"。[①]当时，法国正处于资产阶级大革命的前夜，帝国专制政权面临着国内资产阶级日益强大的

---

① 〔苏〕波将金等编《外交史》第 1 卷上，三联书店，1979，第 465 页。

挑战，所以在对沙俄乃至宿敌奥地利方面不得不作出让步。

1787年8月，奥斯曼帝国为了夺回克里米亚向沙俄宣战，奥地利根据与沙俄达成的盟约参战。瑞典也乘机向俄罗斯开战，企图夺回波罗的海沿岸一些地区。在英、法两国的介入下，奥地利与土耳其媾和，双方保持战前的领土状态。1792年俄国与奥斯曼签订雅西和约，条约确认克里米亚和库班河并入俄罗斯，土耳其放弃对格鲁吉亚的要求。土耳其对摩尔达维亚和瓦拉几亚的统治也因此被进一步削弱。①这个条约虽然受到英国的极力反对，但是未能起到作用。在此之后，欧洲几大强国之间的关系随着法国大革命的爆发而变得异常复杂，英国、奥地利、普鲁士、俄罗斯、西班牙和荷兰等国结成反法同盟，确定了镇压法国革命和瓜分法国计划，同时反法同盟各国之间在各自的势力范围问题上都有自己的盘算。俄国乘欧洲各国在反法问题上形成一致的机会，从奥斯曼帝国得到了"俄国商船可以自由通过爱琴海的保证"。②1794年法国的"热月"政变发生后，欧洲的局面为之一变。法国在成功抵抗了外来侵略后，在分化瓦解反法同盟的同时开始发动对外征服战争。拿破仑军队的对外征服所取得的进展，特别是远征埃及使英国、奥地利、俄国和土耳其结为新的反法同盟，将土耳其拉入同盟是为了防止法国占领巴尔干半岛以及地中海地区。而法国"雾月"18日的政变及拿破仑军事专制政权的建立，则对欧洲形成了现实的威胁。

在反法同盟中，除了英国坚决反对法国外，沙俄、奥地利和普鲁士都具有功利的目的，即只要能够满足领土方面的要求，就可以和法国缔约结盟。而拿破仑正是利用了这一点先后与普鲁士、俄罗斯和奥地利媾和，从而再次拆散了反法同盟。1799年俄国退出第二次反法联盟后，即开始设计肢解奥斯曼帝国统治下的巴尔干半岛，提出了俄国

---

① 〔苏〕波将金等编《外交史》第1卷上，第466页。
② 〔苏〕波将金等编《外交史》第1卷上，第565页。

得到摩尔达维亚、保加利亚、君士坦丁堡等地，而用波斯尼亚、塞尔维亚和瓦拉几亚来安抚奥地利，法国则保留埃及。[①] 但是，法国并不准备满足这些帝国的领土要求。在不断与这些国家和谈并进行讨价还价的同时，拿破仑的军队正在四处征服。1797 年威尼斯覆灭，法国将威尼斯统治的伊斯特拉及克瓦尔奈群岛、达尔马提亚和博卡科托尔斯卡让给了奥地利，"这样，又有大约五十万南部斯拉夫人，以及对整个巴尔干半岛具有关键性战略意义的大片领土，进入了哈布斯堡帝国的版图"。[②] 当然，这只是暂时的。1805 年拿破仑将达尔马提亚和亚得里亚海沿岸地区并入新建的意大利王国，由他担任国王。几乎与此同时，沙俄控制了爱奥尼亚群岛，并竭力唆使黑山参加反抗法国的斗争。而沙俄乘机对摩尔达维亚和瓦拉几亚的占领，引起了 1806 年 12 月奥斯曼苏丹对俄宣战。1807 年春，塞尔维亚起义力量向土耳其势力发起了全线进攻，是年 7 月 10 日与沙俄签订《泡鲁奇协议》，塞尔维亚人要求沙皇的全权代表来管理塞尔维亚，俄国的军队进驻塞尔维亚人控制的各个城堡并防守东部（黑山一线）和南部（达尔马提亚一线）的边界。不过，在此协议签订的前三天（7 月 7 日）沙俄面对拿破仑对普鲁士战争的节节胜利，已经同法国媾和，签订了《提尔西特和约》并结成同盟，俄国为此向法国割让了爱奥尼亚群岛和承担与奥斯曼帝国媾和的义务，同时规定在俄、法共同对土耳其作战时，瓜分土耳其的欧洲诸行省，但是君士坦丁堡和鲁梅尼亚行省除外，而这一地区正是沙俄力求夺取的要地，拿破仑事实上是想将沙俄势力完全排拒于巴尔干半岛之外。[③] 这对于力图在地中海取得一席之地的沙俄来说，当然是难以接受的，俄、法之间的冲突也不会因结成各怀鬼胎的同盟而消除。至于俄国与塞尔维亚的协议当然对沙俄势力在巴尔干半

---

① 〔英〕C. W. 克劳利等编《新编剑桥世界近代史》第 9 卷，第 347 页。
② 〔南〕伊万·博日奇等：《南斯拉夫史》上册，第 300 页。
③ 〔苏〕波将金等编《外交史》第 1 卷上，第 600 页。

岛的存在是有利的。

拿破仑在战场上的胜利和不断与各个反法同盟国媾和交易的手段，一次又一次地瓦解了反法同盟。同时，他也不断面临新的反抗。1809年奥地利在英国的支持下再度进行反法战争。结果拿破仑攻占维也纳，奥地利被肢解。奥地利在巴尔干半岛控制的领土，成了法兰西帝国的以卢布尔雅那为中心的"伊利里亚行省"，下设克拉尼、卡林西亚、伊斯特拉、克罗地亚、达尔马提亚和杜布罗夫尼克六个民政省。设立"伊利里亚行省"，是为了"阻碍中欧和多瑙河流域同英国的商业联系；确保法国经由波斯尼亚将棉花从萨罗尼卡转运到欧洲纺纱厂的商业通道；掌握为将来实行整顿东方的计划的牢固的战略基础，同时还可以经常监视奥地利"。①

在拿破仑扩张取得上述巨大胜利之后，法国的势力开始继续向东部欧洲扩展。拿破仑一方面迎合波兰贵族复国的愿望，另一方面煽动土耳其对沙俄帝国的仇恨，企图在包括巴尔干半岛在内的东欧地区清除俄罗斯的势力。而对《提尔西特和约》心怀不满的俄罗斯，也同时从两个方向展开了对法国的挑战，一是与法国的宿敌英国缔结和约，二是在巴尔干半岛通过战争扩大其势力范围，进驻贝尔格莱德，并在取得军事优势的条件下于1812年与土耳其签订了《布加勒斯特和约》，以期彻底结束自1806年以来断断续续的俄土战争，从而为全面抵抗拿破仑的东扩消除后顾之忧。1812年6月24日，集结于沙俄边界地区蓄势待发的法国联军，发动了对俄战争。同年9月攻陷并烧掠莫斯科，但在年底便开始灾难性的大溃退，欧洲的形势发生了戏剧性的变化。在沙俄军队的反攻中，普鲁士等国纷纷倒戈与俄结盟，到1813年夏天包括英国、俄国、普鲁士、瑞典、西班牙、葡萄牙在内的反法同盟已经形成。8月，奥地利也对法宣战。从1813年10月拿破

① 〔南〕伊万·博日奇等：《南斯拉夫史》上册，第304页。

仑在莱比锡惨败，到 1815 年再度崛起的拿破仑兵败滑铁卢，称霸欧洲的拿破仑帝国彻底终结。反法联盟开始重新划分各自的势力范围，为此而举行的维也纳会议从 1814 年 10 月持续到 1815 年 6 月。在会议所贯彻的正统主义、遏制和补偿原则下，英国扩大了海外的殖民地，确立了对马耳他岛和爱奥尼亚群岛的统治权，并变成了十足的"海上霸主"；沙皇俄国取得了原华沙公国、芬兰和比萨拉比亚的土地，使领土进一步扩大；奥地利恢复了包括巴尔干半岛在内的失地，并且将统治权力扩展到政治上仍处于分裂状态的意大利；普鲁士虽然失去了波兰的领土，但是在其他地区获得了补偿；瑞典则得到挪威。[1] 会议所未涉及的奥斯曼帝国领土，在此期间的唯一变化是 1813 年土耳其人乘拿破仑进攻沙俄之际，镇压了塞尔维亚人的起义，重新占据了贝尔格莱德。[2]

1815 年 9 月，沙皇亚历山大一世、奥皇弗朗茨一世和普王腓特烈·威廉三世共同签署了建立"神圣同盟"的声明，后来除罗马教皇和奥斯曼苏丹之外的欧洲所有君主都怀着不同的目的加入了这一旨在联合所有基督教国家的同盟。当然，这个所谓的"神圣同盟"充满了利益争夺的矛盾。在这一时期，对于巴尔干半岛来说希腊问题最为突出。当时，希腊在民族复兴方面所取得的发展促进了独立建国的运动，希腊的爱国者在"神圣同盟"寻求支持的过程中对沙俄的历史许诺提出了现实要求，他们希望在俄国的帮助下获得解放，同时也加强了俄国在巴尔干半岛的势力。而当时土耳其人对希腊正在形成的反抗气候十分关注，并开始采取措施加以遏制，同时对沙俄在希腊的商贸存在进行限制并将军队开进了多瑙河诸公国的领土。为此，沙俄与奥斯曼帝国断绝了外交关系，新一轮的俄土战争迫在眉睫。在这种形势下，奥地利帝国的重臣梅特涅利用其与沙皇的亲密关系和外交能力，

---

[1] 〔苏〕波将金等编《外交史》第 1 卷下，第 634 页。

[2] 〔南〕伊万·博日奇等：《南斯拉夫史》上册，第 308 页。

说服沙俄不要向土耳其开战，包括不要支持希腊的起义。其结果是1821 年的希腊起义在没有得到外部力量的支持下遭到土耳其人的残酷镇压。欧洲国家在希腊问题乃至奥斯曼帝国问题上的这种态度，当然是有背景的。其中最重要的原因，是欧洲已经处于民族主义迅速上升的时期。

从法国革命到拿破仑时期，民族主义、自由主义的思想理念得到了广泛的传播。特别是在 1815 年之后，民族主义运动日益强烈地表现出来。"因为 1815 年维也纳会议的领土解决方案使一些民族的数百万人或者陷于分裂，或者遭受外族统治。德国人、意大利人、比利时人、挪威人以及哈布斯堡帝国和奥斯曼帝国的许多民族的情况就是如此。其必然结果是，1815 年以后，在欧洲各地爆发了一系列民族反抗运动。"[1] 1821 年希腊反抗奥斯曼帝国的独立运动是这股潮流的先声。对于维也纳分赃会议的既得利益者来说，维护各自帝国的稳定，就不可能去支持巴尔干半岛的民族解放运动，即便这个运动是长久以来基督教反抗伊斯兰教统治斗争的继续。对于沙俄帝国来说，其扩张领土包容的越来越多的不同民族成分，当然也会受到民族主义运动的冲击。为此，亚历山大在梅特涅的劝说下不仅放弃了作为拜占庭正宗继承者的"责任"，而且对土耳其人的卷土重来和在镇压希腊起义中对东正教徒的残酷屠杀以及将君士坦丁堡大主教公开绞杀的报复也表现了极大的容忍。然而，在"神圣同盟"的不同利益组合中，一直致力于拓展"海外事业"的英国却突然表示了对希腊人反抗土耳其人统治的支持。1823 年 3 月 25 日，英国宣布承认希腊与土耳其为交战国。[2]英国的这一动作不仅推动了"神圣同盟"的瓦解，而且使英国直接介入了巴尔干半岛的事务，并由此确定了英国对希腊具有决定性的长期影响，这一点在第二次世界大战结束之际斯大林和丘吉尔划分东欧和

---

① 〔美〕斯塔夫里阿诺斯：《全球通史：1500 年以后的世界》，第 356 页。
② 〔苏〕波将金等编《外交史》第 1 卷下，第 678 页。

巴尔干半岛势力范围的秘密交易中得到最终的体现。

英国对希腊的公开支持，不仅鼓励了希腊民族解放运动的继续，而且也使沙俄帝国重新审视了巴尔干半岛的形势。沙皇开始与英国靠近，力图挽回俄国在希腊的影响。在此后的外交活动中，新沙皇尼古拉一世与英国、法国开始联手，谋求建立反土联盟。1826 年沙皇向奥斯曼苏丹发出最后通牒，要求恢复 1821 年以前多瑙河诸公国所享有的自治地位，恢复塞尔维亚根据 1812 年俄、土《布加勒斯特和约》所应享有的特权。同时，与英国专门就希腊问题签订了《彼得堡议定书》，规定了希腊作为特殊国家的地位，即承认苏丹是最高的宗主，但希腊有自己的政府和法律等。同时表明，如果此议定在土耳其方面遇到阻碍，俄、英两国在实施这一计划时应当互相支持。这实际是将英国拖入了即将爆发的俄土战争。法国对未能参加这一协定的不满，土耳其人对这一协定的反对和加紧镇压希腊起义力量的行动，促使俄、英、法三国于 1827 年在《彼得堡议定书》基础上签订了关于合作保卫希腊起义的《伦敦协定》。随后，俄、英、法三国的舰队开入土耳其水域，并歼灭了土耳其和埃及的联合舰队。但是，土耳其利用英、法不愿意与土耳其交战的犹疑态度，仍坚持不给希腊以自主权并拒绝沙皇的最后通牒。这导致了 1828 年俄土战争的爆发。奥地利作为巴尔干半岛的利益拥有者，在俄、英、法的反土联盟中被排斥在外，它不甘心俄国在巴尔干半岛扩大势力，便乘俄、土开战之际开始建立反俄联盟，但此举不仅没有得到英、法和普鲁士的响应，反而因此得罪了沙俄。这次俄土战争以俄国军队跨越巴尔干山脉兵临君士坦丁堡而告结束。1829 年 9 月 14 日在亚得里亚堡俄、土签订了和约。根据这一条约，土耳其丧失了自库班河口起到圣尼古拉湾止的黑海沿岸等地，多瑙河河口三角洲的诸岛划归俄国，等等。至于希腊，则成为独立国家，与奥斯曼帝国的关系仅限为每年缴纳 150 万披亚斯特，但是履行这一义务是在苏丹接受条约后的第五年才开始的。同时，希腊可以在英、法、俄三国以外的欧洲基督教国家中选择一个亲王做国王。①

沙俄帝国对奥斯曼帝国的胜利，使巴尔干半岛在土耳其人几近四百年的统治历史走向了尾声。而希腊国家的独立，则极大地鼓舞了巴尔干半岛各民族的民族解放和独立建国的运动。但是，奥斯曼帝国的衰败和退缩，是不是能够给巴尔干半岛各民族留下独立发展的空间呢？沙俄、奥匈、普鲁士、英、法等列强国家对巴尔干半岛的争夺和相互利益矛盾的斗争还将怎样利用巴尔干半岛的各民族呢？围绕着巴尔干问题的大国斗争并没有结束。

---

① 〔苏〕波将金等编《外交史》第 1 卷下，第 689 页。

第四章

巴尔干半岛各民族的独立运动

　　到 1871 年，民族主义的原则已在西欧获胜。但是，在中欧和东欧，哈普斯堡帝国、沙皇帝国和奥斯曼帝国仍是"各民族的牢狱"。不过，这些牢狱中的居住者正变得愈来愈难以控制，因为民族主义运动已在他们的四周围取得成功。这三个帝国的统治者已认识到民族主义将给他们的多民族国家带来的后果，因而试图通过各种限制性措施、通过故意在一些从属民族中间挑拨离间，来遏制民族主义。这些措施起先是成功的，但不可能无限期地奏效。这些帝国组织的最初缺口是由土耳其人的巴尔干臣民打开的。

　　〔美〕斯塔夫里阿诺斯：《全球通史：1500 年以前的世界》

　　所以，泛斯拉夫主义的统一，不是纯粹的幻想，就是俄国的鞭子。

　　　　　　　　　　　　　　　　恩格斯：《匈牙利的斗争》

第一次巴尔干同盟是 1866 年—1868 年塞尔维亚为了集结巴尔干各民族进行反土斗争而签订的一系列条约所形成的。

〔南〕兰科·佩特科维奇：

《巴尔干既非"火药桶"又非"和平区"》

在这里，没有欧洲列强的参与，任何解决都不能作出，即便作出了，接踵而来的必定是在欧洲列强之间划分势力范围和瓜分领土。

〔南〕伊万·博日奇等：《南斯拉夫史》

第一节　民族运动与民族国家

一般认为 18 世纪以法国大革命为代表的西欧资产阶级革命，是近代民族主义思潮形成的动因。在民族主义理念驱动下建立的民族国家，从根本上改变了传统的国家观念，过去效忠君主、皇帝的帝国臣民，现在是效忠国家的公民，统一的国家民族和代表国家权威的国旗、国徽、国歌、国庆节等标志及仪式所体现的符号价值，反映了国家公民的民族性与国家意志的一体性相融汇、相整合的理想。民族主义的理念也因此从西欧向东欧乃至全世界扩散开来，并对传统帝国统治下的被压迫民族产生了强大的思想启蒙作用。

进入 19 世纪的巴尔干半岛，总体上仍旧处于中世纪传统的大陆性帝国统治。西欧资产阶级革命对这一地区的影响，随着奥斯曼帝国的衰败而不断加强。巴尔干半岛各民族的以文化复兴为先导的民族解放运动也日益蓬勃地兴起。拿破仑对中东欧短暂的占领和统治，奥斯曼帝国在俄土战争中的失败，希腊国家的独立，都为巴尔干半岛各民族谋求民族解放和建立独立国家的理想付诸实施，提供了有力的动力支持和有利的外部条件。巴尔干半岛各民族反抗奥斯曼帝国统治的斗争，在建立独立国家方面表现出日益强烈的愿望。在这些斗争中，塞尔维亚人的独立运动具有代表性。

1804 年塞尔维亚起义军在卡拉乔杰尔·佩特罗维奇的领导下，开始了建立塞尔维亚人国家的斗争。卡拉乔杰尔领导的起义军取得了一系列的胜利，并于 1806 年底占领了贝尔格莱德。在军事胜利的支持下，卡拉乔杰尔一方面以和解的姿态向苏丹要求自治权，另一方面开始建立国家内部的体制与机构。当时，起义军建立了一个"执行委员会"，并发展为代议制性质的"国民议会"，[1] 制定了一部宪法性法律草案，还提出建立由各个"纳希"小国组成联邦，以制约卡拉乔杰尔的权力等。但是，当时的塞尔维亚内部并不统一，地方军事首领拥兵自重，情愿按照土耳其人留下的现成方式来实施统治，卡拉乔杰尔则希望用中央集权的体制来削弱地方势力。[2] 当时，虽然奥斯曼苏丹不接受塞尔维亚人的自治要求，但是在卡拉乔杰尔领导的起义被镇压前，塞尔维亚事实上成了一个独立的公国。1813 年，正当沙俄、奥地利等欧洲国家与拿破仑在莱比锡决战之时，土耳其人重新占领了贝尔格莱德。起义军受到残酷镇压，卡拉乔杰尔逃往伏伊伏丁那。

1815 年，塞尔维亚人在米洛什·奥布雷诺维奇领导下再度起义，并在几个月内重新解放了塞尔维亚的大部分城市。米洛什在与奥斯曼苏丹的谈判中没有坚持完全独立的要求，达成了一个双方都有妥协的方案：塞尔维亚向苏丹缴纳的赋税由塞尔维亚的官员征集，塞尔维亚人可以参加司法行政的管理，保持一支军队，在贝尔格莱德设立由塞尔维亚人组成的国民议会，同时土耳其保持在塞尔维亚的驻军和地方官员的留驻，"但塞尔维亚仍然是土耳其的一个行省"。[3] 虽然达成这

---

① 〔英〕艾伦·帕尔默：《夹缝中的六国——维也纳会议以来的中东欧历史》，第 44 页。
② 〔南〕伊万·博日奇等：《南斯拉夫史》上册，第 298 页。
③ 〔英〕艾伦·帕尔默：《夹缝中的六国——维也纳会议以来的中东欧历史》，第 45 页。

一协议的谈判旷日持久，但是"米洛什确立了塞尔维亚国家的独立，回避采取鲁莽的决定和诉诸武力，而是从内部潜移默化地瓦解土耳其对塞尔维亚的统治"。① 米洛什成为塞尔维亚的世袭大公。而 1817 年流亡在外的卡拉乔杰尔返回塞尔维亚时，遭到谋杀。"这件事导致他的家族和米洛什的家族从此互相仇杀，整个十九世纪期间，塞尔维亚的政治生活都因此受到干扰。"② 1830 年以后，塞尔维亚虽然内部纷争不断，但是一直在沙俄和奥斯曼帝国的关系的缝隙中维护和扩大自己的独立性。

与塞尔维亚并存的一个斯拉夫人独立实体是黑山。这个地区在奥斯曼帝国统治巴尔干半岛四个世纪的历史中，被认为是始终没有被征服的地区。1799 年奥斯曼帝国不仅承认了黑山的独立地位，而且宣称："门的内哥罗向未臣服于我土耳其皇家朝廷。"③ 在此之后，黑山多次参加俄土战争，参加过配合英国海军将拿破仑势力驱逐出科托尔海湾的行动，并一度将其统治中心移至科托尔，获得了出海口。1815 年维也纳会议后，科托尔海湾交还了奥地利，黑山的统治中心复归策蒂涅。1838—1840 年，黑山正式划定与奥地利的边界，而黑山与奥斯曼帝国的冲突却一直没有休止，并且一直在奥斯曼、沙俄和奥地利帝国的巴尔干角逐中保持着自己的独立性。正因为如此，在 1840 年欧洲革命普遍爆发后，奥斯曼帝国统治范围内业已形成的塞尔维亚和黑山的独立状态，开始"像磁石一样吸引着奥匈帝国南部的斯拉夫人"。④

在这一时期，1815 年维也纳会议之后被沙俄、奥地利等帝国奴役和割裂的民族，普遍爆发了民族主义运动。如 1830 年至 1831 年波兰

---

① 〔南〕伊万·博日奇等：《南斯拉夫史》上册，第 308 页。
② 〔英〕斯蒂芬·克利索德主编《南斯拉夫简史》，第 85 页。
③ 〔英〕斯蒂芬·克利索德主编《南斯拉夫简史》，第 122 页。
④ 〔美〕保罗·肯尼迪：《大国的兴衰》，第 253 页。

的起义，宣布废黜沙皇尼古拉的波兰国王地位；1831 年的比利时革命使其获得永久中立国家的独立地位；意大利继 1820 年的暴动之后于 1830 年再次发动了起义；等等。欧洲大陆普遍存在的政治、经济和社会危机，最终引发了 1848 年以法国二月革命为先导的革命浪潮。几乎在法国二月革命爆发的同时，意大利全境、德国各邦、哈布斯堡帝国治下的大部分地区（包括维也纳、匈牙利、捷克），都发生了声势浩大的革命，并取得或暂时取得胜利。在这场规模最大、范围最广的革命浪潮中，一支前所未有的政治力量——无产阶级开始登上历史舞台，在法国和其他一些国家中的城市街垒斗争中，工人作为一支重要的力量形成革命的核心。而具有划时代意义的一个历史事件是在法国二月革命爆发的同时，1848 年 2 月，马克思与恩格斯撰写的《共产党宣言》，第一次以单行本形式在伦敦出版。恩格斯在 1893 年为《共产党宣言》意大利文版作序时再次指出了 1848 年欧洲革命的中坚力量："这次革命到处都是由工人阶级干的：构筑街垒和流血牺牲的都是工人阶级。"[1] 当然，如果"以民族的标准而言，当地所有人民都生活在不是太小就是太大的国家里：若不是分裂成小公国的不统一民族或亡国民族（德国、意大利、波兰）的成员，便是多民族帝国（哈布斯堡、俄国和土耳其）的成员，或两者兼是"。[2] 所以，这场革命的另一个特点，甚至从普遍意义上来说，民族主义的光泽仍是流行色。"1848 年的革命，立即唤醒一切被压迫民族起来要求独立和自己管理自己事务的权利。"[3]

对哈布斯堡帝国和巴尔干半岛影响最大和最直接的革命是 1848 年匈牙利革命。匈牙利革命在首都佩斯爆发，以争取民族独立和反对

---

① 马克思、恩格斯：《共产党宣言》，《马克思恩格斯选集》第 1 卷，人民出版社，1972，第 248 页。

② 〔英〕艾瑞克·霍布斯鲍姆：《革命的年代》，第 155 页。

③ 恩格斯：《德国的革命与反革命》，《马克思恩格斯选集》第 1 卷，第 543 页。

封建专制为目标，在爱国诗人裴多菲的著名诗文《民族之歌》鼓舞下达到了高潮。在奥地利对匈牙利革命镇压失败后，沙俄在奥皇的请求下、在英国和普鲁士的支持下对匈牙利进行了武装干预，镇压了这场革命。匈牙利革命失败的原因从外部来讲是受到帝国势力武装干涉，但是从内部来说则是国内民族问题的牵制。匈牙利主体民族马扎尔人的民族主义，在推动民族文化复兴的过程中实行了"马扎尔化"运动。1844 年，马扎尔语被赋予匈牙利全境行政和商业以及教育领域唯一语言的地位，同时在处理境内克罗地亚、罗马尼亚、塞尔维亚、斯洛伐克等人口占多数的非马扎尔民族的自治要求和民族事务方面，表现出大民族主义的强制和专断。所以，当革命运动在这些非马扎尔人的民族中兴起之后，他们虽然在革命目标上与匈牙利革命一样是反对封建专制的，但是他们同时又面临着如何摆脱马扎尔人民族压迫的问题。因此，在奥地利和沙俄等反动势力镇压匈牙利革命的时刻，除了像裴多菲这样已经"马扎尔化"的非马扎尔人的贵族知识分子（裴多菲的父亲是塞尔维亚人，母亲是斯洛伐克人）[1] 勇敢地站在革命前列外，主要由农民构成的这些"从属民族不可避免地就站到维也纳一边反对布达佩斯"。[2] 因为，在此之前，奥地利帝国的梅特涅政府对19 世纪 30 年代匈牙利各民族发展自己的语言和歌颂自己的历史的文化复兴运动采取了高傲冷漠的态度而未予干涉，这也促使匈牙利境内的非马扎尔民族在实现自治和享有民族权利方面对奥地利寄予了希望。然而，他们未能深知的是这恰恰是哈布斯堡家族统治国土庞大、民族众多的一种策略，以致匈牙利革命失败以后"使维也纳当局得以继续应用'分而治之'这句古老的格言"。[3] 匈牙利革命失败以后，

---

① 〔英〕艾伦·帕尔默：《夹缝中的六国——维也纳会议以来的中东欧历史》，第65 页。

② 〔英〕伯里编《新编世界近代史》第 10 卷，中国社会科学出版社，1999，第327 页。

③ 〔英〕伯里编《新编世界近代史》第 10 卷，第 323 页。

中东欧的形势发生了急剧的逆转，沙俄出兵匈牙利加强了它在多瑙河流域的存在，统一的德国和统一的意大利出现，以及俄、土克里米亚战争的爆发和俄国的战败等一系列变化，不断改变着这一地区革命前的结盟关系和力量均势。而对于奥地利来说，匈牙利革命的失败并没有消除匈牙利的民族主义运动，所以奥地利将其注意力转向匈牙利问题，直到 1867 年两元体制的奥匈帝国建立。

奥匈帝国形成的过程中，巴尔干半岛各民族的命运也发生了一系列变化。其中一个重要原因是俄、土之间的克里米亚战争。俄国在镇压匈牙利革命之后，不仅树立了它在东欧地区的优势而且扩大了它在巴尔干半岛的影响。这引起了英、法等国的顾忌。所以，1851 年关于耶路撒冷圣地之争发生后，由于希腊东正教徒朝圣人数以 100∶1 的数量优势超过天主教徒引起的问题，作为圣地耶路撒冷和伯利恒天主教徒权利保护者的法国大为不满，俄、法之间在君士坦丁堡的谈判将土耳其夹在中间，又引起土耳其对其宿敌沙俄的不满，并导致土耳其向历史上曾超越宗教冲突而结盟的法国示好。鉴于以往对土耳其战争的胜利，尼古拉沙皇决定对这个行将崩溃的老对手施以武力恐吓，并十分乐观地设想了这样的结果："把奥斯曼帝国缩小到仅限于亚洲地区，把两个公国和保加利亚北部领土割让给俄国，给保加利亚其余地方和塞尔维亚以独立，把爱琴海和亚得里亚海沿岸地区让给奥地利，把埃及或塞浦路斯和罗得岛给予英国，克里特岛给予法国，爱琴海诸小岛给予希腊，并使君士坦丁堡成为自由城市，而俄国在博斯普鲁斯海峡派兵驻防，奥地利在达达尼尔海峡派兵驻防。"[①] 然而，沙俄帝国没有料到的是，当它向土耳其开战之后，却形成了面对土、英、法联盟的孤立境地。同时，俄国还受到奥地利和普鲁士的威胁。结果，沙俄军队被迫从多瑙河流域撤退，使战场集中在克里米亚。1856 年，俄

---

① 〔英〕伯里编《新编世界近代史》第 10 卷，第 638 页。

国战败，并在巴黎和会上接受了战败的条件，包括割让比萨拉比亚的一部分归摩尔达维亚，取消对多瑙河摩尔达维亚和瓦拉几亚公国以及塞尔维亚的独立保护权，保持黑海的中立等。沙皇俄国在欧洲列强中的地位和对巴尔干半岛事务的影响，因此大为降低。而英、法则加强了在巴尔干半岛事务中的发言权，奥地利在巴尔干半岛的利益得到了巩固，统治巴尔干半岛的奥斯曼帝国虽然是战胜国但是却不得不向西方列强打开大门。

在巴尔干半岛形势发生上述变化的同时，多瑙河流域获得独立地位的摩尔达维亚和瓦拉几亚公国，开始了统一的进程。巴黎和会的协定中包括了多瑙河两公国的问题，但是"联合成一个国家的要求并没有得到满足，仅决定组成两个国家的联盟，取名摩尔多瓦和罗马尼亚联合公国。但是承认它们拥有得到七个签字国集体保证的完全自治"。[1] 1862年2月，在亚·伊·库扎领导下，两公国联合体制的双议会合二为一，形成了一元化的中央集权体制，"'联合公国'终于正式采用了罗马尼亚这个国名"，[2] 定都布加勒斯特。当然，奥斯曼帝国在名义上仍是罗马尼亚的宗主国，但是在事实上罗马尼亚作为巴尔干半岛的独立民族国家地位已经得到欧洲列强的默认。在此期间，从匈牙利革命时期开始的特兰西瓦尼亚的罗马尼亚人为实现自治和获得民族平等权利的斗争一直在继续，但是他们的要求在匈牙利统治阶级的民族政策取向下难以实现，而匈牙利统治阶级对非马扎尔民族的歧视政策在实施过程中又往往受到奥匈帝国皇帝的制约。所以，特兰西瓦尼亚罗马尼亚人的权利斗争虽然没有取得预期的效果，但也没有被扼杀，而且从1869年开始转向通过政党政治寻求发展。[3]

① 〔罗〕安德烈·奥采特亚主编《罗马尼亚人民史》，商务印书馆，1981，第190页。
② 〔英〕艾伦·帕尔默：《夹缝中的六国——维也纳会议以来的中东欧历史》，第86页。
③ 〔罗〕安德烈·奥采特亚主编《罗马尼亚人民史》，第214页。

总之，在克里米亚战争之后，在奥斯曼帝国统治下巴尔干半岛地区，存在着希腊、罗马尼亚、塞尔维亚和黑山几个基本脱离土耳其人统治的国家。同时，保加利亚的民族主义运动在 1870 年也从奥斯曼苏丹那里得到建立独立的保加利亚主教区的认可。① 阿尔巴尼亚人作为民族还未得到承认。② 波斯尼亚和黑塞哥维那的斯拉夫穆斯林贵族以类似"宗教激进主义"的保守反对奥斯曼苏丹的改革，基督教徒则不堪忍受严酷的歧视与压迫而动乱不休。③ 在奥匈帝国统治下的巴尔干半岛地区，匈牙利统治范围除了特兰西瓦尼亚的罗马尼亚民族问题外，还有伏伊伏丁那的塞尔维亚人自治问题，克罗地亚的"国家地位"问题；奥地利统治范围主要是达尔马提亚要求与克罗地亚联合的问题，而斯洛文尼亚虽工业稳定发展，但资产阶级都是德意志和意大利人，斯洛文尼亚人的德意志化十分显著而缺乏斯拉夫民族主义的意识。④

第二节　泛斯拉夫民族主义

在 19 世纪三四十年代，随着西欧民族主义意识的高涨而影响和带动的东欧地区民族文化复兴，在沙皇俄国出现了斯拉夫文化优越论的思潮和运动。而这种思潮的发展促使了泛斯拉夫主义的形成。不过，虽然在俄罗斯出现了诸如巴哥丁、丘特切夫这样一些被称为泛斯拉夫主义的代表人物，但是事实上"泛斯拉夫主义不是产生在俄国或波兰，而是产生在布拉格和阿格拉姆"，⑤ 其代表人物是斯洛伐克人

---

① 〔英〕伯里编《新编世界近代史》第 10 卷，第 331 页。
② 〔阿〕克·弗拉舍里：《阿尔巴尼亚史纲》，第 175 页。
③ 〔英〕斯蒂芬·克利索德主编《南斯拉夫简史》，第 105—107 页。
④ 〔南〕伊万·博日奇等：《南斯拉夫史》上册，第 322 页。
⑤ 恩格斯：《匈牙利的斗争》，《马克思恩格斯论民族问题》上册，民族出版社，1987，第 193 页。

扬·科拉和约瑟夫·沙法日克。他们宣扬斯拉夫文化的复兴,并号召全体斯拉夫人认同自己共同的文化遗产。他们的著作,例如科拉的《斯拉瓦的女儿》一书被视为泛斯拉夫主义启蒙的民族圣经;沙法日克的《斯拉夫人种史》一书中的斯拉夫人分布图,不仅使萨格勒布的民族主义者对分布在如此广大地域的斯拉夫人充满了敬意和自豪,而且迎合了克罗地亚等地在巴洛克文化影响下出现的斯拉夫文化复兴运动。泛斯拉夫主义在布拉格和萨格勒布的生成,与捷克、斯洛伐克和克罗地亚这些斯拉夫民族长期受德国文化的影响是分不开的。从16世纪开始,日耳曼人就受到先进的法国文化的影响,以至于对法国文化和生活习俗的模仿使日耳曼人的民族特性日益淡泊。18世纪以赫尔德为代表的德国文化民族主义先驱,在推动日耳曼民族复兴方面积极倡导表达民族文化的语言、文学、宗教、风俗、艺术、科学、法律等各个具体方面的继承和发展,认为这是体现一个民族的精神和有机共同体的自然源泉。赫尔德文化民族主义的核心就是:"德意志必须是一个统一的民族国家,这是一个自然的有机发展起来的民族国家,是一个有着自己的民族文化、民族特性和民族精神的国家,这样的民族国家不服从于任何人工设计的限制,也绝不臣属和模仿任何外国文化。"[1] 而赫尔德的著作对斯拉夫人产生的影响是重大的,"到处都在阅读他的作品,把他的部分著作翻译过来并加以评述"。[2]

处于哈布斯堡王朝统治而直接受匈牙利人治理的克罗地亚人,在南斯拉夫人中是推动泛斯拉夫主义的中坚力量。如果说塞尔维亚人民族复兴的最大成果是创造了新的文学语言,那么克罗地亚的民族复兴则具有政治和文化的性质。从文化上来说,语言问题始终是一个焦点。这对于任何一个被压迫民族的文化复兴都是首要的基本问题。所以,对于集中在城市中的少数克罗地亚贵族阶层和市民来说,他们在

---

[1] 李宏图:《西欧近代民族主义思潮研究》,上海社会科学院出版社,1997,第137页。
[2] 〔南〕伊万·博日奇等:《南斯拉夫史》上册,第331页。

与匈牙利当局推行的语言马扎尔化运动的斗争中不仅是软弱的，而且其阶层内部也是不统一的。而如果以拿破仑统治时期建立"伊利里亚行省"的斯拉夫人观念来反对匈牙利人，情况将为之改变。1836年在克罗地亚的出版物中就开始出现用"伊利里亚"代替"克罗地亚"的现象。1838年德拉什科维奇在《致伊利里亚女儿们的话》一文中，将"大伊利里亚"的疆域扩大到南斯拉夫各国，甚至包括了阿尔巴尼亚和保加利亚的部分地区，成为一个拥有800万人口的政治实体。这一"泛南斯拉夫人"思想的提出，"使克罗地亚的民族复兴开始慢慢从文化转到政治"。[①]在此之后，伊利里亚成为一种政治运动，开始在克罗地亚形成气候，同时在斯拉沃尼亚、达尔马提亚、波斯尼亚和斯洛文尼亚都产生了程度不同的影响。但是，伊利里亚运动一直没有得到塞尔维亚的响应。因为塞尔维亚一方面对克罗地亚的伊利里亚运动并不信任，另一方面它正在为独立建国创造条件而竭力避免来自奥地利和沙俄方面的反对。但是，塞尔维亚同样存在以自己为中心建立大塞尔维亚国家的想法。1843年"伊利里亚"一词的使用受到来自维也纳的禁止，1844年塞尔维亚内政大臣伊利亚·加拉沙宁制定的一项塞尔维亚长期纲领《回忆》中就提出了建立以塞尔维亚为中心，包括波斯尼亚、黑塞哥维那、阿尔巴尼亚北部的大塞尔维亚国家蓝图。在这一思想影响下，贝尔格莱德的青年政治团体开始传播斯拉夫语言统一和斯拉夫民族统一的构想。这个团体也因此被称为"贝尔格莱德秘密泛斯拉夫团体"。

中东欧地区的泛斯拉夫主义运动，在1848年大革命爆发之际也形成了高潮。是年6月，在布拉格召开了第一次斯拉夫人代表大会，汗斯·科恩曾对此描述说："蓝、白、红三色的新斯拉夫旗帜到处飘扬；'斯拉瓦'（Slava）的欢呼声代替了通常的'黑尔'（Heil）或

---

① 〔南〕伊万·博日奇等：《南斯拉夫史》上册，第336页。

'维瓦'（Vivat）……斯洛伐克歌曲《斯洛伐克人万岁》成为斯拉夫民族永生的明确体现。"① 大会宣布成立一个斯拉夫代表团以便传播自由与启蒙思想，还建议向奥地利皇帝递交请愿书，起草一份告斯拉夫世界的宣言，并呼吁欧洲各国安排一次解决国际争端的会议等。然而，这次所谓世界斯拉夫人大会，不过是泛斯拉夫主义运动中的过眼烟云，因为沙俄和奥地利对匈牙利革命的镇压，扑灭了大革命的烈火，而在奥地利帝国统治下的众多斯拉夫民族为了反对匈牙利的马扎尔民族主义而站在了哈布斯堡王朝一边。对此，恩格斯评价说："在布拉格斯拉夫人代表大会上，空想家们占了上风。……这个为充满了幻想的布拉格青年所维护的幻想家代表大会竟被本民族的士兵们所驱散，人们竟用一种斯拉夫人的军事代表大会来和这个想入非非的斯拉夫人代表大会对抗，这是多么辛辣而难堪的讽刺啊！"② 泛斯拉夫主义之所以是一种幻想，除了外部的国际环境对西斯拉夫人和南斯拉夫人的民族压迫制约外，更重要的是"斯拉夫世界陷入毫无希望的分裂。在宗教上有罗马天主教（如波兰人、捷克人和克罗地亚人）和俄国领导的东正教之间的分裂；在哈布斯堡帝国内的斯拉夫人和帝国外的斯拉夫人之间似乎有一条分界线；而帝国内部的斯拉夫人之间也有分裂。巴尔干各国中的情况也许可以除外，这些国家中人数较少的斯拉夫人整个说来对于俄国的扩张野心和专制制度都极不信任。与此同时，在奥地利帝国内部，斯洛伐克民族主义与捷克民族主义相互冲突，罗塞尼亚人讨厌波兰人，斯洛文尼亚人和塞尔维亚人宁愿取得自己的发展，而不愿意合并到一个较大的南斯拉夫联盟中去。野心勃勃的塞尔维亚人或克罗地亚人梦想有一个他们居于统治地位的大塞尔维亚或大克罗地亚"。③ 这种建立大民族国家的愿望，在进入 20 世纪后，

---

① 转引自〔英〕伯里编《新编世界近代史》第 10 卷，第 316 页。
② 恩格斯：《民主的泛斯拉夫主义》，《马克思恩格斯论民族问题》上册，第 212 页。
③ 〔英〕伯里编《新编世界近代史》第 10 卷，第 317 页。

一度成为巴尔干半岛各民族普遍的构想。

1848 年大革命以后，欧洲列强国家的格局发生了新的变化，德意志的崛起、意大利的统一、奥匈的重组、沙俄的失败，使东欧地区的泛斯拉夫主义运动转入低迷。"为帮助维也纳宫廷和期望实行联邦制改造帝国进行了斗争的南斯拉夫人的保守势力的斗争，宛如匈牙利革命本身一样，被愚弄了。克罗地亚没有实现统一，而塞尔维亚的伏伊伏丁那既没有明确规定的边界，也没有常设的执政官。"[1] 赢家仍旧是那些帝国。当然，泛斯拉夫主义的影响并没有完全偃旗息鼓，特别是在巴尔干半岛地区，塞尔维亚建立的秘密政治组织开始在波斯尼亚、黑塞哥维那、达尔马提亚、军事边区（包括克罗地亚、斯拉沃尼亚和伏伊伏丁那地区）、黑山、阿尔巴尼亚北部、马其顿和保加利亚的大部分地区形成网络，为统一农民起义和建立以塞尔维亚为中心的统一国家展开了宣传鼓动工作。由于奥地利"担心巴尔干半岛的土耳其占领区的南斯拉夫人的革命，会在克罗地亚、匈牙利和捷克引燃民主运动。因此，维也纳政府开始严密地监视土耳其方面的政治动向。1849年以后，当获悉有关在周围的土耳其行省内塞尔维亚组织了秘密活动的消息时，维也纳政府立即开始对秘密活动进行侦缉和残酷迫害"。[2]这一宣传民族革命的运动时起时伏，但仍然顽强地存在到 1874 年。其中，克罗地亚的塞尔维亚秘密组织"奥姆拉丁纳"（Omladina）在宣传南部斯拉夫人统一的活动中，于 1861 年在萨格勒布创造了"南斯拉夫"（Yugoslav）这个词。[3] 南斯拉夫由此成为巴尔干半岛塞尔维亚等民族独立建国的理念符号。

在 1848 年以后，虽然俄国在后来的克里米亚战争中失败，但是这种失败同时也激发了国内革命思想和大俄罗斯民族主义的高涨。

---

① 〔南〕伊万·博日奇等：《南斯拉夫史》上册，第 360 页。
② 〔南〕伊万·博日奇等：《南斯拉夫史》上册，第 373 页。
③ 〔英〕艾伦·帕尔默：《夹缝中的六国——维也纳会议以来的中东欧历史》，第 103 页。

"关于俄国的使命问题，即俄国不仅是东正教的天然领袖，而且是各斯拉夫民族同胞的天然领袖的思想，在俄国愈来愈成为人们热烈讨论的话题。于是，泛斯拉夫雄图的中心移到了俄国。"① 特别是1863年波兰起义爆发后，"激荡着华沙的民族主义曲调，在圣彼得堡和莫斯科激起了更加响亮的回声"。② 1867年，俄国的泛斯拉夫主义者在莫斯科组织了一次新的世界斯拉夫人大会，包括来自奥匈帝国的84位斯拉夫人代表，而俄国方面则包括了皇族中的成员。会议上俄国泛斯拉夫主义者还表明要充当塞尔维亚人和保加利亚人的保护者。然而，被沙俄、奥匈和德意志瓜分的波兰，不仅没有代表参加，而且波兰人将沙俄视为邪恶的化身。对波兰人在泛斯拉夫主义问题上采取的态度，恩格斯曾作过这样的评价："一个斯拉夫民族能把自由看得比斯拉夫的民族特性更珍贵，仅仅这一点就足以证明它的生命力，从而保证它是有前途的。"同时，他也对沙皇俄国的泛斯拉夫主义揭露道："泛斯拉夫主义的直接目的，是要建立一个由俄国统治的从厄尔士山脉和喀尔巴阡山脉直到黑海、爱琴海和亚得里亚海的斯拉夫国家。"③ 沙俄帝国的泛斯拉夫主义，对于大俄罗斯沙文主义起到了重要的推动作用，这种以所有斯拉夫人的命运为己任的"使命"为沙俄帝国的对外扩张和与其他帝国争夺巴尔干半岛提供了民族性的口实。而巴尔干半岛的斯拉夫各民族却因此被捆绑在帝国争霸的战车上难以摆脱霸权主义的宰割。

第三节　巴尔干同盟与帝国交易

如前所述，在克里米亚战争后，虽然奥斯曼帝国在英、法的直接

---

① 〔英〕伯里编《新编世界近代史》第10卷，第318页。
② 〔英〕欣斯利编《新编世界近代史》第11卷，中国社会科学出版社，1999，第472页。
③ 恩格斯：《匈牙利的斗争》，《马克思恩格斯论民族问题》上册，第190、193页。

支持下和奥地利、普鲁士的策应下取得了对沙俄的胜利，但是它自己却因此而更加虚弱不堪。面对欧洲的民主革命和资本主义发展，奥斯曼苏丹的封建专制已经失去了内在的活力。相对于西方新兴的资本主义帝国来说，维护自己统治的需要和保持对天主教社会的开放以抗拒来自俄国的威胁，不仅迫使其进行社会改革，而且不得不允许西方的资本进入巴尔干半岛。尤其是在 1838 年英、土签订商务条约之后，奥斯曼帝国自己的工业化过程受到致命的打击。土耳其开始成为向欧洲提供原料和销售欧洲产品的市场。廉价的欧洲机制商品毫无阻碍地输入，摧毁了当地的手工业。而欧洲大公司兴办的企业，"几乎所有的机器、工头及熟练工人都来自欧洲"。[1] 奥斯曼帝国国库日益空虚的困境，迫使它在 1854 年克里米亚战争时向欧洲借了第一笔贷款，到 1875 年其外债已达 2 亿英镑，而它每年需要 1200 万英镑来支付年金、利息和偿债基金，光这笔钱就相当于奥斯曼帝国年收入总额的一半以上。欧洲列强不仅控制了奥斯曼帝国的财政，而且控制了金融、铁路、灌溉、采矿和城市公用事业的很多方面。1896 年由法国人主持的苏伊士运河开通后，奥斯曼帝国成了欧亚大陆之间的一条重要商路。[2]在这种外国资本大量涌入和主要经济命脉被欧洲列强控制的形势下，奥斯曼帝国事实上已经沦为英、法等欧洲国家的经济殖民地。在这种情况下，奥斯曼帝国对巴尔干半岛的政治和军事统治也极大地削弱了，这也促使被压迫的各民族争取解放和实现独立的运动日益高涨。塞尔维亚等民族的民族资产阶级及其所领导的各种类型的政治组织（包括政党），在推翻土耳其人的统治和建立自己的国家方面逐步形成了日益浓厚的政治气候。而这种政治气候的一个重要特点，"即试图在巴尔干国家之间和几乎所有的巴尔干民族运动之间，以塞尔维亚为

---

① 〔美〕斯塔夫里阿诺斯：《全球分裂——第三世界的历史进程》上册，商务印书馆，1993，第 210 页。

② 〔美〕斯塔夫里阿诺斯：《全球通史：1500 年以后的世界》，第 414 页。

中心建立巴尔干联盟"。①

1866 年塞尔维亚与黑山结盟。是时，黑山在尼古拉统治之下，正在为获得亚得里亚海的出海口而谈判。但是，英、法否决了这一要求，其原因是防止俄罗斯帝国在地中海地区扩大影响，因为黑山一直是沙俄帝国介入巴尔干半岛的重要桥头堡。这在很大程度上是因为黑山在反抗奥斯曼帝国统治的历史中享有重要的地位，甚至奥地利也曾在 1853 年黑山与土耳其的冲突中维护了黑山的独立地位。在达尼洛·佩特罗维奇统治时期（1851—1860），黑山不仅结束了过去一直由圣者和诗人当政的政教合一体制，而且达尼洛在俄罗斯和奥地利的默许下以世俗统治者的身份对黑山进行了改革，甚至制定了一部类似宪法的《国家大法典》，建立了国民军和各部族议会，同时他始终主张同俄罗斯保持密切的关系。② 塞尔维亚虽然当时在建立国家的政治发展方面在巴尔干半岛产生了很大影响，但是它对黑山在反抗奥斯曼帝国统治斗争中的军事作用是不能忽视的，尽管当时黑山的人口只有 12 万，然而它的战斗欲望和能力之强是罕见的。塞尔维亚与黑山结盟后，这个同盟于 1867 年和 1868 年扩大到希腊和罗马尼亚。

在此期间，1867 年塞尔维亚与保加利亚争取独立建国的运动建立了联系。这一联系是在保加利亚的革命委员会提出以塞尔维亚米哈伊洛大公为首建立"南斯拉夫帝国"的建议后发生的。关于这个帝国的名称当时有"保加利亚-塞尔维亚"或"塞尔维亚-保加利亚"的讨论。此后，在贝尔格莱德成立了一个由保加利亚人组成的同盟团体，他们与塞尔维亚人共同商定了有关议会、君主、立法、国旗和货币的统一问题，只是首都未能确定。在宗教问题上，经东正教最高联席会议决定：国家"占统治地位的宗教为东正教，而宗教信仰自由"。③

---

① 〔南〕伊万·博日奇等：《南斯拉夫史》上册，第 398 页。
② 〔南〕伊万·博日奇等：《南斯拉夫史》上册，第 369 页。
③ 〔南〕伊万·博日奇等：《南斯拉夫史》上册，第 398 页。

这个所谓"帝国"的体制事实上是一种邦联，而保加利亚的国家范围则包括了特拉基亚和马其顿。而当时的马其顿被划分为几个省，除了开始设立民族学校，在宗教上仍未取得自治权，其民族运动滞后于巴尔干半岛的其他民族。而保加利亚将马其顿划入未来自己国家的范围，这不仅引起塞尔维亚的不满，而且也引起希腊的不满。当然，在保加利亚本土，反对塞尔维亚的势力占有相当的优势。这使塞、保建立邦联帝国的设想从一开始就带有纸上谈兵的意味。沙俄帝国在克里米亚战争之前，在构想瓜分巴尔干半岛时就将保加利亚划入了自己的版图。克里米亚战争失败后，沙俄对保加利亚的兴趣不仅没有减弱，反而把支持保加利亚的民族运动作为其向巴尔干半岛渗透的重要选择。当时，有很多保加利亚人到俄国接受教育，俄国人也竭力帮助保加利亚人从土耳其人手中获得独立的宗教教会地位，以便从希腊人控制的教会统治中摆脱出来。1870 年，保加利亚人得到了这一权利，奥斯曼帝国批准成立保加利亚督主教区，下设 14 个主教区。"毫无疑问土耳其当局指望利用保加利亚人与希腊人之间、当然还有保加利亚人与塞尔维亚人之间的宗教仇恨——因为主教区中有两处是居民绝大部分为塞尔维亚人的地区——来分散反对奥斯曼统治的政治运动；但不到几年功夫，督主教区变成了保加利亚民族感情的发源地，正如半个世纪以前希腊的主教与牧师们那样为爱国事业尽力。"[1] 在保加利亚获得宗教自治权的同时，塞尔维亚从 1868 年开始在马其顿的渗透活动也已形成气候，这加剧了保加利亚与塞尔维亚的矛盾。保加利亚、塞尔维亚和希腊对马其顿地区的渗透和影响以及马其顿本身复杂的多民族结构，不仅分化了马其顿本身的民族运动，而且使其从宗教和文化上也受到不同程度的同化。例如，在宗教上马其顿人像塞尔维亚人一样过守护神节，同时也像希腊人那样庆祝命名日。这种与塞、希民族

---

① 〔英〕艾伦·帕尔默：《夹缝中的六国——维也纳会议以来的中东欧历史》，第 105 页。

的相似之处，又构成了与保加利亚人的区别。保加利亚、塞尔维亚和希腊对马其顿的影响和相互之间的斗争，不仅为1913年第二次巴尔干战争三国瓜分马其顿埋下了伏笔，而且也造成了20世纪90年代南斯拉夫社会主义联邦共和国解体之后希腊和保加利亚在马其顿独立问题上的矛盾。当时，奥斯曼帝国面对巴尔干半岛各民族竞相兴起的民族主义运动，一直将注意力集中在塞尔维亚方面，认为塞尔维亚是构成帝国威胁的策源地。所以，在塞尔维亚人开始与其他民族结盟并向马其顿渗透时，便决定"用'人墙'来隔绝塞尔维亚与其他斯拉夫邻邦的联系，于是，向沿塞尔维亚边界移居契尔克斯人，建立起防护带。土耳其人把他们的家属安置在从多瑙河畔的维丁到科索沃平原的普里兹伦这一大片领土上"。[①] 这堵穆斯林的"人墙"虽然无法挡住民族主义的思想传播，但是造成了巴尔干半岛各民族交错聚居日益复杂的局面，由此带动的移民使一些民族的传统居住地发生了变更。

巴尔干半岛斯拉夫人的联盟也扩展到奥匈帝国统治的地区。1866年，塞尔维亚与克罗地亚也开始讨论建立既独立于土耳其又独立于奥匈的南斯拉夫国家。他们策划在波斯尼亚和黑塞哥维那发动起义，以便建立一个联邦国家。塞尔维亚代表提出："克罗地亚与塞尔维亚是一个民族，即南斯拉夫（斯拉夫）民族；宗教不应对民族事务横加干预；民族是国家的唯一基础。宗教把我们一分为三，使我们彼此分离，因此宗教决不能成为我们联合成一个国家的原则；只有民族才能起到这一作用，因为我们是一个民族。"[②] 但是，在具体划清每一个民族真正分界线时，语言方面的"塞尔维亚-克罗地亚语"或"克罗地亚-塞尔维亚语"无法作为标准，而宗教的因素仍旧是最重要的分野。与此同时，在克罗地亚的政治势力中还存在着寄希望于奥地利进行联邦制改造产生的后果，他们对受列强控制和经济文化落后的塞尔维亚

---

① 〔南〕伊万·博日奇等：《南斯拉夫史》上册，第397页。
② 转引自〔南〕伊万·博日奇等《南斯拉夫史》上册，第399页。

作为南斯拉夫人解放的政治中心不满。"他们坚信，要是奥地利以联邦原则进行整顿，就能使摆脱匈牙利这个幽灵的一个自治的和统一的克罗地亚，成为所有南斯拉夫人的中心。"[1] 他们希望建立一个首都设在萨格勒布的三元制王国，即由克罗地亚-斯洛文尼亚-达尔马提亚，波斯尼亚-黑塞哥维那，黑山、塞尔维亚三部分组成的全体南斯拉夫人的统一国家。[2] 然而，奥地利与匈牙利两元帝国体制的建立并没有给其治下的各民族以独立的地位。

塞尔维亚人在巴尔干半岛寻求广泛结盟的行动，事实上是"东方危机"的酝酿。它在与希腊结盟时，双方商定采取共同行动来推动阿尔巴尼亚的民族起义，同时在协议中着重强调了一个原则："对于参加斗争的人民，如果他们坚决要求建立单独的国家，将承认他们的选择权，但是这些国家必须是在巴尔干邦联范围内组织的。"[3] 根据这一原则，塞尔维亚也成功地赢得了阿尔巴尼亚一定程度的合作。但是，从总体来说，早在 1861 年塞尔维亚与希腊密谋瓜分阿尔巴尼亚的阴影和现实中泛塞尔维亚或泛希腊的宣传，仍"使占阿尔巴尼亚全国人口四分之三的伊斯兰居民感到不安"。[4] 总之，在以塞尔维亚为中心的巴尔干半岛联盟过程中，建立统一的南斯拉夫国家和各民族之间相互的猜忌、矛盾始终是并行的。但是，人们对实现独立和建立国家的强烈愿望，使付诸行动的反抗斗争已到了蓄势待发的时刻。而 1868 年塞尔维亚大公米哈伊洛遇刺身亡，使塞尔维亚建立巴尔干半岛邦联国家的中心地位受挫。这也使发动对奥斯曼帝国统治的大起义，不是在塞尔维亚而是在波斯尼亚和黑塞哥维那率先爆发。

1875 年到 1878 年巴尔干半岛连续爆发的反抗奥斯曼帝国统治的

---

① 〔南〕伊万·博日奇等:《南斯拉夫史》上册，第 399 页。
② 〔英〕欣斯利编《新编世界近代史》第 11 卷，第 439 页。
③ 〔南〕伊万·博日奇等:《南斯拉夫史》上册，第 400 页。
④ 〔阿〕克·弗拉舍里:《阿尔巴尼亚史纲》，第 174 页。

起义斗争，被称为欧洲近代史中的"东方危机"（也称"近东危机"）。这场斗争首先在黑塞哥维那爆发，起义者是信仰东正教的塞尔维亚和信仰天主教的克罗地亚农民，他们无法忍受土耳其人残暴的统治和繁重的盘剥，特别是名目繁多的苛捐杂税，包括令人发指的"咀嚼税"。[①] 起义军迅速占领了波斯尼亚东、西的部分地区，克拉伊纳等地纷纷响应，土耳其人退守城市。遍及波斯尼亚和黑塞哥维那的农民起义，不仅使塞尔维亚、黑山斯拉夫民众的民族情绪得到了广泛的调动，而且为波斯尼亚和黑塞哥维那起义者募捐、供给物资，甚至组成志愿军越界参战的民间行动，[②] 推动着塞尔维亚和黑山向土耳其人开战。波斯尼亚和黑塞哥维那的起义，很快引起了巴尔干半岛的连锁反应。1875 年到 1876 年保加利亚先后爆发了起义；1876 年塞尔维亚和黑山对土耳其宣战，俄国的数百名志愿兵参加了对土耳其人的战斗。[③] 巴尔干半岛的这一突发的战争态势，虽然是南斯拉夫人针对奥斯曼帝国统治的斗争，但是立即引起了欧洲列强的关注，尤其是奥匈帝国和沙俄帝国的关注。1876 年 1 月在奥匈帝国的建议下，巴黎条约各签字国通过了一项敦促奥斯曼帝国在波斯尼亚和黑塞哥维那实行改革的方案，试图化解这场危机。对奥匈帝国来说，奥斯曼帝国治下的斯拉夫人造反，必然会引起奥匈帝国治下的南斯拉夫人或整个斯拉夫人的响应，故采取反对态度。对于沙俄来说，这正是实现斯拉夫人解放和统一的大好时机，同时也是与奥斯曼、奥匈帝国争夺巴尔干半岛的有利契机，当然采取支持态度。但是，沙俄帝国在干涉巴尔干半岛事务的同时，并不准备与奥匈帝国为敌。这就导致了欧洲列强在频繁

① 即官吏吃了农民生产的粮食而磨损了牙齿，所以农民需要缴纳"咀嚼税"来补偿给官吏造成的损失。

② 朱瀛泉：《近东危机与柏林会议》，南京大学出版社，1995，第 31 页。

③ 〔英〕艾伦·帕尔默：《夹缝中的六国——维也纳会议以来的中东欧历史》，第 108 页。又〔苏〕赫沃斯托夫编《外交史》第二卷上称，有 4000 名俄国志愿军被派到塞尔维亚参加战斗。

的秘密外交中沙俄与奥匈帝国之间谋求利益平衡的秘密交易。

1876 年 7 月，即在塞尔维亚和黑山向土耳其人宣战之后，奥匈帝国、沙俄帝国在捷克的克施塔特缔结了秘密协议。其内容包括：①如果在这场危机中土耳其人获胜，塞尔维亚和黑山保持现状；②如果土耳其人失败，塞尔维亚不准占领达尔马提亚、克罗地亚和斯拉沃尼亚之间的飞地，但可以跨过德里纳河向波斯尼亚、新帕扎尔、古塞尔维亚和利姆河方向扩展领土，黑山获得黑塞哥维那的一部分和通向利姆河方向的领土；③俄国恢复 1856 年克里米亚战争前的边界，向土耳其的亚洲部分扩张；④保加利亚、鲁梅尼亚和阿尔巴尼亚实行自治；⑤希腊可以兼并色雷斯和克里特岛；⑥君士坦丁堡成为自由城；⑦奥地利保留兼并波斯尼亚和黑塞哥维那的权力，但不得占有原属于塞尔维亚的一小块土地。至于沙俄提出的奥匈占领波斯尼亚和黑塞哥维那、俄国占领保加利亚的建议被奥皇拒绝。[①] 在此之后，欧洲各列强国家纷纷介入对巴尔干半岛势力划分外交斗争中，其方案之多难以一一列举，但是这些方案的共同特点是：没有任何一种方案反映了巴尔干半岛各民族实现民族解放和国家独立的意愿，也没有任何一种方案不体现欧洲帝国列强在相互制衡中谋求巴尔干利益的目的。例如在 1877 年 1 月沙俄与奥匈之间再次达成的军事协定中，双方在明确都不协助南部斯拉夫人成立国家的原则基础上，俄国图谋通过建立包括马其顿全部、阿尔巴尼亚和塞尔维亚的一部分的大保加利亚，来实现其控制巴尔干半岛的野心。而奥匈帝国则希望建立一个大阿尔巴尼亚来保证其帝国势力对巴尔干半岛的渗透，尽管当时奥匈帝国内部也"有几个民族——潜在而言，是所有民族——提出许多要求：从温和的文化自治到脱离帝国"。[②]

---

① 〔南〕兰科·佩特科维奇：《巴尔干既非"火药桶"又非"和平区"》，商务印书馆，1982，第 11 页。

② 〔英〕艾瑞克·霍布斯鲍姆：《资本的年代》，江苏人民出版社，1999，第 106 页。

　　在列强交相介入巴尔干半岛事务而频繁外交之际，土耳其军队残酷地镇压了保加利亚的起义，同时在对塞尔维亚和黑山的进攻中占据了优势。在这种情况下，沙俄国内的开战呼声日益高涨。沙俄帝国于1877年4月向土耳其宣战，同年6月强渡了多瑙河，并在随后的战斗中形成了优势。当沙俄军队跨越巴尔干山脉之际，英国等西方列强国家对沙俄将在巴尔干半岛建立的优势充满忧虑，建立反俄联盟之议再起。1878年1月，在俄军打通向君士坦丁堡进攻的通道后，奥斯曼帝国宣布停战议和。同年3月，俄罗斯与奥斯曼签订了《圣斯特法诺和约》。根据这一和约，①罗马尼亚、塞尔维亚和黑山完全独立，并各自获得了领土；②建立自治的保加利亚公国，其版图包括了整个马其顿、色雷斯西部，并延伸到阿尔巴尼亚山区，形成了横跨巴尔干半岛的"大保加利亚"，俄国将在此驻军两年；③将波斯尼亚和黑塞哥维那交由奥匈帝国"整饬秩序"；④对俄国赔款，俄国在巴统、卡尔斯、阿尔达汉和比萨拉比亚获得统治权；等等。这一和约的签订，立即引起了西方列强国家的强烈反应，同时也引起了塞尔维亚等民族的不满。

　　在列强的压力下，是年6月在柏林举行会议，对《圣斯特法诺和约》进行修改，并形成《柏林条约》。会议由当时纵横捭阖于列强之间并声称超脱于巴尔干半岛利益之外的德国宰相俾斯麦主持，除各列强国家的外交代表外，英国的首相、俄国的首相也出席了会议，其重视程度可见一斑，这也使柏林会议成为继1815年维也纳会议之后的又一次重大的欧洲列强会议。巴尔干半岛国家中除奥斯曼帝国被列为正式代表外，其他独立、半独立的小国派来的代表基本上被拒之门外或在列强需要的时候出席会议作出陈述。对于列强来说，"它们不过是大国外交棋局中的小卒并被看作是大国均势的干扰者"。① 在为期一

---

① 朱瀛泉：《近东危机与柏林会议》，第190页。

个月的讨价还价之后，形成了重新描绘近东地图的包括 64 款的《柏林条约》。根据这一条约的规定，①《圣斯特法诺和约》划定的边界无效，不成立大保加利亚公国，而以巴尔干山脉为界，北方建立保加利亚公国，隶属奥斯曼苏丹统治，南部称东鲁梅尼亚，在土耳其版图内实行自治；②马其顿和色雷斯仍为土耳其版图，但要进行社会改革；③塞尔维亚独立，版图扩大；④黑山独立，领土扩大一倍，并获得出海口；⑤奥匈帝国有权对波斯尼亚和黑塞哥维那进行无限期的占领；⑥俄国获得比萨拉比亚并向外高加索扩展。"由于会议的决定打破了成立大保加利亚的幻想而显得'较为现实'，但他们仍然没有失掉将巴尔干'纳入'欧洲大国力量均势和利益均势的特征。决定贯穿着分割他国领土和在巴尔干成立小卫星国的企图。"①《柏林条约》签订以后，巴尔干半岛一度保持了形势的稳定。但是，巴尔干半岛内部与外部的各种矛盾交织在一起，使大国控制下的形势无法维持长久的均势。

塞尔维亚曾是沙俄帝国热衷于支持的斯拉夫兄弟，但是俄国出于获得出海口的需要转而对保加利亚产生了浓厚的兴趣，并导致建立大保加利亚的图谋。当时，俄国人曾宣称在巴尔干半岛俄国的利益第一，保加利亚第二，塞尔维亚第三。为此，塞尔维亚在柏林会议后转向了奥匈帝国。1881 年，在沙俄、奥匈和德意志恢复"三皇同盟"的同时，塞尔维亚与奥匈帝国签订了为期 10 年的秘密协定（后又延期至 1895 年）。这一协定规定：双方不进行相互敌对的宣传鼓动，其中包括塞尔维亚承诺遏制波斯尼亚塞尔维亚人反对奥地利的运动，②以换取奥地利默许塞尔维亚在南部一定范围内对外扩张，但是塞尔维亚在没有得到奥匈帝国的允许下不得和其他国家缔结政治性条约。在此之后，1885 年在东鲁梅尼亚爆发了驱逐奥斯曼帝国总督的起义，随后宣布"两个保加利亚"合并，建立统一的保加利亚国家。而本来力

---

① 〔南〕兰科·佩特科维奇：《巴尔干既非"火药桶"又非"和平区"》，第 14 页。
② 〔英〕斯蒂芬·克利索德主编《南斯拉夫简史》，第 228 页。

主建立大保加利亚的沙俄帝国，现在却出来反对这一合并。其原因是在柏林会议之后，沙俄与奥匈在巴尔干半岛修筑铁路的争夺中没有得到保加利亚的支持。沙俄希望建立从多瑙河至巴尔干山脉的铁路，以便于其对巴尔干半岛东部的统治和在与土耳其人的冲突中占据优势。而奥匈帝国在与塞尔维亚建立同盟关系后则希望修建维也纳—贝尔格莱德—索非亚—君士坦丁堡的铁路，奥匈帝国在1883年与保加利亚和奥斯曼帝国达成了修筑铁路的协议。奥匈帝国在柏林会议上反对沙俄建立大保加利亚的计划，所以当一个统一的保加利亚出现后并遭到俄国的反对时，这便迎合了塞尔维亚在领土扩张方面的愿望，奥匈帝国唆使并支持塞尔维亚于1885年向保加利亚开战，结果塞尔维亚军队惨败，在奥匈帝国的干预下塞尔维亚才保持了战前的边界。①

虽然巴尔干半岛已独立的国家和获得自治的国家并未摆脱大国强权利益的左右，但是它们自身也在为争夺领土而钩心斗角。柏林会议后，保加利亚、塞尔维亚和希腊在马其顿展开了竞争。它们通过在马其顿创办学校和教会来施加各自的影响。到1890年，保加利亚在马其顿建立的学校达781所，而塞尔维亚和希腊各开办了200多所。保加利亚在教育设施方面的优势及其民间性影响，使马其顿的文学语言出现了马其顿-保加利亚共同语的现象。在这种保加利亚优势面前，塞尔维亚则采取了鼓励马其顿民族主义分离运动的措施，以防止马其顿落入保加利亚人之手。② 这反而促发了马其顿的民族主义，"马其顿属于马其顿人民"的思想开始成为1893年成立的"马其顿内部革命组织"（IMRO）的斗争纲领。希腊人同样担忧大希腊民族主义在马其顿的影响被削弱，"他们于1894年建立了名为'民族社'的秘密爱国团体。这个团体的主要宗旨之一是扩大希腊在马其顿的影响并准备举

---

① 〔苏〕赫沃斯托夫编《外交史》第2卷上，三联书店，1979，第298—301页。
② 〔南〕伊万·博日奇等：《南斯拉夫史》上册，第470页。

行起义"。① 保加利亚、塞尔维亚和希腊对马其顿的争夺，甚至发展到从人口比例上进行有利于各自利益的宣传。例如，1899 年塞尔维亚公布了马其顿有 2048320 名塞尔维亚人和 57600 名保加利亚人，1900 年保加利亚公布了马其顿有 1184036 名保加利亚人和 700 名塞尔维亚人。② 此外，与马其顿领土不沾边的罗马尼亚，虽然一直没有介入图谋瓜分马其顿的争夺，但是也于 1886 年在马其顿的比托利建立了一所学校，因为那里有大约 10 万名与瓦拉几亚人血统相似的"弗拉几人"。

　　几乎是与此同时，由于阿尔巴尼亚在柏林会议中没有被作为一个民族受到承认，信仰伊斯兰教的阿尔巴尼亚人被视为土耳其人，信仰东正教的阿尔巴尼亚人被视为希腊人，结果使阿尔巴尼亚的民族主义运动开始高涨，并组建了武装。当奥斯曼帝国按照柏林会议的协定将阿尔巴尼亚人认为是自己的土地划分给希腊和黑山时，阿尔巴尼亚反抗土耳其人的斗争也随之拉开了序幕。③ 奥斯曼帝国受到来自阿尔巴尼亚穆斯林和东正教徒的挑战。在列强的压力下，奥斯曼帝国在履行柏林会议协议过程中，一直受到阿尔巴尼亚的抵制。1880 年土耳其人将乌尔钦交给黑山时，阿尔巴尼亚人占领了该地并与土耳其人对抗。但是，在帝国列强的兵舰威逼和土耳其人的大兵镇压下，乌尔钦划归黑山。在这一阶段，帝国列强之间的关系也变得异常复杂，沙俄、奥匈和德意志"三皇同盟"破裂后，列强之间的关系出现了多种组合，法德之间的冲突、英德之间的接近、法俄建立同盟、俄德之间的矛盾、英德之间的对抗、意大利帝国的崛起等。而一直在巴尔干半岛"东方危机"中充当调解人但没有分到一杯羹的德意志帝国，随着 1891 年泛德意志协会的成立推动了泛日耳曼主义的兴起。泛日耳曼主

---

　　① 〔英〕斯蒂芬·克利索德主编《南斯拉夫简史》，第 232 页。

　　② 〔英〕艾伦·帕尔默：《夹缝中的六国——维也纳会议以来的中东欧历史》，第 132 页。

　　③ 〔阿〕克·弗拉舍里：《阿尔巴尼亚史纲》，第 191 页。

义不仅宣扬日耳曼人优越于其他一切民族和缺乏殖民地而发展受到制约的扩张主义论调，而且它们认为整个奥斯曼帝国、波罗的海沿岸地区、奥匈帝国和"所有的斯拉夫人，尤其是巴尔干半岛各民族人民都应当受德意志帝国的奴役"。① 帝国列强日益复杂的利益关系，对巴尔干半岛的形势也不断产生着影响。巴尔干半岛在柏林会议之后一度出现稳定局面后又进入了多事之秋。

1881 年，奥斯曼帝国对阿尔巴尼亚抵抗力量发动了全面镇压，同年 5 月攻占科索沃后，重新恢复了土耳其人在阿尔巴尼亚的统治。1895 年在索非亚成立了一个支持马其顿的"最高委员会"，这个委员会不但在马其顿建立了下属的组织系统，而且建立了许多武装组织，包括被称为"科米塔吉"的保加利亚志愿兵武装，在马其顿的边境地区和内地展开了各自为战的活动。1896 年，希腊的很多被称为"安达提斯"的武装力量也渗透到马其顿南部，加上塞尔维亚的"切特尼克"非正式武装，这些武装在袭击土耳其人和阿尔巴尼亚穆斯林的同时，也相互攻击。1897 年希腊和土耳其之间为了克里特岛发生了战争，这对于巴尔干半岛各民族反抗奥斯曼帝国统治是一个联合斗争的契机，但是由于各国和各民族之间业已形成的相互觊觎之心而未能团结在一起。同年，一直钩心斗角的沙俄与奥匈再次签订协定，意在消除巴尔干半岛日益动荡的局势所孕育的危机。该协定除了再次明确奥匈帝国对波斯尼亚和黑塞哥维那拥有的兼并权外，确定在爱奥尼亚和斯库台湖之间的地区向东充分扩展，建立一个独立的阿尔巴尼亚公国，其他的土地则由俄、奥两国决定划分给相邻的巴尔干各国，而且力求公允，以保持巴尔干半岛的均势。② 当然，这只是建立在阿尔巴尼亚等地区推翻奥斯曼帝国统治基础上的领土瓜分设想。当时，随着奥匈帝国政治势力和经济势力对巴尔干半岛的控制加强，投靠奥匈帝

---

① 〔苏〕赫沃斯托夫编《外交史》第 2 卷上，第 366 页。
② 〔南〕兰科·佩特科维奇：《巴尔干既非"火药桶"又非"和平区"》，第 15 页。

国的巴尔干国家的利益受到日益严重的损害，所以当保加利亚和塞尔维亚政权更迭之后，新的统治者又开始向沙俄靠拢。奥匈与沙俄的上述协议与其说是为了平衡巴尔干半岛各国的均势，还不如说是在平衡它们双方的利益均势。1903 年，塞尔维亚发生军事政变，国王被杀。同年，马其顿爆发了伊林登起义，并宣布成立了巴尔干半岛的第一个共和国，其领导人为具有社会主义思想的尼古拉·卡雷夫。这场起义在土耳其人的残酷镇压下失败。① 马其顿的起义和科索沃阿尔巴尼亚人的动荡不安，促使沙俄和奥匈再次签订有关巴尔干半岛问题的《米尔茨施特格计划》，其主要内容是规定奥斯曼当局在马其顿的基督教居民聚居地区进行改革，限制土耳其统治者的专横，同时由沙俄、奥匈、意大利和英国对马其顿的一些地区实行监督。② 巴尔干半岛在 20 世纪初所发生的这一系列变化，有三个重要的因素是不能忽视的。首先是奥斯曼帝国在与西方资本主义列强的竞争中已经完全处于政治、经济和军事上的劣势，加之日益多发和不断高涨的巴尔干半岛各民族的反抗使其统治已经日薄西山；其次是沙俄和西方列强对巴尔干半岛的争夺也由于奥斯曼帝国的衰弱和巴尔干半岛各民族人民的觉醒而加快了步伐；最后是巴尔干半岛各民族的解放运动虽然包含了许多帝国霸权的影响，但是它们已经在摆脱外来统治和实现独立建国的道路上迈出了坚定的步伐。巴尔干半岛各民族的民族解放运动已经处于大爆发的前夜。

---

① 〔南〕伊万·博日奇等：《南斯拉夫史》上册，第 474 页。
② 〔南〕兰科·佩特科维奇：《巴尔干既非"火药桶"又非"和平区"》，第 15 页。

第五章

巴尔干战争与第一次世界大战

　　巴尔干战争是标志着亚洲和东欧中世纪社会崩溃的一系列世界事件中的一环。……欧洲资产阶级既害怕本国也害怕巴尔干获得真正自由，它所追求的只是牺牲别人而使自己发财致富，它挑起沙文主义情绪和民族仇恨，这样就使它便于实行掠夺政策，使巴尔干各被压迫阶级难于自由发展。

列宁：《巴尔干战争和资产阶级沙文主义》

　　萨拉热窝刺杀虽然不是第一次世界大战的原因，却当然是它的诱因。近代史上没有一次阴谋案件曾被如此广泛而又反复地大书特书……

〔英〕艾伦·帕尔默：《夹缝中的六国——维也纳
会议以来的中东欧历史》

　　在这次战争中具有民族因素的只有塞尔维亚反对奥地利的战

争……只有在塞尔维亚和在塞尔维亚人那里，我们才看到进行多年的、有千百万"人民群众"参加的民族解放运动，而这个运动的"继续"就是塞尔维亚反对奥地利的战争。

列宁：《第二国际的破产》

如果说法国大革命追寻的理想，传之后世的生命比布尔什维克为长；1917 年革命事件产生的实际后果，却比 1789 年更为深远。

〔英〕艾瑞克·霍布斯鲍姆：《极端的年代》

第一节　战争前夜的巴尔干半岛

进入 20 世纪的巴尔干半岛，在欧洲诸帝国日益激烈的经济竞争、军备竞赛和东欧民族主义运动蓬勃发展相交织的形势影响下，局势变得更加复杂。奥斯曼帝国在经济上受到西方帝国的控制，政治上受到来自内部青年革命运动的冲击，而延续四个多世纪对巴尔干半岛的统治则在日益强烈的民族主义运动中处于崩溃的边缘。1900 年远东地区的危机，使沙皇俄国的注意力转向了东方。为了保证沙俄在巴尔干半岛的势力范围，1903 年沙俄与奥匈制定了《米尔茨施特格计划》。随后沙俄便卷入了东方的日俄战争。俄国在日俄战争中的失败，促发了 1905 年的俄国革命。在沙俄内外交困之际，奥匈帝国却乘机在巴尔干半岛扩大自己的势力范围。当时，介入巴尔干半岛争夺的帝国势力，除了奥匈、德意志和意大利结成的三国同盟外，法俄同盟因 1904 年英法协约和 1907 年英俄协约的相继签订而变成英、法、俄三国协约。

根据 1903 年沙俄和奥匈的上述计划，奥匈帝国以派遣宪兵指挥官的方式，"将科索沃行省的整个东部地区置于自己的实际控制之下"。①奥匈帝国势力在巴尔干半岛的扩张，使 1903 年发生政变后掌权的塞尔维亚亲俄势力向 1902 年与沙俄签订军事专约的保加利亚靠拢，并于 1905 年缔结塞尔维亚与保加利亚的关税同盟。当时，塞尔维亚商品出口的十分之九和进口的五分之三均需通过奥匈帝国，塞、保关税同盟的建立立即遭到奥匈帝国的反对，并对塞尔维亚实行经济制裁，即对塞尔维亚的主要出口商品生猪征收寓禁关税，引发了1906 年塞尔维亚经济生活中的"生猪"危机。但是，塞尔维亚并没有因此而屈服，开始转向与土耳其人和其他西方国家合作，同时也对拥有自己的出海口产生了越来越强烈的需求。② 塞尔维亚在抵制奥匈帝国经济制裁的同时，使俄法联盟后的法国资本大量进入塞尔维亚市场。从 1906 年到 1912 年塞尔维亚三次从法国借贷，法国成为塞尔维亚最大的债权国。同时塞尔维亚对外的武器订货法国也居首位，而且法国人要求独揽在塞尔维亚修建铁路的权利，这引起了同英国、比利时和德国的资本冲突，以致法国人声称"塞尔维亚试图在政治上利用奥地利来反对俄国，在经济上利用法国来反对德国"。③ 在帝国夹缝中求生存的巴尔干半岛国家，不得不利用帝国列强争夺巴尔干半岛的图谋而摇来摆去。

塞尔维亚摆脱奥匈帝国控制的努力，使奥匈帝国一度设计了吞并和肢解塞尔维亚的计划，即将包括贝尔格莱德在内的塞尔维亚东北部并入帝国，而将其他部分交给保加利亚，以维护奥匈在保加利亚既得的影响和利益。1908 年初，奥匈帝国从气息奄奄的奥斯曼帝国政府获得了兴建从乌瓦茨到科索沃行省米特罗维察铁路的特许权。与此同时，沙俄和意大利也从奥斯曼帝国政府获得了修建从多瑙河上的奈戈廷，经过塞尔维亚南部到达阿尔巴尼亚北部铁路的许可。继承威尼斯

① 〔南〕伊万·博日奇等：《南斯拉夫史》下册，第 482 页。
② 〔英〕斯蒂芬·克利索德主编《南斯拉夫简史》，第 203 页。
③ 〔南〕伊万·博日奇等：《南斯拉夫史》下册，第 486 页。

在巴尔干半岛利益的意大利，虽然与奥匈和德意志结为同盟国，但是它对奥匈帝国在巴尔干半岛的扩张充满忧虑，便与沙俄联手迎合了塞尔维亚人获得出海口的愿望。当然，沙俄与意大利之所以确定这一计划，出于共同目的。"因为它们把通往亚得里亚海的这条铁路看成是遏制奥地利在巴尔干半岛的势力的工具。"[1] 然而，这一帝国之间修筑铁路的争夺尚在纸上谈兵，奥匈帝国却先声夺人地采取了几乎引发战争的扩张行动。

1908 年对于巴尔干半岛来说，是一个特殊的年份。是年 7 月，奥斯曼帝国内部发生了"青年土耳其党人"领导的革命，苏丹被迫恢复了 1876 年"新奥斯曼党人"效仿欧洲革命而实施内部改革所制定的宪法。"青年土耳其党人还感染上斯拉夫人的民族主义，而不再采取以前那样的立场；土耳其人不再打算坐视敌对的民族主义侵蚀他们的权力；他们开始从一个野心勃勃的土耳其民族出发来考虑问题。在这种情况下，保加利亚的沙皇迅速宣布独立，而克里特则于 10 月宣布与希腊联合。"[2] 保加利亚宣布独立是 10 月 5 日，第二天"欧洲的总理大臣们正式得到通知：波斯尼亚-黑塞哥维那并入奥地利"。[3] 如前所述，1877 年的《布达佩斯公约》规定了俄国不反对奥匈帝国在适当的时候占领波斯尼亚和黑塞哥维那。但是在此之后的 30 年间，这一已经在列强交易中划归奥匈帝国的地区一直处于"以土耳其为宗主、由奥地利治理、各地方自治，如此的多国安排不曾遭遇重大挑战，听任最终的主权问题悬而未决"的状态。[4] 1908 年奥斯曼帝国内部发生革命后，"青年土耳其党人"表现出的土耳其民族主义和复兴

---

① 〔南〕伊万·博日奇等：《南斯拉夫史》下册，第 487 页。
② 〔英〕莫瓦特编《新编世界近代史》第 12 卷，中国社会科学出版社，1999，第 628 页。
③ 〔英〕艾伦·帕尔默：《夹缝中的六国——维也纳会议以来的中东欧历史》，第 140 页。
④ 〔美〕亨利·基辛格：《大外交》，海南出版社，1998，第 172 页。

愿望，以及在此之前沙俄联合意大利与奥匈在巴尔干半岛的利益争夺，促使奥匈帝国兼并波斯尼亚和黑塞哥维那的行动。9月，奥匈帝国根据30年前的约定向沙俄透露了这一计划，沙俄则提出只要获得自由出入达达尼尔海峡的权利便对此兼并计划不予干涉。所以，当保加利亚宣布独立，奥匈帝国立即占领了波斯尼亚和黑塞哥维那。这一消息传开后，在塞尔维亚和黑山，斯拉夫人的民族情绪十分高涨，向奥匈帝国开战的呼声日益强烈。而沙皇政府并未获得达达尼尔海峡出入权，这又引起沙俄帝国内部泛斯拉夫主义者的强烈反应。在这种情况下，斯拉夫人与奥匈帝国之间的冲突已处于战争临界状态，大有一触即发的态势。面对这一形势，列强之间的秘密外交活动十分频繁，但是都在盘算自己的利益，德国无条件支持奥匈帝国的行动，英法在权衡利弊中没有响应沙俄的国际干预建议，而奥匈帝国与奥斯曼帝国却于1909年2月达成协议，即奥斯曼帝国放弃对波斯尼亚和黑塞哥维那名义上的主权但可以得到2500万英镑的安抚。[1] 巴尔干半岛的这一危机，直到1909年3月德国以最后通牒的方式对沙俄施加压力才得以缓解。沙俄在没有得到自己的利益且没有实力与奥、德军事上抗衡的情况下，被迫认可了奥匈帝国在巴尔干半岛的扩张成果。而失去沙俄的支持，塞尔维亚和黑山也没有实力能够与奥匈帝国对抗。德、奥同盟的这一胜利，使德国在主宰奥斯曼帝国权益上也占据了优势。不过，沙俄在瓦解三国同盟方面的努力，在意大利取得了成果。1909年10月，俄、意达成协议共同抵制奥地利在巴尔干半岛继续扩张的势头，双方约定在巴尔干半岛发生任何事件时"两国应利用发展巴尔干国家的途径坚持采取民族原则，排除任何外国统治的可能"。[2]俄、意之间在巴尔干半岛的利益关系也为第一次世界大战中意大利退出三国同盟建立了基础。

---

① 〔苏〕赫沃斯托夫编《外交史》第2卷下，第914页。
② 〔苏〕赫沃斯托夫编《外交史》第2卷下，第941页。

　　波斯尼亚和黑塞哥维那危机之后，在塞尔维亚出现了一些秘密的军事会社组织，"它们在仪式上是半共济会式的，其性质则属于狭隘的民族主义"。[①] 这些组织的军国主义倾向和塞尔维亚大民族主义倾向十分显著，其中最著名的是由德拉古廷·迪米特里耶维奇－阿皮斯上校于 1911 年在贝尔格莱德建立的名为"要么联合要么死亡"（也译为"不统一、毋宁死"）的"黑手社"。在这个组织的章程中宣称"波斯尼亚和黑塞哥维那、黑山、旧塞尔维亚、马其顿、克罗地亚、斯拉沃尼亚和斯雷姆、伏伊伏丁那和达尔马提亚，是'塞尔维亚的各个省'，至于斯洛文尼亚，则根本未提及，因为它被认为是一个德意志国家"。[②] 其大塞尔维亚民族主义可见一斑。这一组织的活动方式热衷于暗杀，正如其社章中规定的，"宁愿采取恐怖行动也不愿进行理性宣传"。[③] 而且这个组织主要在奥匈帝国占领下的波斯尼亚和黑塞哥维那活动。

　　在奥匈帝国统治下的巴尔干半岛地区，由于德国资本的涌入而进一步强化了斯洛文尼亚的"德意志化"。这突出地表现在学校教育和语言使用方面。就奥匈帝国的奥地利部分而言，20 世纪 20 年代初，559 所中学中，德意志人办的学校占 40%，而德意志居民占全国人口的 35.5%；捷克人办的学校占 23%，捷克居民占全国人口的 27%；但是斯洛文尼亚人却没有一所自己的中学。在大多数中学里，教师大部分是德意志人，斯洛文尼亚教师也要用德语来为孩子们授课。因为奥地利的官方语言是德语，所以服兵役的斯洛文尼亚人必须讲德语。[④] 但是，从经济发展的角度看，奥地利统治下的斯洛文尼亚又是南斯拉夫各民族聚居地区中最先进的地区。这也决定了斯洛文尼亚工人阶级

---

　　① 〔英〕艾伦·帕尔默：《夹缝中的六国——维也纳会议以来的中东欧历史》，第 142 页。

　　② 〔南〕伊万·博日奇等：《南斯拉夫史》下册，第 498 页。

　　③ 〔美〕斯塔夫里阿诺斯：《全球通史：1500 年以后的世界》，第 583 页。

　　④ 〔南〕伊万·博日奇等：《南斯拉夫史》下册，第 505 页。

的力量最强大，1896 年他们建立了南斯拉夫社会民主党，在维护工人阶级权益方面开展了斗争，对周边地区的斯拉夫人也产生了影响，并提出了要求普选权的政治主张。当然，在斯洛文尼亚政治生活领域中，资产阶级的政党——平民党居于垄断地位。虽然塞尔维亚的激进政治势力所表现的大塞尔维亚民族主义根本没有把斯洛文尼亚人视为斯拉夫民族，但是在斯洛文尼亚的政党中仍有人主张在实现斯洛文尼亚、克罗地亚独立地位的同时也应该承认奥匈帝国统治下的塞尔维亚人的宗教和政治平等地位。

克罗地亚人处于奥地利和匈牙利的分别统治之下，达尔马提亚和伊斯特拉分治于帝国的西部，克罗地亚和斯拉沃尼亚分治于帝国的东部。从经济上来看，克罗地亚地区的工业也取得了较快的发展，但农业仍然是主要产业。由于农村庄园大都掌握在匈牙利地主阶级手中，农民的生活相当困苦，大量人口移民海外。据统计，从 1903 年到 1907 年，每年移民外流达数千人，最多的年份达到 50000 人。[①] 在 1900—1914 年，仅移居美国的克罗地亚人就达 23 万之多。[②] 1904 年，安顿·拉迪奇兄弟建立了克罗地亚平民农民党，要求建立一个联邦制的斯拉夫奥地利，包括阿尔卑斯（德意志）、波兰、捷克、加利西亚和克罗地亚-斯洛文尼亚-塞尔维亚五个巴昂区，其中克罗地亚-斯洛文尼亚-塞尔维亚巴昂区包括了帝国统治下的所有南斯拉夫人，并以萨格勒布为这个大巴昂区的所在地。1910 年，安顿·拉迪奇作为农民的代表当选进入克罗地亚议会。当时，塞尔维亚人的政治组织和活动也表现活跃，并与克罗地亚的政治力量联合在了一起。如 1905 年由克罗地亚进步党、克罗地亚权利党、塞尔维亚民族激进党和塞尔维亚民族自治党组建了克罗地亚-塞尔维亚联盟。该联盟一度在克罗地亚议会中获得 88 个席位中的 43 个。塞尔维亚人与克罗地

---

① Trpimir Aacan & Josip Sentija：*A Short History fo Croatia*，Zagreb 1992，p. 86.
② 〔南〕伊万·博日奇等：《南斯拉夫史》下册，第 510 页。

亚人的接近，使奥匈帝国感到十分不安，它们重新提出建立三元主义的口号，宣称建立一个以克罗地亚为首的把所有南斯拉夫人包括在内的哈布斯堡帝国的第三个联邦实体，试图以此来分化正在形成的塞尔维亚人和克罗地亚人之间的联盟。而当塞尔维亚等独立国家取得推翻奥斯曼帝国统治的胜利之后，奥匈帝国唯恐其治下的塞尔维亚、克罗地亚和斯洛文尼亚加入塞尔维亚国家的忧虑就更加深重了。①

第二节　1912—1913 年的巴尔干战争

1911 年，意大利在利比亚打败了土耳其人。这一胜利，对巴尔干半岛各民族推翻奥斯曼帝国苟延残喘的虚弱统治，产生了重大的鼓舞。在沙俄帝国支持下建立新的巴尔干同盟，成为巴尔干半岛各国日益增强的共识。因为他们意识到："对于巴尔干各民族人民来说，似乎从来还没有像现在这样的大好机会能够轻易把土耳其人赶出欧洲。"而且，"倘若他们能克服互相间的敌对情绪，斐迪南国王就没有不能为保加利亚争得爱琴海岸线的理由，塞尔维亚就没有不能解放科索沃并麾师向西进抵海边的理由，希腊的旗帜就没有不能飘扬在那宝贵战利品的萨洛尼卡上空的理由；甚至门得内哥罗国王尼基塔也可以席卷阿尔巴尼亚的若干城镇"。② 正是基于这样的认识，建立同盟首先碰到的问题仍是多年来保加利亚、塞尔维亚和希腊图谋的如何处置马其顿。

1912 年 3 月，保加利亚与塞尔维亚率先达成秘密协议，其中最重要的是双方如何瓜分马其顿的条款。根据协议，塞尔维亚承认保加利亚拥有即将解放的斯特鲁马河以东和罗多彼山以东的地区，保加利亚则承认沙尔山西北部的地区属于塞尔维亚，至于罗多彼山和沙尔山之

---

① 〔南〕伊万·博日奇等：《南斯拉夫史》下册，第 516 页。
② 〔英〕艾伦·帕尔默：《夹缝中的六国——维也纳会议以来的中东欧历史》，第 143 页。

间的地区被视为争议区。如这一地区由于某种原因无法自治，双方再度就如何瓜分进行协商。同时，双方一致同意如对上述条款的解释发生争执，由俄国进行仲裁。[1] 同年5月，双方又补充签订军事专约，规定一旦与奥斯曼帝国或奥匈帝国发生战争，塞尔维亚应派出10万—15万人，保加利亚则派出20万人。是月，希腊和保加利亚签订了同盟条约，条约规定了在双方中的一方遭到土耳其侵犯时互相给予军事援助等内容。10月补充的军事专约中明确规定："一旦爆发反土耳其战争，希腊派出兵力十二万人，保加利亚则派出三十万人。"[2] 这些协议加上塞尔维亚与黑山确定的同盟关系，"到1912年秋便出现了一个'巴尔干四国同盟'，这在很大程度上是违反列强意愿而搞起来的"。[3] 在"巴尔干四国同盟"形成后，黑山、塞尔维亚、保加利亚和希腊向奥斯曼帝国宣战，并取得了意想不到的胜利。

对于摇摇欲坠的奥斯曼帝国来说，巴尔干四国同盟蓄势已久的进攻是无法抵挡的。在不到两个月的战事中，土耳其人已退缩到屏护君士坦丁堡的恰塔耳贾防线。1912年12月3日，土耳其人与巴尔干四国同盟签订停战协议。不过，就在巴尔干四国同盟发起对奥斯曼帝国进攻的同时，包括沙俄帝国在内的欧洲列强国家也开始了行动。首先，沙俄和奥匈不希望在列强的利益关系复杂多变的情况下失去巴尔干半岛具有象征意义的奥斯曼帝国势力，所以它们都从不同的利益要求出发企图制止这场代表巴尔干半岛各民族自我解放性质的战争。其次，在保加利亚军队势如破竹般地向奥斯曼帝国心脏——君士坦丁堡推进时，"所有帝国主义大国均已派遣军舰驶进爱琴海，靠近达达尼尔海峡"。[4] 它们一方面是为了伺机瓜分奥斯曼帝国的遗产，另一方面

---

① 〔南〕兰科·佩特科维奇：《巴尔干既非"火药桶"又非"和平区"》，第16页。
② 〔苏〕赫沃斯托夫编《外交史》第2卷下，第1016页。
③ 〔英〕艾伦·帕尔默：《夹缝中的六国——维也纳会议以来的中东欧历史》，第144页。
④ 〔苏〕赫沃斯托夫编：《外交史》第2卷下，第1020页。

是防止任何一种势力单独占领君士坦丁堡。最后，奥匈帝国为了防止塞尔维亚的势力扩展到亚得里亚海沿岸，在塞尔维亚边境等地集结重兵，并在德国的支持下准备武装干涉塞尔维亚。同时，面对巴尔干四国同盟在战场上取得的优势，沙俄在法国的支持下也表现出试图洗刷1908年在奥匈帝国吞并波斯尼亚和黑塞哥维那事件中蒙受的耻辱。奥匈、德国和沙俄、法国在巴尔干政策上的冲突正在激化。在这种情况下，英国声明如果双方开战它不会保持中立态度，这使帝国竞争的天平倒向了协约国一边。奥匈和德国在意大利盟友靠不住的支持下，同意将巴尔干半岛问题提交列强驻伦敦大使会议去解决，但是塞尔维亚也必须放弃获得出海口的要求。在沙俄的影响下，塞尔维亚服从了列强的决定。

1912年12月中旬，在伦敦召开了两个国际会议。一是巴尔干半岛交战国双方，即奥斯曼帝国与巴尔干四国同盟；二是欧洲六国，即奥匈、德意志、意大利三国同盟和沙俄、法国、英国三国协约。对于列强双方来说，问题的症结在于"俄国不愿意看到保加利亚人或希腊人在君士坦丁堡赢得胜利；而奥匈帝国和意大利也不喜欢塞尔维亚在亚得里亚海岸获得立足之地"。[1] 为了满足帝国列强双方的利益，会议通过了建立一个由奥斯曼苏丹统治和欧洲六国列强监督的阿尔巴尼亚自治政权的决定，以此来堵住塞尔维亚向亚得里亚海扩展的企图。事实上，在巴尔干战争开始以后，塞尔维亚、希腊和黑山的军队追击土耳其人已先后进入阿尔巴尼亚，而阿尔巴尼亚各个城市在陷入巴尔干军队之前也纷纷宣布了民族独立，并选出了代表于1912年11月28日在发罗拉召开了国民大会，"宣布阿尔巴尼亚为自由的、有主权的、独立的国家"，升起了代表阿尔巴尼亚民族的"乔治·卡斯特里奥特-斯坎德培旗帜"。[2] 当然，这并没有引起巴尔干四国同盟和欧洲六

---

[1] 〔英〕艾伦·帕尔默：《夹缝中的六国——维也纳会议以来的中东欧历史》，第145页。
[2] 〔阿〕克·弗拉舍里：《阿尔巴尼亚史纲》，第244页。

国列强的重视。

列强在策划建立保持土耳其人宗主国地位和欧洲列强共管的所谓"自治的阿尔巴尼亚"方案时，根本没有将阿尔巴尼亚民族的解放利益放在眼里，对于它们在巴尔干半岛这块棋盘上的利益竞争来说，阿尔巴尼亚人不过是棋盘上的一枚划来拨去的棋子而已。令人悲哀的是，事隔77年之后的1999年，当以美国为首的北约集团以保护科索沃阿尔巴尼亚族利益为由、对科索沃与阿尔巴尼亚合并问题以暧昧的态度示以支持而对塞尔维亚大动干戈时，阿尔巴尼亚和科索沃的阿尔巴尼亚族再次扮演了牺牲品的棋子角色。无独有偶，1999年3月24日爆发的以美国为首的北约集团对主权国家南联盟的侵略战争，其停止轰炸的条件之一是要求塞尔维亚军队、警察部队完全撤出科索沃并代之以北约的部队。这种条件，在1912年底伦敦列强会议上可谓似曾相识。当时，塞尔维亚从阿尔巴尼亚撤军和奥匈帝国解除对塞尔维亚实施侵略的战备动员令，成为实施列强达成的建立"自治阿尔巴尼亚"计划的焦点。在沙俄的劝说下，塞尔维亚发表声明，一俟同奥匈帝国签订和约立即撤军，而奥匈帝国的要求是在塞尔维亚军队撤出阿尔巴尼亚以前不会解除对塞尔维亚的军事动员令。结果，列强会议作出了顺应奥匈帝国的决议，即塞尔维亚必须从阿尔巴尼亚撤军。塞尔维亚于1913年1月宣布准备撤军。在满足奥匈帝国利益的同时，沙俄也在为自己的利益向奥斯曼帝国施加压力，要求土耳其人放弃亚德里雅那堡以满足保加利亚的要求，而保加利亚的这一要求同时也得到奥匈帝国支持。"俄国支持保加利亚的要求，为的是防止保加利亚倒向德奥阵营；奥匈帝国也同样起劲地庇护保加利亚，为的是使保加利亚脱离俄国。"① 为此，列强们（除德国反对外）采取"海军示威"的炮舰政策向奥斯曼帝国施加压力，迫使奥斯曼帝国表示屈服。然

---

① 〔苏〕赫沃斯托夫编《外交史》第2卷下，第1032页。

而，在奥斯曼帝国内部突发的政治变乱，又打破了伦敦列强会议的所有计划。

1913 年 1 月 23 日，奥斯曼帝国的"青年土耳其党人"在德国人的支持下重新控制了政权。德国人向沙俄意味深长地表达了警告：如果彼得堡对土耳其采取军事行动，德国将看成是对欧洲和平的威胁，德国不仅支持"青年土耳其党人"，而且要保护德国在奥斯曼帝国的资本。这一事态，使奥斯曼帝国的新内阁采取了不妥协的态度，从而导致巴尔干四国同盟于 1913 年 2 月 3 日恢复了对土耳其的军事行动。激进而极端的奥斯曼帝国新政权，虽然高举土耳其民族主义的旗帜，但是帝国江河日下、衰败不堪的现实无法扭转。而巴尔干四国同盟的进攻却不可阻挡，亚德里雅那堡等要塞相继陷落，保加利亚军队不理睬土耳其人的求和停战要求继续向恰塔耳贾进攻，使君士坦丁堡落入谁人之手的危机再次出现。而黑山的军队则继续围攻斯库台。沙俄在派出黑海舰队驶向博斯普鲁斯海峡的同时，要求保加利亚停止攻击，签订停战协议，并允诺在保加利亚与塞尔维亚瓜分马其顿的讨价还价中帮助保加利亚。4 月 5 日，列强驻索非亚的大使共同采取行动迫使保加利亚停战，保、土之间在 4 月 16 日签订了停战协议。20 日，土耳其人与其他巴尔干同盟国签订了停战协议。不过，黑山在斯库台的军事行动仍在继续。随之而来的和谈在伦敦再次举行，其中依然矛盾重重。希腊对阿尔巴尼亚南部地区的领土要求和取得爱琴海所有岛屿的条件，受到奥匈和意大利的反对，但得到法、英两国的支持；俄国支持希腊在巴尔干半岛本土的扩张，但对那些掩护达达尼尔海峡出海口的岛屿落入希腊人手中却充满戒心。德国支持土耳其人，当然对此持反对意见。[1] 正在伦敦会议争论不休之际，黑山的军队于 4 月 22 日攻陷了围攻长达 7 个月之久的斯库台，击溃了在奥斯曼帝国旗帜下顽

---

① 〔苏〕赫沃斯托夫编《外交史》第 2 卷下，第 1035 页。

强抵抗的土耳其和阿尔巴尼亚联军。这一事件又使伦敦会议增加了新的矛盾。沙俄支持黑山对斯库台的占领,而奥匈则强烈反对。事实上,由于沙俄帝国的衰落和内部革命运动的发展,它在与奥匈帝国阵营的争霸中往往处于劣势。斯库台的危机按照奥匈的意见达成协议,黑山撤出斯库台,封锁黑山海岸线的列强舰队派遣国际部队进驻斯库台,建立了国际行政管理组织。① 1913 年 5 月 30 日,伦敦会议签订了和约。根据这一和约的规定,奥斯曼帝国在欧洲的领土几乎全部被战胜国瓜分了,至于国界线的确定、阿尔巴尼亚的体制和爱琴海岛屿归属等问题则暂时搁置。

第一次巴尔干战争虽然是巴尔干四国同盟与奥斯曼帝国之间的斗争,但是欧洲六国列强在巴尔干半岛的利益争夺始终对这场战争产生着举足轻重的影响。但是,从战争的结果来看,可以说奥斯曼帝国从 1354 年开始征服巴尔干半岛并于 1526 年建立起在巴尔干半岛的统治历史,至此结束了。列宁曾对此评价说:"土耳其的溃败是毫无疑问的。结成四国同盟的巴尔干国家(塞尔维亚、保加利亚、门的内哥罗、希腊)的胜利是巨大的。这四个国家结成同盟已成事实。'巴尔干属于巴尔干人民'——这一口号已经实现。"② 巴尔干四国同盟通过武装斗争,推翻了奥斯曼帝国的统治的确取得了巨大胜利。但是,"巴尔干属于巴尔干人民"这一口号,在帝国强权对巴尔干半岛的竞相争夺中却还没有实际的意义。这一点在随后的历史中,甚至从整个 20 世纪的全部历史中都可以得到证明。其原因是帝国争霸巴尔干半岛的历史至今没有结束,这个历史不结束,巴尔干半岛的各国家、各民族就没有自由与和平,"巴尔干属于巴尔干人民"也就只能是一个理想的口号。

第一次巴尔干战争在帝国列强的调停下结束了。但是塞尔维亚没

---

① 〔阿〕克·弗拉舍里:《阿尔巴尼亚史纲》,第 251 页。
② 列宁:《世界历史新的一页》,《列宁论民族问题》上册,第 143 页。

有得到其梦寐以求的出海口，它希望从马其顿得到陆地领土的补偿，遂于 1913 年 2 月向保加利亚提出了修改塞保同盟协定的要求。同时，希腊在扩张领土方面的要求也未得到满足，便向保加利亚提出获得马其顿南部和色雷斯的领土要求。这种共同的要求，使塞尔维亚和希腊于 1913 年 6 月 1 日缔结了新的同盟。而加入这一新同盟的还包括了罗马尼亚。在第一次巴尔干战争中，置身事外的罗马尼亚宣布中立，但是它面对其他巴尔干国家瓜分奥斯曼帝国的前景也不由怦然心动，罗马尼亚向保加利亚提出恪守中立原则的条件是得到多布罗加的领土，[①]但未能得到满足。在巴尔干四国同盟开始内讧之际，沙俄力求保住这一同盟，而奥匈则鼓励保加利亚开战并允诺给予财政支持和在阿尔巴尼亚组织武装牵制塞尔维亚。在这种形势下，保加利亚又倒向了奥匈帝国一边，于 6 月 29 日向塞尔维亚和希腊开战，第二次巴尔干战争爆发。7 月 10 日，罗马尼亚对保加利亚宣战，并很快推进到索非亚附近。与此同时，土耳其人也乘机发兵从保加利亚人手中夺回了亚德里雅那堡。试图干预这场战争的奥匈帝国没有得到德国的支持，也没有兑现它对保加利亚的承诺。1913 年 8 月 10 日，以罗马尼亚、塞尔维亚和希腊为战胜国一方同战败的保加利亚缔结了《布加勒斯特和约》。罗马尼亚获得了南多布罗加。[②]"塞尔维亚不仅得到保加利亚在马其顿的'有争议的'地区，而且也得到很大一块'没有争议的'地区；希腊除了得到包括萨洛尼卡在内的南马其顿地区以外，还得到包括卡瓦拉在内的西色雷斯的一部分。"[③]同年 9 月保加利亚与奥斯曼帝国签订和约，亚德里雅那堡归还土耳其人。在第一次巴尔干战争中得益最多并和沙俄、奥匈交相示好的保加利亚，在第二次巴尔干战争中遭到了惨败，而马其顿则被分割了。

---

① 〔苏〕赫沃斯托夫编《外交史》第 2 卷下，第 1034 页。
② 〔罗〕安德烈·奥采特亚主编《罗马尼亚人民史》，第 242 页。
③ 〔苏〕赫沃斯托夫编《外交史》第 2 卷下，第 1045 页。

针对这一战争，列宁于 1913 年 7 月 14 日在布尔什维克的《工人真理报》上发表文章指出：

> 巴尔干的资产阶级说，巴尔干半岛从土耳其统治下解放出来之后，我们就能保证它得到永久和平。这原来都是一派谎言。巴尔干各国政府把马其顿分割成几个部分并得到奥地利所属的阿尔巴尼亚，就为各种内部纠纷留下了两个永久的祸根，并且为外国的干涉提供了一个经常的借口。
>
> 另一方面，保加利亚不仅丧失了新的胜利果实，而且还丢掉了它固有的领土，它还将长期渴望复仇；塞尔维亚和罗马尼亚，它们不得不维护从保加利亚那里夺来的土地，并将成为奥地利垂涎的目标；土耳其将不会忘掉它遭到失败的耻辱……
>
> 没有和平，而是一连串的冲突，一连串流血的决斗，军备竞赛，外交家的赌博，外国干涉的危险以及阴谋诡计，犹大的接吻和犹大的出卖——这就是巴尔干所面临的现实。
>
> 这就是战争的结果：既不会有自由，也不会有团结，既不会有经济繁荣，也不会有独立与和平。①

列宁对第二次巴尔干战争的性质和后果揭露的是多么精辟啊，以至于我们在认识发生在 20 世纪最后时刻的巴尔干半岛战争时，都会从中得到深刻的启示。

第二次巴尔干战争结束以后，塞尔维亚的领土虽然扩大了许多，但是一种作为巴尔干大国的感觉和未能实现得到出海口的夙愿之间始终难以平衡。塞尔维亚趁列强解决六国监护下的"阿尔巴尼亚独立公国"边界问题之际，出兵占领了阿尔巴尼亚的一部分领土。在划界问

---

① 转引自〔苏〕赫沃斯托夫编《外交史》第 2 卷下，第 1046 页。

题上，传统的利益依然是列强分歧的焦点，沙俄、法国支持塞尔维亚和希腊的要求，德国、奥地利和意大利支持阿尔巴尼亚的愿望，因为它们认定阿尔巴尼亚只不过是自己的事实上的殖民地。英国在这个问题上有所变化，时常站在三国同盟一边。划界的工作从伦敦会议桌的地图上，转到阿尔巴尼亚的崇山峻岭的帐篷中，列强在划界委员会的勘测现场互相较量，总的来说是协约国想把阿尔巴尼亚划得越小越好，同盟国则想把它划得越大越好。在这种情况下，塞尔维亚在阿尔巴尼亚的行动，立刻引起同盟国方面的强烈反应，一直想对塞尔维亚发动侵略战争的奥匈帝国在已经做好战争准备的德国盟友坚决支持下，向塞尔维亚发出最后通牒。面对虎视眈眈的德奥强敌，沙俄和塞尔维亚再次退缩了。

关于阿尔巴尼亚领土划界问题的危机刚刚过去，德国与土耳其的军事协定又引发了俄国和德国之间在黑海海峡的冲突。德、土协议的要害是德国整编土耳其的军队，同时德国的军事代表在苏丹的委任下担任了君士坦丁堡的军团司令。在君士坦丁堡问题上，沙俄觊觎已久，但是列强之间的相互牵制，使沙俄不得不一直主张君士坦丁堡的国际化。而德国从军事上扶持土耳其，德国的将军担任了君士坦丁堡的军团司令，德国的军队出现在黑海的出海口，这当然是沙俄不能容忍的。由于黑海出海口是沙俄攫取近东利益的桥头堡，所以在这次冲突中，自感虚弱的沙俄帝国也做好了同德国乃至三国同盟单独开战的准备。正是由于沙俄帝国孤注一掷的强硬态度，迫使德国和土耳其作出了让步，被苏丹委任的君士坦丁堡军团司令以提升为元帅的方式放弃了对君士坦丁堡的军事控制权。德国与沙俄之间的矛盾，实际上是当时欧洲列强之间集团矛盾的代表性反应。进入 20 世纪之后，欧洲列强之间的军备竞赛和利益争夺，不仅向巴尔干半岛充填了大量的火药，而且它们相互之间的利益矛盾也使业已形成的政治外交机制日益难以运作，通过战争来争霸的选择已经到达了临界点。

第三节 萨拉热窝刺杀与第一次世界大战爆发

欧洲列强国家的军备竞赛始于19世纪80年代后期，而高涨于20世纪20年代之始。例如，英国1898—1899年的军费开支为4410万英镑，1913—1914年则达到7700万英镑；德国从19世纪90年代中期每年9000万马克，上升到第一次世界大战爆发前每年几近4亿马克。① 这种不断攀升的军费，使欧洲列强国家的军事实力发生了前所未有的变化。如果以1880年为起点和以1914年为终点，欧洲各列强的陆海军总数发生的变化是惊人的：俄国由791000人增加到1352000人，法国由543000人增加到910000人，德国由426000人增加到891000人，英国由367000人增加到532000人，奥匈由246000人增加到444000人，意大利由216000人增加到345000人。② 列强的军备竞赛由此可见一斑。

1914年的欧洲，按计划将于9月在维也纳召开第21届"世界和平会议"（World Peace Congress）。但是，在此之前，却爆发了第一次世界大战。而引发这次世界大战的导火索是在巴尔干半岛点燃的，这也使巴尔干半岛"火药桶"的名声传遍了全世界。事情的起因是奥皇的继承人弗兰兹·斐迪南大公于是年6月28日在属于奥匈帝国的领土波斯尼亚和黑塞哥维那的萨拉热窝检阅奥匈帝国军队的演习。奥匈帝国选择这一天进行军事演习，是意味深长的，因为这一天对于塞尔维亚等南斯拉夫民族具有特别的意义。525年前，即1389年6月28日，塞尔维亚等巴尔干民族的联军在抵抗奥斯曼帝国的征服战争中，在科索沃战役遭到了惨重的挫折，由此导致巴尔干半岛各民族，特别是塞尔维亚等南斯拉夫民族抵抗外来侵略斗争形势的逆转。6月28日

---

① 〔英〕艾瑞克·霍布斯鲍姆：《帝国的年代》，江苏人民出版社，1999，第398页。
② 〔美〕保罗·肯尼迪：《大国的兴衰》，第237页。

因此成为塞尔维亚等民族的圣维多夫丹节，也就是科索沃战役纪念日。所以，当 1835 年已经获得一定独立地位的塞尔维亚公国，在参照《拿破仑法典》的基础上于 6 月 28 日颁布了塞尔维亚国家的第一部宪法（也称《圣灵显示节宪法》），它对于塞尔维亚的独立建国具有很强的象征意义。但是，这部被称为"土耳其森林中的法兰西树苗"的宪法，对于奥斯曼、沙俄、奥地利等专制统治王朝来说，它的现代性是不能容忍的，在沙俄等列强的压迫下，这部闪烁民主之光的塞尔维亚国家宪法被废止，而代之以一部《土耳其宪法》。[①] 因此，对于后来取得独立建国权利的塞尔维亚民族来说，6 月 28 日也被视为国庆节。[②] 当然，这个日子对于塞尔维亚民族来说有多种意义，它包含了民族的屈辱、民族的自尊、国家的独立等一系列情结。奥匈帝国选择这样一个日子，向塞尔维亚国家、波斯尼亚和黑塞哥维那的塞尔维亚等斯拉夫民族炫耀帝国武装的军威和宣扬奥国皇储的权威，对塞尔维亚民族自尊心的刺激可谓唯此为大。对于奥匈帝国来说，塞尔维亚国家是它在巴尔干半岛扩张的最大障碍，哈布斯堡的统治者早就想将其除之而后快，曾几次陈兵于塞尔维亚边境图谋侵略和征服。而利用这个有特殊意义的日子炫耀武力，自然会引起塞尔维亚国家及其国内各种势力，特别是极端势力的反响。

如前所述，1908 年奥匈帝国吞并波斯尼亚和黑塞哥维那之后，塞尔维亚国内出现了许多秘密组织，并渗透到波斯尼亚和黑塞哥维那活动。在两次巴尔干战争结束之后，塞尔维亚在巴尔干半岛已经成为斯拉夫民族的大国，这对奥匈帝国统治下的南斯拉夫各民族起到了极大的鼓舞作用。在波斯尼亚和黑塞哥维那出现的"青年波斯尼亚人"组织，是当时众多反抗组织中的一个，这些组织的共同特点是主张采取个人恐怖活动来实现反抗。"青年波斯尼亚人"从 1910 年以后曾多次

---

① 〔南〕伊万·博日奇等：《南斯拉夫史》上册，第 315 页。
② 〔英〕艾伦·帕尔默：《夹缝中的六国——维也纳会议以来的中东欧历史》，第 148 页。

组织了对哈布斯堡王朝的达官贵人进行刺杀的活动。① 所以，奥皇皇储到萨拉热窝视察这样的机会，他们是决不会放过的。6月28日这一天，"青年波斯尼亚人"组织的刺杀行动取得了成功。一个名叫加夫里洛·普林奇普的波斯尼亚塞尔维亚族青年开枪打死了弗兰兹·斐迪南大公。这一事件，是否与阿皮斯上校领导的"黑手社"有关，说法是多样的。据说从刺杀事件发生以来，大约有5000种书籍企图解释这个难以说清的事件及其所引起的后果。② 但是无论如何，这一事件导致奥匈帝国对塞尔维亚发动了战争。

　　萨拉热窝刺杀事件发生后，维也纳虽然没有任何证据表明这一事件与塞尔维亚国家有牵连，但是在7月23日的外交照会和最后通牒中仍然认定是塞尔维亚官方主谋了这一刺杀计划，包括提供武器和运送刺客。奥匈帝国不仅要求塞尔维亚政府宣布反对任何有损奥匈帝国的宣传，而且还要求塞尔维亚政府承担一个独立国家完全无法承担的义务，其中包括：在塞尔维亚报纸上不准刊登敌视奥匈帝国的宣传文章；查封和取缔所有反奥组织；肃清学校教学中的反奥宣传内容，包括开除所有可能进行反奥宣传的教员；根据维也纳开列的名单，罢免那些参与反奥宣传和活动的文武官员；接受奥匈在塞尔维亚境内参与镇压反奥组织的行动；奥匈帝国的代表在塞尔维亚参与对暗杀事件的调查；严厉惩办与这一事件有关的人员；等等。③ 对这些丧权辱国的无理要求，塞尔维亚政府当然不能接受。塞尔维亚在准备打仗的同时，开始向沙俄、英、法、意大利以及黑山和希腊等国寻求支持和调解。同时，塞尔维亚在奥匈帝国规定期限的最后时刻作出了否定的答复。7月28日奥匈帝国向塞尔维亚宣战。

---

① 〔南〕伊万·博日奇等：《南斯拉夫史》下册，第536页。
② 〔英〕艾瑞克·霍布斯鲍姆：《帝国的年代》，第419页。
③ 〔南〕伊万·博日奇等：《南斯拉夫史》下册，第541页；〔苏〕赫沃斯托夫编《外交史》第2卷下，第1089页。

事实上，奥匈帝国向塞尔维亚提出的苛刻条件并不是为了寻求塞尔维亚的让步，它就是需要塞尔维亚的拒绝，从而为蓄谋已久的侵略战争寻求口实。刺杀事件之后，奥匈帝国与德国进行了波茨坦会谈，得到了德国在惩罚塞尔维亚人问题上的支持。在维也纳皇廷 7 月 7 日的大臣会议记录中这样写道："纯粹的外交成就——即便是以塞尔维亚遭受最大屈辱而告终——也没有什么价值。因此，必须向塞尔维亚提出一些十分苛刻的要求，这样就可以预料这些要求一定会被拒绝，从而用军事干涉的办法来彻底解决问题。"① 历史虽然不会重演，但是历史进程中的相似却颇为普通，尤其在帝国强权对弱小国家施暴的时候。这就像狼要吃羊，它虽然在上游喝水而羊在下游，它也可以指责羊污染了它喝的水一样。85 年之后的今天，以美国为首的北约集团要拔掉巴尔干半岛这个顽强的塞尔维亚"钉子"，也是以炮制了一份南斯拉夫绝对无法接受的"朗布依埃协议"来造成塞尔维亚人必然拒绝的结果，从而"理由充分"地公然向南联盟开战。

第四节　第一次世界大战中的巴尔干半岛

1914 年 7 月 28 日奥匈帝国对塞尔维亚宣战之后，7 月 30 日沙俄帝国宣布全国总动员，31 日德国向沙俄发出最后通牒要求停止总动员，在没有得到沙俄回应的情况下 8 月 1 日向俄国宣战，8 月 3 日向法国宣战，同日德国入侵比利时，8 月 4 日英国对德国宣战。第一次世界大战开始以后，欧洲列强之间在西线的战事很快进入以佛兰德海岸到瑞士边界为战线的僵持状态，德国的军队与法、英军队处于长达三年的阵地战和消耗战之中。在德国与沙俄之间的东部战线，沙俄最初取得的优势很快丧失，德奥联军在 1915 年取得了长足的进展。

---

① 〔苏〕赫沃斯托夫编《外交史》第 2 卷下，第 1080 页。

在巴尔干半岛的奥匈与塞尔维亚之间，从 1914 年 8 月 12 日奥匈帝国的军队渡过德里纳河开始，奥匈帝国的军队就受到塞尔维亚的强烈抵抗。在两次巴尔干战争中经受历练的塞尔维亚军队，在不到两个星期的采尔战役中就将最后一名奥匈帝国的士兵赶出了塞尔维亚领土，取得了协约国对同盟国的第一场胜仗。9 月，奥匈帝国的军队卷土重来，并于 12 月初攻入了贝尔格莱德。率领奥匈帝国军队的波西奥莱克将军不仅受到奥皇的祝贺，而且受到已于 11 月加入同盟国的奥斯曼帝国苏丹的褒奖。但是，12 月 15 日塞尔维亚军队夺回了贝尔格莱德。此后，塞尔维亚军队在付出惨重代价后，赢得了抗击奥匈帝国军队第三次进攻的胜利，"科卢巴拉战役是塞尔维亚军队在第一次世界大战中取得的最大的一次胜利"。[①] 当时，与塞尔维亚并肩作战的是长久以来形成的盟友——黑山。事实上，自从巴尔干战争之后，塞尔维亚与黑山的命运就牢固地联系在一起，在反抗奥斯曼帝国统治和奥匈帝国侵略的斗争中，它们战斗在一起，互相支援；在遭受奥匈帝国占领和第二次世界大战法西斯统治期间，它们共同受难和共同开展反抗斗争。这种历史上荣辱与共、同舟共济的命运，也决定了 1992 年南斯拉夫社会主义联邦共和国解体时，塞尔维亚与黑山能够再次结盟为新的南斯拉夫国家的现实。当然，在 1999 年 3 月 24 日以美国为首的北约向南联盟发动残酷的侵略战争后，塞尔维亚与黑山的结盟关系也面临着新的考验。它们是否能够像历史上一样同仇敌忾地反抗侵略、维护南斯拉夫国家的主权和尊严，将完全取决于塞尔维亚民族和黑山民族的历史认同感和民族性，而不是政治上的歧见和矛盾。

在塞尔维亚与奥匈帝国的战争中，南斯拉夫各民族之间的相互残杀是不可避免的。因为这是包括奥匈帝国在内的所有争夺巴尔干半岛

---

① 〔南〕伊万·博日奇等：《南斯拉夫史》下册，第 548 页。

的帝国势力所要利用的征服者工具。他们利用各民族之间的矛盾，挑拨各民族之间的关系，威逼和利诱一些民族去同自己的同胞厮杀。在战争开始以后，奥匈帝国在巴尔干的集团军中，包括总部设在萨拉热窝的第 15 军、总部设在杜布罗夫尼克的第 16 军、总部设在萨格勒布的第 13 军和总部设在布拉格的第 8 军，这些部队中一些师团的20%—25%官兵，是来自波斯尼亚和黑塞哥维那、克罗地亚、达尔马提亚的塞尔维亚人、克罗地亚人，其中克罗地亚人达半数以上。在1914 年对塞尔维亚的侵略战争中，被称为"魔鬼师"的克罗地亚义勇军第 42 师表现突出，攻入贝尔格莱德的卡尔洛瓦茨步兵第 26 团，受到奥皇发布"感谢克罗地亚人"文告的褒奖。而站在不同阵线中的塞尔维亚人，也以"你哪里听说过塞尔维亚人投降的事"这种宁死不屈的共同信念而殊死相搏。[①] 这种现象，在帝国统治和征服者王朝中普遍存在，通过"分而治之"达到"以夷治夷"的目的是帝国领土扩张、民族征服和维持统治必然采取的措施，奥斯曼帝国征服巴尔干半岛的过程是如此，沙俄和奥匈争夺巴尔干半岛的过程也是如此，巴尔干半岛各民族之间的仇怨正是由这些帝国势力造成的。奥匈帝国对塞尔维亚的侵略以及整个欧洲战场的形势变化，对巴尔干半岛各个国家和各个民族的影响是重大的。塞尔维亚在战争初期抵抗奥匈帝国入侵的胜利，很快由于巴尔干半岛国家分属协约国和同盟国两大阵营发生了逆转。

第一次世界大战的战场在欧洲，但是开战后不久 1914 年 8 月 23日远东的日本对德宣战，并很快攫取了德国在中国的权益，包括胶州湾、胶济铁路，同时占领了太平洋的若干德属岛屿。这一事件虽然对欧洲战事没有直接影响，但是至少使爆发于欧洲的大战开始有了世界性，同时日本也因此被划入协约国的阵线并对沙俄进行了有保留的武

---

① 〔南〕伊万·博日奇等：《南斯拉夫史》下册，第 549、551 页。

器供给。在欧洲的巴尔干战场上，德国在向沙俄宣战后的第二天，便与奥斯曼帝国签订了秘密条约，条约规定如果沙俄干涉奥匈对塞尔维亚的战争，土耳其有义务对俄宣战，届时土耳其的军队将由德国指挥，而德国将支持土耳其向南高加索地区扩张和占领爱琴海诸岛等领土。在欧洲列强相继参战的形势下，土耳其人试图趁机恢复帝国的旧日辉煌，他们在同德国达成秘密协定后，又向沙俄示好，表示将本国的军队交由俄国全权指挥，条件是将爱琴海诸岛和色雷斯地区归还土耳其。此外，土耳其还宣布将于 10 月 1 日起废除欧洲列强加之于其头上的领事裁判权，企图完全摆脱欧洲帝国列强的控制。这又促使欧洲列强在紧张的战事中为土耳其保持中立或参战而展开了外交斗争。在这场外交战线的斗争中德国对土耳其的影响取得了优势，10 月 29 日土耳其舰队在德国人的指挥下向俄国黑海沿岸的要塞发动了进攻。11 月 2 日俄国对土耳其宣战，英国和法国分别于 5 日、6 日对土耳其宣战。在欧洲大陆称霸数百年而被巴尔干半岛各民族赶出欧洲的奥斯曼帝国势力，在德国的利诱唆使下重返了欧洲战场。

另一个与巴尔干半岛利益相关的列强是意大利。在战前，意大利作为同盟国的成员却往往与协约国进行交易。1914 年 8 月 3 日德国向法国宣战时，意大利公开宣布保持中立。同时通过秘密渠道分别向德国和沙俄传递了趁机敲诈、待价而沽的信息。协约国开出的条件是同意将属于奥地利、土耳其和阿尔巴尼亚的特兰提诺、的里雅斯特和发罗拉交由意大利占领，而同盟国因为涉及自己的利益只好用法国在北非殖民地和科西嘉、萨瓦省来引诱意大利。在这种交易的过程中，意大利先声夺人地占领了发罗拉湾出海口的萨赞岛，进而占领阿尔巴尼亚的亚得里亚海岸城市发罗拉。对于意大利这种以中立姿态敲诈勒索的行径，敌对的两大帝国阵营除了满足意大利日益提高的要价外，几乎没有其他办法。到 1915 年 3 月，意大利的要价除了先期的条件外，在巴尔干半岛提出于阿尔巴尼亚中部成立以都拉斯为首府的自治公国，伦敦还必须向它提供 5000 万英镑的贷款等。为了与同盟国争夺意大利，在英国向沙俄施加压力的情况下协约国同意满足意大利的要价，4 月 26 日意大利与协约国签订了条约，5 月 23 日意大利对奥匈帝国宣战。对于意大利参战的这一过程，列宁深刻地揭露说，"我们亲眼看到，革命的民主主义的即革命的资产阶级的意大利，推翻奥地利压迫的意大利，加里波第时代的意大利，已经完全变成压迫其他民族、掠夺土耳其和奥地利的意大利了，变成暴虐的、反动透顶的、卑鄙的资产阶级的意大利了"。[1]

在敌对双方争取意大利参战的同时，协约国与同盟国在巴尔干半岛争取同盟军的斗争也在展开。当时，巴尔干半岛最有优势的国家是在第二次巴尔干战争中战败的保加利亚。但是，保加利亚的地缘优势对于奥匈帝国侵略塞尔维亚的战争来说是双向夹击的理想伙伴，对于协约国来说既是遏制土耳其的前沿又是支持塞尔维亚的后盾，更何况保加利亚在巴尔干半岛诸国中拥有最强大的军队。所以，保加利亚在巴尔干战场上的倒向，对于巴尔干战场孰胜孰负是具有决定性意义的。为此，沙俄为了争取保加利亚开展了一系列外交活动，主要是要求塞尔维亚和希腊将第二次巴尔干战争中从保加利亚割取的土地归还保加利亚。希腊对此不予理睬，而英国支持希腊的态度和反对沙俄的这种策略。塞尔维亚迫于战争的压力有所松动但又不甘心，提出如果协约国取胜后塞尔维亚能够从奥匈帝国获得南部斯拉夫地区，就将塞属马其顿地区交还保加利亚。这种允诺当然是无法打动保加利亚的。保加利亚的要求是立即割让土地，才能参战；塞尔维亚政府的态度是："情愿将整个塞尔维亚留给奥地利人，也不会把马其顿一小块土地让给保加利亚人。"[2] 与此同时，德奥同盟在保加利亚的活动则取得了进展，它们在保加利亚的影响很大，而且许诺也在迎合保加利亚领

---

①　列宁：《意大利的帝国主义和社会主义》，《列宁全集》第 21 卷，第 336—337 页。
②　转引自〔苏〕维戈兹基等编《外交史》第 3 卷上，三联书店，1979，第 33 页。

土要求主要针对塞尔维亚这一取向的基础上加以放大。所以，当沙俄在达达尼尔海峡的远征中败北并大规模退却，加之德国军队进入巴尔干战场并取得连续胜利形势变化时，保加利亚终于作出了选择。1915年9月3日保加利亚与奥斯曼帝国签订协议，9月6日与德国和奥匈签订同盟条约，由此形成了德国、奥匈、奥斯曼和保加利亚四国同盟。同盟国的这一新的组合，完全改变了巴尔干半岛的战争局面，塞尔维亚面临着腹背受敌的威胁。当然，与此同时的另一变化是希腊在塞尔维亚危难在即的情况下宣布了履行1913年希塞同盟条约，但是协约国必须派出15万军队在萨洛尼卡登陆，正当英、法两国接受这一条件开始向萨洛尼卡派兵时，希腊政局的变化导致了其宣布中立。直到1917年在法国的影响下协约国的军队推翻了亲德的希腊国王之后，希腊才宣布向中欧列强同盟宣战。

巴尔干半岛上的另一场外交战发生在布加勒斯特。1914年9月，罗马尼亚与意大利签订了秘密协定，双方保证在未预先通知对方的情况下不放弃中立。① 同年10月俄国与罗马尼亚签署了一项协定，规定俄国保证罗马尼亚的领土完整，承认罗马尼亚对奥匈帝国内的罗马尼亚民族聚居区享有主权，罗马尼亚在它认为合适的时机可以占领这些地区。但是，随着巴尔干半岛战事的发展，特别是塞尔维亚所处的困境，保持罗马尼亚的中立已经不是明智的选择了。协约国和同盟国都在向罗马尼亚抛出各种诱饵，以期将罗马尼亚争取到自己一方。同盟国的开价是将沙俄占领的比萨拉比亚割让给罗马尼亚，协约国则利用罗马尼亚与匈牙利由来已久的特兰西瓦尼亚之争，允诺将特兰西瓦尼亚割让给罗马尼亚。为了获得更大的利益，罗马尼亚一直在两大阵营之间周旋。1916年在凡尔登战役中德国没有取得预期的胜利，而且巴尔干半岛塞尔维亚人的完全失败可能导致保加利亚对罗马尼亚南多布

---

① 〔罗〕安德烈·奥采特亚主编《罗马尼亚人民史》，第224页。

罗加领土的要求，在这种情况下，沙俄和法国敦促罗马尼亚改变中立态度加入协约国阵营，罗马尼亚遂于 8 月 17 日与协约国签署了条约，协约国同意战后将特兰西瓦尼亚、布科维纳的大部分地区和巴纳特划归罗马尼亚。28 日，罗马尼亚对奥匈帝国宣战。[①]

不难看出，无论是两大阵营的列强国家，还是巴尔干半岛的小国，在参加这场战争中毫无例外的都有自己的领土要求和利益所在。尤其是列强国家，它们在争取巴尔干同盟军时向各国允诺的领土扩张条件，不过是主要限于巴尔干半岛范围内的小恩小惠而已。奥匈和德意志领土的大宗利益分赃则在列强之间早有盘算。这场大战一爆发，协约国内部的分赃谈判即刻启动。1914 年 9 月，沙俄帝国的代表率先提出了一个方案：①协约国主要目标是摧毁德国及其盟国；②根据民族原则确定领土变更；③涅曼河下游和东加利西亚、波兹南、西里西亚和西加利西亚划归波兰，重建的波兰附属于俄国；④阿尔萨斯-洛林归还法国，将莱茵省的一部分和巴拉南的一部分割让给法国；⑤将德国的部分领土划归比利时；⑥石勒苏益格和荷尔斯泰因归还丹麦；⑦重建 1866 年被普鲁士兼并的汉诺威王国；⑧奥匈帝国改造为由奥地利、匈牙利和捷克组成的三元制君主国；⑨波斯尼亚和黑塞哥维那、达尔马提亚和阿尔巴尼亚北部割让给塞尔维亚；⑩塞尔维亚的马其顿地区划归保加利亚；⑪阿尔巴尼亚南部并入希腊，发罗拉划给意大利；⑫英、法、日三国瓜分德国的海外殖民地；⑬德国和奥地利交付战争赔款。英国则提出了如果土耳其参加同盟国应如何瓜分土耳其的构想，其中包括如果协约国胜利君士坦丁堡和海峡的命运将按照俄国的利益裁决，英国则要求将石油资源丰富的波斯中立区划入自己的势力范围，而俄国要想获得包括巴尔干半岛沿海地区更多的领土，必须在英、法两国对土耳其亚洲部分和其他地区作出划分之后。到 1916

---

① 〔苏〕维戈兹基等编《外交史》第 3 卷上，第 37 页。

年 3 月，关于瓜分土耳其亚洲部分的计划由英、法作出。俄国在最后讨论中参与了意见，并于 4 月 26 日与法国签订了协议，5 月 9 日和 16 日英、法两国签订协议，这两份协定被称为"赛克斯-皮柯协定"。由于意大利的参战，协约国又在地图上给意大利划出一大片土地。在这一纸上谈兵的分赃中，庞大的奥斯曼帝国只剩下安纳托利亚的中部和北部地区得以幸免。① 至于同盟国的德国和奥匈，当然也各有计划。德国的要求实际是为自己作为迟到的殖民帝国而愤愤不平，它要重新瓜分世界，即夺取英、法、比利时等国的殖民地，将比利时作为德国的保护国，兼并直至索姆河口的拉芒什海峡的法国沿海地区，等等。在东方夺取波兰、芬兰和波罗的海沿岸地区，甚至包括乌克兰和高加索，等等；奥匈帝国的野心没有德国的胃口大，它只要求统治整个巴尔干半岛。②

　　欧洲列强这些瓜分领土、攫取利益的计划，驱动着战争机器运转。而巴尔干半岛的形势则在 1915 年发生了急剧的变化。是年 10 月 6 日，德国军队越过多瑙河沿着莫拉瓦河挺进，奥匈帝国的军队在贝尔格莱德同塞尔维亚军队展开激战。俄国的水兵和英、法两国的远程炮兵参加了保卫贝尔格莱德的战斗。由于敌对双方实力悬殊，贝尔格莱德失守。10 月 13 日，退却的塞尔维亚军队受到保加利亚军队的背后袭击，并切断了塞尔维亚军队的退路，即与在萨洛尼卡港登陆的盟军会合之路。同盟军试图将塞尔维亚军队包围歼灭，但没有成功。塞军撤往科索沃，试图经由卡查尼克向马其顿撤退，但遭到保加利亚军队的拦截。在这种情况下，塞尔维亚政府拒绝了德国提出的投降要求后，决定通过阿尔巴尼亚山区向黑山撤退。当时，随军撤退的老百姓约 20 万人。在这支包括国王、国家机构和官员、军队和老百姓的流动的塞尔维亚"国家"队伍中，"军队的前面举着斯特凡·普尔沃文昌尼国王的遗物，这是从斯图

---

① 〔苏〕维戈兹基等编《外交史》第 3 卷上，第 20—23、37—38 页。
② 〔苏〕维戈兹基等编《外交史》第 3 卷上，第 24—28 页。

德尼察修道院里取来的，在塞尔维亚五百年的历史上，它已经迁徙过二十来次了。军人敞开斗篷，护着四支大蜡烛，不让风吹灭，一直到达目的地——黑山的奥斯特罗格修道院"。[①] 从贝尔格莱德到科索沃，塞尔维亚军队从 42 万人减少到 30 万人，从科索沃越过阿尔巴尼亚的群山到达黑山时，则只有 22 万人了，"塞军在撤退途中伤亡惨重不亚于经过一场恶战"。[②] 这无疑是一次悲壮的撤退。但是，早在 10 月 22 日，奥匈帝国的军队也向黑山发动了攻势。所以，塞尔维亚"国家"在 12 月到达黑山时，这里的形势也危在旦夕。于是，在黑山军队的掩护下，塞尔维亚"国家"艰难地穿越沼泽地退向意大利占领的发罗拉，并由法国海军将这支疲惫、伤病交加的队伍送到科孚岛休整。来不及撤退的黑山军队，在 1916 年 1 月 5 日与奥匈帝国军队在莫伊科瓦茨进行了决战。在胜负已分的败局面前，黑山拒绝了奥匈帝国开出的停战条件：交出正在通过黑山领土撤退的塞尔维亚军队。1 月 13 日，黑山首都策蒂涅陷落，但是双方没有达成任何停战协议。黑山处于战时占领制的状态，黑山军队的散兵游勇继续进行着战斗。同年 4 月，经过休整的塞尔维亚军队重新组成了 6 个步兵师和 1 个骑兵师，总计 13 万余人，返回萨洛尼卡前线参加战斗。"但科孚岛直到大战结束仍然是塞尔维亚政府的正式所在地。"[③]

在塞尔维亚和黑山被占领期间，奥匈帝国统治者采取了严厉的民族镇压政策，尤其是对塞尔维亚的各种政治组织大肆镇压，同时对波斯尼亚和黑塞哥维那、克罗地亚等地的塞尔维亚人也施行了强力的歧视和迫害政策。当局禁止使用基里尔字母和罗马儒略历，禁止关于宣传塞尔维亚历史文化的书籍流传，在宗教不同、民族杂居的地区制造对塞尔维亚人的歧视与仇恨，东正教的宗教节日被取消，在克罗地亚

---

① 〔南〕伊万·博日奇等：《南斯拉夫史》下册，第 558 页。
② 〔英〕艾伦·帕尔默：《夹缝中的六国——维也纳会议以来的中东欧历史》，第 162 页。
③ 〔英〕艾伦·帕尔默：《夹缝中的六国——维也纳会议以来的中东欧历史》，第 162 页。

甚至将克罗地亚-塞尔维亚语改称为克罗地亚语。这些政策措施，使南斯拉夫各民族之间的关系增加了许多新的仇怨因素。摆脱奥斯曼帝国奴役统治的塞尔维亚、黑山等斯拉夫民族，又陷入了奥匈帝国的黑暗统治之中。那些一直处于奥匈帝国统治之下的南斯拉夫民族，也同样经历了更加艰难困苦的年代。

第五节　俄国"十月革命"及其影响

1917 年在沙俄帝国发生的"十月革命"，是人类社会 20 世纪历史中具有划时代意义的重大事件。列宁领导的布尔什维克党所发动的这场无产阶级革命，开启了人类社会变革世界的历史新时期。她对 20 世纪的历史产生了极其深刻的影响。从 1905 年俄国革命之后，沙俄帝国的专制统治已经动摇。但是，封建专制的沙皇体制毕竟具有深厚的历史基础，加之俄国本身在欧洲工业革命进程中的滞后性，资产阶级的力量是单薄无力的。然而，1905 年的革命却使沙俄帝国统治下的广大工农群众的政治觉悟得到了激发，在先进的无产阶级政党所传播的马克思主义理论影响下走上了新的革命道路。列宁作为伟大的无产阶级革命家，把马克思主义与俄国的具体实际相结合，创造性地发展了马克思主义，形成了具有很强革命实践性特点的列宁主义。当时，腐败不堪的沙俄帝国在与西方资本主义列强国家的竞争中已经处于劣势，它卷入资本主义列强重新瓜分世界的大战，不仅造成了国力进一步的衰落，而且也使国内的社会矛盾更加激化。1917 年资产阶级发动的"二月革命"虽然推翻了沙皇统治，但是掌权的资产阶级临时政府并没有改变沙皇时期的对外政策，仍企图获得沙皇时期与西方协约国达成的分赃利益。然而，在英、法等列强国家中，它们一方面已经将俄国视为等而下之的弱国，在进行协约国内部的利益分配时已将俄国抛在了一边，例如向意大利割让领土和将希腊拉入战争等问题；另一方面它们仍需要利用俄国这台陈旧的战争机器继续与同盟国争夺，因为俄国在东线战场牵制着超过西线战场的同盟国军队。俄国资产阶级临时政府所处的内外交困境地，使布尔什维克领导的无产阶级革命取得了政权。

第一次世界大战引发了资本主义世界的普遍危机。到 1917 年，虽然战场上协约国尚未形成优势，但是在奥匈帝国、德意志帝国，都发生了反战的革命运动。1917 年 4 月欧亚大陆以外的新兴帝国美国向德国宣战之后，欧洲战场的形势开始向有利于协约国一方发展。由此，也开启了历史上前所未有的一个现象，即长久以来欧亚大陆兴衰嬗替的帝国争霸历史中，第一次出现了一个欧亚大陆之外的帝国力量进入了"世界岛"（即欧亚大陆），这对后来的历史是意味深长的。俄国爆发"十月革命"后，列宁领导的新生苏维埃政权立即提出了具有历史意义的"和平法令"，主张参战各国立即缔结不割地、不赔款的和约，其中包括了尊重各民族意愿和反对兼并或侵犯他国领土的内容。为此，苏维埃政权首先在国内发表了《俄国各族人民权利宣言》，宣布彻底废除沙俄帝国和资产阶级临时政府推行的民族压迫政策，提出各民族人民享有的分离和建立独立国家的民族自决权。同时，苏维埃政府废除了沙皇政府对外侵略扩张与他国政府签订的瓜分领土、掠夺资源、损害主权的条约和秘密协定，对外公布了 100 多项与其他帝国势力签订的瓜分领土和利益交易的秘密条约。这一系列措施，不仅彻底揭露了沙俄等欧洲列强国家发动战争的罪恶目的，而且使各参战国的人民和各被压迫民族反对战争、追求和平的斗争受到了极大鼓舞。在此基础上，苏维埃政府首先向德国提出了停战谈判的要求，同时废除了沙皇俄国和临时政府的外债并将所有外国资本的企业收归苏维埃俄国所有。1917 年 12 月 3 日苏维埃俄国同德国在布列斯特-里托夫斯克开始举行停战谈判。在此期间，俄国形势的急剧变化及其对欧洲的影响引起了列强国家的恐慌，协约国对布尔什维克的和平主张以及俄国内部的变革极其仇视，武装干涉俄国、镇压布尔什维克革命政权的计划也开始实施。

苏俄与德国的谈判是极其艰难的，对于刚刚取得政权的苏维埃政府来说，庞大的沙俄帝国正在解体，全国各地出现了包括苏维埃、沙皇遗留势力、资产阶级和非俄罗斯民族等不同类型的 70 多个政权，通过国内战争建立统一的苏维埃社会主义国家和防止帝国主义列强的武装干涉，都需要新生的无产阶级政权赢得时间和外部的和平。所以，尽管苏俄在谈判中进行了艰苦的斗争，但是为了保住"十月革命"的成果和实现"十月革命"的目标，不得不作出重大的妥协。1918 年 3 月 3 日，在德国迫使苏俄签约的军事进攻仍在白俄罗斯和乌克兰继续的危机情况下，苏俄同德国、奥匈、保加利亚和土耳其签署了《布列斯特和约》。根据和约的规定，苏俄丧失了大片沙俄帝国时期扩张占领的领土。苏俄"不仅放弃了波兰和波罗的海沿岸诸省，而且放弃了芬兰、乌克兰和高加索部分地区。这些割让包括 6200 万人口和 125 万平方里的领土；这些领土上，有俄国的一半工厂和三分之一的产粮区，并产有俄国四分之三的铁和煤"。[①] 虽然苏俄退出第一次世界大战付出的代价是巨大的，但是新生的苏维埃政权得到了生存和发展的机会。而且，这一建立在沙俄帝国废墟之上面临国内百废待兴和民族问题异常复杂形势以及帝国主义列强武装干涉在即的政权，对仍然处于战争状态的中东欧地区产生的影响却是广泛而深远的。

1917 年俄国"十月革命"爆发以后，在奥匈、德国、英国、法国、罗马尼亚、保加利亚等参战国家，普遍爆发了工人罢工和各界反战的运动，马克思列宁主义也在欧洲国家的无产阶级中广为传播。"在匈牙利工人运动中，'向俄国无产阶级学习！'成为最受欢迎的口号。"[②] 当时匈牙利唯一的一个能够动员广大群众的社会民主党，在

---

① 〔美〕斯塔夫里阿诺斯：《全球通史：1500 年以后的世界》，第 601 页。

② 〔匈〕利泊塔伊·埃尔文：《匈牙利苏维埃共和国史》，中国人民大学出版社，1987，第 11 页。

1917 年到 1918 年期间迅速壮大，工人群众的革命热情也尤为高涨，使匈牙利爆发无产阶级革命的可能性超过了其他国家。在巴尔干半岛诸国中，苏俄公布了帝国主义的一系列秘密条约，使巴尔干半岛的斯拉夫等民族明白了发动这场战争的帝国主义列强的真实目的，他们赞成苏俄提出的"和平法令"，不割地、不赔款和反对兼并的思想推动了反战的革命起义和民族自决的斗争。1918 年，在克罗地亚、斯洛文尼亚、波斯尼亚和黑塞哥维那都爆发了反抗奥匈帝国统治的兵变，并出现了很多逃兵组成的专门袭击地主豪绅和达官显贵的武装。被派驻在塞尔维亚克拉古耶瓦茨的斯洛伐克步兵团发动兵变，同奥匈军队展开激战。停泊在博卡科托尔斯卡的奥匈舰队，1918 年 2 月发动兵变，40 艘舰只上的 6000 多名水兵参加了这一反战的斗争。[1] 这些斗争虽然都遭到奥匈帝国的血腥镇压，但是在战场上已经失败的奥匈帝国正在各被压迫民族日益强烈的反抗下走向崩溃。这种革命同时也发生在已经退缩到亚洲的奥斯曼帝国，反对德国插手土耳其事务和反对苏丹专制的革命，在凯末尔的领导下正在形成土耳其变革的主导力量。[2]

在俄国"十月革命"爆发以后，沙皇俄国的解体对中东欧传统帝国势力的瓦解产生了重大的推动作用。无产阶级革命和民族解放运动开始形成合流之势，这股新的潮流对帝国主义列强发动的战争起到了内在的制约作用，它加速了第一次世界大战的结束，同时在很大程度上改变了帝国主义列强发动战争所预期的重新瓜分世界的分赃图景。巴尔干半岛的国家格局也因此出现了新的面貌。

---

① 〔南〕伊万·博日奇等：《南斯拉夫史》下册，第 571—572 页。
② 彭树智：《东方民族主义思潮》，西北大学出版社，1992，第 247 页。

第六章
凡尔赛和约与巴尔干国家重组

1919—1920 年的巴黎和约建立了凡尔赛式的欧洲。这些和约是各大战胜国一场真正的帝国主义式的分赃。

〔南〕兰科·佩特科维奇：
《巴尔干既非"火药桶"又非和平区》

其结果是中欧和东欧的所有帝国——德意志帝国、奥匈帝国、俄罗斯帝国和土耳其帝国——均遭到毁灭。……随着第一次世界大战的结束，民族主义已在整个欧洲获胜。

〔美〕斯塔夫里阿诺斯：《全球通史：1500 年以前的世界》

在南部斯拉夫民族和巴尔干各民族争取民族解放斗争的进程中，出现了两个明显对立和互相矛盾的，有时又互相交织的倾向。一种倾向是，热衷于成立更大的国家，把同宗同文、信奉同一宗教和风俗相同的民族都联合在一个国家之内，实际上是受

"解放者"和"统一者"的霸权统治；另一种倾向是表现在成立种种形式和种种性质的联邦上。这种倾向影响深远。

几千年来，各种种族、民族、国家、文化、宗教和思想的利益和影响在巴尔干地区相互交错和相互冲突。这在客观上造成了居民很大的混杂情况。

〔南〕兰科·佩特科维奇：

《巴尔干既非"火药桶"又非"和平区"》

第一节　巴黎和会与帝国分赃

在 1917 年俄国"十月革命"后，列宁领导的苏俄政府采取了很多措施为实现和平进行努力。其中宣布"和平法令"和公布沙俄政府同其他帝国主义列强签订的瓜分他国领土的秘密协定，对欧洲人民，特别是中东欧各民族人民的觉醒产生了重大影响，反对战争、要求和平的呼声日益高涨。在这种形势下，介入第一次世界大战的美国以欧洲救世主的姿态，于 1918 年 1 月 8 日提出了一项"和平纲领"，即威尔逊的"十四点"。其内容包括：外交活动的公开化和签订公开的和约；保证海上贸易通航的绝对自由，消除国际贸易障碍；裁军；公正地解决殖民地争端；德国退出所占领的一切领土；恢复比利时；将阿尔萨斯-洛林归还法国；修正意大利边界；建立一个拥有出海口的独立的波兰；成立国际联盟等。其中涉及巴尔干半岛的内容为：奥匈帝国统治下的各族人民享有自治权；德军撤出罗马尼亚、塞尔维亚和门的内哥罗；保证塞尔维亚拥有自由而可靠的出海口；居住在土耳其的各族人民有权自治。① 这"十四点"公布之后，在欧洲同样产生了强

① 〔苏〕维戈兹基等编《外交史》第 3 卷上，第 160 页。

烈的反响。事实上，美国提出的这一"和平纲领"虽然对制止战争和
以民族自决原则解决中东欧的民族问题产生了积极的作用，但是这一
"和平纲领"的主旨是制止苏俄革命所代表的无产阶级革命运动。正
如威尔逊毫不掩饰地说："布尔什维克主义的毒素之所以如此广泛蔓
延，就是因为它对当前管理世界的制度是一种对抗。现在该轮到我们
了，我们应该在和平会议上坚持一种新的秩序，如果行得通，那自然
很好！如果行不通，那就不客气了！"[1] 不难看出，从那时起，美国就
开始作为欧洲帝国主义的"领导者"把共产主义作为西方世界的共同
敌人加以遏制了。

当苏俄与德国等同盟国签订了《布列斯特和约》之时，美国军队
正式投入了欧洲西线的战事。美国的参战不仅增强了协约国在西线的
兵力优势，而且源源不断的军需补给使协约国在整体实力上形成了绝
对优势。到 1918 年下半年，整个欧洲战场形势已经发生了根本的转
变。在巴尔干半岛的战场，萨洛尼卡战线上的法国、英国、塞尔维
亚、希腊和意大利联军 9 月 14 日发动了马其顿攻势，保加利亚于 9 月
底签订停战协议投降。根据协议的要求，保加利亚军队立即撤出塞尔
维亚和希腊的领土。保加利亚军队的迅速瓦解，不仅是因为协约国军
队的强大攻势，更重要的是保加利亚内部反战斗争的高涨引起了军队
的起义。这些起义部队提出结束战争、惩办战争祸首、废除君主专
制、建立共和国家等主张，并向索非亚进军，于 9 月 29 日到达索非
亚郊区。次日，起义军遭到驰援的德国军队的镇压。而同时保加利亚
政府正在签订投降的协议，协约国任其敌人对起义军进行镇压。在革
命面前帝国主义列强的态度总是一致的。当时，塞尔维亚军队开始乘
胜向北挺进，沿瓦尔达尔河-摩拉瓦尔河驱赶德国军队，并于 11 月 1

---

① 转引自〔苏〕维戈兹基等编《外交史》第 3 卷上，第 161 页。

日解放了贝尔格莱德。[①] 与此同时，英国的军队分别从埃及向地中海东部沿岸和从波斯向美索不达米亚流域推进，萨洛尼卡的协约国军队则向君士坦丁堡进发，因保加利亚投降而孤立无援的奥斯曼帝国，在协约国军队的合围夹击下于 10 月 30 日停战投降。[②] 当时，德国在西方的战线已被完全突破，尤其是德国的兴登堡防线被突破后，德国的战争意志被摧垮，10 月 4 日德国提出停战议和。次日，奥匈帝国要求加入德国的停战议和谈判，遭到协约国的拒绝。奥匈帝国停战不能，再战也不能，其帝国内部的反战斗争和民族独立运动却风起云涌，加速了奥匈帝国的分崩离析。德国与协约国的停战议和谈判持续了一个多月，其间德国国内的革命斗争几乎席卷了全国，各地纷纷成立工人和起义士兵组成的苏维埃，德国政府则以"布尔什维克危险"来作为降低协约国苛刻条件的筹码。11 月 4 日奥匈帝国在签订停战协议的同时，帝国已经解体。11 月 11 日德国签订了停战协议。在 101 响礼炮声中，第一次世界大战宣告结束。"这场战争历时 4 年零 3 个月，涉及到 30 个主权国家，推翻了 4 个帝国，产生了 7 个新的国家，死亡人数为：战斗员 850 万，非战斗员约 1000 万，直接经济损失达 1805 亿美元，间接经济损失达 1516 亿美元。"[③] 对于巴尔干半岛国家来说，人力物力的损失更是十分惨重。南斯拉夫诸国死亡 190 万人，占到整个战争死亡人数的十分之一强。其中塞尔维亚的死亡人员占 43%，黑山死亡人口占其全国人口的四分之一。此外，波斯尼亚和黑塞哥维那、斯洛文尼亚的死亡人员也相当可观。作为塞尔维亚的战争悲剧之一，1914 年被征募参军的 1300 名大中学生只有 140 人看到了战争结束。[④] 当然，对于欧洲人民来说，虽然这场"瓜分世界的战争已经结

---

① 〔英〕艾伦·帕尔默：《夹缝中的六国——维也纳会议以来的中东欧历史》，第
179 页。

② 〔美〕斯塔夫里阿诺斯：《全球通史：1500 年以后的世界》，第 607 页。

③ 〔美〕斯塔夫里阿诺斯：《全球通史：1500 年以后的世界》，第 608 页。

④ 〔南〕伊万·博日奇等：《南斯拉夫史》下册，第 574 页。

束，但真正的瓜分开始了"。

从苏俄与德国签订《布列斯特和约》到第一次世界大战结束的半年多时间中，以美国为首的协约国在收拾战场残局的同时，发动了对苏俄政权的武装干涉行动。这场干涉行动与其说是反对苏俄与德国签订的和约，还不如说是为了扼杀新生的无产阶级政权。为此，他们向日本提出了建议，唆使日本从远东地区发起攻势。1918 年 4 月 5 日，日军在海参崴登陆。6 月 3 日，美、英、法、意四国混合部队开始从俄国北部的摩尔曼斯克登陆。而这些国家的驻俄使馆，则成为里应外合的阴谋中心，它们制造谣言、散发传单、策动反革命活动（包括暗杀苏维埃领导人），联络和支持俄国内部的白军势力，苏俄政权面临着极其严峻的形势，进入了抵抗外来侵略和肃清内部敌人的国内战争年月。在此期间，美、英、法等战胜国，正在各自盘算着如何瓜分战争的"胜利成果"。1919 年 1 月 18 日，处理战后事宜的巴黎和会在法国外交部的大厅拉开了帷幕。参加这次和会的代表有上千人，出席会议的国家分为四类，即①"享有整体利益的"交战国：美国、英国、法国、意大利和日本，它们可以出席一切会议；②"享有局部利益的"交战国：比利时、巴西、英国自治领、印度、希腊、危地马拉、巴拿马、希贾兹、洪都拉斯、中国、古巴、利比亚、尼加拉瓜、波兰、葡萄牙、罗马尼亚、塞尔维亚、泰国和捷克斯洛伐克，这些国家只出席讨论与它们有关的会议；③与德国集团断交的国家：厄瓜多尔、秘鲁、玻利维亚和乌拉圭，只有在会议讨论到它们的问题时这些国家的代表才出席；④中立国和正在成立的国家：在美、英、法、意、日五国中某一国的提议下，这些国家可以在专门讨论与它们直接相关的问题的会议上作出口头或书面发言。① 当然，左右会议议题和进程的是"享有整体利益的"五国列强。其中美国作为这场战争的最

---

① 〔苏〕维戈兹基等编《外交史》第 3 卷上，第 199 页。

大得益者，它的主导作用开始显露。因为战争完全改变了美国在世界上的地位，其他参战国中的列强，不是削弱了，就是消失了。"在1914年以前，美国需要欧洲的资本；到了1918年，欧洲却欠下美国一百亿美元。"[①] 所以，在和会开始阶段，虽然五国列强在取得一致意见方面分歧很大，但是威尔逊建立国际联盟的盟约草案还是获得了通过。在此之后的和约谈判是非常艰难的，因为这涉及战前、战争期间协约国列强已经达成的秘密协议和它们根据战后的形势提出的新的利益要求，"于是，各式各样的和约条件都提到桌面上来了，有关的国家都坚持自己的方案，它们个个野心勃勃"。[②] 日本要占领中国的山东，法国要求把边界推进到莱茵河，各国都在觊觎德国的海外殖民地，包括塞尔维亚、希腊、阿尔巴尼亚等"享有局部利益的"国家也把威尔逊看成是"最高仲裁者"而纷纷提出各自的要求。巴黎和会就是在这样的利益争夺中久拖不决。巴黎和会的权力也因此集中于"四强"，即美国、英国、法国和意大利。这不禁让人想起1815年维也纳会议的"四强"，即奥地利、俄国、英国和普鲁士。虽然时过境迁，但是帝国列强决定分赃的机制没有改变。

在此期间，匈牙利的无产阶级革命于1919年3月21日建立了匈牙利苏维埃共和国。这是继俄国"十月革命"后，在欧洲建立的第二个无产阶级政党领导的苏维埃国家。匈牙利苏维埃共和国的出现，使巴黎和会的列强国家准备在首先解决德国问题之后再讨论奥匈帝国问题的计划被打乱。在4月13日，德国无产阶级宣布成立巴伐利亚苏维埃共和国的消息传到巴黎和会，使协约国对布尔什维克的迅速发展惊恐万分。帝国主义列强一方面不能容忍其将在巴黎和会上对战败的同盟国领土进行重新划分的计划被改变，另一方面其对共产主义的天

---

① 〔法〕安德烈·莫鲁瓦：《美国史——从威尔逊到肯尼迪》，上海人民出版社，1977，第91页。

② 〔苏〕维戈兹基等编《外交史》第3卷上，第207页。

然仇视也决不允许"红色风暴"的蔓延。一场在法国等协约国支持下的武装干涉，从 4 月底开始发动。捷克斯洛伐克、罗马尼亚、法国和塞尔维亚的军队开始向匈牙利苏维埃共和国进攻。德国的苏维埃政权则在 5 月 1 日遭到仍未解除武装的德国政府军的镇压而失败。在匈牙利，苏维埃政府领导的工农红军对入侵之敌进行了顽强的抵抗，并取得了一些胜利，尤其是在北方战线击退了捷克斯洛伐克军队。在解放了斯洛伐克的广大地区之后，6 月 16 日斯洛伐克的无产阶级在埃派尔业什宣布成立斯洛伐克苏维埃共和国。面对这种形势，巴黎和会的协约国采取软硬兼施的手法向匈牙利施加压力，以最后通牒的方式要求匈牙利红军按照它们重新划定的匈牙利与捷克斯洛伐克、罗马尼亚的新边界撤军，停止军事行动。同时，它们正在组织对匈牙利展开更大规模的武装干涉。在这种情况下，匈牙利共产党于 6 月 28 日决定按照协约国的要求，从北部战线撤军。① 这个日子是十分特殊的：1389 年 6 月 28 日，塞尔维亚等斯拉夫民族在反抗奥斯曼帝国征服的科索沃战役中败北；1914 年 6 月 28 日，奥匈帝国的皇储斐迪南大公在萨拉热窝遇刺身亡；1919 年 6 月 28 日，匈牙利红军在协约国列强的压力下撤退并成为匈牙利苏维埃共和国命运的转折点；而同一天，德国人在法国的凡尔赛宫签署了同协约国的和约。

1919 年 6 月 28 日，在距离萨拉热窝刺杀事件整整 5 年的这一天，在巴黎凡尔赛宫举行了和约签订仪式，作为巴黎和会主要针对德国问题的包括 440 项条款的《凡尔赛条约》签字生效。根据这一条约，德国西部的欧本、马尔梅迪割让给比利时；阿尔萨斯-洛林归还法国；原来与奥匈帝国接壤的上西里西亚的一小块楔形地带割让给新成立的捷克斯洛伐克。在德国的东部，德国承认重建后的波兰保持一条大体以民族来划分的疆界，同时把波森和西普鲁士连同一

———————
① 〔匈〕利泊塔伊·埃尔文：《匈牙利苏维埃共和国史》，第 292 页。

条通向波罗的海的走廊给予波兰；梅梅尔则归属于立陶宛；等等。
"总之，包括阿尔萨斯-洛林在内，德国失去了它的领土的 13.5% 和
与此比率大体相等的经济生产力，以及它的人口的 10% 强，即 700
万人左右。它还失去了它的全部殖民地——这是非常苛刻的——和
全部总装载量在 1600 吨以上的商船，以及半数的总装载量在 1000
吨到 1600 吨的商船。"[①] 当然，还包括裁军、战争罪行的惩治与赔款
等诸多方面的条款。在解决了德国的问题之后，列强又把视线转到
前奥匈帝国的领土问题上，而首要的问题是匈牙利苏维埃共和国问
题。它们确定了"打败匈牙利军队、占领布达佩斯"的目标，同时
得到了捷克斯洛伐克"我们的军队由您支配"、罗马尼亚"将提供
最广泛的可能性"和塞尔维亚协同行动的保证，"他们所能提供的兵
力连同法国驻匈牙利的军队一共将近 22 万，其中 16 万是士兵"。[②]
在帝国主义列强的组织策划下，对匈牙利苏维埃政权的围攻又开始
了，而可悲的是当时匈牙利苏维埃的军队总参谋部已经为革命的叛
徒所控制。他们出卖了红军，也出卖了苏维埃政权。8 月 1 日，仅
133 天的匈牙利苏维埃政权失败了。在此期间，同样面临帝国主义武
装干涉的苏俄，虽然对匈牙利苏维埃政权给予了很大的支持，但是
由于苏俄红军无法抽调力量西进，这种支持主要体现在精神力量方
面而无法减轻匈牙利所承受的协约国军队的压力。

　　1919 年 9 月 10 日，巴黎和会与奥地利签订了《圣日耳曼条约》；
11 月 27 日同保加利亚签订了《纳伊条约》；1920 年 6 月 4 日同匈牙
利签订了《特里亚农条约》；8 月 20 日同土耳其签订了《塞夫尔条
约》。这一系列条约的签订，共同构成了第一次世界大战后欧洲的
"凡尔赛体制"。根据包括《凡尔赛条约》在内的上述条约，欧洲的
地图被重新绘制。除德国的上述变化外，奥匈帝国的版图被 6 个"继

---

① 〔英〕莫瓦特编《新编剑桥世界近代史》第 12 卷，第 293 页。
② 〔匈〕利泊塔伊·埃尔文：《匈牙利苏维埃共和国史》，第 308 页。

承国"瓜分了。奥地利的南蒂罗尔割给了意大利，克罗地亚、斯洛文尼亚、波斯尼亚和黑塞哥维那与塞尔维亚、黑山合并为南斯拉夫；匈牙利将斯洛伐克割给捷克，特兰西瓦尼亚让给罗马尼亚，伏伊伏丁那让给塞尔维亚，"根据民族自决的原则，匈牙利将几乎失掉一切"。[①]罗马尼亚不仅从保加利亚重新获得了南多布罗加，而且列强出于对苏俄国家的仇视同意了罗马尼亚在协约国武装干涉苏维埃政权时借机获得的比萨拉比。塞尔维亚从保加利亚获得了在1913年第二次巴尔干战争中瓜分到的马其顿部分。在前奥匈帝国的庞大版图上，按照民族自决的原则进行的国家重组，使奥匈这个两元帝国土崩瓦解了。在这片前帝国的领土上，出现了一批新的民族国家，奥地利和匈牙利也是按照西欧民族主义原则建立起来的领土很小的民族国家。匈牙利"仅以割让给罗马尼亚的土地而论，面积还大于特里亚农条约签订以后残余的匈牙利，这一事实使布达佩斯特别怨恨"。[②] 当然，这种怨恨是普遍的，因为在帝国列强所谓"缔造中东欧和平"的过程中，并不是能够完全按照民族主义的自决原则来划分边界的。长期的帝国争夺所引起的民族征服造成了很多民族的肢解和分割，各民族的交错杂居的状况十分复杂。所以，在那些"和平缔造者"为民族主义高涨的各民族划分边界时，"除了要满足民族主义愿望，有时还要服从战略方面的考虑。为什么苏台德日耳曼人被留在捷克斯洛伐克，为什么提洛尔日耳曼人被留在意大利，为什么《圣日耳曼条约》明确禁止德奥联合……尽管德奥联合符合民众的意愿"。[③] 帝国列强为了达到将德国和俄国永远从它们传统的逐鹿之地驱逐出去的目的，不仅对德国采取了严厉和苛刻的制裁措施，包括对其领土和民族的分割，而且对波兰、罗马尼亚在东部领土的扩展予以支持以便建立起苏俄和西方世界的隔

① 〔英〕莫瓦特编《新编剑桥世界近代史》第12卷，第296页。
② 〔英〕艾伦·帕尔默：《夹缝中的六国——维也纳会议以来的中东欧历史》，第204页。
③ 〔美〕斯塔夫里阿诺斯：《全球通史：1500年以后的世界》，第610页。

离带。战胜国列强虽然在中东欧地区支持民族主义的自决要求，"只要这些人反共就可以了"，[①] 但在瓜分德国的海外殖民地和侵吞奥斯曼帝国属地方面却决不讲究民族自决原则，而是继续实行殖民主义的民族压迫。事实上，《凡尔赛条约》并不是一个维护和平的条约，而是少数列强国家瓜分领土、攫取利益、分割势力范围的帝国主义分赃条约，它所埋下的危机将成为引起更大规模战争的缘由。

从中东欧地区的这一国家格局的变化来说，传统专制帝国势力的瓦解和各民族获得解放，其进步意义是显而易见的。被压迫民族的民族主义运动作为帝国强权的死敌，再一次验证了"民族主义导致了罗马和希腊的灭亡"这一论断。[②] 但是，由于中东欧地区复杂的帝国争霸历史和帝国统治者长期实行"分而治之""以夷治夷"等挑拨民族关系、强化民族仇怨的政策，中东欧地区的各个民族的民族主义或多或少地受到帝国强权思想的污染。这一特点在巴尔干半岛各民族中显得尤为突出。

第二节　巴尔干半岛的民族主义与国家

民族主义的历史作用是不能被低估的。无论近代历史前的民族主义表现为何种形态，但是以西欧资产阶级革命为开端的民族主义已成为一种纳入国际政治学领域的思想形态。西欧民族主义的兴起和民族国家的建立，对中东欧传统帝国统治的冲击是巨大的。中东欧地区特别是在奥斯曼帝国、奥匈帝国和沙俄帝国统治下的各民族觉醒，对推翻帝国的统治和造成帝国解体的作用，在第一次世界大战中发挥了重要作用，并形成了 20 世纪以来人类社会民族过程的第

① 〔英〕艾瑞克·霍布斯鲍姆：《极端的年代》，第 44 页。
② 马克思、恩格斯：《神圣家族，或对批判的批判所做的批判》，《马克思恩格斯论民族问题》上册，第 46 页。

一次民族主义浪潮。这股浪潮不仅对中东欧地区战后的国家重组产生了重大影响，而且也激发了东方民族主义思潮的兴起。在此期间，俄国"十月革命"的胜利及其对中东欧乃至东方殖民地、半殖民地国家无产阶级革命运动产生了激发作用，也推动了以民族主义为旗帜的民族解放运动。

在第一次世界大战行将结束之际，奥匈帝国分崩离析的败落图景已经显现，而与之相伴的却是生机勃勃的民族主义运动。作为巴尔干半岛的各民族，在帝国统治日益衰败的情况下，建立或重建自己国家的热望也不断高涨起来。1917 年，偏安科孚岛的塞尔维亚政府在讨论南斯拉夫各族人民建立共同国家的问题时，塞尔维亚民族和克罗地亚民族的关系问题成为重要的话题，在考虑建立单一民族政府或联邦制政府的问题上几乎没有涉及其他斯拉夫民族的利益问题。大塞尔维亚民族主义和大克罗地亚民族主义的倾向始露端倪。由于历史的关系，对斯洛文尼亚人是不是单一民族的问题也存在歧义，一种观点认为斯洛文尼亚人是"阿尔卑斯山区的克罗地亚人"。而在奥匈帝国统治下的克罗地亚和斯洛文尼亚，则在酝酿建立一个在哈布斯堡王朝统治下的与匈牙利平起平坐的由克罗地亚人和斯洛文尼亚人组成的统一国家，即"三元"的帝国。[①] 巴尔干半岛各民族在热衷于最后摆脱帝国统治和考虑独立建国的过程中，无论是站在协约国一边还是站在同盟国一边，都在民族主义的鼓动下产生了建立大民族国家的愿望。在遭受帝国霸权轮番统治之后，他们在摆脱帝国统治的同时也渴望能够称霸，所以在那个时期几乎所有的巴尔干民族都有过建立大国的设想，而这些设想总是与他们历史上曾有过的帝国辉煌联系在一起的。例如："大塞尔维亚计划，它的最低要求是包括'塞尔维亚所有的地方'，即黑山、马其顿和波斯尼亚，最高要求是将杜尚皇朝时期所有

[①] 〔南〕伊万·博日奇等：《南斯拉夫史》下册，第 574 页。

的疆土一概纳入其版图；大保加利亚计划，它包括马其顿和塞尔维亚的一些地方，甚至波斯尼亚的一些地方；大罗马尼亚计划，它包括匈牙利、保加利亚和塞尔维亚的一些地方；大黑山计划，它将阿尔巴尼亚、黑塞哥维那和塞尔维亚的一些地区并入版图；大阿尔巴尼亚计划，它包括科索沃和马其顿的一部分地区；大克罗地亚计划，它要将凡是受到奥匈帝国统治的斯拉夫国家都置于其保护之下；大希腊计划，它要填补前拜占庭帝国的全部真空地带。"[①]　这些大而不当、充满统治欲望和扩张野心的大国计划，反映了当时巴尔干半岛的民族主义运动既受到西方资产阶级的影响又难以摆脱传统帝国的束缚所产生的矛盾心态。

在 1917 年俄国"十月革命"以后，一种全新的思想也开始在巴尔干半岛传播。特别是在大战期间被沙俄军队俘虏的巴尔干斯拉夫人，不仅得到苏俄政权的赦免并参加了红军，而且他们当中有不少人接受了共产主义的思想，被压迫民族实行民族自决的原则开始在包括巴尔干半岛在内的整个中东欧地区流行开来。1918 年 4 月 8 日，"奥匈君主国内各被压迫民族会议"在意大利的罗马国会大厦举行。[②]　这次会议的代表包括捷克、斯洛伐克、波兰、塞尔维亚、克罗地亚、斯洛文尼亚和特兰西瓦尼亚的罗马尼亚人，同时也包括塞尔维亚国家议会的代表。会议结束时发表了宣言，号召在战争结束时建立一些完全独立的国家。[③]　这次会议对奥匈帝国统治下的各民族独立建国的民族主义运动产生了直接的推动作用。7 月 13 日，捷克民族委员会建立；8 月中旬南斯拉夫民族委员会在卢布尔雅那成立；10 月波兰出现"波兰国"、"波兰共和国临时人民政府"和乌克兰民族委员会等组织。

---

① 〔南〕兰科·佩特科维奇：《巴尔干既非"火药桶"又非"和平区"》，第 6 页。
② 〔英〕斯蒂芬·克利索德主编《南斯拉夫简史》，第 256 页。
③ 〔英〕艾伦·帕尔默：《夹缝中的六国——维也纳会议以来的中东欧历史》，第 175 页。

在这种情况下，奥匈帝国的皇帝为了挽救分崩离析的帝国大厦，发表了"致我忠实的各族人民"宣言，提出按照联邦制原则重新组建帝国的方案，即在维护奥皇君主权的前提下建立奥地利、匈牙利、捷克、南斯拉夫、波兰和乌克兰。[1] 但是为时已晚，各被压迫民族不是要求帝国内部的体制变化，而是要求拆散这个帝国建立自己的国家。这也包括了匈牙利本身，10月25日成立了匈牙利民族委员会；10月28日，捷克斯洛伐克民族委员会宣布成立捷克斯洛伐克国；10月29日，南斯拉夫民族委员会在克罗地亚议会上宣布中断同哈布斯堡君主国的一切联系，成立奥匈境内的南部斯拉夫人国家，称为"斯洛文尼亚人克罗地亚人和塞尔维亚人国"。11月24日，这一国家的国民议会宣布同塞尔维亚和黑山联合成为一个统一的南斯拉夫人国家。12月1日，塞尔维亚-克罗地亚-斯洛文尼亚王国在贝尔格莱德宣布成立。这个新的南斯拉夫人国家包括了先期独立的塞尔维亚和黑山、奥匈帝国统治下的斯洛文尼亚、克罗地亚、波斯尼亚和黑塞哥维那、伏伊伏丁那。但是，它的边界当时尚未划定。1919年11月27日协约国同保加利亚签订《纳伊条约》后，塞尔维亚-克罗地亚-斯洛文尼亚王国又得到了第二次巴尔干战争中获取的马其顿地区。在这个王国西部的划界问题上，意大利坚持要求兑现1915年伦敦密约中的利益，经过反复的谈判并在英、法两国的压力下，伊斯特拉和斯洛文尼亚沿海地区被划归意大利。在与奥地利划界中，根据《圣日耳曼条约》的规定，在斯洛文尼亚人聚居的卡林西亚实行公民投票选择归属，结果参加投票的59.04%赞成留在奥地利，造成这一结果的原因包括天主教会的影响、斯洛文尼亚社会民主党的影响，即"对于斯洛文尼亚的无产阶级来说，与其留在亚历山大国王迫害工人阶级，实行极权制度的君主制的南斯拉夫，不如留在社会党人是领导力量的奥地利"。[2] 在与罗马尼亚

---

① 〔匈〕利泊塔伊·埃尔文：《匈牙利苏维埃共和国史》，第13页。
② 〔南〕伊万·博日奇等：《南斯拉夫史》下册，第580页。

划界时，由于协约国 1916 年为争取罗马尼亚参战而签订的秘密条约中许诺将巴纳特一直到蒂萨河与多瑙河划归其所有，所以罗、南在划界问题上争论不休，最后以两国平分巴纳特结束。这些划分边界的过程始终是在大国列强左右下进行的，法国在其中的影响尤为突出。事实上，当时的南斯拉夫人国家仍未脱离法国的控制。在法国的支持下，塞尔维亚-克罗地亚-斯洛文尼亚王国和罗马尼亚、捷克斯洛伐克结成了"小协约国"，成为法国控制这一地区的工具。所以，当匈牙利建立苏维埃共和国之后，在欧洲列强发动的武装干涉中，"小协约国"的军队为扑灭匈牙利无产阶级革命的烈火立下了"汗马功劳"。无论是罗马尼亚和捷克斯洛伐克"派遣了军队去镇压匈牙利的革命，南斯拉夫没有这样做"[1] 之说是否确实，还是"南斯拉夫部队也发起进攻，占领了毛科、瑙吉劳克，并和法国人一起占领了霍德梅泽瓦沙海伊"[2] 之说是否真实，这些中东欧的国家在第一次世界大战后并没有摆脱帝国列强的控制。

在巴尔干半岛爆发的民族主义运动中，奥斯曼帝国最终摆脱了巴黎和会《塞夫尔条约》的制约而建立起独立的土耳其共和国这一历史事件是最令人瞩目的。领导这一革命的是曾参加过青年土耳其党人革命的凯末尔。19 世纪后期，横跨欧亚大陆的奥斯曼帝国已经沦为英、法等列强国家的半殖民地。第一次巴尔干战争之后，奥斯曼帝国几乎丧失了其在欧洲的全部利益。只是由于第一次世界大战的爆发，中欧同盟国才将其死灰复燃的帝国野心再次调动起来，重新参与了列强争夺中东欧和瓜分世界的战争。第一次世界大战的失败和《塞夫尔条约》的签订，使奥斯曼帝国虚弱不堪的躯体成为战胜国列强及其盟国分赃砧板上的肥肉。战前和战争期间协约国之间瓜分奥斯曼帝国的秘密协议，在公开的《塞夫尔条约》中得到了兑现。法国得到叙利亚的

---

① 〔南〕伊万·博日奇等：《南斯拉夫史》下册，第 582 页。

② 〔匈〕利泊塔伊·埃尔文：《匈牙利苏维埃共和国史》，第 208 页。

托管权，英国除保护埃及外还获得对美索不达米亚和巴勒斯坦的委任统治，意大利分到了多德卡尼斯群岛，希腊获得爱琴海上的几座岛屿和东色雷斯、士麦那，亚美尼亚和汉志获得独立。奥斯曼帝国的领土缩小了3/4，土耳其虽然保住了君士坦丁堡，但是根据协议，列强不仅将土耳其海峡置于国际控制之下，而且恢复了领事裁判权，各战胜国有权监督土耳其的财政和经济。① 当时，凯末尔领导的民族主义护权运动已经建立了全国性的统一组织，即安纳托利亚和隆美利亚护权协会，提出了以土耳其独立、按照停战协议确定土耳其领土、撤出外国占领军、废除一切有损民族主权的限制等维护独立自主的政治纲领。在此基础上，1920年在苏丹政府召开的国会上，由于出席会议的代表大多数支持凯末尔的政治主张，1月28日通过了由凯末尔拟定的《国民公约》。这项被称为"新土耳其的独立宣言"的纲领性文件，成为土耳其民族独立的旗帜和思想武器。同年4月23日，凯末尔在土耳其民族主义运动的政治中心安卡拉召开了土耳其大国民议会，组成了与屈从于列强的苏丹专制政府对抗的民族政府。此后，凯末尔领导的新政府开始同苏丹政府组织的"哈里发讨逆军"、以希腊军队为主的协约国军队展开了从游击战到正规战的解放战争。1922年9月18日，安纳托利亚境内的协约国军队全部被歼灭，10月11日协约国被迫同凯末尔政府签订停战协议。1923年7月24日，协约国同凯末尔政府签订《洛桑和约》，10月29日土耳其宣布成立共和国，凯末尔当选为总统。

土耳其民族主义运动取得的胜利，是第一次世界大战后民族主义运动反抗帝国霸权所取得的最成功的范例。这场民族主义革命不仅利用了协约国内部的矛盾，而且通过同苏俄签订边界条约而得到了俄国苏维埃政府的支持。《洛桑条约》的签订意味着《塞夫尔条约》的废除，这是

---

① 〔美〕斯塔夫里阿诺斯：《全球通史——1500年以后的世界》，第624页。

巴黎和会协约国列强加之于战败国头上的第一个没有来得及实施便被废除的条约。根据《洛桑条约》，土耳其保全了自己的主要领土，同时放弃了奥斯曼帝国时期在其他地区建立的统治特权，包括阿拉伯、埃及、苏丹、的黎波里塔尼亚、美索不达米亚、巴勒斯坦、叙利亚、利姆诺斯岛、萨莫色雷斯岛、米提利亚岛、开俄岛、萨莫斯岛、尼卡里亚岛以及位于土耳其亚洲海岸三英里以外的其他岛屿。[①] 实现独立后的土耳其共和国，在凯末尔领导下从 1923 年到 1934 年期间为建立新的国家体制开始了一系列改革，其中包括废除哈里发制度、驱逐所有奥斯曼帝国的成员；建立总统、总理、内阁和大国民议会的宪法体制；取缔所有宗教社团和寺院，禁止个人以宗教社团成员的身份生活，禁止穿戴与之有关的服饰或拥有与之有关的头衔；规定官员和平民必须以礼帽代替传统的土耳其帽，不鼓励妇女戴面纱；制定以瑞士、意大利和德国体系为蓝本的民法典、刑法典和商法典；废除一夫多妻制；强制推行世俗婚礼；推行拉丁字母代替复杂的阿拉伯字母；更改地名，如君士坦丁堡改为伊斯坦布尔等；给妇女以选举权，允许她们参加议会；等等。[②] 这些改革涉及政治、经济、文化和社会生活各个领域，而总的特点是以"世俗化"为中心的现代化改革。[③] 在这种改革过程中，凯末尔的民族主义思想也逐步形成了完整的体系，这就是在 1937 年被写入土耳其宪法的六项思想原则：以反对封建君主专制主义和实行人民主权思想为核心的"共和主义"；以反对帝国主义、大奥斯曼主义、大疆域主义、大突厥主义和维护土耳其民族独立自主为核心的"民族主义"；以强调人民主权、反对特权、法律面前人人平等为核心的"平民主义"；以强调发展国家资本主义和保护民族工商业为核心的"国家主义"；以坚持政教分离为核

---

① 〔苏〕维戈兹基等编《外交史》第 3 卷上，第 443 页。
② 〔美〕斯塔夫里阿诺斯：《全球通史：1500 年以后的世界》，第 627 页。
③ 彭树智：《现代民族主义运动史》，第 108 页。

心的"世俗主义";以倡导革新精神为核心的"革命主义"。① 凯末尔主义作为土耳其民族资产阶级的思想体系,在帝国主义时代顺应了反帝、反封建的历史潮流,它与中东欧地区(包括巴尔干半岛)在帝国霸权思想污染下的民族主义运动不同,而与20世纪初期兴起于东方的以孙中山民族主义为代表的思想交相辉映,在东方民族主义运动中享有独特的历史地位。它与亚洲殖民地、半殖民地国家蓬勃兴起的印度的甘地主义、阿富汗的塔尔其主义、印度尼西亚的苏加诺主义、阿拉伯的多种民族主义共同构成了东方民族主义运动的精神动力。而东方民族主义作为与当时并存的社会主义、自由主义思潮,对世界三大国家体系——民族主义国家体系、社会主义国家体系和发达资本主义国家体系的形成发挥了重要作用。同时,民族主义运动在其后来的发展过程中越来越多地吸收了社会主义的思想因素,从而使第二次世界大战前后出现的席卷全球的第二次民族主义浪潮与无产阶级革命运动形成合流之势,造成了西方帝国主义构建的世界殖民主义体系的土崩瓦解。

第三节　巴尔干各民族的国家归属与民族问题

第一次世界大战的结束改变了中东欧地区的国家格局。过去在奥匈、沙俄、德意志和奥斯曼苏丹四个帝国统治下的广阔领土上出现了一批按照"民族自决"原则新建或重组的民族国家。也就是说"以领土管辖权来衡量,欧洲最显著的变化就是,在原来的哈布斯堡、罗曼诺夫和霍亨索伦这些帝国的领地上,涌现出一批民族国家,这就是波兰、捷克斯洛伐克、奥地利、匈牙利、南斯拉夫、芬兰、爱沙尼亚、拉脱维亚和立陶宛"。② 但是,西欧资产阶级革命所产生的"一

---

① 彭树智:《东方民族主义思潮》,第268—271页。
② 〔美〕保罗·肯尼迪:《大国的兴衰》,第314页。

个民族、一个国家"的单一民族国家理念，并没有也不可能在这些新建或重组的国家中实现。中东欧地区复杂的帝国争霸历史及其所造成的民族迁徙，使各个民族的交错聚居现象极为普遍。加之战后帝国主义列强出于利益争夺的需要在以《凡尔赛条约》为代表的一系列"条约"基础上的领土划分，使这些国家的民族结构变得更加复杂。同一民族分别归属于不同国家的现象比比皆是，由此而引起的民族问题普遍发生，特别是在这些新建或重组的国家大都实行资产阶级君主专制的统治体制，建国民族对少数民族的压迫问题日益突出，"这不仅造成了国内的软弱，也引起了国外的不满"。[1] 国内的民族矛盾和冲突，国与国的领土争端和关系紧张，成为这一地区的重要特点而长期存在。据统计，"战后欧洲共有 16815000 人脱离了各自的民族母体而成为它国的少数民族，凡尔赛体系创建人之一劳合·乔治承认，在欧洲原来只有一个阿尔萨斯-洛林问题，新的边界确定之后，反而出现了几十个类似的问题"。[2]

捷克斯洛伐克的 1350 万人口中，包括了 350 万讲德语的臣民、100 多万匈牙利人以及相当数量的土著罗塞尼亚人和波兰人；罗马尼亚的 1800 万人口中，450 万人分属于匈牙利人、德意志人、乌克兰人、俄罗斯人和保加利亚人，其中在特兰西瓦尼亚的匈牙利人人口近200 万；[3] 匈牙利除了 50 万德意志人外，[4] 还有 15 万左右的斯洛伐克人和 2.5 万罗马尼亚人；波兰大约有 500 万乌克兰人和白俄罗斯人，几乎占了波兰总人口的 1/3，[5] 同时还包括 70 多万德意志人；[6] 60 万

---

① 〔美〕保罗·肯尼迪：《大国的兴衰》，第 329 页。

② 〔苏〕维戈兹基等编《外交史》第 3 卷上，第 285 页。

③ 〔英〕艾伦·帕尔默：《夹缝中的六国——维也纳会议以来的中东欧历史》，第 199—204 页；另说罗马尼亚的匈牙利人为 150 万，捷克的匈牙利人为 75 万。

④ 〔英〕莫瓦特编《新编剑桥世界近代史》第 12 卷，第 640 页。

⑤ 〔英〕艾伦·帕尔默：《夹缝中的六国——维也纳会议以来的中东欧历史》，第 200—213 页；另说波兰的乌克兰、白俄罗斯人人数为 600 万。

⑥ 〔英〕莫瓦特编《新编剑桥世界近代史》第 12 卷，第 641 页。

以上的克罗地亚人和斯洛文尼亚人随着领土的变更划归意大利；卡林西亚的数万斯洛文尼亚人留在了奥地利；① 此外，在保加利亚有土耳其人和马其顿人，在希腊有阿尔巴尼亚人、土耳其人和马其顿人，在土耳其和阿尔巴尼亚有希腊人；等等。而民族成分最为复杂的应该是塞尔维亚-克罗地亚-斯洛文尼亚王国。

塞尔维亚-克罗地亚-斯洛文尼亚王国在巴尔干半岛分别与意大利、奥地利、匈牙利、罗马尼亚、保加利亚、希腊和阿尔巴尼亚7国接壤，在欧洲除了德国以外它是与他国接壤最多的国家。国家的这种区位状况，也决定了其民族成分的复杂性。这个南斯拉夫人的国家，除了塞尔维亚、克罗地亚、斯洛文尼亚、黑山民族外，马其顿人的民族地位如同他们在巴尔干半岛的其他国家中一样没有得到承认，而波斯尼亚和黑塞哥维那信仰伊斯兰教的南斯拉夫人从民族归属来说主要是塞尔维亚人。除了这些民族外，据1921年的人口调查还包括505790名德意志人、467458名匈牙利人、439658名阿尔巴尼亚人、231657名罗马尼亚人和150000名土耳其人。② 此外还有保加利亚人等。总之，"1918年新建国家之一的南斯拉夫国竟包括九个民族，而战前大受中伤的'历史悠久的匈牙利'却只包括七个民族；而20世纪30年代的塞尔维亚民族主义者与20世纪初期的马扎尔民族主义者态度上有何不同，其细微区别恐怕只有那些最长于政治语义学的专家才能解释清楚。1919年至1920年期间所改变了的乃是欧洲的地图，而不是它的各个民族的习惯"。③ 在建国进程中已见端倪的大塞尔维亚民族主义如何处理与克罗地亚、斯洛文尼亚和黑山民族的关系以及怎样对待其他少数民族，无疑是这个国家面临的重大课题。

---

① 〔南〕伊万·博日奇等：《南斯拉夫史》下册，第578、580页。
② 〔南〕伊万·博日奇等：《南斯拉夫史》下册，第633页。另说35万德意志人、大约7万罗马尼亚人。
③ 〔英〕艾伦·帕尔默：《夹缝中的六国——维也纳会议以来的中东欧历史》，第216页。

　　塞尔维亚-克罗地亚-斯洛文尼亚王国建立时，在国民委员会通过宣言时，只有以农民运动起家的克罗地亚议员斯捷潘·拉迪奇一人表示了反对。同时，因"黑山青年"组织主张民主制度和希望同塞尔维亚联合，该组织受到黑山王朝统治者的迫害。该组织在波德戈里察的国民议会上通过决议，宣布废黜佩特罗维奇-涅戈什王朝并没收其财产，宣布黑山与塞尔维亚、克罗地亚和斯洛文尼亚统一。这一行动中也包含了对1916年在奥匈帝国军队侵略时米尔科亲王提出投降问题的清算。1920年11月28日，塞尔维亚-克罗地亚-斯洛文尼亚王国举行了议会选举，结果激进党获得93席、民主党获得92席、南斯拉夫共产党获得59席、农民党获得50席。南斯拉夫共产党成立于1919年4月，原称南斯拉夫社会工党，1920年6月在第二次代表大会上改名为南斯拉夫共产党。[①] 由于南斯拉夫共产党已成为第三大政党，并在贝尔格莱德、萨格勒布、尼什和乌日采等城市获得广泛的支持，这一选举结果引起政府的极大恐慌。加之当时的南斯拉夫共产党承袭了"青年波斯尼亚党"这样一些反抗奥匈帝国统治运动的传统（即恐怖活动），为政府提供了口实，所以在选举结束不久，政府便于12月发布了"臭名远扬的'诏书'，严厉取缔一切马克思主义活动。1921年6月发生图谋刺杀摄政王亚历山大事件之后不到一个月，颁布'诏书'的大臣米洛德拉·德拉斯科维奇被刺杀，这些事件导致通过了一项更严酷的'国家保卫法'，迫使南斯拉夫共产主义运动转入地下"。[②] 塞尔维亚-克罗地亚-斯洛文尼亚王国对民主选举进入议会的共产党采取的镇压措施，在巴尔干半岛国家中是具有普遍性的。

　　第一次世界大战结束以后，作为战后"和平缔造者的协约国列强，在处理中东欧国家重组问题时遵循的重要原则是防范布尔什维克主义、重划欧洲版图，这两项任务基本上相互重叠。因为对付革命俄

---

　　① 〔南〕伊万·博日奇等：《南斯拉夫史》下册，第612页。
　　② 〔英〕艾伦·帕尔默：《夹缝中的六国——维也纳会议以来的中东欧历史》，第219页。

国的最佳手段,就是排上一圈反共国家组成的'隔离带'"。① 所以,当时中东欧国家的统治者对共产主义的态度如同他们的控制者一样,是加以敌视的。但是,共产党的势力在这些国家已经不同程度地形成了气候。1919 年保加利亚大选中,共产党获得了 1/4 的选票,并在后来的四年中相当自由地组织了一些马克思主义社团。但是在"整个 1924 年和 1925 年间,对'布尔什维克'及其同情者不论青红皂白一律加以迫害"。罗马尼亚共产党虽然规模不大,但"成立后不久就遭到严厉镇压,并于 1924 年被宣布为非法组织"。②这些巴尔干国家对共产党的敌视态度,也从一个方面影响到其国家民主政治的发展,战后普遍进行的民主政治尝试先后为君主独裁专制的国家体制所取代。

1921 年 6 月 28 日,在这个对南斯拉夫人尤其是塞尔维亚人具有特殊意义的日子,塞尔维亚-克罗地亚-斯洛文尼亚王国议会通过了新宪法。根据宪法的规定,王国实行中央集权体制。这部宪法在民族问题方面贯彻了摄政王亚历山大关于南斯拉夫只有一个民族的思想。克罗地亚农民党的代表拉迪奇反对中央集权,要求实行联邦体制,认为南斯拉夫有塞尔维亚、克罗地亚和斯洛文尼亚三个民族。拉迪奇及其政党也因此在克罗地亚名声大噪,拉迪奇关于克罗地亚人享有自决权的思想及其所引起的反响,对塞尔维亚民族和克罗地亚民族之间后来的关系产生了重要的影响。当时,在中东欧地区(除了希腊),共产党纷纷遭到压制,而农民政党对一些国家的影响一度却颇有声势。如斯塔姆博利斯基领导的保加利亚农民联盟、拉迪奇领导的克罗地亚农民党、米哈拉凯和曼纽领导的罗马尼亚国家农民党,斯维赫拉与霍德扎领导的捷克斯洛伐克农民党、波兰维托斯的皮亚斯特党和达布斯基

---

① 〔英〕艾瑞克·霍布斯鲍姆:《极端的年代》,第 45 页。
② 〔英〕艾伦·帕尔默:《夹缝中的六国——维也纳会议以来的中东欧历史》,第 254、221 页。

的解放党，等等。这些农民政党作为中东欧特有的政治力量，它们的敌人是地主阶级和官僚，但是它们的思想狭隘性和农民运动所依托村社社会缺乏的团结性，又使它们不可能形成一整套国家政策，而一旦它们开始考虑更加广泛的社会问题，又不可避免地使自己脱离拥护它们的基本群众。所以，巴尔干国家的农民政党虽然也有一度执政的实践，但面对传统的皇权专制、城市资产阶级和热衷于城市革命的共产党人，难以取得稳定的统治。例如1919年到1923年保加利亚的斯塔姆博利斯基政府，其领导人在保证农民耕者有其田、对资本课以重税、压低工业品价格和抬高农产品价格的同时却遭到封建专制君主、工商资产阶级和地主阶级的共同反对而人头落地。[1] 克罗地亚农民党的拉迪奇，由于宣传耕者有其田的和平思想，结果坐监狱的时间多于自由的时间。他一度在国外旅行，并在苏联加入农民国际，但回国后便被投入监狱。之后转向王国政府，宣布承认国家宪法确定的体制，退出农民国际，并在联合政府中获得了教育大臣的职位。[2] 当然，这些农民政党也基本上没有在民族问题方面提出自己的政治纲领，反而在某些民族问题上采取了压制民族解放的态度。如保加利亚的斯塔姆博利斯基认为保持巴尔干半岛和平的最可靠办法是建立一个巴尔干南部斯拉夫联邦，保加利亚王国和塞尔维亚-克罗地亚-斯洛文尼亚王国都参与其中，并采取联合措施制止马其顿民族的革命。当然，这种主张及其他与塞尔维亚-克罗地亚-斯洛文尼亚王国政府达成的压制马其顿民族东山再起的协议，对于战败失地和一直想修改《纳伊条约》的保加利亚民族主义统治阶级来说，不啻卖国行为。事实上，战后新建和重组的中东欧国家，尤其是巴尔干各国，由于领土的分割和民族的分化，不仅国家之间存在着敏感的民族问题，而且国内的民族矛盾也危机四伏。所以，通过独裁专制的体制来维护主体民族的统治地位，

---

① 〔英〕艾伦·帕尔默：《夹缝中的六国——维也纳会议以来的中东欧历史》，第225页。
② 〔南〕伊万·博日奇等：《南斯拉夫史》下册，第616页。

也就成为这些国家的普遍选择。

塞尔维亚-克罗地亚-斯洛文尼亚王国，从冗长的国名来看似乎这三个民族都享有平等的地位。但是，事实上国家权力掌握在亚历山大国王手中，大塞尔维亚民族主义是国家统治的基本纲领。这种政策的效果，是塞尔维亚人几乎把持了国家机器的所有要职。“关键性的外交官和高级军事指挥官都只任命塞尔维亚人担任，其中几乎所有的人原籍都是 1912 年前的塞尔维亚。”① 这就是说，军政要职不仅掌握在塞尔维亚人手中，而且掌握在巴尔干战争前以贝尔格莱德为首都的塞尔维亚王国的塞尔维亚人手中。其实在奥匈帝国统治下的塞尔维亚人，在某种程度上也受到民族和国家正统的排斥。据统计，1926 年王国军队中的现役将领有 165 名，其中 161 人是塞尔维亚人，克罗地亚人和斯洛文尼亚人仅各有两名。② 从 1918 年王国建立到 1941 年被德国占领的 23 年间，“只有五个月是由一个非塞尔维亚人（1928 年，斯洛文尼亚教士科罗舍茨）担任政府首脑”。③ 这种状况，势必引起克罗地亚人和斯洛文尼亚人的强烈不满，特别是克罗地亚人，要求建立联邦制的呼声日渐高涨。“贝尔格莱德的口号是统一：一个国王，一个国家，一个民族；而萨格勒布的口号则是和睦：联邦主义，国王只有一个，但却分为几个互相联合而又各自独立的国家。”④ 为此克罗地亚议员通过议会斗争竭力与塞尔维亚人抗争，甚至到了反对塞尔维亚和任何其他民族议员提出的任何意见的极端地步。这种公开化的矛盾终于导致 1928 年 6 月 20 日一名属于塞尔维亚激进党的黑山议员开枪击毙击伤包括拉迪奇在内的数名克罗地亚农民党议员的事件。亚历山大国王利用这一事件，于 1929 年 1 月 6 日发动政变，宣布亲自主

---

① 〔英〕艾伦·帕尔默：《夹缝中的六国——维也纳会议以来的中东欧历史》，第 235 页。
② 〔南〕伊万·博日奇等：《南斯拉夫史》下册，第 617 页。
③ 〔英〕艾伦·帕尔默：《夹缝中的六国——维也纳会议以来的中东欧历史》，第 235 页。
④ 〔英〕斯蒂芬·克利索德主编《南斯拉夫简史》，第 275 页。

政，废除 1921 年的宪法，解散一切政党，严格控制新闻出版，抹去一切资产阶级民主的痕迹，恢复塞尔维亚国王的专制统治。同年 10 月，亚历山大国王发布命令从根本上改变国家行政体制，废除原有的行省和部门建制，代之以传统的巴昂辖区，各辖区的名称不再使用容易引起民族聚合的名称，诸如"塞尔维亚""克罗地亚""斯洛文尼亚"等，而以河流等名称为 9 个辖区命名，但是在对各辖区划界时则设法尽量保持塞尔维亚人占据多数。同时，在军队中取消了明显是塞尔维亚式的军旗，并不再以 6 月 28 日圣维多夫丹节作为国庆节等。在这一系列命令中，第一次使用了"南斯拉夫"来称呼王国。① 这一变革，从表面上看不再强调某一个民族了，甚至特意消除一些代表塞尔维亚的标志。但是，事实上是强化了大塞尔维亚民族的统治地位。其目的是在消除各民族具有象征意义的差别的同时，推行塞尔维亚化。然而，与此同时，在克罗地亚的萨格勒布却出现了一个秘密组织，其成员发誓要为建立独立的克罗地亚国而战斗。他们自称是"乌斯塔沙"造反者，他们深信唯有暴力与恐怖才能推翻塞尔维亚的统治。② "乌斯塔沙"的出现，为第二次世界大战中的南斯拉夫在法西斯统治下的民族仇杀蒙上了恐怖的阴影。

在塞尔维亚民族居于统治地位的南斯拉夫，塞尔维亚民族与克罗地亚民族之间的矛盾已到了水火难容的地步。而斯洛文尼亚人却以其民族特有的优势获得了事实上的高度自治。塞尔维亚统治者不得不给予斯洛文尼亚语在斯洛文尼亚地区通用的权利，尽管在公告牌等公众标识上除了拉丁字母的斯洛文尼亚语外还有基里尔字母的塞尔维亚-克罗地亚语。同时，他们较高的文化水平和在奥匈帝国统治时期接受日耳曼化过程中形成的行政管理能力以及办事效率，也受到塞尔维亚统治者的重视和各类机构的倚重。当时南斯拉夫王国的文盲率很高。

---

① 〔英〕艾伦·帕尔默：《夹缝中的六国——维也纳会议以来的中东欧历史》，第 239 页。
② 〔英〕艾伦·帕尔默：《夹缝中的六国——维也纳会议以来的中东欧历史》，第 240 页。

1921 年的人口调查表明，全国 12 岁以上的人口中文盲率为 51.5%，按地区统计 12 岁以上人口中的文盲率依次为：斯洛文尼亚 8.8%、伏伊伏丁那 23.3%、克罗地亚 32.2%、达尔马提亚 49.5%、塞尔维亚 65.4%、黑山 67%、波斯尼亚和黑塞哥维那 80.5%、马其顿 83.8%。[1] 从这些数字不难看出，斯洛文尼亚人的文化水平接近欧洲先进国家的同期水平，而塞尔维亚等地区则处于欧洲最落后地区的水平。斯洛文尼亚人的这些优势使他们在国家机构、金融、企业等行业中的地位无人能够取代。所以，王国的统治者不得不为发挥他们的这种作用而给斯洛文尼亚人以相应的民族自治权利，尽管很多"塞尔维亚人气愤地声称：'斯洛文尼亚人便是我们的捷克人'，克罗地亚人则说'斯洛文尼亚人便是我们的犹太人'"，但是"塞尔维亚人的统治在斯洛文尼亚从来未像在克罗地亚那样引起民愤"。[2] 至于塞尔维亚与其他南斯拉夫民族的关系，基本不存在问题。黑山与塞尔维亚有特殊历史关系，自不待言。保加利亚人和马其顿人从王国成立之始便被视为二等塞尔维亚人。波斯尼亚和黑塞哥维那的穆斯林，也被视为同族且其宗教信仰得到保障。

南斯拉夫王国的其他少数民族的情况各有不同，德意志人属于处境比较好的，其原因很大程度不涉及与德国的领土争端问题。所以德意志人被允许建立自己的学校。伏伊伏丁那的匈牙利人处境困难，他们的庄园主和士绅阶层受到打击，同时在语言政策方面"王国在行政和商业上，并且尽可能在私生活方面千方百计限制使用马扎尔语。只允许某些学校开设有限的几个用马扎尔语的班级，大部分教师却是塞尔维亚人或克罗地亚人，他们不懂得这种语言"。[3] 这很大程度是由于

①〔南〕伊万·博日奇等：《南斯拉夫史》下册，第 632 页。
②〔英〕艾伦·帕尔默：《夹缝中的六国——维也纳会议以来的中东欧历史》，第 237 页。
③〔英〕艾伦·帕尔默：《夹缝中的六国——维也纳会议以来的中东欧历史》，第 236 页。

历史上一部分塞尔维亚人遭受匈牙利人的统治和压迫造成的积怨所致，同时也反映了协约国对奥匈帝国复辟和企图修改有关领土划分协议的戒心。巴纳特的罗马尼亚人起初遭到严酷的镇压，人口外逃。但是由于罗马尼亚与南斯拉夫的"小协约国"关系，从 20 年代末矛盾开始缓和，贝尔格莱德与布加勒斯特之间专门就罗马尼亚语学校和罗马尼亚人的东正教会获得一定程度独立等问题进行了谈判，不过直到 1933 年才签订了协议。至于土耳其人、阿尔巴尼亚人除了享有一定的宗教信仰自由外，塞尔维亚化是唯一的出路，这些民族"没有使用他们的语言进行教学的学校"。[1] 南斯拉夫民族问题的症结，是大塞尔维亚民族主义与大克罗地亚民族主义的斗争。在当时的历史条件下，由于塞尔维亚王国是最早从奥斯曼帝国奴役统治下获得独立的少数国家之一，并且一直在巴尔干半岛南斯拉夫各民族推翻帝国统治、反抗外来侵略的斗争中发挥着中坚作用，所以在建立南斯拉夫国家的进程中取得了塞尔维亚民族的统治地位。但是，大塞尔维亚民族主义与君主专制政权的结合，并没有解决其国家内部的民族纷争，尤其是与克罗地亚民族的矛盾。历来对塞尔维亚充当南斯拉夫各民族领导者持有异议的克罗地亚民族主义势力建立大克罗地亚国家的企图，在一定的历史条件下仍旧会付诸实践。而历史正在为此提供机会。因为整个中东欧的形势在独裁专制的氛围中正在走向极端民族主义和政治上的右倾。

南斯拉夫是中东欧国家中第一个废除民主宪法的国家，但是却不是第一个实行独裁统治的国家。早在 1926 年春天，波兰的议会民主制在事实上已经中断了。在此之后，波兰的少数民族问题开始表现得突出起来。首先是波兰德意志人的德语教育问题，随着德国加入国联而出现对波兰民族政策推行"波兰化"特点的指责，但是波兰当局不

---

① 〔南〕伊万·博日奇等：《南斯拉夫史》下册，第 634 页。

仅我行我素，而且通过向德意志少数民族施加政治、经济压力迫使其迁居德国。其次是波兰东部的乌克兰人的自治要求，演化为"乌克兰解放组织"（UWO）的出现以及波兰军队在东加利西亚地区普遍的镇压和恐怖统治。有所不同的是，波兰作为当时犹太人最多的欧洲国家，虽然历史上反犹主义的观念根深蒂固，但是在毕苏茨基元帅独裁时期却通过了关于保护犹太人宗教权利的法律，并继续实行了犹太人享有独立教育机构的政策。不过，犹太人在罗马尼亚的处境却正好相反。

罗马尼亚 1923 年通过的宪法贯穿了中央集权制的原则，国王保留了相当大权力，特别是在立法上拥有绝对否决权。1924 年罗马尼亚共产党等进步组织被取缔，自由党作为代表统治阶级利益的政治集团独断专行，民主原则被废弃。1923 年一个名叫科内柳·科德里亚努的年轻人在雅西大学建立了后来臭名昭著的"铁卫军"组织，这个组织随着罗马尼亚的政局变化而日益极端化，并成为第二次世界大战前巴尔干半岛各国中唯一的自生的法西斯组织。这个组织以狂热的宗教神秘色彩为特点，并从事恐怖活动，其首先在迫害犹太人方面形成气候，随后波及其他少数民族。事实上，罗马尼亚中央集权制宪法的制定，已经引起了少数民族的民族主义情绪的增长，尤其是在特兰西瓦尼亚、巴纳特的匈牙利人，多布罗加南部的保加利亚人，他们要求民族平等权利的政治活动使其被视为罗马尼亚国家的内部敌人。比萨拉比亚乌克兰少数民族的民族主义要求由于涉及苏联共产主义的影响问题，而受到当局更加严厉的监控。只有德意志少数民族受到政府宽容甚至有些纵容的优待，这一方面是由于他们难以被同化，另一方面是罗马尼亚如同其他协约国一样不愿意因刺激了德意志少数民族而使这些分散的德国人产生对已经加入国联并正在重新崛起的母国的回归情结，从而导致对《凡尔赛条约》的修改。

作为战败国，匈牙利和保加利亚在人口结构上的单一民族特点比较突出。同时，他们的另一个共同点是对战后失地耿耿于怀，同时关注自己流落他乡子民的境遇。匈牙利由于失去特兰西瓦尼亚、伏伊伏丁那等地，一直在同罗马尼亚、南斯拉夫，也包括捷克斯洛伐克发生着国际纠纷。保加利亚在对境内土耳其人推行同化政策的同时，对马其顿民族主义统一运动的暴力恐怖活动及其向南斯拉夫、希腊的扩散头痛不已。因为 1925 年希腊为阻止保加利亚境内的马其顿民族主义统一运动对希腊马其顿地区安全的影响曾入侵保加利亚南部地区并进行越界镇压。这也使保加利亚担心因马其顿问题再度引起南斯拉夫、希腊等巴尔干国家对自己的不满而造成新的战争，所以也加紧了对境内马其顿民族主义统一运动的监控和镇压。至于保加利亚对土耳其人的同化政策，因当时土耳其国家正处于自身的变革和建设中而无暇顾及外部事务，所以没有引起国际性的争端。从总体来说，匈牙利和保加利亚在民族问题上更多是纠缠在同邻国的关系之中，这种特点一直延续到今天仍未改变。

1920 年的捷克斯洛伐克宪法，虽说在中东欧国家宪法中堪称民主的典范，但是国家统治的中央集权性质并未因此而改变。宪法中有关保障少数民族权利的条款包括了允许罗塞尼亚人自治等，并且规定"强制推行非民族化"属于犯罪行为。这些规定及其语言法关于"允许不论任何地区，一种少数民族语言只要有至少五分之一的居民使用，便可在法庭和大中小学通用，议员可以用本族语在会议上发言"等，① 对于改善捷克斯洛伐克政府与各少数民族之间的关系发挥了重要作用，尤其使其与苏台德地区的德意志人战后的紧张关系大为缓和。虽然匈牙利人的问题相对棘手，但是对捷克斯洛伐克产生长久影响乃至造成 20 世纪 90 年代国家的裂变的主要问题，是捷克与斯洛伐克两大建国民族之间的矛盾。从 1919 年到 1920 年，捷克派出了大批

---

① 〔英〕艾伦·帕尔默：《夹缝中的六国——维也纳会议以来的中东欧历史》，第 231 页。

行政官员和学校教师进入斯洛伐克地区，这一举措引起了斯洛伐克广大信奉天主教地区的农民和教士们的反对。捷克当局将斯洛伐克地区的天主教中学等教育机构置于布拉格的管辖之下以削弱和抵制亲匈牙利的教育倾向，这一举措不仅引起斯洛伐克人的不满，而且也使匈牙利人的愤怒增强。

在巴尔干半岛国家中，希腊的民族问题当时主要表现在对马其顿民族主义统一运动的防范方面。在奥斯曼帝国统治时期，曾有大量的土耳其人生活在希腊，同样也有很多希腊人在帝国范围内流动和迁徙。所以，第一次世界大战后希腊试图夺取安纳托利亚地区而同土耳其开战，其理由之一是那里居住着数量众多的希腊人。1923 年《洛桑条约》签订后，在希腊与土耳其之间划定边界的过程中，实行了一项特殊的措施，即交换居民。"约有 150 万希腊人离开小亚细亚进入希腊，约有 50 万土耳其人离开希腊进入小亚细亚。"[1] 如此大规模的国家之间的居民交换，是罕见的。但是，这一措施在减少土耳其、希腊国家内部的民族问题和因民族跨界而居引起的国际纠纷方面，是意义重大的。当然，这并不意味着希腊所有民族问题的解决，希腊境内的阿尔巴尼亚族和阿尔巴尼亚境内的希腊人问题，以及 30 年代初在英国统治下的塞浦路斯岛爆发希腊族人要求与希腊合并斗争后，逐步形成的由于该岛希腊族与土耳其族之间的冲突所造成的希、土国家关系问题，至今仍是困扰希腊的国内民族问题和同土耳其的国家关系问题。

至于阿尔巴尼亚这个国家，从 1919 年初巴黎和会召开，到 1920 年 9 月 3 日阿尔巴尼亚军队开进发罗拉，一直在为抵制意大利占领发罗拉和对阿尔巴尼亚实行委任统治以及南斯拉夫、希腊对阿尔巴尼亚的领土要求进行斗争，同时"要求把仍然不公正地处于阿尔巴尼亚国境之外的阿尔巴尼亚土地科索沃和察梅里亚归还它"。[2] 1920 年阿尔

---

① 〔克〕弗拉尼奥·图季曼：《历史真相的泥淖》，中央编译出版社，1998，第 150 页。
② 〔阿〕克·弗拉舍里：《阿尔巴尼亚史纲》，第 279 页。

巴尼亚收复发罗拉之后，既没有改变意大利对阿尔巴尼亚的觊觎，也没有消除南斯拉夫和希腊的军事骚扰，同时，其内部的政治斗争也十分激烈。1924 年 6 月的资产阶级革命刚刚取得政权，流亡的索古独裁势力在南斯拉夫、希腊的支持下便于 12 月以武装干涉的形式重返地拉那再建专制政权。这一倾向于南斯拉夫的政权，在扩大了南斯拉夫对阿尔巴尼亚影响的同时却刺激了意大利墨索里尼政府恢复对阿尔巴尼亚实行控制的野心。在罗马同贝尔格莱德争夺阿尔巴尼亚的斗争中，意大利作为协约国的列强国家在政治、经济等方面对阿尔巴尼亚的渗透很快就占据了优势。1926 年地拉那与罗马签订了为期 5 年的《意阿友好安全条约》，1927 年贝尔格莱德与法国签订了友好条约来向意大利施加压力，同年 11 月意大利与阿尔巴尼亚签订了为期 20 年的《同盟防御条约》作为对南斯拉夫和法国的回应。1928 年索古宣布解散议会召开制宪会议，9 月 1 日在制宪会议上宣布实行君主制，索古一世成为阿尔巴尼亚人的皇帝。当时，阿尔巴尼亚的经济命脉已经落入意大利的手掌之中，意大利不断向阿尔巴尼亚提出包括将意大利语作为阿尔巴尼亚学校中的必修课之类的奴役性要求，事实上阿尔巴尼亚已经沦为意大利的殖民地，正在崛起的意大利法西斯主义对阿尔巴尼亚的占领只是个时间问题。所以，阿尔巴尼亚的民族问题，正如在后来的历史中所反映的一样，主要是国际争端问题。即因南斯拉夫境内和希腊境内阿尔巴尼亚人的境遇问题所引起的国际纠纷，以及包括科索沃领土归属的斗争。如前所述，科索沃这个地方对于塞尔维亚人来说是意义重大的。但是在奥斯曼帝国统治时期，随着塞尔维亚等南斯拉夫民族被迫向北退缩，阿尔巴尼亚人开始向这个地区迁徙。"土耳其统治时代曾一贯鼓励他们拓殖科索沃、梅托希亚和新帕尔扎等地"，[①] 以致科索沃地区的阿尔巴尼亚人不断增多。到 1926 年南斯

---

① 〔英〕斯蒂芬·克利索德：《南斯拉夫简史》，第 266 页。

拉夫与阿尔巴尼亚的边境基本划定后，留在南斯拉夫境内的阿尔巴尼亚人将近50万。当时，虽然南斯拉夫对阿尔巴尼亚仍存在领土的要求，但是科索沃这一地区却从此成为南斯拉夫民族问题中最棘手的问题之一。

不难看出，第一次世界大战后的中东欧地区，在帝国列强支配下所划分的新建和重组的国家边界，给这些国家留下了诸多的"民族碎片"和无休止的领土争端。协约国列强对苏联共产主义心存恐惧和仇视，它们利用在沙俄帝国解体过程中独立出来的小国和从沙俄帝国版图上获得领土的国家，建立了一道正在形成的两种意识形态、两种社会制度对抗态势的隔离带。同时，为了防范奥匈帝国和德意志帝国的东山再起，协约国列强又利用这些从奥匈帝国和德意志帝国瓦解中获得好处的国家维护既得利益的心理来制约德、奥、匈战败国对"凡尔赛体系"的挑战。这一双重的影响不仅使包括巴尔干半岛在内的中东欧国家在反共的同时相继走上了资产阶级民族君主专制的道路，而且鼓励了这些国家大民族主义的恶性膨胀，从而造成中东欧国家国内民族问题的尖锐化发展。这种结果反过来进一步刺激了统治民族的民族主义胃口，使法西斯主义的温床——极端民族主义流行开来。民族主义天然的排他性，在中东欧国家政治逆转的过程中使统治民族从过去反抗帝国主义压迫的民族解放斗争转变为对国内少数民族的压迫，转向对他国领土的觊觎和大国沙文主义。所以，当德国、意大利在完成了从极端民族主义向法西斯主义的转变之后并开始为其"生存空间"发动战争时，中东欧国家中出现一系列法西斯政权是不奇怪的。

第七章

第二次世界大战与巴尔干半岛

正当布尔什维克主义、平均地权论和传统的议会主义为在东欧和中欧居首要地位而斗争之际，一个全新的主义——法西斯主义正在意大利出现……

〔美〕斯塔夫里阿诺斯：《全球通史：1500 年以后的世界》

希特勒下令瓜分南斯拉夫领土。斯洛文尼亚北部被德国兼并，南部的三分之一并入意大利。墨索里尼还得到了门得内哥罗、科索沃地区和斯普利特以南的达尔马提亚海岸。"乌斯塔沙"克罗地亚则成为意大利的斯波累托统治下的王国……"作为一个国家"，南斯拉夫的确已经被消灭掉了。

〔英〕艾伦·帕尔默：《夹缝中的六国——维也纳
会议以来的中东欧历史》

德国当局利用了旧南斯拉夫的民族的、宗教的和阶级的冲突,以便通过挑起自相残杀的战争为贯彻执行希特勒的德意志化计划大开方便之门。在这方面,希特勒采用了奥地利贵族、天主教会高级僧侣以及军界人士的办法,多年来他们在巴尔干半岛一直是时而依靠这个、时而依靠那个民族集团和宗教集团。

〔南〕伊万·博日奇等:《南斯拉夫史》

没有任何根据可以把乌斯塔沙运动和切特尼克运动说成是整个克罗地亚民族和整个塞尔维亚民族的。

〔克〕弗拉尼奥·图季曼:《历史真相的泥淖》

在那里,共产党可以说是靠自己的力量取得了政权。阿尔巴尼亚共产党的胜利是在南斯拉夫共产党的指导下取得的,它是南斯拉夫胜利的副产品。南斯拉夫共产党游击队的胜利毫无疑问是他们自己的成果。

〔英〕本·福凯斯:《东欧共产主义的兴衰》

还在 1944 年 10 月,丘吉尔就已与斯大林达成其著名的"比例"交易:斯大林承认英美在希腊居于支配地位,承认在日后的匈牙利和南斯拉夫,苏联和英美势力均等;而作为回报,英美将允许苏联在罗马尼亚和保加利亚几乎可以自由行动而不受约束。

〔英〕艾伦·帕尔默:《夹缝中的六国——维也纳
会议以来的中东欧历史》

第一节 法西斯帝国的崛起

1914 年 10 月 5 日,在意大利的米兰成立了一个名为"国际行动革命法西斯"的组织。其发起者是一些工团主义者和民族主义者。这个组织发表了一个自称是"社会主义"的宣言，而实质是代表了意大利小资产阶级希望通过战争使意大利跻身于列强的民族主义愿望，目的是敦促政府站在协约国一边对德、奥宣战。1915 年 1 月，墨索里尼将该组织改名为"革命干涉行动法西斯"，而后该组织的成员得到迅速发展。意大利在协约国的利诱拉拢下参战后，这一组织实际上已名存实亡。第一次世界大战结束后，墨索里尼等人于 1919 年 3 月重建了"战斗的意大利法西斯"组织。就其宣言所提出的主张来看，除了有关实行某些激进的社会改革以维护城乡小资产阶级利益要求外，该宣言也在一定程度上反映了工人阶级的要求。但是，在《凡尔赛条约》签订以后，由于意大利没有从英、法等国战前的分赃许诺中得到所期望的利益，其国内的民族主义情绪陡然高涨。是年 11 月召开的"战斗的意大利法西斯"中央委员会议，迎合了国内的这种狂热的民族主义情绪，提出无条件兼并毗邻的阜姆和将达尔马提亚的意大利城市划归意大利的要求。[①] 但是，该组织并没有因此而得到各界的支持。它宣布自己反对布尔什维克的政治取向，使它在意大利左翼阵营中陷于孤立；它强调战争和扩张，又无法从主张和平的农民党中争得群众，而它反对大资本和反教会的思想当然也不会得到统治政权的支持。在这种情况下，1920 年墨索里尼作出了投靠政府的选择，并且为了取得统治阶级的信任开始了一系列暴力性的反革命活动，包括袭击社会党的组织和人员，充当镇压工人运动的先锋，等等。他还在农村和城市组织了法西斯武装行动队，开始制造白色恐怖。该组织的这一系列维护威权的反革命行为，得到了统治阶级的支持和赏识，并且从 1921 年开始出现组织上的大发展，扩展成为意大利全国性的拥有武装的第一大党。法西斯运动的全国性蔓延，使墨索里尼夺取政权的野

[①]　朱庭光主编《法西斯新论》，重庆出版社，1991，第 16 页。

心开始付诸行动。1921 年 11 月该党召开了第三次全国代表大会,大会宣布该党改名为"国家法西斯党",将代表古代罗马权势和生杀予夺权力的"棒束"(Fasces,"法西斯")确定为党徽,并在通过的纲领中宣称要恢复罗马帝国的霸业,建立一个对内极权、对外扩张的法西斯政权。纲领强调:"要热情捍卫和宣传民族的传统、民族的感情和民族的意志";"要实现自己历史上和地理上的完全统一";"要行使地中海拉丁文明之堡垒的职能";① 等等。从这次会议之后,国家法西斯党开始在全国范围内进行武装夺权,及至 1922 年 10 月 27 日发起了夺取国家权力的"向罗马进军"。而这一夺权的行动,得到了一些工业、金融集团和包括王室成员在内的势力的支持。在这种形势下,意大利国王于 10 月 29 日授权墨索里尼组阁。次日,墨索里尼组成新内阁。世界上第一个法西斯政权在意大利率先建立。

意大利法西斯政权的建立,并不意味着法西斯极权体制的形成。它经历了一个解散党派武装、成立国家安全志愿兵,镇压共产党和其他反对党,废弃议会民主,极权制立法、实行一党专政和党政权力合一以及清除党内极端势力的过程。② 在确立法西斯极权体制的过程中,墨索里尼的极权主义国家观、领袖主宰制和生存空间论等法西斯主义理论体系也趋于完备。极端民族主义是滋生法西斯主义的温床。③ 意大利的极端民族主义是在第一次世界大战后因分赃不均而得到充分激发的,但是意大利先期在三国同盟和三国协约两大列强阵营中的游离摇摆,其渔利争霸恢复罗马帝国历史辉煌的野心已经显现了。在第一次世界大战爆发以前,意大利的法西斯主义理论家阿尔弗雷多·罗科就提出了谋求生存空间的扩张思想,他认为意大利国土狭窄、土地贫瘠、资源匮乏是造成其落后于英、法、德等列强的根本原因,为此他

---

① 转引自朱庭光主编《法西斯新论》,第 32 页。
② 朱庭光主编《法西斯体制研究》,上海人民出版社,1995,第 290—319 页。
③ 郝时远:《极端民族主义与法西斯主义》,《世界民族》1995 年第 1 期。

宣称："其他国家富有，决不是因为他们干的比我们多，而是因为要么像法国，天赋富饶，要么像英国以武力去侵占别国富饶的领土。"[1]而要推动这种扩张，就必须调动国民的民族主义狂热和国家至上的观念以及对统治者威权的服从，所以新黑格尔主义、马基雅维利主义、索勒尔暴力主义、费希特大日耳曼主义和社会达尔文主义及其所有产生的种族主义等非理性主义，都成为法西斯主义理论的思想来源。"他们斥责和平主义、民主主义、人道主义、社会主义和自由主义。他们宣扬'暴行的美和必要'及意大利血液的无穷活力。他们高唱战争赞美诗，歌颂战争是'世界上仅有的卫生术、高贵的英雄主义浴场'。"[2] 为此，墨索里尼毫不隐讳地宣称："对法西斯主义来说，帝国的倾向，即各民族扩张的倾向，是一种生命力的表现；而其反面，或守在家里，则是一种没落的标志。新兴的或复兴的民族是帝国主义者，正在死亡的民族是放弃自己利益的民族。"[3] 意大利法西斯主义是对外扩张的鼓吹者，虽然把获取领土的计划首先确定在非洲的埃塞俄比亚，声称意大利"要建成一个名副其实的意大利殖民帝国，除向埃塞俄比亚推进外，没有其他办法能够做到"，[4] 但是，意大利法西斯政权对没有在巴尔干半岛获得预期的利益是决不甘心的。

阿尔巴尼亚问题是 1919 年巴黎和会上意大利十分关注的问题，同时阿尔巴尼亚也是希腊、塞尔维亚和黑山提出领土要求的对象。但是，《凡尔赛条约》没有确定意大利对整个阿尔巴尼亚委任统治的权力。意大利遂与希腊单独签订了瓜分阿尔巴尼亚的密约，结果引起阿尔巴尼亚的强烈反对并爆发了反抗意大利的武装斗争。1920 年 8 月 2 日，地拉那与罗马签订了协议，规定意大利必须在一个月内将它在阿

---

① 转引自朱庭光主编《法西斯体制研究》，第 326 页。
② 〔美〕爱·麦·伯恩斯：《当代世界政治理论》，商务印书馆，1990，第 437 页。
③ 转引自朱庭光主编《法西斯新论》，第 91 页。
④ 转引自朱庭光主编《法西斯体制研究》，第 327 页。

尔巴尼亚各地的驻军撤出，放弃吞并发罗拉的要求，尊重阿尔巴尼亚的独立和领土完整。但是，由于阿尔巴尼亚与南斯拉夫和希腊的领土争端问题仍未解决，加之阿尔巴尼亚国内政治形势复杂多变，在南斯拉夫帮助下取得政权的索古政府，对南斯拉夫的依赖性越来越强，这引起了意大利法西斯政权的不安。所以，从1925年初意大利开始利用英、法在支持南斯拉夫问题上的矛盾向阿尔巴尼亚渗透。英国为了遏制法国利用与南斯拉夫的同盟关系改变列强在巴尔干半岛均势的行动，支持意大利向阿尔巴尼亚伸手，"英国是意大利同阿尔巴尼亚接近的牵线人。接近的第一步是给予意大利以建立阿尔巴尼亚国民银行（Banca Nazionale d'Albania）的租让权"。① 意大利资本的渗入，很快使这个没有本国货币、统一币制和正式信用机构的国家在经济上处于从属于意大利的境地。经济上的从属地位也必然导致政治上的依赖，前文提到的1926年11月27日意大利与阿尔巴尼亚签订的军事政治条约《意阿友好安全条约》，即是这种依赖性的产物。这一条约的签订，不仅使阿尔巴尼亚与南斯拉夫之间的关系急剧恶化，而且也使意大利与法国、南斯拉夫之间的关系陡然紧张起来。当时，法国为了加强其在巴尔干半岛和地中海地区的地位，在1926年先后与土耳其、罗马尼亚、南斯拉夫签订了条约。英国继法国之后也同土耳其签订了条约，而意大利也不甘落后地先后与罗马尼亚、匈牙利签订了条约。列强在巴尔干半岛的利益争夺通过广泛缔结条约的外交活动趋于白热化。1927年意大利又与阿尔巴尼亚签订了军事同盟条约，在军事上加强了对阿尔巴尼亚的控制。当时，"阿尔巴尼亚军队的武器和装备由罗马政府出钱购买，阿尔巴尼亚军队由意大利法西斯军官领导，意大利的军舰可以自由出入重要的海港发罗那（拉）"。② 意大利对阿尔巴尼亚的控制从经济、政治到军事已经取得了具有决定性的影响力。

---

① 〔阿〕克·弗拉舍里：《阿尔巴尼亚史纲》，第317页。
② 〔阿〕克·弗拉舍里：《阿尔巴尼亚史纲》，第325页。

当然，意大利的野心决不限于一个阿尔巴尼亚，事实上整个巴尔干半岛都在其扩张"生存空间"的视野当中。虽然直到1939年墨索里尼才明确宣称："在多瑙河流域和巴尔干地区将可能发生的一切，不可能不对意大利产生直接影响。"[1] 但是在此之前，意大利已经开始支持马其顿人在保加利亚、南斯拉夫和希腊的反抗活动，同时也支持克罗地亚反对塞尔维亚的"乌斯塔沙"运动。[2]

　　1929年被认为是两次世界大战之间的分界线。这一表现为东、西方经济完全相反的形势，对欧洲乃至世界的影响是重大的。已经成功地保卫了布尔什维克政权的苏联，在农业集体化和工业化政策的推动下，国民经济展现出欣欣向荣的迅速发展势头，"到1932年第一个五年计划结束时，苏联的工业产量已从世界的第五位上升到第二位"。[3] 当然，东方社会主义国家经济的迅速发展是相对西方资本主义国家的经济大萧条而言的。从1929年10月美国华尔街股市的崩溃所引发的经济危机，如同瘟疫一般在欧洲资本主义世界传播开来，西方世界的经济大萧条不仅引起了整个资本主义世界的极度恐慌，而且也使很多西方人开始认为社会主义必定要代替资本主义决非马克思主义的理想而是现实。经济大萧条所引发的一系列社会危机，一方面促使资本主义国家工人运动和殖民地国家反对帝国主义的斗争普遍发生，另一方面也使资产阶级对共产主义运动的镇压更加残酷，从而导致政治形势上的右转和极权，促使法西斯主义势力的发展。对于西方世界来说，起源于18世纪的资产阶级民主革命和在19世纪国家层次上民主制度的发展势头，出现了回潮。按照亨廷顿的说法，西方民主化进程的"第一次回潮始于1922年的向罗马进军和墨索里尼轻易废除意大利脆弱而且相当腐败的民主。再过十年后不久，立陶宛、波兰、拉脱维亚

---

① 转引自朱庭光主编《法西斯体制研究》，第327页。
② 〔英〕艾伦·帕尔默：《夹缝中的六国——维也纳会议以来的中东欧历史》，第259页。
③ 〔美〕斯塔夫里阿诺斯：《全球通史：1500年以后的世界》，第689页。

和爱沙尼亚的羽毛未满的民主制度也被军事政变所推翻。像南斯拉夫和保加利亚这样的国家就从来不知道什么是民主，于是，建立了更加严厉的独裁统治。希特勒在 1933 年夺权，终止了德国的民主，同时也意味着奥地利的民主在四年后的垮台以及最终在 1938 年结束捷克的民主。希腊的民主在 1915 年被全国分立派（the National Schism）搅得不得安宁，并最终在 1936 年被埋葬。葡萄牙屈服于 1926 年的军事政变，这场政变导致了漫长的萨拉查独裁。巴西和阿根廷在 1930 年也发生了军事接管。乌拉圭在 1933 年退回到了威权体制。1936 年的一次军事政变导致了内战和西班牙共和国在 1939 年的死亡。日本在 20 年代引入了新的和有限的民主，但最终在 30 年代初被军人统治所取代"。① 当然，类似的现象在中东欧地区也普遍存在，包括 1928 年阿尔巴尼亚恢复君主专制。西方资本主义经济大萧条导致民主主义、自由主义的衰落和极权主义、法西斯主义的兴起。从总体上而言，伴随着资本主义世界全球性的经济大萧条，右派势力可谓甚嚣尘上。有人将当时的右派势力划分为 3 类，即以恢复旧秩序的军人专制主义，以各种经济职业团体的所谓"组织化"民主取代个人式的自由主义民主政治的"统合主义"，以极端民族主义为依托的法西斯主义。而"经济的萧条使得法西斯主义变成世界性的运动，说得更正确一些，成为世界一大威胁"。因为"当时在国际上，为右派抬轿最卖力的，就是希特勒和墨索里尼"。②

德国作为第一次世界大战的战败国，是《凡尔赛条约》严厉惩治的国家。《凡尔赛条约》规定的德国领土的缩减、海外殖民地的丧失、巨额的战争赔款、军事力量的裁抑等一系列条款，对于战前桀骜不驯、崇尚军国主义的日耳曼民族来说不啻丧权辱国。过去享有较高社

---

① 〔美〕塞缪尔·亨廷顿：《第三波——20 世纪后期民主化浪潮》，上海三联书店，1998，第 17 页。

② 〔英〕艾瑞克·霍布斯鲍姆：《极端的年代》，第 155、165 页。

会地位和代表民族精神的大量军人，战后带着失败的耻辱成为社会的无业游民。德国人的民族自负心理和复仇主义愿望，推动着极端民族主义、种族主义思潮的社会性蔓延。他们要求改变现状的政治愿望，借助 1919 年魏玛政权建立初期的政局动荡和结社自由形势，各种政治团体和党派大量涌现，由慕尼黑机车厂工人于 1918 年 3 月建立的德意志工人党即其中之一。该党先后与一些独立工人委员会、种族主义团体合并同时于 1919 年宣布了其政治主张，宣称这是一个由脑力和体力劳动者组成的社会主义组织，只能由德意志领袖人物领导，把民族的需要作为最高纲领，同时鼓吹反对马克思主义、国际主义和犹太人等。同年 9 月，希特勒加入该党并立即对党的名称、组织和纲领着手进行改造。1920 年 2 月 24 日，希特勒宣布该党改为"民族社会主义德意志工人党"，发表了 25 点纲领，明确提出所有德意志人在民族自决原则基础上联合为一个大德意志帝国，废除《凡尔赛条约》和《圣日耳曼条约》，要求得到领土（包括殖民地）来养活德意志人，只有日耳曼血统才能成为公民，要迫使 1914 年以来迁入德国的非德意志人立即离开德国，反对国内外的犹太人，建立德国强大的中央集权体制的绝对权威，等等。[1] 如果说 18 世纪以赫尔德为先驱的德意志文化民族主义所激发和培植的德意志独特的民族精神，推动了分裂的普鲁士实现了帝国的统一，那么 20 世纪希特勒以极端民族主义、种族主义、军国主义、暴力主义等一系列非理性的理论所缔造的纳粹法西斯主义，正在成为构建第三帝国的精神动力。希特勒在宣布其纲领的同时，还确立了以纳粹标志、褐色衫、抬臂礼等一些象征纳粹党徒凝聚力的符号，来体现其法西斯主义的精神。1921 年希特勒建立自己的武装——冲锋队，并且开始了夺取政权的活动。1923 年希特勒在发动"向柏林进军"的暴动中被捕，他在监狱中完成了《我的奋斗》

---

① 朱庭光主编《法西斯新论》，第 108 页。

一书。在这本书中，希特勒系统地阐述了他的法西斯主义政治纲领，其主要之点包括：废除《凡尔赛条约》和《圣日耳曼条约》，重振德国的强国地位；鼓吹种族优劣论，宣扬大日耳曼民族拥有高贵的血统，是最优种族，犹太人和斯拉夫人是劣等民族；建立所有德意志人的帝国，反对马克思主义和议会民主，主张实行元首独裁统治；要为大日耳曼民族夺取"生存空间"，向东方扩张；鼓吹战争，宣扬只有通过战争才能实现扩张和霸权；等等。① 《我的奋斗》也因此成为法西斯纳粹党人的"圣经"。

1924 年 12 月希特勒出狱后，重整旗鼓、改变策略，开始向大资产阶级靠拢谋求通过议会选举夺取政权。1929 年经济危机爆发后，纳粹党又利用失业、破产、通货膨胀等一系列社会问题进行鼓动宣传，在继续宣扬民族主义的同时将德国的经济危机归咎于《凡尔赛条约》和犹太人高利贷者以及奸商，提出废除不劳所获和"利息奴役制"，主张所有托拉斯国有化、对大企业实行分红制等，以迎合中小资产者和平民利益的强烈不满和变革愿望。结果在 1930 年 9 月的选举中纳粹党获得了 107 个席位，成为议会中的第二大党。在 1932 年的选举中，纳粹党大获全胜，席位增加到 230 席，成为第一大党。这时，希特勒向兴登堡总统提出完全行政权的要求。对此，希特勒向兴登堡解释说："我就是要求得到与墨索里尼在进军罗马后所行使的同样权力。"② 1933 年 1 月 30 日，希特勒成为由民族党人和纳粹党人组成的联合内阁的总理。1934 年 8 月兴登堡去世，希特勒将总统和总理的权力集于一身登上了元首的宝座，希特勒独裁的法西斯政治体制由此确立。

德国的再度崛起，虽然对仍在经济大萧条旋涡中挣扎的欧洲各国产生了巨大的震动。但是，希特勒宣称反对共产主义和在德国对共产党实行残酷镇压的措施，又获得视共产主义运动为"洪水猛兽"的

---

① 朱庭光主编《法西斯新论》，第 126 页。
② 转引自〔美〕斯塔夫里阿诺斯《全球通史：1500 年以后的世界》，第 703 页。

美、英、法等列强国家的赞赏。它们虽然对德国的重振有所顾忌，但是对共产主义的更大恐惧和仇视使它们宁愿看到一个新的反共堡垒的出现。所以，美、英国家为了支持这一反共堡垒公然自行违背《凡尔赛条约》对德国军备的限制，开始帮助德国发展军事工业。美、英国家的大财团纷纷向德国提供军火，提供财政支持，仅 1934 年到 1935 年期间，德国就从美国获得了数百台一流的航空发动机。[①] 这些第一次世界大战时的协约战胜国开始重新武装它们的敌人。这对一直把废除《凡尔赛条约》作为纳粹党政纲主要奋斗目标的希特勒来说，简直是天赐良机。所以，他一方面迎合这些列强的反共心态以得到昔日对手的支持，另一方面在宣扬"和平"的幌子下积极开展外交活动，通过对外签订国际条约和协定来麻痹那些已列为德国即将吞并名单的国家。然而，德国为发动侵略战争的暗中准备却紧锣密鼓地进行。例如，纳粹党设立的外事局，其基本任务是将侨居国外的 1200 万德意志人组成一支纳粹地下军，在他们所侨居的国家进行破坏活动。当时，在东欧地区引起反响的是捷克斯洛伐克和波兰，因为这两个国家已经受到来自国内德意志少数民族纳粹活动的威胁和困扰。对此，波兰反应最为强烈。1933 年曾两次敦促其法国盟友支持它对德国采取军事行动。但是，法国当时却正在根据意大利提出的建立意、英、法、德"四国公约"而权衡利弊。它不仅拒绝了波兰的要求，而且力阻波兰的计划，结果"一场反对纳粹政府的预防性战争的机会从此错过，一去不返"。[②] 德国为此主动向波兰示好，1934 年同波兰签订了为期10 年的互不侵犯条约。同年，德国先后与匈牙利、南斯拉夫签订了经贸方面的合作条约。希特勒为了在巴尔干半岛同法国和意大利竞争，不惜以"屈尊俯就的口吻谈到塞尔维亚人的尚武品质"。而他与匈牙利和南斯拉夫签订的条约，事实上"具有超过其实际商业内容的政治

---

① 〔苏〕维戈兹基等编《外交史》第 3 卷下，第 788 页。
② 〔英〕艾伦·帕尔默：《夹缝中的六国——维也纳会议以来的中东欧历史》，第 263 页。

意义"。根据德国外交文献的记载,"其目的是在匈牙利和南斯拉夫建立支持德国在多瑙河地区的政策的两个据点,最重要的是抵销法国和意大利在该地区针对德国的政策"。① 1935 年,德国与保加利亚、罗马尼亚签订了同类条约。德国在巴尔干半岛的地位,随着这种经济活动的开展而不断加强。到第二次世界大战开始时,南斯拉夫半数以上的出口商品输往德国,而德国的货物也占到南斯拉夫进口总量的半数以上。

在希特勒问鼎德国政权之际,1931 年日本帝国主义在中国的东北地区制造了"九一八"事变。日本在军国主义的鼓动下,也走上了法西斯主义的对外扩张之路。东西方法西斯主义开始形成遥相呼应之势。同时,德国和意大利法西斯主义在中东欧地区的影响,也在激发一些国家出现法西斯主义运动。除了这些国家中德意志人的纳粹运动外,罗马尼亚的铁卫军,匈牙利的箭十字团,克罗地亚的"乌斯塔沙",都受到鼓舞和发展。一些模仿纳粹的组织也不断出现,在塞尔维亚还出现了一个小的纳粹团体和模仿纳粹的"南斯拉夫激进联盟",他们使用法西斯式的敬礼,穿剪裁为传统右翼式样的绿色衬衫。② 法西斯主义的氛围正在中东欧地区弥漫,希特勒与墨索里尼的对外扩张战争蓄势待发。

第二节　肢解南斯拉夫国家

20 世纪 30 年代初的巴尔干半岛,随着经济大萧条的冲击和意大利、德国法西斯的崛起,形势变得十分复杂。一种危机到来前的不安

① 〔英〕艾伦·帕尔默:《夹缝中的六国——维也纳会议以来的中东欧历史》,第 265、268 页。
② 〔英〕艾伦·帕尔默:《夹缝中的六国——维也纳会议以来的中东欧历史》,第 276—278 页;〔英〕艾瑞克·霍布斯鲍姆:《极端的年代》,第 168 页。

与骚动，正在巴尔干半岛各国中蔓延。而意大利、法国、德国和英国在巴尔干半岛的竞争活动，以及巴尔干半岛各国内部的政局动荡和利益重组使这些国家特别关注自身安全问题。过去的"小协约国"已经随着利益格局的变化而趋向于解体，新的组合对于日益临近的法西斯主义侵略战争又显得不堪一击。

从1929年末开始，中东欧地区的经济危机以农业生产的普遍衰退为特征而引起了一片恐慌。因为农业的危机立刻冲击了城市工业，失业问题凸显。在这种形势下，中东欧国家试图排除以往的民族排外主义来进行合作以求共渡难关。法国企图利用这一机会建立多瑙河关税联盟来将中东欧地区置于自己的控制之下，而一直在与法国竞争的意大利及其随从国则激烈反对，德国在坚持与奥地利密切的经济关系基础上也要求加入中东欧地区的竞争并站在意大利一边。在这种大国左右之下的"经济利益"斗争过程中，中东欧国家内部的经济危机却不断转化为与外国势力密切相关的政治危机。捷克斯洛伐克苏台德地区的德意志人，在希特勒纳粹思想的鼓动下展开了收复领土的活动；南斯拉夫克罗地亚的"乌斯塔沙"运动在得到意大利支持的同时，又得到匈牙利支持，匈牙利甚至在其国内西南部的扬卡普茨塔建立了一个恐怖分子训练中心；克罗地亚"乌斯塔沙"与保加利亚及马其顿的内部革命组织在反对塞尔维亚问题上达成谅解，试图通过联合开展恐怖活动以便把克罗地亚和马其顿从塞尔维亚统治下解放出来。1932年6月，"乌斯塔沙"曾试图利用驻守在达尔马提亚的军队哗变而发动起义，宣布成立克罗地亚国。这一计划得到墨索里尼的支持，即起义成功意大利将立即予以承认；罗马尼亚的铁卫军已成为实力最强的政治集团，其暴力活动甚嚣尘上；而各国对共产党等反对派的镇压也达到近乎疯狂的地步。[1] 仅1932年1—9月，南斯拉夫就有82批共产党

---

[1] 〔英〕艾伦·帕尔默：《夹缝中的六国——维也纳会议以来的中东欧历史》，第258—261页。

人被送交国家保卫法院审判。① 经济危机和政治动荡以及意大利、德国的法西斯主义及其对其他国家的影响，使处于内外交困且利益相关的巴尔干半岛各国开始寻求政治上的合作与集体安全。

1933 年，罗马尼亚开始在东南欧展开游说活动，希望能够签订互不侵犯条约和保证各国边界的内容广泛的条约。1934 年 2 月，南斯拉夫、罗马尼亚、希腊和土耳其签订了巴尔干条约。条约规定保证四国在巴尔干的边界，保证签字国在对其他巴尔干国家采取行动前必须互相磋商。年底，这四个国家建立了协约国关系，设立了常设理事会。"巴尔干协约国"的建立，是巴尔干国家之间在第一次世界大战以后独立处理巴尔干半岛事务的一个标志，至少它是在抛开当时在巴尔干半岛角逐的法国和意大利的影响。与此同时，南斯拉夫也在与保加利亚缓和关系，并向德国靠拢以摆脱对法国的依赖，而这正是德国所需要的。德国和南斯拉夫签订商贸协定正是在这样的背景下出现的。为了取得法国人的谅解，南斯拉夫国王亚历山大于 1934 年 10 月应邀对法国进行了访问。然而，亚历山大国王在马赛被马其顿的枪手刺杀身亡。对这一事件背景说法很多，其中涉及意大利背景、德国背景和匈牙利背景等，即利用马其顿内部革命组织和"乌斯塔沙"的反抗塞尔维亚激情来达到破坏南斯拉夫与法国关系的目的。当时亚历山大的继承人只有 11 岁，亚历山大的堂兄帕夫莱亲王主持摄政委员会辅佐朝政。帕夫莱亲王主持朝政以后，最显著的事务之一就是试图弥合塞尔维亚与克罗地亚的裂痕。

同样，对于法国等国家来说，德国法西斯的威胁已显而易见，特别是德国 1933 年 10 月退出国联后在中东欧地区不断扩大其影响的情况下，国际势力的重新组合也加快了步伐。1935 年 5 月，法国与苏联缔结了互助条约。随后，直接受到来自苏台德及其德国法西斯后盾威

---

① 〔南〕伊万·博日奇等：《南斯拉夫史》下册，第 621 页。

胁的捷克斯洛伐克也与苏联缔结了类似的条约。同时，苏联与罗马尼亚达成谅解，即罗马尼亚允许在捷克斯洛伐克遭到侵略时苏联红军通过它的领土去帮助捷克斯洛伐克。1935 年 10 月，意大利发动了侵略埃塞俄比亚的战争。1936 年 3 月，希特勒以法苏条约对德国有潜在威胁为由，进占莱茵河中部。法国与它的东方盟国之间陡然出现了一道隔离带。同时，德国的武装正在迅速发展，并与意大利签订了条约，建立起柏林-罗马轴心国。这一形势使"小协约国"也不得不装腔作势地恢复了协约国为它们规定的职责。捷克斯洛伐克、罗马尼亚和南斯拉夫商定了应变的计划，一旦奥地利出现哈布斯堡家族复辟的局势，捷克斯洛伐克和南斯拉夫军队将分路向维也纳进军，罗马尼亚则监视匈牙利的动向。① 事实上，"小协约国"在当时的形势下已经"人各有志"了，罗马尼亚和南斯拉夫更忠于"巴尔干协约国"的利益，而且都希望同德国达成谅解。所以，"小协约国"纸上谈兵的军事计划不过是它解体前的一场闹剧而已。几乎与此同时，由于西班牙内战的爆发，希特勒政府以保护德国侨民为由公然调遣军队支持西班牙佛朗哥法西斯主义，意大利也紧随其后。而美、英、法对德国的这一战争行动则不加反对，因为它们宁愿让法西斯战胜西班牙的共产党势力。在这种情况下苏联开始援助西班牙共和政府，来自世界各地 45 个国家的成千上万的共产主义者和反法西斯主义者组成的国际纵队在西班牙同法西斯主义展开了艰苦卓绝的斗争。

1937 年 1 月，南斯拉夫与保加利亚签订了条约，宣称两国之间存在着"不可分割的和平和真诚而永久的友谊"。3 月，南斯拉夫与意大利签订了条约，声明双方不以武力解决分歧，尊重边界，不得在各自的国土上策划针对对方的恐怖主义阴谋，双方致力于维护阿尔巴尼亚现政权，等等。而罗马尼亚为了与德国接近，改变了先期同苏联达

---

① 〔英〕艾伦·帕尔默：《夹缝中的六国——维也纳会议以来的中东欧历史》，第 272 页。

成的谅解，通知苏联在任何情况下都不允许红军通过罗马尼亚国土，"小协约国"中的捷克斯洛伐克陷于孤立的境地。为此，捷克斯洛伐克也不得不以改变"亲苏"的对外政策来求得德国对其领土完整的保证。当然，对于羽翼丰满、全副武装的第三帝国来说，任何交易除了对它发动侵略战争的时间有所影响外，对改变战争发生的必然性毫无意义。如坐针毡的捷克斯洛伐克开始做最后的努力，它极力争取把奥地利、匈牙利和"小协约国"拉在一起建立一个"多瑙河条约"组织。然而，匈牙利正在等待希特勒同意在战争爆发后实现其对斯洛伐克和罗塞尼亚的领土要求。奥地利则正受到希特勒在法西斯"圣经"开篇上所说的"德属奥地利必须回到伟大的德意志母国"① 的现实威胁。1938 年 3 月 18 日，德国正式吞并了奥地利，19 日希特勒趾高气扬地在一片法西斯主义的欢呼声中回到他的出生地。德国法西斯在庆祝了吞并奥地利的胜利之后，立刻把矛头指向了捷克斯洛伐克。由苏台德问题引发的捷克斯洛伐克危机，促成了 1938 年 9 月 28 日由英、法、德、意四国参加的慕尼黑会议。在这次会议上，英、法国家对希特勒以民族自决的原则吞并苏台德地区的要求，以及由德国提出的波兰、匈牙利对捷克斯洛伐克的领土要求，给予了认可或默许。它们认为满足希特勒对苏台德的要求可以避免战争，为此它们向捷克斯洛伐克施加压力，促其向德国作出让步。同时，它们向捷克斯洛伐克保证维护捷、德新边界的安全。这就是现代国际外交史当中臭名昭著的绥靖政策。希特勒为此而宣布的这是德国不得不向欧洲提出的最后的领土要求，成为英国首相张伯伦向民众宣布和平时代到来的理由。然而，英、法国家的绥靖政策为德国法西斯的侵略战争打开了肆无忌惮的闸门。

1938 年 12 月，当捷克斯洛伐克已经成为绥靖政策的牺牲品时，

---

① 转引自〔美〕斯塔夫里阿诺斯《全球通史：1500 年以后的世界》，第 734 页。

南斯拉夫王国举行了大选。当时的中东欧形势，特别是由于捷克斯洛伐克国内民族问题而导致德国利用民族自决原则公然吞并苏台德的行径，迫使南斯拉夫统治集团下决心解决克罗地亚问题。而克罗地亚农民民主联盟在大选中所得到的支持率也促使主持摄政委员会的帕夫莱亲王决定向克罗地亚让步。1939 年 8 月 26 日，在经过南斯拉夫王国政府首相与农民民主联盟领导人马切克长期的谈判后，达成了解决克罗地亚问题的"斯波拉宗"协议。根据这一协议，成立了一个新的巴昂区，即克罗地亚巴昂区。该区人口 440 万，占南斯拉夫全国人口 1400 万的 35％。其中克罗地亚人占 74％，塞尔维亚人为 86.6 万人，信仰伊斯兰教的穆斯林 16.4 万人。在这个克罗地亚巴昂区，由国王任命的巴昂恢复了萨格勒布议会，巴昂统治也恢复了历史上的传统权力和地位。[①] 一直在追求联邦制的克罗地亚反对党，虽然没有达到这一目的，但是毕竟获得了克罗地亚人的高度自治权。新建的克罗地亚巴昂区包括了沿海巴昂区、萨瓦巴昂区、杜布罗夫尼克、伊洛克、希德、布尔奇科、格拉达查茨、特拉夫尼克和福伊尼察等县。[②] 当然，这一协议没有考虑其他民族的分权自治要求。

在南斯拉夫王国的国家体制发生上述变化的过程中，德、意法西斯在欧洲的侵略战争事实上已经打响。1939 年 3 月 15 日，德国军队开进了布拉格，捷克灭亡，斯洛伐克成立了听命于希特勒的傀儡政府；随后，德国人强迫立陶宛交出了梅梅尔市，同时向站在轴心国一边并从捷克斯洛伐克获得领土的波兰提出了但泽和波兰走廊问题。4 月 7 日，意大利占领了阿尔巴尼亚。在此之后，德国在大战前的外交准备和英、法等国一样频繁。德国利用了英、法在同苏联结盟问题上的犹豫，在 1939 年 8 月 23 日签订了苏德互不侵犯条约。9 月 1 日，德国军队向波兰发起了闪电般的进攻。随后，英、法向德国宣战，第

---

① 〔英〕斯蒂芬·克利索德：《南斯拉夫简史》，第 314 页。
② 〔南〕伊万·博日奇等：《南斯拉夫史》下册，第 630 页。

二次世界大战爆发。需要指出的是，在苏、德签订互不侵犯条约时，双方还达成了秘密条款。即苏联可以自由地处理芬兰、爱沙尼亚、波兰东部和比萨拉比亚，德国人则拥有处理立陶宛和纳雷夫河、桑河、维斯杜拉河以西波兰领土的权力，苏联和德国这两个死敌达成了波兰第五次被瓜分的协议。所以，当希特勒对波兰发动侵略战争后，9月16日苏联红军开始侵入波兰。按照与德国达成的协议，波兰东部并入了苏联的乌克兰和白俄罗斯。随后，斯大林对立陶宛、芬兰提出了领土要求，并于11月30日入侵芬兰。同年12月，国联将苏联开除。[①]今天无论人们如何评价苏德互不侵犯条约，实际上已经没有什么意义了。但是，苏联社会主义国家与德国法西斯主义国家达成共同瓜分波兰等国的密约，对于人们认识苏联社会主义失败的原因却是意义重大的。如果说，1918年列宁为了维护新生苏维埃政权的生存同德意志帝国签订了布列斯特和约，并"为公正和民主地解决民族问题，在各国人民之间实行崭新的原则方面作出了榜样"而承认芬兰独立;[②] 那么，1939年斯大林与希特勒达成互不侵犯条约以避免苏联遭受侵略也是为了保卫社会主义国家的安全。但是，苏联像历史上沙俄帝国时期与其他列强多次瓜分波兰一样又和德国共同分享这块土地却是为什么？入侵芬兰又是为了什么？是为了洗刷苏维埃政权处于草创之际面对强敌而不得不签订布列斯特和约的屈辱吗？还是因为西方资本主义世界在经济危机冲击下一蹶不振而苏联社会主义事业蒸蒸日上来趁势推动社会主义取代资本主义的进程？事实上，当时的苏联已经在内政和外交方面开始偏离列宁倡导的社会主义道路而向沙俄帝国回归，它恢复昔日沙俄帝国依靠强权扩张攫取的领土范围，是苏联对外政策显露霸权主义的开端。当然，这与德国大举入侵苏联之后，苏联各民族人民在斯大林领导下展开的20世纪最辉煌、最伟大的卫国战争事业及其对

---

① 〔英〕艾伦·帕尔默：《夹缝中的六国——维也纳会议以来的中东欧历史》，第303页。
② 〔苏〕维戈兹基等编《外交史》第3卷上，第146页。

全世界反法西斯主义运动产生的具有决定性影响的作用是完全不同的两个问题。

　　继波兰消失之后，希特勒在安抚了东边的宿敌之后便开始在西线大举进攻，而中东欧一些国家出于对苏联侵略扩张的忧虑而纷纷投向第三帝国的阵营。南斯拉夫计划向德国出售它们所生产的全部铜和几乎全部的铅、锌，以换取德国的飞机和大炮；罗马尼亚的石油和农产品对德国的吸引力更大，为此罗马尼亚不惜通过对德国在经济上采取最广泛让步来得到希特勒的保护。1940年希特勒的法西斯军队在西线取得长足进展的同时，苏联红军已将波罗的海三国纳入了苏维埃政权的统治之下，成为苏联新的加盟共和国。同时，苏联对罗马尼亚提出比萨拉比亚和布科维纳的领土要求。6月下旬，苏联红军进驻普鲁特河与多瑙河。匈牙利对匈牙利人占多数的罗马尼亚特兰西瓦尼亚的领土要求，保加利亚对保加利亚人占多数的罗马尼亚南多布罗加的领土要求也趁机得以实现。罗马尼亚因先后失去比萨拉比亚、布科维纳、半个特兰西瓦尼亚和整个南多布罗加领土，引起了国内以铁卫军为代表的极右势力的强烈反应，罗马尼亚的政权也因此落入了以法西斯铁卫军为镇压工具的扬·安东内斯库军人独裁统治者手中。被列为德国东方战线的中东欧地区形势的变化，主要因苏联势力的扩张，迫使希特勒调集军队控制东部地区的形势。1940年秋，德国、意大利和日本签订了"三国公约"，随后德国开始迫使其附庸国加入这个公约，匈牙利、斯洛伐克、罗马尼亚以及保加利亚先后成为法西斯轴心国的成员。到1941年3月2日德国军队进驻保加利亚为止，"两次大战之间中东欧六个独立国家中，只剩下南斯拉夫尚未被德国潮淹没"。[①] 在巴尔干半岛范围内，除了南斯拉夫力求保持中立外，还有希腊在英国的支持下同意大利法西斯进行抗争。

----

　　① 〔英〕艾伦·帕尔默：《夹缝中的六国——维也纳会议以来的中东欧历史》，第307页。

到 1941 年 3 月初，包括巴尔干半岛在内的整个中东欧地区的国家，不是划入苏联就是在第三帝国版图中消失，即便保留国家名义的匈牙利、斯洛伐克、罗马尼亚、保加利亚也只是作为希特勒第三帝国的附庸而听从调遣。处于这种形势下的南斯拉夫，试图游离于战争之外的幻想，一方面受到德国力图将其纳入轴心国范围的军事威胁和领土利诱的"规劝"，另一方面南斯拉夫统治集团内部的亲西方势力仍不甘心"背叛"西方的盟友而投身法西斯的怀抱。1940 年 10 月 28 日，意大利对希腊发动了侵略战争，但是受到希腊军队的顽强抵抗和乘胜反攻。英国在经济、海军和空军方面的支持使希腊军队不仅打退了意大利的来犯之敌，而且试图乘机收复一直与阿尔巴尼亚有争议的领土。这使希腊军队在越界反击中先后占领了阿尔巴尼亚南部的若干重镇，这些地区有众多的操希腊语，信奉东正教的居民。[1] 意大利在入侵希腊的战争中受挫和 1941 年初英国陆军在希腊登陆，进一步促使希特勒坚定了在发动对苏联侵略战争之前，彻底解决即将开辟的东部战线的南翼安全问题，即对巴尔干半岛的完全占领的决心。所以，当 1941 年 3 月初保加利亚加入轴心国条约和德国军队通过匈牙利进驻罗马尼亚、保加利亚之后，南斯拉夫已完全陷于法西斯轴心国势力的包围之中，在这种形势下继续保持亲西方的政策或维持中立态度，已经是不可能了。在德国人的最后通牒威逼下，南斯拉夫政府遂于 3 月 25 日签署了加入轴心国的文件。德、意法西斯作为回报，答应战后将萨洛尼卡划归南斯拉夫，尽管在保加利亚加入时萨洛尼卡已经作为对保加利亚的报酬而支付过一次了。[2] 南斯拉夫的这一选择，立刻在国内引起巨大的反响，在塞尔维亚、黑山、斯洛文尼亚、波斯尼亚和黑塞哥维那、克罗地亚和马其顿地区相继爆发了抗议和示威，南斯拉夫共产党多次发表宣言，谴责政府出卖国家独立的罪行，要求与苏

---

① 〔英〕休特利等：《希腊简史》，商务印书馆，1974，第 235 页。
② 〔南〕伊万·博日奇等：《南斯拉夫史》下册，第 653 页。

联缔结互助条约等。军队中的不满情绪也在滋长，反对政府奉行轴心国政策。3月27日，南斯拉夫爆发了军事政变，茨韦特科维奇-马切克联合政府被推翻，帕夫莱亲王主持的摄政委员会被推翻，王位继承人佩塔尔登基，组成了以杜尚·西莫维奇为首的新政府，几乎所有的政党都加入了这一政府，马切克也被任命为副首相。

被西方传媒宣传为"划破沉沉夜空的闪电"的贝尔格莱德政变，并没有改变南斯拉夫处于德国、意大利、保加利亚、罗马尼亚、匈牙利的轴心国势力的包围。英国的鼓励和美国的支持，也不过是远水解不了近渴。南斯拉夫在这种情况下究竟应该做什么？西莫维奇政府除了决定特赦政治犯外，没有实行全国军事总动员，没有动用军队南下打击意大利从而与自己的巴尔干老盟友希腊北上的军队连成一气。即便是特赦政治犯，在相对独立的克罗地亚巴昂区也未得到执行，拘押在克罗地亚监狱和集中营中的共产党人和左翼人士后来都被转交给德国人和"乌斯塔沙"处置了。南斯拉夫发生的这一变故，使希特勒原定的入侵希腊以解救正在败退的意大利军队的巴尔干战争计划修改为对南斯拉夫、希腊的全面征服。

1941年4月5日，由于巴尔干半岛局势的变化，苏联与南斯拉夫在经过谈判后在莫斯科签订了友好和互不侵犯条约。条约中规定了如果缔约的一方遭到第三国进攻时，缔约的另一方必须对它奉行友好政策等。① 苏南友好和互不侵犯条约的签订，对南斯拉夫政府和人民来说至少是得到了一种精神上的宽慰。所以，我们可以想象贝尔格莱德当天夜晚的祥和与安宁。然而，6日凌晨，在贝尔格莱德晨曦余光逐渐消散的天空中，显露出一片片密集的机群，当人们刚刚听到空中传来的德国斯图卡俯冲轰炸机的轰鸣声时，成千上万的炸弹已经开始此起彼伏地爆炸开来。德国人对南斯拉夫不宣而战。从4月8日开始，

---

① 〔苏〕戈尼昂斯基等编《外交史》第4卷上，三联书店，1980，第186页。

德国第十二军团从保加利亚西进，直取斯科普里，装甲纵队南下萨洛尼卡指向希腊腹地；两个德国师和一个保加利亚师向尼什和贝尔格莱德挺进；德国第二军从南奥地利进入斯洛文尼亚，从匈牙利进入克罗地亚；意大利、匈牙利的军队也从不同方向越过南斯拉夫边界。4月13日，德国军队接管了贝尔格莱德，这是又一次闪电般的进攻。对于骁勇善战、不畏强暴的南斯拉夫军民来说，在一千多年反抗外来侵略和奴役统治的英勇斗争史中，这是一次毫无抵抗的战争。当时，南斯拉夫拥有28个步兵师和3个骑兵师，可以说是巴尔干半岛国家中军事力量最强大的国家。然而，面对来自四面八方的法西斯侵略军，只有5个步兵师和两个骑兵师参加了战斗，而且这些战斗没有在巴尔干半岛或南斯拉夫战争史上留下任何可歌可泣的情节。可以说，南斯拉夫军队处于毫无斗志的状态，所以这场反侵略战争才出现了"德军战死疆场的不足170人，却有250万南斯拉夫士兵进了俘虏营"的可悲而又令人费解的现象。①

当然，南斯拉夫基本上是不战而败，与其国内的状况是直接相关的。战争爆发后，讲德语的南斯拉夫少数民族立刻得到境外法西斯势力的武装，他们抢占和攻克了南军后方的军事要冲和桥梁等交通设施；一直谋求从南斯拉夫独立出来的克罗地亚，三个克罗地亚团几乎一枪未放便溃散逃逸，有些则反戈一击向塞尔维亚军队开战。克罗地亚的"乌斯塔沙"假德国人之威，4月10日便在德国军队占领的萨格勒布宣布克罗地亚自由独立国成立。而政变上台后的新政府毫无作为的软弱使军队的抵抗变得不堪一击。希特勒入侵南斯拉夫后，根据苏南友好和互不侵犯条约，苏联向希特勒发出警告。但是，希特勒占领巴尔干半岛恰恰是为实施侵略苏联的"巴巴罗萨"计划做准备，所

---

① 〔英〕艾伦·帕尔默：《夹缝中的六国——维也纳会议以来的中东欧历史》，第313页。又据〔南〕伊万·博日奇等《南斯拉夫史》下册第656页载，南军被俘人数为337864名士兵和6298名军官。

以对苏联的警告根本不予理睬。而苏联与南斯拉夫之间为轴心国势力
所隔绝，任何对南斯拉夫的支持都鞭长莫及。南斯拉夫正是在这种内
外交困的状态下被灭国的，希腊当然也不可避免地遭受同样命运。虽
然德国法西斯及其同盟军在侵略南斯拉夫过程中没有受到有效的抵
抗，但是这并没有降低战争的残酷性。希特勒在下令向南斯拉夫发动
攻击时，命令对贝尔格莱德进行日夜不停的轰炸，这一以"惩罚"为
代号的军事行动，造成了贝尔格莱德城市大部分被摧毁。德国人要
"惩罚"南斯拉夫，所以他们的轰炸是肆无忌惮的，"不放过任何东
西：住宅、医院、教堂、学校和图书馆——全都是目标"。[1] 许多文化
古迹毁于一旦，国民图书馆中珍贵的图书（包括古老的手稿）葬身火
海，在轰炸中丧命的平民百姓在几天内达数千人，生者"总共埋葬了
死于轰炸的四千八百九十一人"，[2] 而伤者难以尽数。当然，在希特勒
占领南斯拉夫期间，对南斯拉夫人的"惩罚"则更加严酷。

　　1941年4月底，希特勒下令肢解南斯拉夫。德国兼并了斯洛文尼
亚北部的戈雷尼斯卡和什塔耶尔，南部归意大利所有并成立了卢布尔
雅那省；墨索里尼还得到黑山、绝大部分科索沃地区和斯普利特以南
的达尔马提亚海岸；匈牙利占据了半个伏伊伏丁那和克罗地亚西北部
的一小块土地；保加利亚占领了南斯拉夫马其顿部分的大部分地区；
"乌斯塔沙"领导的"克罗地亚独立国"则包括克罗地亚、斯拉沃尼
亚、斯雷姆、达尔马提亚的剩余部分以及波斯尼亚和黑塞哥维那；南
斯拉夫的其他地方和匈牙利与罗马尼亚争执不下的巴纳特地区统统置
于德国的控制之下。[3] 巴尔干半岛的国家重组，使巴尔干各国曾经谋
求的大民族国家得到了部分的实现，如"从奥赫里德湖直到黑海的大

---

① 〔南〕弗拉吉米尔·杰吉耶尔：《铁托传》，三联书店，1977，第145页。
② 〔南〕伊万·博日奇等：《南斯拉夫史》下册，第661页。
③ 〔南〕伊万·博日奇等：《南斯拉夫史》下册，第656—657页；〔英〕艾伦·帕尔
默：《夹缝中的六国——维也纳会议以来的中东欧历史》，第313—314页。

保加利亚",将科索沃、梅托希亚和马其顿西部的一部分划入阿尔巴尼亚而直接受到意大利保护的"大阿尔巴尼亚","乌斯塔沙"统治下的实现了部分目标的"大克罗地亚"。当然,在此之后,德国、意大利、保加利亚对南斯拉夫的领土瓜分随着战事的发展而又有所变化。无论如何,南斯拉夫国家事实上已经不复存在。

第三节　种族灭绝与民族仇杀

德国法西斯在第二次世界大战期间,除了对犹太人进行持续的、大规模的甚至是专业化的种族灭绝屠杀外,对战争俘虏的迫害也是骇人听闻的。其中,来自不同战场的不同民族的俘虏,在法西斯纳粹的集中营中被划分为不同的等级。例如第一类为荷兰人、卢森堡人、比利时的佛莱芒人、挪威人;第二类是盎格鲁-撒克逊人;第三类是法国人、比利时的瓦隆人;第四类是波兰人;第五类是南斯拉夫人;第六类是苏联人;第七类是意大利投降后被俘的意大利人。不难看出,这种分类既体现了德国法西斯种族主义的民族优劣观念,又反映了其政治上的敌对态度。至于1943年意大利投降后的被俘意大利人不过是被视为叛徒而划为最低等而已。南斯拉夫的俘虏中,德国占领军按照民族身份将俘虏划分为18类:塞尔维亚人、克罗地亚人、斯洛文尼亚人、当地德意志人、匈牙利人、吉卜赛人、犹太人、保加利亚人、青察尔人、黑山人、阿尔巴尼亚人、桑贾克人、达尔马提亚人、信仰东正教的克罗地亚人、意大利人、马其顿人、布涅瓦茨人和穆斯林。在这些俘虏中,除了塞尔维亚人、犹太人和一度包括的斯洛文尼亚人外,其他民族的俘虏在发表某种声明后都可以被释放回家。可见,这种所谓的类别划分基本上是以人口多少、种族优劣、政治或宗教的叛逆等因素来排列的,而对塞尔维亚和犹太人的特别惩罚,对前者是出于反抗性方面的考虑,对后者是出于整个排犹政策的需要。

　　德国法西斯在统治南斯拉夫时期，除了利用南斯拉夫军队进行对外侵略的战争外，南斯拉夫的矿产资源和劳动力都被纳入为德国战时经济服务的轨道。与此同时，希特勒通过暴力征服和纳粹恐怖，采取驱赶和逼迁的方式推行其种族灭绝政策，对南斯拉夫人实行"领土民族化"的人口归并，以便通过"分而治之"集中消灭那些已经确定要消灭的民族。希特勒"要求消灭现有的各族人民，以便使他们居住的领土能供德国人移民"。[①] 为此，希特勒在塞尔维亚制定建立以贝尔格莱德为首都的"欧根尼亚"德意志国家的计划，塞尔维亚人将被驱赶，巴纳特的德意志人将构成这里的主要居民。当时，对南斯拉夫各民族的驱赶和强迫迁徙十分普遍。1941 年 6 月 4 日在萨格勒布举行的会议上，德国在塞尔维亚和斯洛文尼亚占领当局的代表与"克罗地亚独立国"的代表决定，从德国人占领的斯洛文尼亚地区迁出 26 万斯洛文尼亚人，其中一部分迁到克罗地亚；从克罗地亚的斯雷姆和波斯尼亚将同样数量的塞尔维亚人迁往塞尔维亚；等等。这种人为逼迁的政策，目的是对塞尔维亚、斯洛文尼亚等民族进行归并和压缩式管理，从而一方面削弱这些民族尤其是塞尔维亚民族在南斯拉夫各地区的影响，另一方面对这些民族采取集中奴役和同化，踩躏和磨灭他们的民族性。在这种逼迁的同时，德国人还通过经济移民、强制招工和惩罚劳动等方式将很多人送到德国或其他国家为德国的战时经济充当劳动力。德国人的这种行动，使保加利亚、意大利的法西斯占领者也纷纷效法，以致在马其顿、科索沃和梅托希亚，许多塞尔维亚人、黑山人被驱赶。这也是造成这些地区塞尔维亚人数量急剧减少的重要原因。

　　德国法西斯的种族灭绝政策在推行"德意志化"方面也表现突出。如前所述，早在奥匈帝国时期，斯洛文尼亚地区的"日耳曼化"

----

　　① 〔南〕伊万·博日奇等：《南斯拉夫史》下册，第 663 页。

就已形成气候。德国占领南斯拉夫后，在一些地区继续推动"德意志化"。在驱赶和逼迁的过程中，德国人总是把塞尔维亚、斯洛文尼亚等民族的知识分子作为首要对象，这一方面是为了将这些民族精英阶层与其民族的民众隔离开来，从而降低这些民族的政治反抗性和削弱其民族独立意识；另一方面也是通过对这些民族的知识分子集中控制和迫害，来破坏这些民族的文化接续和传承。例如，他们确定逼迁的26万斯洛文尼亚人中，"首先是全部斯洛文尼亚人知识分子"。① 与此同时，德国法西斯有计划地毁坏南斯拉夫的文化古迹，掠夺文物和艺术品，毁坏各种带有民族印记的标志，焚烧那些他们不打算收藏的书籍，捣毁各民族的学校，改变地名、街道名等，大肆推动"德意志化"。意大利则在其占领的斯洛文尼亚等南斯拉夫地区推行"意大利化"。当然在阿尔巴尼亚也是如此，一方面进行全国性的法西斯主义灌输式教育，另一方面"强迫阿尔巴尼亚学校的教学计划和全国行政活动采用意大利语和接受意大利文化"。② 保加利亚将其吞并的南斯拉夫领土上的居民视为保加尔人，企图通过保加利亚化来解决民族的对立。在匈牙利占领的地区，实行与奥匈帝国时期曾经推行的同化措施"同样残忍的马扎尔化政策"，并在法西斯主义的叫嚣声中得到了强化。而划入意大利统治的"大阿尔巴尼亚"范围的科索沃地区，那里的阿尔巴尼亚人虽然受到意大利统治者的奴役统治，但是"他们无不欢迎这与塞尔维亚人算老账的机会"。③

当然，在德国法西斯征服和统治南斯拉夫各民族的过程中，为其种族灭绝政策服务的最阴毒险恶的招数，莫过于利用南斯拉夫各民族之间的历史积怨来实行"以夷治夷"的政策。而这正是上千年来帝国势力争夺巴尔干半岛和征服巴尔干半岛各民族所一贯使用的伎俩。就

---

① 〔南〕伊万·博日奇等：《南斯拉夫史》下册，第 667 页。
② 〔阿〕克·弗拉舍里：《阿尔巴尼亚史纲》，第 361 页。
③ 〔英〕斯蒂芬·克利索德主编《南斯拉夫简史》，第 329 页。

像当年奥斯曼苏丹发现对被他统治的各民族"轮流交替地表示优待乃是挑动巴尔干半岛上各民族互相仇视的一个理想办法"一样。① 挑起被统治民族之间的仇恨，是维护统治民族地位最有效的手段；而利用被统治民族之间的仇怨来唆使一个民族对另一个民族的仇杀，同样是实现统治民族种族灭绝政策的最有效手段。巴尔干半岛各民族之间的仇怨，正是历史上各个帝国统治者利用这种手段造成的。德国法西斯将种族主义推向令人发指的地步，也将南斯拉夫乃至巴尔干半岛的民族仇杀推向了前所未有的地步。希特勒在南斯拉夫的这一"民族工具"就是克罗地亚的"乌斯塔沙"法西斯傀儡政权。

在希特勒支持下建立的所谓"克罗地亚独立国"，是以克罗地亚极端民族主义势力为依托而融会了法西斯主义理论并采取暴力恐怖手段为特征的资产阶级反动政权。其反动性突出地表现在帮助德国法西斯主义推行种族灭绝政策方面。这是该政权从建立到覆灭的几年中唯一的"业绩"。"克罗地亚独立国"的国王虽然是意大利王室的斯波莱托大公，但是德国人在克罗地亚实行的治外法权却主宰着这个"国家"。"克罗地亚独立国"境内的德意志少数民族享有特权，基本不受这个"国家"的管辖。这个"国家"的直接统治者安特·帕维利奇，在奉迎德国法西斯主义和奉行种族主义方面可以说是相当"德意志化"的，甚至把自己归属的克罗地亚民族强拉硬拽地从血缘上与斯拉夫人割断而接续到属于古代日耳曼人的一支哥特人身上。② 为此，他表现出的"德国人"的种族主义，甚至超过了德国人本身。在克罗地亚，帕维利奇查禁了所有用基里尔字母印刷的书籍，宣布只存在克罗地亚语，并采取措施剔除克罗地亚语中的斯洛文尼亚语的影响，在萨格勒布更改了街道名称，发布了保护克罗地亚人的雅利安血统与文化的法令等。当然，从民族仇怨的角度

---

① 〔英〕休特利等：《希腊简史》，第182页。
② 〔南〕伊万·博日奇等：《南斯拉夫史》下册，第664页。

讲，"乌斯塔沙"政权最痛恨的是塞尔维亚人。从其政府发布的禁止"塞尔维亚人、犹太人、吉卜赛人和狗"进入萨格勒布市各个公园的命令，[1] 不难看出他们对塞尔维亚人的仇恨和歧视程度。所以，1941年7月22日"克罗地亚独立国"政府的教育和宗教大臣米莱·布达克宣称："我们将干掉一部分塞尔维亚人，迁走一部分塞尔维亚人，而对于剩下的塞尔维亚人，则强迫他们接受罗马天主教。这样一来，这一部分人就将被克罗地亚人同化。"[2] "乌斯塔沙"政权是这样说的，也是这样做的。除了前述对塞尔维亚等民族的驱赶和逼迁行动外，宗教方面的排斥也十分厉害。大量的东正教神甫被迫离开克罗地亚，据估计有20万克罗地亚的塞尔维亚人被迫放弃东正教而皈依天主教。"克罗地亚独立国"政府为了迫害塞尔维亚人，对波斯尼亚和黑塞哥维那的穆斯林群体则优加体恤，甚至在萨格勒布建了一座清真寺，这是因为"帕韦利奇把他们看成是反对犹太人和东正教徒的可靠同盟军"。[3]

第二次世界大战期间，发生在巴尔干半岛最残暴的种族灭绝屠杀不是德国或意大利这些法西斯侵略者直接进行的，而是克罗地亚的"乌斯塔沙"。对塞尔维亚人的屠杀，从"克罗地亚独立国"建立后就开始实施，后来愈演愈烈，以致这一民族仇杀惨祸成为第二次世界大战中巴尔干半岛最残酷的种族灭绝暴行，是有关巴尔干半岛或南斯拉夫历史研究中必定要涉及的内容。在这里仅引述有关克罗地亚"乌斯塔沙"杀害塞尔维亚人的几条记载："在巴尼亚的格利纳，有1260农民和市民被关进一座东正教教堂里，被杀害并被焚化。"[4] "整个村子里的人被赶到深坑前面，让他们一个一个地跳下去，男人和女人、母亲和孩子都一

---

① 〔南〕伊万·博日奇等：《南斯拉夫史》下册，第670页。
② 转引自〔南〕伊万·博日奇等《南斯拉夫史》下册，第670页。
③ 〔英〕艾伦·帕尔默：《夹缝中的六国——维也纳会议以来的中东欧历史》，第324页。
④ 〔南〕伊万·博日奇等：《南斯拉夫史》下册，第670页。

样。在别的地方，简单地用刀子把人们的喉咙割断。"① "在克罗地亚，特别组成的乌斯塔沙匪帮屠杀了成千上万的塞尔维亚男女老幼，其行为之残暴和灭绝人性，如果不是已被证实无疑，简直使人难以置信。"② "萨格勒布的帕维利奇政权冷酷地屠杀了大量的塞尔维亚人和犹太人。"③ "如今，他开始在克罗地亚全境以骇人的规模大搞恐怖活动以对付犹太人、塞尔维亚人。"④ "乌斯塔沙军队是新成立的克罗地亚王国的冲锋队。他们残酷地屠杀了成千成万的塞尔维亚人，后者唯一的罪状就是住在这个傀儡国家的境内。"⑤ "早在1941年7月9日，统率驻克罗地亚德军的老奥地利纳粹分子格拉斯·冯·霍尔斯特瑙将军，就曾为'乌斯塔沙'分子对塞尔维亚少数民族犯下的暴行向帕韦利奇提出抗议，以后又曾对这些'令人无法容忍的事件'提出另一些抗议。"⑥ 如果连法西斯德国的将军都对"乌斯塔沙"大肆虐杀塞尔维亚平民的种族灭绝行为提出抗议，可见其屠杀的规模之庞大、手段之残忍，那么，"乌斯塔沙"究竟杀害了多少塞尔维亚人呢？"有些作者断言，受害者达20万人，而另一些人估计，起码有60万人遇难。"⑦ 当然也有70万—80万人的更高估计，甚至上百万人的说法。⑧ 对此，我们应从人口方面的一些基本数字分析中作出判断。

有关人口统计的资料表明，1914年第一次世界大战爆发时，尚未实现统一的南斯拉夫地区的各民族人口总计约1078.9万，⑨ 其中塞尔维亚王国的塞尔维亚人为300万，黑山的塞尔维亚人25万（包括了

---

① 〔南〕弗拉吉米尔·杰吉耶尔：《铁托传》，第148页。
② 〔英〕菲利斯·奥蒂：《铁托传》，黑龙江人民出版社，1979，第231页。
③ 〔英〕莫瓦特编《新编剑桥世界近代史》第12卷，第662页。
④ 〔英〕斯蒂芬·克利索德主编《南斯拉夫简史》，第331页。
⑤ 〔美〕查尔斯·麦克维克：《铁托主义》，商务印书馆，1963，第47页。
⑥ 〔英〕艾伦·帕尔默：《夹缝中的六国——维也纳会议以来的中东欧历史》，第324页。
⑦ 〔南〕伊万·博日奇等：《南斯拉夫史》下册，第670页。
⑧ 〔克〕弗拉尼奥·图季曼：《历史真相的泥淖》，第15页。
⑨ 〔英〕斯蒂芬·克利索德主编《南斯拉夫简史》，第243页。

黑山人），波斯尼亚和黑塞哥维那的塞尔维亚人为82.5万，伏伊伏丁那的塞尔维亚人为38.2万，匈牙利统治的其他地区的塞尔维亚人7.9万，克罗地亚-斯拉沃尼亚的塞尔维亚人为65.4万，总计塞尔维亚人为519万，占总人口的50%强。如果粗略地把当时难以区分民族归属的达尔马提亚的61.1万塞尔维亚-克罗地亚人、滨海地区的17.1万塞尔维亚-克罗地亚人、的里雅斯特的2000塞尔维亚-克罗地亚人、伊斯的利亚16.8万塞尔维亚-克罗地亚人、阜姆的1.3万塞尔维亚-克罗地亚人总数的一半48.25万人算作塞尔维亚人，塞尔维亚人的总数约为567万，约占总人口的52.5%。作为对上述数据的旁证：据统计第一次世界大战期间塞尔维亚动员的兵员为70.5万人，占塞尔维亚总人口的20%，[1] 也就是说当时塞尔维亚的总人口为350余万。而同一资料来源表明：塞尔维亚的战斗人员死亡36.9万余人，平民死亡60多万，总人口的机械减少约100万。而黑山6.3万死亡人口占黑山25%的数字，与上述包括黑山人在内的25万黑山总人口几乎是一点不差的。这从一个方面对1914年的人口统计数字的准确性有所证明。

此外，从另一组数字来看：1918年建立的塞尔维亚-克罗地亚-斯洛文尼亚王国，总人口约1200万，其中按语言口径统计的人口中，讲塞尔维亚-克罗地亚语（包括了讲克罗地亚-塞尔维亚语）的人口为8911509，也就是塞尔维亚人、克罗地亚人和黑山人。同时按照宗教信仰区分，东正教人口为5593057，天主教人口为4708657。[2] 前者包括塞尔维亚人、黑山人和马其顿人以及少数克罗地亚人等，后者主要是克罗地亚人、斯洛文尼亚人和少数的塞尔维亚人等。从这些数字中我们可以判定，1918年，塞尔维亚人（包括黑山人）应该是560万左右，这与上述的567万是相合的。同时，从信仰天主教的470余

---

① 〔南〕伊万·博日奇等：《南斯拉夫史》下册，第573页。
② 〔英〕斯蒂芬·克利索德主编《南斯拉夫简史》，第259页。

万人中减去 101 万讲斯洛文尼亚语的人口，克罗地亚人应为 370 万左右。这一数字与 1939 年"斯波拉宗"协定建立的克罗地亚巴昂区中克罗地亚人占该区总人口 440 万的 74%，即 325 万应该是相合的，因为当时的克罗地亚巴昂区并没有把所有克罗地亚人都包括在内。这样，我们对 1939 年克罗地亚巴昂区中所包括的 86.6 万塞尔维亚人[①]这一数字也应该是有信心的。

那么 1941 年建立的"克罗地亚独立国"由于地域比原克罗地亚巴昂区有所扩大，其人口总数和塞尔维亚人的数量理所当然应该相应增加。有一种说法称："这个'国家'的 650 万居民中，有 75 万穆斯林，300 万塞尔维亚人和 50 万以上其他非克罗地亚血统居民。"根据这一说法，当时的克罗地亚人只有 225 万人。这一组数据的可靠性值得怀疑。[②] 根据南斯拉夫官方的人口统计资料：1921 年全国总人口为 1198.5 万，1931 年为 1393.4 万，[③] 10 年间增长了 195 万；1948 年南斯拉夫的总人口为 1577.2 万，即从 1931 年以来的 17 年间人口增长了 183.8 万，平均每年增长 10.8 万。与 1921 年到 1931 年期间每年增长 19.5 万的水平相比减少 8.7 万，1931 年以后的 17 年间总计减少 147.9 万。20 世纪 30 年代初经济危机的冲击所造成的移民和新生婴儿死亡率高达 164.5‰，是造成人口增长减少的原因之一。而 1941 年到 1945 年的战争造成 170 余万人死亡，[④] 应该是造成 1931 年至 1948 年人口增长大幅减少的最主要原因。如果说南斯拉夫 1921 年死亡人

---

① 〔英〕斯蒂芬·克利索德主编《南斯拉夫简史》，第 314 页。

② 〔英〕弗雷德·辛格尔顿：《二十世纪的南斯拉夫》，中国财政经济出版社，1980，第 31 页。在该书第 137 页，作者称："在克罗地亚独立国，670 万居民中，只有一半左右是克罗地亚血统的罗马天主教徒。此外，还有 220 万信奉正教的塞尔维亚人，75 万穆斯林……"与第 31 页的数据相比，克罗地亚人增加了上百万、塞尔维亚人减少了上百万，这种统计是令人难以置信的。

③ 〔南〕布拉什科维奇著，于林译《南斯拉夫各民族》，《民族译丛》1979 年第 1 期。

④ 〔南〕杜尚·比兰契奇：《南斯拉夫社会发展的思想和实践》，商务印书馆，1986，第 37 页。

口为 25.2 万、1931 年死亡人口为 27.7 万，那么按照 26 万这样一个自然死亡的粗略平均数来推算，1941 年到 1945 年 4 年间死亡的 170 万人中应有 100 万属于非直接战争原因的死亡人口。换言之，有 70 万人直接死于战争。所以，我认为如果剔除第二次世界大战期间人口自然死亡的因素，直接被包括"乌斯塔沙"在内的法西斯统治者所杀害的南斯拉夫人应该在七八十万人，而这一数据中既包括与法西斯战斗中的抵抗力量牺牲者，也包括被无辜屠杀的平民百姓，以及饥寒交迫等原因造成的死亡者。当然，这包括了南斯拉夫的各个民族，而决不只是塞尔维亚人。否则，如果把这七八十万人都归结为塞尔维亚人，即便战后塞尔维亚人口基数仍然是 560 万左右，并且对丁壮锐减等人口结构问题忽略不计，按照南斯拉夫 1921 年到 1958 年期间平均 14.18‰的人口自然增长率计算，塞尔维亚人口无论如何也不会在 1948 年的人口统计中达到 654.7 万人。[1] 更何况塞尔维亚民族的人口自然增长率到 60 年代也不过 9.1‰而已。[2]

　　所以，即便我们把第一次世界大战时期塞尔维亚王国的人口，按照 300 万—350 万这样一个浮动值为 16% 的平均数（8%）来推算，以克罗地亚巴昂区建立时 86.6 万塞尔维亚人为基数，后来纳入"克罗地亚独立国"范围的塞尔维亚人口，在"乌斯塔沙"政权统治下的塞尔维亚人也只有 93 万人左右。根据记载，在"乌斯塔沙"政权宣布对"克罗地亚独立国"境内的塞尔维亚人采取逼迁一批、杀戮一批和宗教同化一批的处置方式，其中"从斯雷姆和波斯尼亚以及萨格勒布市，往塞尔维亚迁移了大约三万名塞尔维亚人，而据估计，在乌斯塔沙和德国的恐怖统治面前，约有十七万人逃跑"。也就是说大约 20 万塞尔维亚人离开了"克罗地亚独立国"。同时，"据估计，在克罗

---

① 李嘉恩译《战后南斯拉夫人口普查中各民族人口变动情况》，《民族译丛》1992 年第 3 期。

② 〔南〕布拉什科维奇：《南斯拉夫各民族》，《民族译丛》1979 年第 1 期。

地亚，有二十万塞尔维亚人被迫改变了信仰"。① 那么如果以 93 万塞尔维亚人计，除了迁移和改变宗教信仰的 40 万人外还有 53 万人属于被屠杀对象。当然，我们没有战争结束时"克罗地亚独立国"究竟还有多少塞尔维亚人的数据，但是，这并不意味着"乌斯塔沙"法西斯没有进行大规模的主要针对塞尔维亚人的残酷屠杀。

克罗地亚共和国前总统弗拉尼奥·图季曼在其《历史真相的泥淖》一书中，对二战期间"克罗地亚独立国"在亚塞诺瓦茨等地建立法西斯集中营和屠杀塞尔维亚人的问题进行了辨识。他的基本观点是"在亚塞诺瓦茨被杀害的非犹太人的人数被大大夸大，以图制造出反对克罗地亚人民的历史犯罪感"。② 他认为，蓄意夸大"乌斯塔沙"屠杀塞尔维亚人数字，是与塞尔维亚人和克罗地亚人之间由来已久的民族矛盾直接相关，而且是南斯拉夫社会主义联邦共和国时期大塞尔维亚民族主义压制克罗地亚民族权利的政治阴谋。当然，也包括为了向德国提出更多的战争赔款而夸大死亡数字。图季曼的一些观点是正确的："乌斯塔沙"法西斯主义对塞尔维亚等民族进行屠杀的罪行，不能让克罗地亚民族来承担，正如当时的塞尔维亚"切特尼克"匪帮杀害克罗地亚人的罪行不能由塞尔维亚民族来承担一样。遗憾的是，图季曼对这一关系到克罗地亚民族历史声誉的问题所进行的调查研究仍未能提供一种令人信服的结论。他只是在不断论证有关将"乌斯塔沙"种族灭绝罪行夸大其词的阴谋过程中有所倾向地引证了克罗地亚共和国的统计资料："死于集中营和监狱的人数是 6 万多人。"③ 克罗地亚独立后还有一种观点认为：纯粹根据文件的记载，战争期间在克罗地亚总计死亡的人数为 30 万，占当时克罗地亚总人口的 7.8%。其中塞尔维亚人大约为 12.5 万，按照同一口径的统计死于战斗和遭到

① 〔南〕伊万·博日奇等：《南斯拉夫史》下册，第 668、671 页。
② 〔克〕弗拉尼奥·图季曼：《历史真相的泥淖》，第 5 页。
③ 〔克〕弗拉尼奥·图季曼：《历史真相的泥淖》，第 21 页。

屠杀的克罗地亚人总计为 20 万—21 万，克罗地亚失去了整个民族人口的 6%。[1] 所以，关于第二次世界大战中发生在南斯拉夫的残酷民族仇杀所造成的死亡人口数字——德国人和克罗地亚"乌斯塔沙"法西斯杀害的塞尔维亚人为 6 万—100 万，塞尔维亚"切特尼克"匪帮杀害的克罗地亚人和穆斯林以及起义军初期对克罗地亚人的惩罚性虐杀为 20 万—95 万——至今仍然莫衷一是未显历史的真实。

也许图季曼对这一现象所作的以下结论是真实的："因为在所有的战争中，对立的双方总是习惯于夸大其事。"[2] 特别是在南斯拉夫这个民族关系异常复杂的地区，90 年代以来世人已经两次为这一地区的种族灭绝问题所震惊、所困扰。1992 年，在南斯拉夫社会主义联邦共和国解体过程中，先后在斯洛文尼亚和克罗地亚爆发了内战，克罗地亚克拉伊纳的塞尔维亚人受到大量的驱赶和战争屠杀，据克拉伊纳塞尔维亚人称：克罗地亚当局在全国各城市驱赶了 30 多万塞尔维亚人，成千上万的塞尔维亚人被迫改变姓名和宗教信仰。在随后爆发的波斯尼亚和黑塞哥维那内战中，西方媒体爆炸般地披露了"死亡集中营"事件，声称塞尔维亚人在设立的集中营中对穆斯林平民实行希特勒法西斯式的迫害，随之而来的屠杀平民事件、集体强奸暴行更是令人发指。不过，塞尔维亚人也对穆斯林和克罗地亚人迫害塞尔维亚族平民的暴行进行了同样令人发指的揭露。1999 年，南斯拉夫联邦共和国的科索沃危机，也是以塞尔维亚当局对阿尔巴尼亚人进行种族灭绝而引起世人关注的。西方舆论对这种种族灭绝行为的报道如火如荼、无以复加，以致出现了拉察克村 45 具阿尔巴尼亚平民尸体的"震惊事件"。事实究竟如何呢？克罗地亚共和国的种族清洗、波斯尼亚和黑塞哥维那的"死亡集中营"、科索沃的拉察克村屠杀平民事件，西方国家的大肆渲染得出了怎样的结论？恐怕芬兰法医对拉察克村的实地

---

[1] Trpimir Macan de Josip Sentija: *A Short History of Croatia*, Zagreb, 1992, p.116.

[2] 〔克〕弗拉尼奥·图季曼：《历史真相的泥潭》，第 90 页。

调查和验证结果已经作出了回答。毫无疑问，在这一系列内战中，存在着民族仇杀的成分和种族驱赶的动机，这是这一地区民族矛盾十分复杂的必然结果。这同非洲大湖地区的大规模的部族仇杀、同土耳其政府军对库尔德人的驱赶围困和越界追杀等问题相比并无特别之处，只不过这些事件如同过眼烟云没有引起像发生在前南斯拉夫地区的类似事件那样的西方轰动效应而已。那么，为什么以美国为首的西方世界对前南斯拉夫地区的民族冲突不惜工本地进行种族灭绝的大肆宣传并挑起它们所"同情"的一方或两方放大事实的"国际求助"呢？让我们重新回到第二次世界大战时代，看看希特勒法西斯为了侵略南斯拉夫等国是如何进行舆论准备的。1941 年 3 月 27 日南斯拉夫政变，这是南斯拉夫人民对政府签订加入法西斯轴心国协议的回应，也是对德国法西斯政权的挑战。希特勒决定"惩罚"南斯拉夫。为此"纳粹宣传机器发动了一个强大的宣传运动来反对南斯拉夫，公布了大量纯属虚构的暴行，其手法与 1938 年对捷克斯洛伐克的攻击如出一辙"。[①] 历史总是能够给人启示，而且这种启示往往有益于解读现实。

第四节　抵抗运动与解放战争

南斯拉夫共产党的前身是建于 1919 年 4 月的南斯拉夫社会工党，1920 年 6 月改称共产党，由于在 1920 年 11 月 28 日的大选中位居第三大党而遭到贝尔格莱德政府的禁止。此后，南斯拉夫共产党基本处于地下活动的状态，并多次遭到当局的镇压，大批的共产党领导人和骨干遭到逮捕和监禁，包括后来成为南共领导人的约瑟普·布罗兹·铁托。随着中东欧国家普遍的政治右倾和国家专制，很多国家的共产党主要领导人和基本组织都转移到了苏联。当时，在共产国际中设有

---

① 〔英〕斯蒂芬·克利索德主编《南斯拉夫简史》，第 326 页。

巴尔干书记处,铁托在 1935 年到 1936 年曾在巴尔干书记处工作。在南斯拉夫,身处逆境的共产党在强大的政治压力下坚持斗争、寻求发展,并于 1937 年后先后建立了斯洛文尼亚共产党、克罗地亚共产党和马其顿共产党。这些共产党的建立,一方面是推动各民族工人运动的发展,另一方面也是从南斯拉夫民族问题的复杂性出发,通过建立各民族的共产党组织来团结各民族人民。所以,南斯拉夫共产党可以说从早期就将解决民族问题纳入了自己的行动纲领,在斯洛文尼亚、克罗地亚和马其顿"这几个共产党的建立使得更迅速地培养和教育民族干部的工作得以进行,民族干部更了解本民族的特殊情况和问题,更了解本民族的人的心理"。① 在法西斯崛起以后,特别是德国吞并了奥地利之后,南斯拉夫共产党在反法西斯宣传中不仅发挥了主导性的作用,而且在南斯拉夫各民族人民中的影响也得到扩大。

1937 年到 1938 年期间,苏联的大清洗扩大到在苏的兄弟党和共产国际组织,波兰共产党受到的打击尤为严重,几乎在苏联的波兰共产党员都被审查和监禁。此外,匈牙利、保加利亚、德国、中国和波罗的海沿岸国家在苏联的共产党领导人和党员,纷纷遭到清洗,南斯拉夫共产党也不例外。当时,在苏联的南共领导人无一幸免,均遭逮捕。而且继波兰共产党被解散后,解散南斯拉夫共产党的问题也提上了议事日程。② 铁托当时被召到莫斯科,不过他得到了当时共产国际政治局领导人季米特洛夫的信任。他被任命为南共中央总书记,于 1939 年 1 月返回南斯拉夫开展工作。自此以后,约瑟普·布罗兹·铁托就成为南斯拉夫共产党的最高领导人,他的命运同南斯拉夫各民族人民反抗德国法西斯、建设社会主义紧密地联系在一起。

---

① 〔南〕佩·达姆扬诺维奇等编《铁托自述》,新华出版社,1984,第 155 页。
② 〔苏〕罗·亚·麦德维杰夫:《让历史来审判——斯大林主义的起源及其后果》上下册,人民出版社,1983,第 350 页。

从希特勒入侵波兰引发第二次世界大战开始，南斯拉夫共产党就提出了建立人民阵线和准备开展武装斗争的工作目标。1940 年，南共开始向南斯拉夫军队中发展。1941 年 7 月，在南斯拉夫已经被肢解和"克罗地亚独立国"追随法西斯对塞尔维亚等民族大肆屠杀之际，南共领导的力量除了自身拥有 1.2 万党员外，主要是大约有 4 万人的南斯拉夫共青团组织。这样一支微弱的力量面临着如何领导南斯拉夫各民族人民反抗法西斯统治的重任。这年的 6 月，纳入"克罗地亚独立国"范围的波斯尼亚和黑塞哥维那地区，爆发了塞尔维亚人起义，并得到黑山农民武装的支持。这场起义主要是针对"乌斯塔沙"法西斯对塞尔维亚人的屠戮而爆发的，自发的塞尔维亚农民起义者，奉行着祖先"以眼还眼、以牙还牙"的复仇信念，在抗击"乌斯塔沙"的同时，也对穆斯林平民进行了杀戮。在靠近黑山的比莱恰县，有包括妇女、儿童在内的 600 多名穆斯林遭到杀害。[①] 当时，波斯尼亚和黑塞哥维那的共产党人纷纷前往起义地区，他们试图通过宣传教育制止民族性的自相残杀，但是没有成功，甚至他们中的穆斯林也遭到杀害。这一事件，使南斯拉夫共产党更进一步地认识到要想建立人民阵线，必须通过激发各民族人民的觉悟来克服历史积累的民族仇怨和报复心理，必须让各民族人民明白这种自相残杀的结果只能有利于法西斯的统治而对民族解放无补。

1941 年 6 月 22 日苏联抗击德国法西斯的战争爆发后，南共中央立即号召全党动员起来发动各民族人民群众开展对法西斯的抵抗运动，要求共产党员深入各地建立游击队，把自发的反抗斗争纳入共产党领导下的起义斗争轨道。苏联卫国战争对南斯拉夫人民，尤其是塞尔维亚人民的影响是重大的。历史传统的作用扩大了苏联抵抗德国法西斯侵略的道义和政治影响，以至有人说在南斯拉夫"一半人民拥护

---

① 〔南〕伊万·博日奇等：《南斯拉夫史》下册，第 681 页。

俄国，另一半拥护共产党"。① 7 月 13 日，南斯拉夫共产党影响较大的黑山爆发了大规模起义，素以游击战和反抗精神闻名的黑山人几乎全民皆兵般地武装起来，对意大利法西斯军队发起了进攻，并很快占领了除几个意大利人固守的城市以外的黑山全境。当时，南共和南斯拉夫民众中普遍存在由于苏联的参战法西斯将立刻垮台的速胜心理，甚至有些老百姓认为苏联红军的空降兵随时会从天而降。黑山的起义虽然遭到意大利六个师兵力的镇压和追剿，但是在城市和交通线以外的地区，共产党领导的游击队和农民武装仍具有优势。这就像历史上土耳其人的军队始终未能征服黑山地区的情形一样。在波斯尼亚和黑塞哥维那、黑山等地爆发以农民自发为主的起义斗争的同时，共产党领导的城市地下活动也开始有组织地展开了行动。包括在萨格勒布，克罗地亚共产党领导的反抗斗争也进行了一系列打击敌人的秘密活动。由克罗地亚族工人组成的游击队——锡萨克支队，对于改善和密切塞尔维亚与克罗地亚两个民族的关系是很有意义的。在斯洛文尼亚地区，共产党领导的规模不一的游击队也相继建立。在南斯拉夫的马其顿地区，由于保加利亚法西斯傀儡政权实行强迫同化的政策，包括迫使马其顿人将名字改为保加利亚名字等种族灭绝的措施，激起了马其顿人的反抗。但是，由于保加利亚工人党（共产党）在马其顿领土问题上站在保加利亚政府一边，并直接影响了马其顿共产党领导人的思想，马其顿人民的反抗斗争一度没有得到马其顿共产党的领导。直到南共通过共产国际撤换了马其顿共产党领导人之后，马其顿的游击队才建立起来并开始向保加利亚占领军发起进攻。塞尔维亚的游击队是规模最大的反抗力量，他们在南共的直接领导下发挥着中坚作用。铁托将游击队的根据地选择在塞尔维亚西部地区，那里山峦起伏、森林密布，而且当地有反抗外来统治的光荣传统和民众基础。所以，南

---

① 〔南〕伊万·博日奇等：《南斯拉夫史》下册，第 682 页。

共领导反抗斗争开展不久，就形成了包括乌日策在内的大片解放区。铁托将领导中心移至乌日策，并建立了政权，这就是载入史册的"乌日策共和国"。在这里，南共装备了自己的兵工厂，开始生产枪支弹药。"在乌日策建立了人民政权，诞生了革命军队，在这里我们的游击队也已不是普通的游击小队，而是经过良好军事训练的营、连和排了，配备有机关枪，还有一、两门火炮和其他武器。"[1] 南斯拉夫共产党领导各民族人民反抗法西斯和解放祖国的艰苦斗争就这样开始了。

在南斯拉夫共产党领导各民族人民反抗德国法西斯及其帮凶的斗争中，一直存在着另一种势力的影响问题，即塞尔维亚"切特尼克"匪帮问题。在德国军队征服南斯拉夫过程中，南斯拉夫投入战斗的兵力是有限的。在南斯拉夫被占领之后，除了大批军队被俘虏外，还有一些军队的官兵流散在民间，其中德拉扎·米哈伊洛维奇即是其中之一。德拉扎·米哈伊洛维奇作为南斯拉夫军队的指挥官曾就读于巴黎的高级参谋学校，并在那里结识了戴高乐。后来，他曾担任南斯拉夫驻捷克斯洛伐克和保加利亚大使馆的武官。所以，这个人作为南斯拉夫军界的代表人物之一，在国外颇有影响。在德国入侵南斯拉夫时，他在南斯拉夫军队总参谋部任职，上校军衔。在南斯拉夫亡国之后，德拉扎·米哈伊洛维奇聚集了一些南斯拉夫军队"占山为王"，以其忠君爱国、笃信上帝、亲近西方盟国、厌恶共产党和讨厌克罗地亚人的政治立场，扮演了另一支反抗德国人的军事力量。"他的司令部设在腊夫纳戈拉的林木繁茂的山坡上。他的部下一般被称作'切特尼克分子'，其中许多人曾在旧南斯拉夫军队中服役"。这些"切特尼克分子有意追求奇特古怪、凶恶狰狞的外表，满脸胡须，浑身武器"。[2] "他们沉浸于塞尔维亚的传奇之中，向往着充满浪漫色彩的往昔，一心效法尚武好战的圣徒和哈伊杜克

---

① 〔南〕佩·达姆扬诺维奇等编《铁托自述》，第210页。
② 〔英〕斯蒂芬·克利索德主编《南斯拉夫简史》，第337页。

虬髯英雄。"① 对于德拉扎·米哈伊洛维奇来说,虽然他拒绝向德国法西斯投降,但是他认为在轴心国实力没有削弱的情况下进行反抗是徒劳和愚蠢的,而应该潜伏下来、积蓄力量、等待时机、依靠盟军、恢复王权。尽管如此,由于在南斯拉夫存在着这样一支没有投降的力量以及米哈伊洛维奇本人在西方盟国中的影响,所以他领导的"切特尼克"抵抗力量在国外要比铁托领导的共产党游击队抵抗运动的影响既早又大。当然,这也要归功于南斯拉夫流亡政府在国外的宣传,他们为这支效忠旧政权和王室的"正规军"大造舆论,声称米哈伊洛维奇是抵抗运动的英雄,他们不仅将其晋升为将军,而且还缺席任命他为南斯拉夫的陆军部长。因此,他不但得到英国持续不断的支持——"尽管切特尼克对于牵制共同敌人无多作为这一点,已日益得到证实,丘吉尔直至1944年1月才停止向米哈伊洛维奇供应军需品,英国军事代表团则到5月间方才撤回";② 而且得到苏联的承认——在涉及南斯拉夫抵抗运动时"他们也只提及德拉查·米哈伊洛维奇。只有一次例外,伏罗希洛夫在1941年11月的一次讲话中提到了南斯拉夫游击队,但是他却把南斯拉夫的起义、我们的全部努力都归功于德拉查·米哈伊洛维奇"。③ 苏联"直到1944年才向铁托派出军事代表团,带去的援助也很有限"。④ 米哈伊洛维奇的"切特尼克"抵抗运动传奇故事,在东西方盟国中广为流传,米哈伊洛维奇成了南斯拉夫的民族英雄。

英国等西方盟国支持米哈伊洛维奇是不奇怪的,在战时它们除了对苏联在抗击德国法西斯方面的巨大作用不得不依靠外,它们反对一切其他的共产党力量。但是苏联对米哈伊洛维奇的承认,却是令人费

---

① 〔英〕艾伦·帕尔默:《夹缝中的六国——维也纳会议以来的中东欧历史》,第333页。
② 〔英〕艾伦·帕尔默:《夹缝中的六国——维也纳会议以来的中东欧历史》,第333页。
③ 〔南〕弗拉吉米尔·杰吉耶尔:《铁托传》,第179页。
④ 〔英〕菲利斯·奥蒂:《铁托传》,第242页。

解的。事实上，苏联当时并不相信铁托领导的南斯拉夫共产党能够在抵抗德国法西斯的斗争中形成气候，它们在南斯拉夫"正规军"与铁托游击队之间进行选择，更倾向于保留斯拉夫传统色彩的民族主义或泛斯拉夫民族主义者。在外敌入侵时，特别是在希特勒法西斯种族主义喧嚣席卷中东欧地区并将斯拉夫民族列为劣等民族而加以消灭时，斯拉夫民族主义的高涨就是在苏联也是必然的。但是，希特勒对共产主义的仇视程度决不亚于对"劣等民族"的厌恶，他向苏联开战的目的之一或根本目的是要消灭共产主义，只是通过种族主义来作为国内战争动员的幌子而已。对此，苏联领导人是十分清楚的。但是，正如苏联同德国瓜分波兰和恢复沙俄帝国时期扩张获得的版图一样，当时的苏联已经表现出向沙俄帝国回归的倾向。只是在卫国战争爆发后，为了团结全体苏联人民共同抵抗德国法西斯的侵略而更加强调布尔什维克的中坚作用和保卫崇高理想的神圣职责而已。然而，在南斯拉夫的抵抗运动中，苏联的态度宁愿支持民族主义的旧式军阀，也不情愿支持南斯拉夫共产党组建无产者旅。1942年底，铁托从建立职业军队的思路出发，组建了第一支无产者旅，其基本成员是来自黑山和塞尔维亚的志愿兵，这是一支纪律严明、组织健全的相当于红军近卫军性质的骨干军事力量。它因突出了共产主义的政治性而受到苏联的指责，苏联认为南斯拉夫最根本的任务是联合一切反对纳粹的力量打败侵略者，争取民族解放，而不是建立社会主义。[1]毫无疑问，一个民族、一个国家在遭受外来侵略时，必须建立最广泛的民族统一阵线，团结一切可以团结的力量，同仇敌忾共御外敌。但是，同样毫无疑问的是，要实现民族的彻底解放所建立的统一阵线只有在共产党领导下才能实现，特别对于一个多民族的而且民族关系异常复杂的国家来说，能够把各民族人民团结在一起的唯一力量是无产阶级。因为"所

---

① 〔英〕菲利斯·奥蒂：《铁托传》，第233页。

有的无产者生来就没有民族的偏见，所有他们的修养和举动实质上都是人道主义的和反民族主义的。只有无产者才能够消灭各民族的隔离状态，只有觉醒的无产阶级才能够建立各民族的兄弟友爱"。① 对于大塞尔维亚民族主义强烈和仇视克罗地亚人的米哈伊洛维奇来说，显然不能团结南斯拉夫各民族人民。而铁托领导的南斯拉夫共产党，在组织和团结南斯拉夫各民族人民方面却由于抛弃历史上形成的种种民族偏见而取得了成功。这不仅是因为南斯拉夫共产党的领导人群体及其所领导的组织本身就是多民族的构成，而且更重要的是南斯拉夫共产党在建立抵抗法西斯的人民阵线中所倡导的各民族平等原则。这种民族平等的原则在南斯拉夫历史上是从来没有过的，克罗地亚"乌斯塔沙"对塞尔维亚人的屠杀政策、塞尔维亚"切特尼克"对克罗地亚人的报复措施和对穆斯林的杀戮，都以其在外敌入侵、国难当头之际进行的民族仇杀教育了南斯拉夫各民族人民，从而帮助了南斯拉夫共产党。在当时的南斯拉夫，"只有南斯拉夫共产党才能把国家的不同民族联结在一起；南斯拉夫共产党也是遍及整个南斯拉夫的唯一组织；只有它才具有把南斯拉夫看作是各民族的南斯拉夫的思想"。② 所以，在铁托领导的反法西斯运动中，"南斯拉夫的共产主义既非基于一种排他性的民族观念，也非基于一种排他性的宗教信条；它成了一种促进统一的因素"，③ 从而使以它为领导核心的抵抗运动成为全南斯拉夫的解放运动。

如果说米哈伊洛维奇的"切特尼克"部队没有同德国人作战，当然不符合事实，至少在 1941 年夏季他们同德国人进行了对抗，而且有些战斗是同游击队相配合的。这也正是铁托于 1941 年 10 月 27 日在

---

① 恩格斯：《在伦敦举行的各族人民庆祝大会》，《马克思恩格斯论民族问题》上册，第 67 页。

② 〔英〕本·福凯斯：《东欧共产主义的兴衰》，中央编译出版社，1998，第 65 页。

③ 〔英〕艾伦·帕尔默：《夹缝中的六国——维也纳会议以来的中东欧历史》，第 332 页。

米哈伊洛维奇的司令部进行双方联合抵抗德国人会谈的基础和原因。当时，帮助米哈伊洛维奇的英国军事官员为了确立"切特尼克"领导抵抗运动的权威地位也力求促成这种合作。然而，这种努力失败了，11 月 2 日，"切特尼克"向铁托的游击队发起全面进攻。至此，米哈伊洛维奇领导的"切特尼克"抵抗运动便转变为通过与德国人暗中勾结以自保、民族仇杀和袭击游击队为主旨的反动武装。从表面上看，它为了得到英国的支持和援助继续保持着抵抗德国人的形象，而事实上它已经成为铁托领导的南斯拉夫各民族人民抵抗运动的内部障碍，甚至可以说是出卖国家利益、民族尊严的匪帮。"切特尼克"同游击队矛盾的公开化，使德国人开始向游击队的大本营发动全面围攻。11 月 29 日，乌日策陷落，铁托的游击队被迫放弃西塞尔维亚解放区转入波斯尼亚和桑贾克地区。南斯拉夫人民抵抗法西斯的斗争也进入了以铁托领导的游击队孤军奋战的最艰苦、最残酷的时期。在这一时期，南斯拉夫共产党领导的抵抗运动虽然一直同莫斯科的共产国际保持着联系，但是由于游击队在战争形势中所处的劣势，南共所期望的苏联支持没有得到响应。1942 年，共产国际多次向南共表示，苏联政府必须从全球政策的角度考虑问题，特别是要保持与西方盟国的关系，因此不能支持和响应南共对米哈伊洛维奇变节行为甚至卖国行为的揭露和谴责，同时也还要考虑到南斯拉夫流亡政府的合法性问题。事实上，苏联在南斯拉夫问题上的态度与其说是一种政策，不如说是一种策略，而且这种策略与沙俄帝国时期在巴尔干半岛争夺势力范围的图谋有历史渊源。"万一德拉扎·米哈伊洛维奇取胜，奉行这样的政策，就有可能确保莫斯科在南斯拉夫取得某些地盘。"[1] 帝国列强在巴尔干半岛的传统地缘政治目标影响之深，在苏联这样的社会主义国家中依然存在，而服务于这种目标的政策和策略早已超越了东西方之

---

① 〔南〕伊万·博日奇等:《南斯拉夫史》下册，第 722 页。

间的意识形态障碍。这在战争结束前苏联、美国和英国构建战后"雅尔塔体制"的交易中得到了充分的证明，其中也包括了由于日本的战败苏联要求恢复沙俄帝国时期从中国攫取的、日俄战争后丧失的权益，以及中国解放战争时期对中国革命的态度等问题。

铁托于 1942 年初在已建立的多支无产者旅基础上，发布了建立南斯拉夫人民解放游击队和志愿军的命令，当时铁托领导的各路队伍人数已经达到 8 万人。建立人民解放游击队和志愿军的目的，一方面是在克服早期起义时普遍存在的"速战速胜"思想基础上开展长期抵抗的斗争，另一方面是意识到建立一支正规部队是有效抗击法西斯和实现革命目标的必要保证。当时，虽然德国法西斯对抵抗运动的战役性围剿不断持续，但是铁托领导的抵抗运动在极其艰苦的逆境中也在继续发展。到 1942 年解放比哈奇时，铁托的抵抗队伍已发展到 15 万人。比哈奇的解放，如同 1941 年起义高潮时建立"乌日策共和国"一样令人振奋。在这片约为南斯拉夫战前领土 1/5 的解放区，类似于乌日策的"比哈奇共和国"进行了建立人民政权的尝试。在这里举行了全国性的反法西斯青年代表大会、妇女反法西斯阵线代表大会等，并在此基础上于 11 月 26 日举行了南斯拉夫反法西斯人民解放委员会成立大会。事实上，在酝酿这次大会期间，南共中央的意见是建立南斯拉夫的人民政权。但是，来自莫斯科的指示是："在这一阶段不要提出废除君主政体的问题。不要提成立共和国的口号。"也就是说，"不应当使新的委员会同在伦敦的南斯拉夫政府对立，因为南斯拉夫的制度问题要待意大利-德国同盟失败之后，南斯拉夫从占领者手中获得解放之后才来解决"。① 尽管南共领导的抵抗运动一直没有得到苏联的承认和支持，但是南共仍然服从了莫斯科的命令。不过，在几乎整个欧洲陷于法西斯铁血政策的恐怖统治下之时，"一次如此性质的

---

① 〔南〕伊万·博日奇等：《南斯拉夫史》下册，第 725 页。

会议居然在被占领的欧洲召开，这就迫使同盟国中的几个大国注意到南斯拉夫国内取得的不寻常的进展"。南共领导的抵抗力量不再是神话，它开始让在此之前只知道米哈伊洛维奇其人的人们，了解到在南斯拉夫真正领导抵抗法西斯运动的另一个传奇人物——铁托。当然，直到 1943 年 5 月，"第一批英国军官空降到南斯拉夫的铁托控制区域，各盟国才开始理解这一民族解放运动的全部重大意义"。[①]

在 1943 年初开始的奈雷特瓦战役中，铁托的军队面对的是德国、意大利、克罗地亚"乌斯塔沙"和塞尔维亚"切特尼克"的联合围攻。在持续几个月的战斗中，法西斯军队发动了四次重大的进攻，南斯拉夫部队虽然伤亡惨重，却成功地突破了敌人的围追堵截，并且给敌人造成了沉重的打击。5 月 6 日，德国人发动了第五次攻势，著名的苏捷斯卡战役打响了。德国人、意大利人和保加利亚人的 13 万军队向铁托的游击队发起了"志在必得"的进攻。当时，陷于重围的游击队在飞机轰炸中损失巨大，刚刚抵达铁托司令部的英国军事代表一死一伤，铁托也负了伤。在这种危难关头，铁托向英国和苏联的求援都未得到回应。尽管如此，南斯拉夫游击队在遭受重大打击的情况下最终突破了包围，苏捷斯卡战役的胜利突围，是南斯拉夫战场的重大转折点。德国人对南斯拉夫游击队全力以赴的剿灭计划没有达到目的，而当时整个欧洲战场的形势已经发生了根本性的变化，苏联红军和西方同盟军的反攻正在从东、西战线不断取得胜利，意大利于 1943 年 9 月宣布投降。这一战局的重大变化对南斯拉夫战场的局势产生了极其有利的影响，特别是大批意大利军队的缴械使游击队的武器弹药得到充分的补给，同时大量的意大利士兵参加了游击队，由意大利人组成的"加里波的"旅，在后来对德军的战斗中发挥了重要的作用。铁托领导的南斯拉夫人民解放军已达到 25 万人，解放区由 1942 年秋

---

① 〔英〕艾伦·帕尔默：《夹缝中的六国——维也纳会议以来的中东欧历史》，第334 页。

的 5 万平方公里扩大到 13 万平方公里，解放区的人口已经接近南斯拉夫总人口的一半。在这种形势下，有关重建南斯拉夫国家的构想也提上了议事日程。

1943 年 11 月 29 日，在西波斯尼亚的亚伊策市召开了南斯拉夫人民解放委员会第二次全国代表大会，除马其顿的代表由于战线的阻隔未能到会外，来自全国各地的 146 名代表出席了会议。这次会议决定："确认南斯拉夫人民解放委员会为南斯拉夫最高立法和执行代表机构，全南斯拉夫人民和国家的最高代表。南斯拉夫将建成享有平等地位的各族人民的联邦共同体。"① 会议还决定成立具有政府特征的南斯拉夫全国解放委员会，废除了南斯拉夫流亡政府在国际社会中仍然享有的合法政府权力，作出了将有关过去被肢解的领土并入斯洛文尼亚和克罗地亚等决定。非常巧合的是，就在南斯拉夫人民解放委员会召开的前一天，即 11 月 28 日，在德黑兰举行了苏联、美国、英国领导人参加的会议。德黑兰会议是在当年 8 月罗斯福和丘吉尔给斯大林的信中提出根据战事的发展应该讨论有关结束战争和处理战后事宜的背景下召开的，先期举行的三国外交代表会议已经就尽快结束战争、开辟第二战场、战后德国的处置、成立欧洲各国联合机构、解放后的欧洲国家问题、普遍安全的宣言等进行了磋商。这次会议实际与历史上帝国列强在战争结束前为各自划分势力范围所进行的讨价还价没有本质的区别，如果有什么不同，那就是这几个大国有关加快结束这场战争的讨论符合世界人民反对法西斯主义的历史潮流。这次会议的成果之一，是三国在援助南斯拉夫铁托游击队的抵抗运动方面达成了协议。② 这表明，南斯拉夫共产党领导的反法西斯抵抗运动由此得到了同盟国的正式承认。但是，当南斯拉夫在建立国家方面的消息传来之后，斯大林仍然反对铁托建国和废黜国王的计划。在此之后，希特勒

---

① 〔南〕伊万·博日奇等：《南斯拉夫史》下册，第 757 页。
② 〔苏〕戈尼昂斯基等编《外交史》第 4 卷下，第 497 页。

孤注一掷地向南斯拉夫人民解放军发动了第六次围攻，其中也包括了对阿尔巴尼亚和希腊抵抗力量的围剿。在铁托领导解放军对强弩之末的德国人展开反击的同时，南斯拉夫全国解放委员会也开始在国际社会中（主要是美、英、苏同盟国）寻求对新政权的承认。然而，"没有一个大国，无论是苏联、英国，还是美国愿意在法律上承认南斯拉夫革命政府，尽管在德黑兰会议上，它们承认了人民解放军是盟国的参战友军这一地位"。[1]当然，南斯拉夫毕竟得到了德黑兰会议所提供的军事援助。因为铁托的解放军在巴尔干战场上牵制着不下19个德国师和16万其他轴心国的军队，这对于盟军在东、西战线的加速推进具有"中心开花"的重要战略意义，所以在盟国眼中"铁托在战略上的重要性远远超过了他的军事实力"。[2]

虽然南斯拉夫共产党建立政权和提出战后国家的联邦体制问题没有得到东、西方盟国的支持，而且苏联和英国一直在为南共与南斯拉夫流亡政府的联合进行努力，但是这没有影响南斯拉夫从英国和苏联得到军事援助。1944年夏季，南斯拉夫人民解放军已经有39个建制师和大量的独立支队，兵力达到39万人。南斯拉夫各民族的解放运动，在日益壮大的军事力量推动下，已经从过去的抵抗斗争完全转入解放战争时期。9月29日，铁托与斯大林达成关于苏联红军进入南斯拉夫战场的联合作战协议。10月14日，南斯拉夫人民解放军、苏联红军和已经起义的保加利亚部队开始了解放贝尔格莱德的战役，20日贝尔格莱德解放。1945年4月，解放整个南斯拉夫的战役打响。在获得解放的塞尔维亚又招收了25万新兵，参加最后的战争。英国的第八集团军和新西兰的一个师也参加了这场战役。5月9日，德国军队在欧洲战场已经全线投降，但是南斯拉夫战场的德军、"乌斯塔沙"

---

① 〔南〕伊万·博日奇等：《南斯拉夫史》下册，第760页。
② 〔英〕艾伦·帕尔默：《夹缝中的六国——维也纳会议以来的中东欧历史》，第335页。

和"切特尼克"等部队则一直抵抗到 5 月 15 日。在此之后,南斯拉夫军队继续围剿溃败逃窜的"切特尼克"和"乌斯塔沙"残部。到 1946 年米哈伊洛维奇被捕之后,"切特尼克"匪帮的残部隐匿于波斯尼亚、桑贾克和黑山之间的崇山峻岭之中,有的一直存留到 1955 年。南斯拉夫抵抗德国、意大利法西斯及其傀儡政权和"切特尼克"之类的反人民力量的斗争,终于以南共领导的各民族人民进行的艰苦卓绝奋斗的胜利而告结束。正义战胜邪恶的人类社会公理得到了伸张,南斯拉夫共产党领导的反法西斯战争由于坚持了马克思主义的民族观和依靠南斯拉夫各民族人民的正确路线而获得了胜利,这在中东欧地区反法西斯的人民斗争中可谓独一无二的壮举。

第五节　巴尔干半岛战后的政治格局

如同历史上帝国列强争夺巴尔干半岛的传统做法一样,在战争输赢已经明朗的形势下,主导整个战争进程的大国就开始对战后的势力范围划分展开外交活动并达成一系列的秘密协定。而那些遭受战争屠戮肆虐的小国,在这种时候只能在大国交易中听凭安排。在 1943 年的德黑兰会议上,美、英、苏三国首脑已经对战后的欧洲政治格局进行了讨价还价。东、西方盟国在共同抗击法西斯问题上的一致性,掩盖不了意识形态上的对立。特别是在战争已经完全转向大反攻的阶段,后者开始浮现出水面。当时,苏联红军的反攻确有摧枯拉朽的雷霆万钧之势。美、英领导人面对这一局面,考虑更多的不是如何尽快将沦陷于法西斯统治之下的欧洲各国人民解放出来,而是惧怕苏联的共产主义已经显露的席卷东欧之势继续向西欧发展。所以,在开辟第二战场问题上的分歧,也就成为德黑兰会议中的焦点。苏联要求西方盟国尽快开辟第二战场,是为了减轻东线的压力从而加快东线的反攻步伐,这是与德黑兰会议确定的加快战争进程的主题完全相符的。但是，英国首相丘吉尔提出把第二战场放在巴尔干半岛，却是出于东、西方政治势力范围的考虑。正如后来罗斯福对此评论说："每当首相坚持经过巴尔干进攻时，所有在场的人都十分清楚，他实际想要干什么。他首先想要像楔子似地插入欧洲中部，以便阻止红军进入奥地利和罗马尼亚，如有可能甚至阻止红军进入匈牙利。"[1] 当然，由于美国支持苏联关于在法国南部开辟第二战场的观点，丘吉尔的意见没有被采纳。当时，三巨头还讨论了战后如何分割德国的问题，在有关国家问题上还涉及奥地利、波兰等。中东欧地区，特别是巴尔干半岛的国家问题当时还未涉及。

1944 年 6 月，苏联红军已经将德国法西斯完全赶出了苏联的国土。同时，红军的夏季攻势开始从巴尔干地区、波罗的海沿岸和北极地区向西推进。苏联宣布要从法西斯侵略者压迫下解放欧洲各国人民，并协助它们重建自己的祖国，同时被解放的欧洲各国人民在解决国家制度问题上享有充分权利与自由。到 1944 年底，苏联红军势如破竹般在整个战线上迅速西进，北端已到达挪威，南端进入南斯拉夫。在此之前，由于苏联红军已经解放了巴尔干半岛国家中的罗马尼亚、保加利亚以及多瑙河流域的匈牙利，加之南斯拉夫的解放和阿尔巴尼亚共产党领导的反法西斯运动进入解放全国的最后阶段，巴尔干半岛的大部分地区已经置于共产党的领导或苏联的影响之下。而英国在巴尔干半岛的传统势力范围希腊，共产党领导的民族解放阵线及其所统率的民族人民解放军已经成为"这个国家中占优势的军事力量。对丘吉尔来说，这是一种无法容忍的局面"。[2] 一个由共产主义控制的巴尔干半岛的前景驱使丘吉尔于 1944 年 10 月赴莫斯科同斯大林会晤，以解决巴尔干半岛的政治格局和势力范围划分问题。

---

① 转引自〔苏〕戈尼昂斯基等编《外交史》第 4 卷下，第 495 页。
② 〔美〕斯塔夫里阿诺斯：《全球通史：1500 年以后的世界》，第 787 页。

1944 年 10 月 9 日晚，丘吉尔同斯大林进行了秘密会晤。在谈到巴尔干半岛问题时，丘吉尔对斯大林说："你们的军队驻在罗马尼亚和保加利亚。那里有我们的权益，有我们的使节和特工人员。我们不要纠缠在一些小的矛盾上面。就英国和俄国来说，如果让你们在罗马尼亚有 90% 的决定权，而我们在希腊有 90% 的决定权，在南斯拉夫各占一半，你觉得怎样？"当译员在翻译这段话时，丘吉尔将他的意见用半张纸开列出如下的著名政治"账单"：

罗马尼亚

	俄国	90%
	其他国家	10%
希腊		
	英国（连同美国）	90%
	俄国	10%
南斯拉夫		50%—50%
匈牙利		50%—50%
保加利亚		
	俄国	75%
	其他国家	25%

丘吉尔将这半张纸推到斯大林面前，斯大林在沉默片刻后拿起蓝铅笔在纸上画了一个大钩，并将其退给丘吉尔。"一切都决定了，所费的时间并不比写这张纸的时间更多。"[①] 在 10 月 11 日的外长会议上，莫洛托夫同艾登就各自的国家在巴尔干半岛各国中拥有多大百分比问题进行了激烈的辩论和讨价还价，但并未达成新的百分比。同

---

① 《战后世界历史长编》（1945.5—1945.12）第一编第一分册，上海人民出版社，1975，第 45 页。

日，丘吉尔在写给斯大林的一封信中写道："这些百分比不能当作任何公开文件的根据，这当然不仅在现阶段是这样。但是，这些百分比可以作为我们行动的一个好的向导。"① 这封信虽然没有发出，但是苏联和英国在处理巴尔干半岛的政治势力范围问题上，事实上已经达成了心照不宣的默契。当然，英国和苏联达成的巴尔干半岛"秘密协议"只是在丘吉尔的《第二次世界大战回忆录》第六卷《胜利与悲剧》发表后才为世人所知。但是苏联则对此予以否认。在苏联的有关记述中，提及这次会晤双方对南斯拉夫问题的决定："通过南斯拉夫王国政府和民族解放运动的联合解决南斯拉夫国内的困难。"同时强调指出"当然应承认南斯拉夫人民有不可剥夺的权利，自己解决战后未来的国家体制问题"。但是，对于划分势力范围的"百分比"问题则是不符合事实的，关于苏联政府同意了丘吉尔的"百分比"建议之说"纯属臆造。会谈中，苏联政府捍卫了巴尔干各国，挫败了帝国主义干涉他们内政的企图"。② 但是，存在这样一个"秘密协议"是可信的，至少在希腊问题上实践了英国影响力占据优势的协议内容。

就在丘吉尔和斯大林的莫斯科会晤划出双方对巴尔干半岛施加各自影响力的"百分比"之后，10 月 12 日德国军队从雅典溃败，13 日英国伞兵在雅典着陆。英国作为希腊共产党领导的反法西斯抵抗运动的盟友，受到抵抗力量的欢迎。"如果这些共产党人知道斯大林满不在乎地处置他们的国家，他们是否还会如此与人方便呢？"事实上，希腊共产党领导的民族人民解放军不仅具有夺取全国政权的实力，而且如果他们愿意的话，"他们能像有民族主义精神的铁托当时在南斯拉夫所做的那样，轻易地阻挡英国军队前进"。③ 为什么希腊共产党会允许英国军队将他们已经解放的城市先后接收，这当然是希腊共产党

---

① 转引自《战后世界历史长编》（1945.5—1945.12）第一编第一分册，第 48 页。
② 〔苏〕戈尼昂斯基等编《外交史》第 4 卷下，第 592 页。
③ 〔美〕斯塔夫里阿诺斯：《全球通史：1500 年以后的世界》，第 787 页。

始终服从于莫斯科指令的结果，正如铁托在领导南斯拉夫抵抗运动中始终同苏联保持联系并在一系列决策中不得不按照苏联的指示行事一样，唯一不同的是铁托在达到取得政权的实力时便毫不犹豫地坚持了南共的独立性。1944 年 11 月 7 日，丘吉尔对其外交大臣艾登说："依照我的看法，在为换取在希腊的行动自由而向苏联付出我们的代价之后，我们应该毫不犹豫地动用英国军队去支持由 M. 帕潘德里欧领导的皇家希腊政府。"① 随后，英国军队便在希腊开始了对民族人民解放军的缴械，并且解散"游击队"，由此爆发了双方的冲突。当时"除了雅典、萨罗尼加、帕特雷和那些岛屿的部分地区以外，几乎整个希腊都在共产党人的手里"。② 在这种情况下，如果苏联支持希腊共产党，那么整个巴尔干半岛都将成为共产党领导的国家。显而易见，苏联恪守了与英国达成的"百分比"协议，而希腊共产党领导的反法西斯成果和建设社会主义国家的目标却因此被出卖了。英国人从意大利调来重兵，打败了在同一阵线为反法西斯奋斗多年的希腊盟军，丘吉尔甚至亲自到雅典来弹压形势。1945 年 1 月 10 日开始停战谈判，3天后民族人民解放军被迫解除武装。"作为回报，英国允许希腊进行选举和就国王回国问题举行公民投票。这样，丘吉尔保住了在莫斯科时分配给他的势力范围：在战后数年中，希腊一直站在西方一边。同样重要的是，在丘吉尔驱散左翼抵抗部队的战士时，斯大林意味深长地保持沉默。英苏有关巴尔干问题的秘密协议在当时是生效的、起作用的。"③

在希腊问题解决后不久，1945 年 2 月 4 日 16 点 35 分在克里米亚雅尔塔的利瓦吉亚宫举行了同盟国三巨头参加的重要会议，这一载入史册的克里米亚会议构建了战后影响全球形势长达 45 年之久的"雅

---

① 〔美〕斯塔夫里阿诺斯：《全球通史：1500 年以后的世界》，第 787 页。
② 〔英〕休特利等：《希腊简史》，第 249 页。
③ 〔美〕斯塔夫里阿诺斯：《全球通史：1500 年以后的世界》，第 787 页。

尔塔体制"。这次会议进一步协调同盟国在东、西线战场发起对德国法西斯最后进攻计划的同时，具体商讨了战后对德国的处置问题，讨论了建立联合国以保障战后的国际安全问题，解决了对波兰国家重建及其领土的重新划分问题，同意了苏联对日开战提出的条件，通过了《关于被解放的欧洲的宣言》，对先期在苏、英秘密协议中划为50%—50%的巴尔干半岛中部的"灰色地区"——南斯拉夫国家重组问题加以敦促，即要求铁托立即履行1944年11月2日根据苏联和英国的建议达成的"铁托-舒巴希奇协议"，即南共与资产阶级集团代表达成的关于建立统一的南斯拉夫政府的决定。所谓统一的南斯拉夫政府，事实上是在恢复南斯拉夫王国权力基础上由南斯拉夫共产党和资产阶级集团联合的政府。根据雅尔塔协议的规定，1945年3月7日成立了民主联邦南斯拉夫临时人民政府，由国王任命了摄政委员会。4月20日，英国承认了南斯拉夫新政府。美国于4月28日、苏联于4月29日先后承认南斯拉夫。对南斯拉夫共产党来说"雅尔塔会议的这些决定是对南斯拉夫革命的沉重打击"。[1] 对于苏联来说"对南斯拉夫问题的决定符合民族解放运动的利益，进一步提高了民主南斯拉夫的国际地位"。[2] 无论如何，它实现了苏联和英国（西方）在南斯拉夫各占50%影响力的秘密协议。当然，对于南斯拉夫来说这又是暂时的。因为巴尔干的政治形势和铁托坚持走独立建国道路的决心正在改变南斯拉夫与东方和西方盟国的关系。

　　1945年5月，南斯拉夫人民解放军在收复第一次世界大战后被列强划归意大利的伊斯特拉、斯洛文尼亚沿海地区和里亚斯特过程中，与英国人发生了冲突。英、美以军事相威胁，要求南斯拉夫军队撤出上述地区。通过双方的谈判，最后达成将斯洛文尼亚沿海地区和伊斯特拉地区划分为A区和B区，前者由盟军占领，包括里亚斯特、戈里

---

① 〔南〕伊万·博日奇等：《南斯拉夫史》下册，第769页。
② 〔苏〕戈尼昂斯基等编《外交史》第4卷下，第677页。

察、斯洛文尼亚沿海地区和伊斯特拉西北部；后者归南斯拉夫人民解放军控制，包括普拉、伊斯特拉和斯洛文尼亚沿海的其他地区。在这个问题上，苏联没有支持铁托收复失地的领土要求，“俄国人不得不考虑到，如果他们支持铁托对里亚斯特的主权要求，不仅有可能引起意大利共产党人的反对，还会影响他们与盟国的关系”。① 铁托对此溢于言表的不满，也引起了苏联对铁托的不满。当然，苏联对南斯拉夫最大的不满是南斯拉夫在建立巴尔干联邦方面的努力。

1945 年 7 月 17 日，在已被盟军占领的第三帝国首都柏林郊区的波茨坦召开了代号为“终点”的三国首脑会议。斯大林、丘吉尔和新任美国总统的杜鲁门各自率领着本国的代表团出席了会议。这次会议首先就德国的分割管制和战争赔偿等相关问题作出了决定，其次研究了波兰问题以及意大利、罗马尼亚、保加利亚、匈牙利和芬兰等问题。这些国家作为战败国，在国家重建的过程中必然要受到以苏、美、英为代表的战胜国处置和裁决。除了有关战争赔偿、限制军队等条款外，领土的变动是一个重要方面。这些问题在波茨坦会议后，于 1947 年 2 月 10 日在巴黎通过签订和约的方式确定下来。从边界的变动情况来看，意大利将多德卡尼斯群岛让给希腊，将萨扎尼岛割给阿尔巴尼亚，将威尼斯朱利亚割给南斯拉夫，里亚斯特地区则维持上述 A、B 两区的处置方式。保加利亚将战时吞并的希腊、南斯拉夫领土退还这两个国家，但是它收回了 1919 年被罗马尼亚兼并的南多布罗加。罗马尼亚将比萨拉比亚和布克维纳北部（乌克兰人聚居区）让给苏联，但收回了战时被匈牙利侵占的特兰西瓦尼亚北部地区。在领土方面收益最大的当然是苏联，它将波罗的海三国纳入版图，同时还得到芬兰的佩萨莫地区和捷克斯洛伐克的喀尔巴阡-拉瑟尼亚地区（罗塞尼亚地区），这里的居民多为乌克兰人。这一领土的分割，使苏联

_____

① 〔英〕菲利斯·奥蒂：《铁托传》，第 285 页。

在南部成为多瑙河"沿河唯一的大国，得以控制多瑙河从林茨直到入海处的全部河上贸易"。在中部使"苏联和匈牙利有了一条七十英里的共同边界"，在北部则控厄了芬兰湾。① 在进行巴黎和约谈判的过程中，同盟国军队在不同地区的现实存在已经将东、西方盟国的势力范围区别开来。所以，尽管这些被纳入和约签订国的意大利、罗马尼亚、保加利亚和芬兰都是法西斯战败国，但是在谈判中"苏联力求为轴心国的那些现在其势力范围内的卫星国获得有利的条款，而西方列强则因类似的原因而捍卫意大利的利益"。② 同盟国之间战后的分裂随着意识形态分歧和对立日益明显。特别是在苏联势力范围内的各个国家相继实现了共产党执政之后，社会主义与资本主义的政治对抗已经将欧洲分为东、西两个地缘政治区域。所以，当1946年3月5日丘吉尔在美国富尔敦的威斯敏斯特学院发表那篇著名的演讲时宣称："从波罗的海的斯德丁'什切青'到亚得里亚海边的的里亚斯特，一幅横贯欧洲大陆的铁幕已经降落下来。在这条线的后面，坐落着中欧和东欧古国的都城。华沙、柏林、布拉格、维也纳、布达佩斯、贝尔格莱德、布加勒斯特和索非亚——所有这些名称及其居民无一不处在苏联的势力范围之内……，只有雅典，放射着它不朽的光辉，在英、美、法三国现场观察下，自由地决定它的前途。"③ 东、西方的冷战历史开始了。

"南斯拉夫人在1945年底以前就已经完成了由党来创建一个铁板一块的国家机构的大部分阶段，比罗马尼亚人、波兰人和匈牙利人都提前了两年多。"④ 铁托领导的共产党与资产阶级政党联合组成的临时

---

① 〔英〕艾伦·帕尔默：《夹缝中的六国——维也纳会议以来的中东欧历史》，第359、361页。

② 〔美〕斯塔夫里阿诺斯：《全球通史：1500年以后的世界》，第794页。

③ 《战后世界历史长编》第一编第二分册，上海人民出版社，1976，第47页。

④ 〔英〕艾伦·帕尔默：《夹缝中的六国——维也纳会议以来的中东欧历史》，第381页。

政府，只是一段很短的历史。南斯拉夫共产党在抵抗法西斯和解放南斯拉夫过程中的决定性作用，使它得到了广大人民的支持。1945 年 9月，舒巴希奇退出了政府，这标志着铁托-舒巴希奇联合政府协议的终结。同年 11 月举行的大选，参加选举的人中有 90.5% 的选民赞同单一的以共产党为核心力量的"人民阵线"候选人。有一种说法称当时享有选举权的人中有 88.6% 的人抵制了选举，所以"人民阵线"所得到的 90.5% 的支持率只是参加选举的 11.4% 选民中的优势。[1] 这种说法是令人难以置信的。因为持这一说法的作者在同一本书中同时谈到了南斯拉夫共产党是如何得到南斯拉夫各民族人民拥护的。无论如何，经过选举产生的新议会宣布南斯拉夫为"联邦人民共和国"，从1946 年 1 月开始实施的新宪法中也包含了"社会主义经济各项基本原则的条款"。[2] 是年 3 月，"切特尼克"领导人德拉扎·米哈伊洛维奇在波斯尼亚东北部的山区落网，经审判于 7 月 17 日执行枪决。对此，英国、美国掀起一片抗议之声。南斯拉夫共产党在长期艰苦斗争中形成的独立自主性和取得国家政权的胜利，使它在苏联直接解放和指导下建立共产党政权的兄弟国家中，享有仅次于苏联"老大哥"的地位。1947 年秋季铁托先后访问了布拉格、华沙、索非亚、布达佩斯和布加勒斯特，每到一处都受到当地群众的热烈欢迎。尽管如此，铁托对苏联仍然保持着战时的那种尊重和服从。但是，对于斯大林来说，铁托在巴尔干半岛国家中的威望以及在东欧其他社会主义国家中正在不断扩大的影响，对苏联在整个社会主义阵营中至高无上的权威无疑是一种挑战。加之南斯拉夫共产党一些领导人对苏联红军在贝尔格莱德强奸妇女、胡作非为的指责，有损苏联的声望，这使苏联对南斯拉夫的不满与日增强。1947 年，南斯拉夫开始同保加利亚重谈 1944 年

---

① 〔英〕本·福凯斯：《东欧共产主义的兴衰》，第 69 页。
② 〔英〕艾伦·帕尔默：《夹缝中的六国——维也纳会议以来的中东欧历史》，第381 页。

曾酝酿过的关于建立"巴尔干联邦"的问题，即建立从里亚斯特到黑海之滨的"大南斯拉夫联邦"。但是，对于优越感很强的南斯拉夫来说，在1947年与保加利亚讨论这个问题已有了不同的想法。在此之前，南斯拉夫与保加利亚就马其顿问题达成了谅解，在南斯拉夫成立了马其顿人民共和国，与塞尔维亚、克罗地亚、斯洛文尼亚、黑山、波斯尼亚和黑塞哥维那人民共和国共同组成南斯拉夫社会主义联邦共和国。那么，在铁托与保加利亚领导人季米特洛夫讨论"大南斯拉夫联邦"问题时，南斯拉夫设想的保加利亚不过是作为与南斯拉夫联邦中上述6个联邦单位一样的"第七个共和国"。而保加利亚人所想象的是建立一个"南斯拉夫-保加利亚二元共和国"。1947年8月，季米特洛夫与铁托签署了一项关于两国之间在政治、经济和文化方面进行密切合作的协定。铁托在稍后访问索非亚时也表示在这样广泛和密切的合作基础上，"联邦将不过是一种形式而已"。在两个多月后，季米特洛夫在布加勒斯特谈到联邦问题时说，"最终的联邦将包括东南欧的所有民族在内"。[1] 事实上，南斯拉夫关于建立"巴尔干联邦"的问题，苏联一直是知道的，而且在某种程度上得到苏联认可。因为在斯大林的思想中曾产生过将东欧地区进行联邦式组合的计划，即南斯拉夫-保加利亚、乌克兰-罗马尼亚-匈牙利、波兰-捷克斯洛伐克-白俄罗斯三个联邦组。[2] 而且1944年关于南斯拉夫与保加利亚结成联邦的动议是斯大林提出的，只是后来出现了苏联和英国关于巴尔干半岛的"百分比"问题，斯大林才要求南斯拉夫和保加利亚停止这个问题的讨论，"因为，据说这样的解决办法，西方国家政府不会接受，我们建立这样的联邦只会使国际关系复杂化"。[3] 1947年铁托与季米特洛夫讨论的南-保联邦虽然因意见不一而未形成结果，但是巴尔干

① 〔英〕艾伦·帕尔默：《夹缝中的六国——维也纳会议以来的中东欧历史》，第383页。
② 〔英〕菲利斯·奥蒂：《铁托传》，第291页。
③ 〔南〕爱德华·卡德尔：《卡德尔回忆录》，新华出版社，1981，第114页。

· 207 ·

共产党建立整个东南欧大联邦的设想却让斯大林吓了一跳。为此，苏联立即召见铁托和季米特洛夫，但铁托却派了卡德尔和德热拉斯去听候训斥。

这是一次极其痛苦的会晤，斯大林对季米特洛夫关于建立"大联邦"的说法大加申斥，同时以命令的口吻要求立刻建立南-保联邦，而且在保加利亚人与南斯拉夫人重新回到建立"二元联邦"还是"七国联邦"的争论时，斯大林插话表态说："南斯拉夫人是对的。联邦必须是七个成员，而不是两个成员。"而且在卡德尔表示建立联邦需要一个过程时，斯大林厉声命令"不行，不能拖延，联邦应当建立，最好明天就建立"。[①] 斯大林急于建立南斯拉夫-保加利亚联邦，甚至不惜将保加利亚降等为南斯拉夫第七个联邦单位，实际上是很有意思的。在当时的条件下，战时的东、西方盟国关系已经开始破裂，斯大林一方面需要加固苏联对东欧卫星国的控制来保证苏联的安全，另一方面又不愿意公开地破坏"百分比"协议。所以，对于东、西方各占50%影响力的南斯拉夫已经成为共产党国家这样一个事实，他需要合法地将南斯拉夫纳入苏联的势力范围。支持南斯拉夫和保加利亚的联邦，甚至支持保加利亚作为南斯拉夫国家的一个联邦单位，可以使苏联在保加利亚享有的75%影响力成为控制南斯拉夫的合理解释。同时，为了实现这一目标，他甚至鼓励南斯拉夫和阿尔巴尼亚建立联邦，而且非常露骨地鼓励南斯拉夫"应当吞并阿尔巴尼亚"，[②] 因为阿尔巴尼亚在西方国家眼里从来就不是一个国家，所以英国在提出巴尔干半岛的"百分比账单"中根本就不包括阿尔巴尼亚。而斯大林了解南斯拉夫与阿尔巴尼亚之间存在着科索沃的领土争端问题。这种态度，目的是通过顺应或支持南斯拉夫的某些想法来达到控制南斯拉

---

① 〔南〕爱德华·卡德尔：《卡德尔回忆录》，第127、128页。
② 〔南〕爱德华·卡德尔：《卡德尔回忆录》，第114页；〔南〕弗拉吉米尔·杰吉耶尔《铁托传》，第107页。

夫。而斯大林反对南斯拉夫在希腊爆发内战后支持希腊共产党，则是避免西方怀疑南斯拉夫的行动出于苏联指使而损害英国在希腊的利益，从而造成东、西方更大的裂痕。1946 年秋季，希腊共产党领导的游击队东山再起，反抗右派政府对共产党残酷的镇压。到 1947 年初，共产党游击队的力量由于大量贫苦农民的加入而变得越来越强大，英国政府宣布它不能保证对希腊政府提供足以战胜游击队的援助。在这种形势下，美国第一次插手了巴尔干半岛的事务。杜鲁门总统向希腊派出了军事代表团，从 1947 年 3 月到 1949 年 6 月先后向希腊投入 4 亿美元军事支持和 3 亿美元经济支持。[1] 当时，南斯拉夫对希腊共产党进行了支持。对此，斯大林教训南斯拉夫人说："以为西方国家会把希腊让给共产党人，那是纯粹的幻想。你们与希腊共产党人一起耽迷于幻想，而且你们使我们大家都处于政治上的困难的地位。"尽管当时斯大林承认了日本投降后他对中国革命形势的错误判断，即蒋介石在企图重开内战剿灭共产党时他却鼓动毛泽东同蒋介石和解以建立某种联合政府。但是他仍然向卡德尔等南斯拉夫代表严厉地指出："希腊不是中国"，[2] 所以，"南斯拉夫同志应该停止支援他们。那里的斗争根本没有希望"。[3] 这次对南斯拉夫和保加利亚来说都是异常痛苦的会晤，最后以南斯拉夫被迫在苏联人起草的一份关于南斯拉夫今后所有的对外政策必须与苏联磋商的协议而结束。令人啼笑皆非的是，在签署这份对南斯拉夫国家来说有损国家主权和独立的屈辱性文件时，被从睡梦中召到克里姆林宫签字的卡德尔在震惊和无奈的慌乱中，居然把自己的名字写在了应该是苏联外长莫洛托夫签字的地方。

　　苏联召见保加利亚和南斯拉夫领导人的训诫，发生在 1948 年 2 月 10 日。而在 12 日，罗马尼亚共产党就下令从一切橱窗中将与斯大

---

① 〔美〕斯塔夫里阿诺斯：《全球通史：1500 年以后的世界》，第 798 页。
② 〔南〕爱德华·卡德尔：《卡德尔回忆录》，第 129 页。
③ 〔南〕弗拉吉米尔·杰吉耶尔：《铁托传》，第 118 页。

林、季米特洛夫、格罗查并列在一起的铁托照片去掉。而1947年末铁托访问罗马尼亚时不仅受到热烈的欢迎，而且"五十多万人冒着大风雪聚集在布加勒斯特的主要广场上听铁托的演说"。[①] 这一在苏联授意下出现的变化，预示了南斯拉夫在以苏联为核心的东欧社会主义阵营中即将经受的孤立和排拒。2月底，苏联通知南斯拉夫双方已到期的经贸协定在年底以前不会考虑续签问题。3月1日南共中央委员会正式决定不同意苏联关于建立南-保联邦的意见，18日苏联从南斯拉夫撤离所有的军事顾问和教练，次日南斯拉夫接到苏联撤出所有文职专家的通知。此后，苏、南领导人之间进行了一系列信件中的辩论。5月25日是铁托的生日，但是除了季米特洛夫外，苏联和东欧所有的共产党国家领导人没有一个有所表示。6月28日在布加勒斯特召开了共产党情报局会议，南斯拉夫共产党拒绝了出席会议的邀请。共产党情报局会议通过的决议中指出："南共领导人已将自己置于情报局所属各个共产党的对立面，走上了脱离反对帝国主义的社会主义统一战线的道路，走上了背叛工人阶级国际和团结事业的道路，并采取了民族主义立场。"[②] 所以决定将南斯拉夫开除出共产党情报局，也就是从社会主义阵营中开除出去。巴尔干半岛的政治格局形成了罗马尼亚、保加利亚和阿尔巴尼亚社会主义国家，希腊和土耳其资本主义国家，被东方社会主义阵营剔除的不被承认的南斯拉夫联邦人民共和国。南斯拉夫从此成为介于东、西方之间的独立的社会主义国家。

1948年6月28日南斯拉夫被共产党情报局开除，也许从时间上是偶然的巧合。但是，历史上的6月28日对于南斯拉夫来说是一个十分特殊的日子。所以，南斯拉夫从社会主义阵营中被驱逐的这一天，无论其是否巧合，对南斯拉夫来说又在历史上增添了一个遭受大国凌辱记录的6月28日。

① 〔南〕弗拉吉米尔·杰吉耶尔：《铁托传》，第102页。
② 〔英〕斯蒂芬·克利索德编《南苏关系》，人民出版社，1980，第385页。

第八章

南斯拉夫解决民族问题的理论与实践

南斯拉夫在世界上已孤立。在东方，斯大林在咒诅；在西方，误解和由来已久的威胁均存在。历史上从来没有一个小国曾面临过这样困境。

〔南〕弗拉吉米尔·杰吉耶尔：《铁托传》

南共认为她的最大和不可逾越的历史功绩是以创建联邦制的共同国家解决了民族问题。

〔南〕杜尚·比兰契奇：
《南斯拉夫社会发展的思想和实践》

虽然这些要求只发自克罗地亚民族主义者中一些狂热的偏激分子，但是整个局势已显得如此严重，不仅威胁党的统一，并且还威胁铁托自战后建立起来的政权和国家的统一。

〔英〕菲利斯·奥蒂：《铁托传》

我的革命工作和生命的大部分是在这里、在塞尔维亚的共产
主义者中间度过的。我们的起义是在塞尔维亚的土地上开始的。
至少对我来说，无论是同塞尔维亚共产主义者的关系，还是同其
他任何共产主义者的关系，从来都没有成为问题。

〔南〕佩·达姆扬诺维奇等编《铁托自述》

第一节　苏南关系与南斯拉夫民族凝聚力

1948年6月28日南斯拉夫共产党被开除出共产党情报局这一事
件，是斯大林在建立以苏联为领导核心的社会主义阵营过程中出现的
第一次重大的危机。造成这一危机的原因可以说既复杂又简单。当
然，这个日子本身对南斯拉夫人来说也是意味深长的。

其复杂性在于，历史上大国列强干预巴尔干半岛事务的传统一直
没有改变，而在出现了共产主义与资本主义的意识形态和社会制度对
立之后，大国在巴尔干半岛的争夺又表现出远非历史上帝国主义之间
的竞争可以相提并论的政治因素。特别是东、西方竞争对手以各占
50%的影响力来划分南斯拉夫的结果，促使日益敌对的双方交相对南
斯拉夫施加影响。而南斯拉夫联合政府的垮台和铁托领导的共产党实
现一党执政，使苏联和英、美对南斯拉夫各占50%影响力的天平发生
了根本性的倾斜。所以，从1945年英、美以武装干涉的方式阻止南
斯拉夫收复里亚斯特、伊斯特拉和斯洛文尼亚沿海地区，到1948年
南斯拉夫遭到苏联贬斥而西方势力趁机施压：要求将所谓"自由区"
的A、B部分统统划归意大利，冻结南斯拉夫银行的黄金储备，将南
斯拉夫的多瑙河舰队封锁在德国境内，为逃亡的"乌斯塔沙"和
"切特尼克"分子提供保护和援助，军事飞机经常侵入南斯拉夫领空，
等等。南斯拉夫再次陷于夹缝中的困境。因为来自苏联和共产党邻邦

国家的谴责和压力，比来自西方势力的威胁更为沉重。

其简单性在于，南斯拉夫共产党独立取得领导反法西斯斗争的胜利和建立共产党政权的实践，表现出与其他在苏联直接影响下建立的东欧社会主义国家完全不同的自主性。这种独立自主性对苏联主导下完全听命于莫斯科的社会主义阵营构成了胆大妄为的挑战，这对共产主义世界的"老大哥"和"领袖"来说无论从政治上还是从尊严上都是不能容忍的。所以，仅从这样一个原因出发，苏联就可以发动一场包括颠覆南斯拉夫政权在内的意识形态围攻战和经济封锁战，甚至进行军事威胁。苏联不允许任何一个共产党执政的国家"离经叛道"于"苏联社会主义模式"，这样一个简明的原则在南斯拉夫之后，苏联又将它运用于包括中国在内的其他社会主义国家。斯大林"在对外国共产党和外国的关系上，他推行大党主义和大国主义。如二战前对波兰等共产党领导人进行清洗和镇压，发动苏芬战争，同希特勒签订瓜分波兰的密约，进兵波罗的海三国；二战中同西方划分战后势力范围；二战后对南斯拉夫进行压制打击，对东欧国家党的领导进行清洗……"[1] 这种对外政策实质上是一种帝国霸权政策。所以，苏联与南斯拉夫的这场危机，可以说是帝国霸权在巴尔干半岛争夺势力范围的继续，只是有了新的政治因素而已。

当时，苏联在公开谴责南斯拉夫的同时，还通过秘密手段在南斯拉夫党内寻找反对铁托的力量，试图从南斯拉夫内部搞垮铁托。在苏联的命令和鼓动下，几乎所有的共产党执政国家都努力效法苏联的做法，开足了宣传机器的引擎，谴责南斯拉夫背叛共产主义、实行资产阶级民族主义，甚至将铁托痛斥为英国情报机关雇用的代理人、"华尔街的行吟诗人"，并且纷纷派遣特务潜入南斯拉夫制造暴乱、谋刺铁托。这些国家与南斯拉夫签订的友好条约也全部废弃。在政治施压

---

① 宫达非主编《苏联剧变新探》，世界知识出版社，1998，第 14 页。

的同时，经济上的封锁对南斯拉夫第一个五年计划造成了沉重的打击。其目的是促使南斯拉夫的经济崩溃，从而引发南斯拉夫人民对现政权的不满继而推翻铁托政权。为此，苏联等国的军队也虎视眈眈地陈兵于南斯拉夫的边境，只待南斯拉夫内部一旦发生起义或动乱便趁势出兵。为了全面孤立南斯拉夫和造成南斯拉夫内乱，苏联人利用阿尔巴尼亚对南斯拉夫的戒心，从过去根本不把它看成一个国家并一度鼓励南斯拉夫将其吞并转为同阿尔巴尼亚建立密切的关系，"与铁托关系破裂后不到两年，就已有 3000 名苏联专家进驻阿尔巴尼亚，他们一面兴建这个国家的基本工业，一面鼓励阿尔巴尼亚的穆斯林少数民族越过南斯拉夫边境采取收复领土的行动"。[1] 通过迎合阿尔巴尼亚对科索沃的领土要求，来为南斯拉夫制造内乱。这些手段与帝国主义利用民族矛盾、领土争端问题挑起巴尔干半岛国家和民族之间的纷争的做法如出一辙。然而，"面对着苏联的威胁，绝大多数南斯拉夫共产党员和人民团结起来为铁托作后盾。这清楚地表明，游击队运动在战争期间已培育了一种强烈的民族主义感情。这种感情为铁托政权提供了最坚强的基础"。[2] 南斯拉夫在新建国家遭到如此围攻和威胁的情况下，维护国家主权独立的信念大大增强了南斯拉夫各民族人民的国家民族主义意识，各民族人民的民族凝聚力在国家层面上得到整合与加强。

当然，那些跟着苏联反对南斯拉夫的国家，没有料到这场危机会扩大到自己头上。从 1949 年开始，以在共产党国家肃清"铁托主义"为目标的大清洗，席卷了中东欧各个共产党国家。所谓"铁托主义"虽然可以从政治上贴很多诸如"资产阶级民族主义""帝国主义的代言人"之类的标签，但实质是"独立主义"，即摆脱大国控制坚持走自己道路的信念。而这种理念对于苏联来说是决不允许的。所以，在

---

① 〔英〕艾伦·帕尔默：《夹缝中的六国——维也纳会议以来的中东欧历史》，第 385 页。
② 〔英〕斯蒂芬·克利索德主编《南斯拉夫简史》，第 385 页。

南斯拉夫共产党坚决地捍卫了党和国家的独立自主而抗拒苏联的压力后，斯大林为了防止其他在苏联控制下的国家出现类似的问题，开始对这些国家的共产党进行清洗。从 1949 年 6 月 11 日起始于阿尔巴尼亚以"铁托主义"的罪名将内务部长科奇·佐治判罪处决，到 9 月 16 日布达佩斯法庭对劳伊克·拉斯洛等 7 名阴谋叛国分子的审判，① 以及接踵而至的 9 月匈牙利以"勾结铁托"的罪名对共产党主要领导人拉伊克·拉斯洛公开审判，② 11 月初波兰将先期已经解职的党的总书记瓦·哥穆尔卡开除出中央委员会（后又开除出党并投入监狱），③ 12 月 17 日保加利亚党和国家领导人特莱乔·科斯托夫被处以绞刑，④ 1950 年 3 月捷克斯洛伐克以"资产阶级民族主义"罪名对外交部长弗拉多·克列门蒂斯进行指控，5 月古斯塔夫·胡萨克被解职，8 月德意志民主共和国将鲍尔·梅尔克尔等一批"非莫斯科派"老战士开除出党，⑤ 等等。涉及基层的清洗则更为广泛，1950 年 3 月，保加利亚宣布在过去的一年中有 9.24 万人被从党内清除，1951 年 7 月罗马尼亚公布过去两年内有 19.2 万人被开除出党，⑥ 在匈牙利 35 万人被从工人党中清除，15 万人被监禁，2000 人被处决。⑦ 这些清洗活动是在苏联直接领导下进行的。例如在保加利亚，"1950 年初，费拉托夫将军作为苏联内务部的代表同一批'顾问'来到我国。这个人很有名气，也在我国干了竭力迫害党和国家高级领导的龌龊勾当"。⑧ 1949 年 10 月，"两名苏联安全专家抵达布拉格。他们批评捷克斯洛伐克安

---

① 〔英〕艾伦·帕尔默：《夹缝中的六国——维也纳会议以来的中东欧历史》，第 388 页。
② 〔英〕本·福凯斯：《东欧共产主义的兴衰》，第 100 页。
③ 〔波〕扬·普塔辛斯基：《瓦·哥穆尔卡》，新华出版社，1988，第 120 页。
④ 〔保〕托多尔·日夫科夫：《日夫科夫回忆录》，新华出版社，1999，第 103 页。
⑤ 〔英〕本·福凯斯：《东欧共产主义的兴衰》，第 100—101 页。
⑥ 〔英〕艾伦·帕尔默：《夹缝中的六国——维也纳会议以来的中东欧历史》，第 387 页。
⑦ 〔英〕本·福凯斯：《东欧共产主义的兴衰》，第 100 页。
⑧ 〔保〕托多尔·日夫科夫：《日夫科夫回忆录》，第 100 页。

全部门软弱无力、优柔寡断"。① 到 1952 年，在东欧诸国中的大清洗再起高潮，而这次被称为"清洗者被清洗"的重点主要是在罗马尼亚和捷克斯洛伐克，而且与苏联反犹太人的运动是联系在一起的。1952年 11 月对捷克斯洛伐克"斯兰斯基"集团的审判，14 名被告中有 11人出身于犹太人家庭。在罗马尼亚被清洗的外交部长安娜·鲍克也是犹太人。② 到 1952 年以后，可以说斯大林主义在东欧除南斯拉夫这个"叛逆"国家之外的所有共产党执政的国家中取得了全面胜利，这些国家对斯大林的个人崇拜也达到了"光辉的顶点"。当然，这种清洗同时也发生在南斯拉夫，只是南共的清洗是为了消除党内的亲苏派以维护铁托的政权安全，不过其残酷程度并不亚于发生在其他国家中的悲剧。

斯大林对东欧地区共产党组织的大规模清洗，是在对南斯拉夫施加了种种压力后未见成效而采取的手段。其一是为了彻底孤立南斯拉夫，使之得不到一点来自社会主义阵营的支持或同情；其二是决不允许再出现与苏联分庭抗礼的第二个南斯拉夫。因为，南斯拉夫所处的地理位置虽然对苏联来说极具战略意义，但是"漫长的亚得里亚海岸线也确保这个共和国无论在何处也不受苏联的钳制，不会像波兰、捷克斯洛伐克、罗马尼亚和匈牙利那样都被牢牢地夹在苏联的老虎钳里"。③ 所以，在西方真正意识到铁托领导的南斯拉夫已经被苏联完全抛弃了之后，他们便开始同南斯拉夫接近并探讨援助的问题，而这正是南斯拉夫国家面临的最大困难。在此之前，南斯拉夫不仅拒绝了美国的"马歇尔计划"，而且出于共产党兄弟之间的革命友谊而放弃了对保加利亚的战争赔款要求。但是 1948 年以后来自社会主义阵营的政治压力、经济制裁和军事威胁，使南斯拉夫的经济形势随着自然灾

---

① 〔英〕本·福凯斯：《东欧共产主义的兴衰》，第 100 页。
② 〔英〕本·福凯斯：《东欧共产主义的兴衰》，第 101—102 页。
③ 〔英〕艾伦·帕尔默：《夹缝中的六国——维也纳会议以来的中东欧历史》，第 382 页。

害造成的农业歉收而变得日益严峻。在这种形势下，南共依靠南斯拉夫各民族人民抵御外来压力的民族凝聚力虽然可以维护国家的主权和尊严，但是难以扭转经济基础薄弱的现实。所以，南斯拉夫选择了与西方建立经贸关系以摆脱困境的出路。但是，铁托在发展同西方关系方面坚持的原则是"援助必须不附带任何政治条件，否则概不接受"。① 美、英等西方国家对南斯拉夫的经济和军事援助，不仅是为了恢复已经失去的"百分比"协议，更重要的是当时意大利和法国共产党势力令人望而生畏。这同样是西方世界不能容忍的。所以，在南斯拉夫扩大西方势力的影响，可以增强南斯拉夫对苏联的抗拒从而防止东欧共产主义向西方扩张。为此，西方国家从农业、工业、军事等多方面对南斯拉夫进行了持续的援助，包括为南斯拉夫训练各种专家。据统计，从 1949 年到 1959 年的 10 年间，南斯拉夫从西方得到的援助高达 24 亿美元。② 令人啼笑皆非的是，在南斯拉夫受到来自东方社会主义阵营的意识形态围攻和经济封锁而转向同西方资本主义发展经贸关系时，西方"资本主义世界的共产党，对克里姆林宫所组织的这场伟大的思想政治方面的镇压运动一致表示拥护"。意大利共产党、法国共产党、西班牙共产党等西方世界的"每个共产党都为克里姆林宫的战役提供了'自己'的一份贡献"。③ 在东、西方共产党的夹击下，铁托开始寻求同其他国家建立关系，1954 年与希腊和土耳其签订的"巴尔干公约"使南斯拉夫南部边境获得了一定程度的安全。

铁托虽然同西方国家建立了经贸合作关系，但是南斯拉夫共产党坚持自己的社会主义信念的事实并没有改变。铁托在探索自己独立道路的同时，仍然在促使国家的社会主义制度按照苏联所要求的特点而

---

① 〔英〕菲利斯·奥蒂：《铁托传》，第 299 页。
② 〔英〕菲利斯·奥蒂：《铁托传》，第 299 页。
③ 〔西〕费尔南多·克劳丁：《共产主义运动——从共产国际到共产党情报局》下册，求实出版社，1982，第 230、299 页。

加以发展。特别是针对苏联对南斯拉夫的指责，包括南共执行的非马克思主义路线、没有对农民进行阶级划分和实现土地集体化、共产党隐藏在"人民阵线"后面等。1948 年 7 月召开的南共第五次代表大会，是针对共产党情报局开除南斯拉夫的决定而举行的。这次会议通过的南共党章较之 1919 年 4 月第一次代表大会通过的《南斯拉夫社会主义工人党（共产党）章程》、1920 年 6 月第二次代表大会通过的《南斯拉夫共产党章程》和 1926 年 6 月第三次代表大会通过的《南斯拉夫共产党章程》，最大的特点就是对南斯拉夫共产党的性质、指导思想、领导地位和奋斗目标作出了明确的阐释："南斯拉夫共产党是南斯拉夫联邦人民共和国工人阶级的有组织的领导力量，是工人阶级组织的最高形式。南斯拉夫共产党在自己的活动中以马克思列宁主义理论为指南。……南斯拉夫共产党是南斯拉夫人民建设社会主义斗争的发起者、组织者和领导者。南斯拉夫共产党是全体劳动人民，即工人阶级、劳动人民、人民知识分子和联合在人民阵线里的绝大多数其他劳动人民在南斯拉夫建设社会主义社会和争取共产主义胜利而斗争的领导者。"① 南共在明白无误地宣布了自己的共产主义纲领之后，也加快了建立国家公有制经济体制的速度，特别是在农业集体化方面甚至不惜采取苏联曾经实行过的强制政策，使农业合作社从 1945 年的 14 个、1946 年的 280 个、1947 年的 638 个、1948 年的 1217 个猛增到 1949 年的 6238 个和 1950 年的 6913 个。农民中"大多数人是受自己党员亲戚的压力之下加入农业合作社的"。但是当时国家支持农业集体化的技术条件却十分薄弱，就拖拉机而言也只有 4530 台，② 与一个合作社一台的目标还相去甚远。南斯拉夫实行这些措施的目的，是使

---

① 《南斯拉夫共产主义者联盟章程汇编》，求实出版社，1986，第 27 页。
② 〔南〕杜尚·比兰契奇：《南斯拉夫社会发展的思想和实践》，商务印书馆，1986，第 76 页。又，在《卡德尔回忆录》第 249 页所列 1945 年到 1950 年的农业合作社数据与本书所引的同期数据有异，但是 1948 年以后这种合作社数量的猛增是这两组数据的共同特点。

自己更符合苏联所要求的社会主义形式，也是在为南斯拉夫是社会主义国家辩护。所以，1948 年以后苏联在整个东欧地区推行"苏联社会主义模式"，南斯拉夫并没有因被排除在外而放弃回归社会主义阵营的努力。1949—1950 年，东欧国家工业国有化企业在工业生产中所占比重分别为：阿尔巴尼亚 97%、保加利亚 95%、捷克斯洛伐克 96%、匈牙利 81%、波兰 92%、罗马尼亚 95%、民主德国 76%，被打入另册的南斯拉夫由于为了得到苏联的承认而分外努力居然达到了 100%。到 1952 年，经过第二次清洗后，各国的上述差距进一步缩小，阿尔巴尼亚 98%、保加利亚 100%、捷克斯洛伐克 98%、匈牙利 97%、波兰 99%、罗马尼亚 97%、民主德国 81%、南斯拉夫 100%。在农业集体化方面，东欧各国的进度普遍比较缓慢，直到 1953 年也只有保加利亚达到了全国可耕地 53% 集体化的标界线（50%），其他国家的差距还很大，捷克斯洛伐克 40%、匈牙利 26%、南斯拉夫 19%、阿尔巴尼亚 8%、波兰 7%、罗马尼亚 8%、民主德国为 0。[①] 不过，在这一组数据中，南斯拉夫的农业集体化水平并非 1950 年农业合作社高潮时的水准，因为这种激进的做法及其所造成的弊端，对 1946 年宪法所规定的"耕者有其田"的原则和战后对农民实行休养生息政策国情实际，产生了十分消极的影响。所以从 1951 年开始，农业集体化运动不仅停止下来，而且在 1952 年合作社突然减少到 4225 个，1953 年只剩下 1165 个，退回到 1948 年的水平。这也表明，南斯拉夫在努力按照苏联的模式改造自己的过程中，虽然一度达到了东欧社会主义国家的领先水平，但是并没有因此而得到期望的承认，反而为此而付出了脱离国情实际的激进代价，其中最惨痛的代价就是联邦制向中央集权制的转化。为此，南斯拉夫开始了反省和走自己的道路。

尽管南斯拉夫在抵制苏联的无端指责和承受巨大压力的情况下，

---

① 〔英〕本・福凯斯：《东欧共产主义的兴衰》，第 84、86 页。

仍旧矢志不渝地在坚持独立自主原则的基础上按照"苏联社会主义模式"改造自己的国家政治、经济体制，但是它的独立性没有使这些努力得到苏联的任何同情和认可。而中央集权体制随着推行苏联式经济体制的改造而得到强化，却使抵御外侮、共渡难关的南斯拉夫国家民族主义开始向各民族的民族主义转化。这是联邦制有名无实的必然结果，这种现象已经在苏联 30 年代后期得以体现。在南斯拉夫，由于洗刷马克思主义"叛逆"者罪名和回归社会主义大家庭的急切心情，南共在推行全国性的"苏联社会主义模式"的过程中强化了中央权威和行政命令的统治机制。虽然南共中央和联邦政府体现了多民族的各共和国代表的组成，但是这种强制命令式的全国统一，要求"所有共和国的机构都必须不折不扣地执行联邦上层机关的决定"，由此而引起各共和国不满情绪的滋长。随着联邦中央政府对剩余劳动在全国范围内的主观分配及其往往造成以牺牲一个民族的利益来满足另一个民族的需要，各共和国在经济上出现了同中央争夺国民收入分配的地方民族主义趋向。对于南斯拉夫这样一个有特殊历史的多民族国家来说，如果说实行酝酿已久的联邦制是解决民族问题的正确选择，那么"国家中央集权制的政治经济结构本身同民族平等是不能并存的，特别是时间越久越无法并存"。而且"集中制必然发展为中央集权主义、霸权主义和民族不平等，这对南斯拉夫这个多民族国家共同体来讲是不可避免的"。[1] 在 1948 年以后的几年间，南斯拉夫共产党在保持自己独立性方面虽然没有向苏联让步，但是在自主探索符合南斯拉夫国情实际的社会主义道路问题上又采取了模仿苏联的教条主义，其结果是使战后，特别是 1948 年苏、南危机爆发时形成的南斯拉夫各民族凝聚力随着中央集权体制对联邦制的侵蚀而开始解构。在这种形势下，内部按照苏联标准进行的激进改造没有得到承认，外部同西方关

---

[1] 〔南〕杜尚·比兰契奇：《南斯拉夫社会发展的思想和实践》，第 79、80 页。

系的进一步发展，促使铁托最终放弃了回归以苏联为核心的社会主义阵营的期望，而在坚持南共政纲的前提下开始探索他认为是比苏联更加先进和更加优越的独立自主的南斯拉夫社会主义道路。其中解决民族问题成为这种探索中的重要方面。

第二节　联邦制与解决民族问题

南斯拉夫国家实行联邦体制有较为深远的历史背景，这与苏联实行联邦制有所不同。至少南共从一开始就是按照联邦制来构建这个新国家的，不过在通过联邦制来解决民族问题这一点上它们又是一致的。

众所周知，列宁在俄国"十月革命"前是坚决反对联邦制的，他认为"联邦制在理论上的根据只能是民族主义思想"。[①] 但是，列宁对联邦制的批判态度主要集中在无产阶级政党的统一问题上，也就是说无产阶级政党不能采取联邦制的形式来组建，无产阶级政党的国际主义是反对民族主义的，无产阶级政党的统一性是反对联邦制的。所以，列宁认为："只要各个不同的民族组成统一的国家，马克思主义者就决不主张任何联邦制原则，也不主张任何分权制。中央集权制的大国是从中世纪的分散状态走向将来全世界社会主义统一的一个巨大的历史步骤。"[②] 当然，列宁所强调的中央集权制是"坚持民主的中央集权制"，是不排斥地方或民族区域自治的中央集权制。但是，随着俄国无产阶级革命的深入和发展，列宁对沙俄帝国的民族问题历史与现状有了更加深入的把握，对于民族问题深重、无产阶级力量薄弱的多民族帝国而言，彻底推翻沙皇政权和打败资产阶级，必须发动和团结各被压迫民族，而对于这些长期身陷"各民族牢狱"的被压迫民族来说，民族解放是第一位的，所以倡导民族自决权和各民族从沙皇

---

① 列宁：《最高的厚颜无耻和最低的逻辑推理》，《列宁论民族问题》上册，第41页。
② 列宁：《关于民族问题的批评意见》，《列宁论民族问题》上册，第247页。

帝国中的分离权，也就成为布尔什维克发动和团结各民族人民的政治口号。不过，从理论上而言，民族自决权、民族分离权都属于民族主义理论的范畴。而民族主义作为帝国霸权的天敌，在反抗帝国征服和殖民统治中具有不可替代的作用。马克思所说民族主义导致希腊和罗马的灭亡正是针对这一作用而言的。事实上，第一次世界大战后奥斯曼、奥匈和沙俄帝国的解体都包括了被压迫民族的民族主义反抗，第二次世界大战以后整个西方殖民主义帝国的土崩瓦解也是在亚洲、非洲殖民地、半殖民地被压迫民族的民族主义运动蓬勃兴起的浪潮中实现的。所以，列宁把俄国无产阶级革命的胜利在一定程度上也寄托于被压迫的各非俄罗斯民族的反抗。列宁认为，只要各民族的无产阶级实现统一，即便出现暂时的民族独立或分离，也会因无产阶级政党的统一和实行各民族一律平等的政策而重新聚合在社会主义的中央集权制度下。然而，"十月革命"后的俄国处于帝国解体的分崩离析状态，波罗的海三国的共产党势力很快被资产阶级民族主义势力所扑灭，帝国主义列强对新生布尔什维克政权的围攻也在通过承认那些从沙俄帝国肌体上分离出来的独立政权而孤立共产党。在这种形势下，列宁从反对联邦制转向在坚持无产阶级革命的民主集中制原则基础上实行联邦制。列宁认为这是向实现统一的、民主集中制的共和国"前进一步"的必要阶段，"是各民族劳动者走向完全统一的过渡形式"。[①] 当然，列宁没有来得及对这一过渡形式的过程进行研究。斯大林在论及联邦制时以美国和瑞士为例指出："联邦制作为从独立到帝国单一制的过渡阶段是一种完全适宜的形式，但是各州、各联邦合成统一的国家整体的条件一成熟，联邦制就被废除和抛弃了。"与美国、瑞士不同的是，俄国的联邦制是在沙皇帝国的中央集权制解体后，各个分散的民族政权在各民族兄弟般的自愿联合基础上建立的，但是"俄国的

---

① 列宁：《民族和殖民地问题提纲初稿》，《列宁论民族问题》下册，第 816 页。

联邦制也同美国和瑞士的联邦制一样注定要起过渡作用，过渡到将来的社会主义单一制"。① 不过，作为列宁的继任者斯大林很快就在事实上结束了这种过渡，实行了高度的中央集权体制，从而使联邦制在解决民族问题方面的作用没有得到发挥，这是苏联解决民族问题失败的重大原因之一。至于说在探讨苏联解体的教训中对苏联是否应该实行联邦制的讨论，不能简单地从结果去否定当时历史条件下的选择。正如 20 世纪 90 年代南斯拉夫社会主义联邦解体和捷克斯洛伐克社会主义联邦解体一样，不能说社会主义国家就不能实行联邦制，而联邦制只能在资本主义国家中行得通。对这些问题的研究，还是要按照列宁所说："在分析任何一个社会问题时，马克思主义理论的绝对要求，就是要把问题提到一定的历史范围之内；此外，如果谈到某一个国家（例如，谈到这个国家的民族纲领），那就要估计到在同一历史时代这个国家不同于其他各国的具体特点。"②

　　南斯拉夫是一个多民族国家，但是其整个历史的发展进程不同于沙皇俄国。南斯拉夫各民族长期处于奥斯曼帝国和奥匈帝国的统治之下，而且长期处于东、西方列强国家的争夺及其推行的"分而治之""以夷治夷"政策的离间和利用之中。这造成南斯拉夫各民族在历史上分合离散、恩怨情仇的关系十分复杂，加之不同宗教的分野（东正教、天主教和伊斯兰教）和不同文化的影响（希腊、罗马、斯拉夫和伊斯兰文化），各民族的民族性和价值观隔膜甚多。塞尔维亚和黑山民族（历史上也被称为黑山塞尔维亚人），是摆脱帝国统治、独立建国较早的民族，他们在反抗奥斯曼帝国和奥匈帝国的斗争中所发挥的作用举足轻重。但是，由于这两个民族在经济文化上比较落后，农业人口占绝大比重，其独立建国思想中的帝国专制色彩十分浓厚，这也

---

① 斯大林：《俄罗斯联邦共和国的组织》，《斯大林论民族问题》，民族出版社，1990，第 114、115 页。

② 列宁：《论民族自决权》，《列宁论民族问题》上册，第 315 页。

导致了大塞尔维亚民族主义的滋长和在建立统一的南斯拉夫民族国家中泛塞尔维亚民族主义的伸张。克罗地亚民族的人口仅次于塞尔维亚民族，但是它一直处于奥匈帝国的统治之下，在帝国统治中克罗地亚人始终为获得自治权利而斗争，克罗地亚的民族主义也非常强烈，这也是 1918 年建立塞尔维亚-克罗地亚-斯洛文尼亚王国后克罗地亚人一直在为实行联邦制而奋斗的原因，并最终在 1939 年同南斯拉夫王国摄政委员会签订“斯波拉宗”协定建立了相对独立的“克罗地亚巴昂区”。斯洛文尼亚民族在当时享有民族地位的南斯拉夫各民族中可以说是第三大民族，它长期处于奥匈帝国日耳曼人的统治之下，日耳曼化程度较高，经济文化水平也相对其他南斯拉夫民族为高，但是它一直远离巴尔干半岛的政治纷争和南斯拉夫统一建国的斗争，在一定程度上受到塞尔维亚人和克罗地亚人的轻视。波斯尼亚和黑塞哥维那的穆斯林群体，虽然从民族归属上分别属于塞尔维亚人或克罗地亚人，但是由于宗教信仰不同和经济文化落后，他们往往不被塞尔维亚民族和克罗地亚民族所接纳，属于享有宗教地位的非民族群体。马其顿虽然有过帝国强盛的历史，但是自从奥斯曼帝国侵入巴尔干半岛后它就失去了民族地位，并受到其他斯拉夫民族的同化，最终在第二次巴尔干战争中被塞尔维亚、希腊和保加利亚肢解。至于第一次世界大战后塞尔维亚-克罗地亚-斯洛文尼亚王国中的其他少数民族，主要是匈牙利人和阿尔巴尼亚人，都是受歧视的民族。

铁托在领导南斯拉夫各民族人民开展抵抗法西斯的斗争中，从南斯拉夫民族问题的现实出发，坚持了各民族一律平等的原则，因为这是有效消除民族隔阂、化解民族仇怨、最大限度地团结各民族人民的基础。同时，铁托作为克罗地亚人深知塞尔维亚与克罗地亚之间的民族矛盾，尤其是在抵抗法西斯的斗争中直接感受着克罗地亚“乌斯塔沙”对塞尔维亚人的“种族灭绝”式的屠杀和塞尔维亚“切特尼克”对克罗地亚人“以牙还牙”式的报复，这使铁托领导的南斯拉夫共产党在建立新南斯拉夫国家的设想中，从南斯拉夫各民族的人口结构和历史国家背景以及传统聚居地区等实际出发，针对旧南斯拉夫只承认塞尔维亚（包括黑山）、克罗地亚和斯洛文尼亚的民族地位而损害其他民族权益的政策，提出了实行联邦制的建国计划。在 1943 年 11 月 29 日召开的南斯拉夫人民解放委员会第二次会议上，"决定把南斯拉夫建成一个民族平等的、民主的联邦国家，联邦成员是：塞尔维亚、克罗地亚、斯洛文尼亚、马其顿、波斯尼亚-黑塞哥维那和黑山"。这一建国思想的提出，为建立以南斯拉夫共产党为领导核心的社会主义南斯拉夫奠定了获得各民族人民支持的基础。因为，那些在南斯拉夫王国时期的民族不平等和民族地位得不到承认的问题是由南共提出解决办法的。所以，在新南斯拉夫国家建立时，虽然按照东、西方大国"百分比"的交易形成了同旧南斯拉夫王国势力和资产阶级政党联合的所谓"民主"政府，但是当资产阶级民族主义政党和国王势力试图恢复塞尔维亚人独揽大权的局面时，南斯拉夫共产党的主张立即得到各民族人民的广泛支持，这些民族明白，如果实行旧的国家制度，也就意味着民族平等权利的丧失。1945 年 8 月，南共成立了"人民阵线"，并在 11 月 11 日的选举中得到了南斯拉夫各民族人民的支持，以南共为核心的"人民阵线"在联邦院选举中获得了 90.48%的选票，在民族院获得了 88.68%的选票。11 月 29 日，选举产生的新议会通过了一系列包括废除君主制在内的决定，宣布在联邦制和民主制的基础上建立南斯拉夫联邦人民共和国。1946 年 1 月 31 日，人民共和国议会通过了新宪法。这部以苏联 1936 年宪法为蓝本的包括 138 款内容的国家大法，规定了国家两院制立法机关和中央政府负责的权力，同时也规定了各联邦共和国的权力与地位，其中包括在塞尔维亚共和国中设立伏伊伏丁那自治省和科索沃-梅托西亚自治区。① 南斯拉夫联邦

---

① 〔英〕斯蒂芬·克利索德：《南斯拉夫简史》，第 372—374 页。

人民共和国的联邦院通过全国的选民选举产生，而民族院则由 6 个共和国和两个自治地方的议会选举的 175 名代表组成。在代表名额分配上，南共采取了绝对平等的政策，6 个共和国不论规模大小、人口多少，在民族院的代表都是 25 名。同时，伏伊伏丁那自治省为 15 名代表，科索沃-梅托希亚自治区 10 名代表。民族院的这种组成，使南斯拉夫各民族在国家事务的参与方面获得了制度形式上的平等权利保障。

不难看出，南共在建立南斯拉夫人民共和国的过程中，实行联邦制是从本国民族问题的历史和现实国情状况出发作出的选择，以期在各民族一律平等的原则基础上通过联邦制和民族区域自治的制度保障来解决民族问题。南斯拉夫对少数民族的政策贯彻了列宁关于通过民族区域自治以保障少数民族平等权利的思想。尽管，伏伊伏丁那的匈牙利人和科索沃-梅托西亚的阿尔巴尼亚人，由于历史上帝国统治和领土变迁等原因，与南斯拉夫人，主要是塞尔维亚人之间存在着相互压迫和欺凌的积怨，尤其是在刚刚结束的第二次世界大战中匈牙利作为法西斯轴心国的成员，对伏伊伏丁那的塞尔维亚人进行了民族迫害；科索沃在意大利法西斯统治下也出现了对塞尔维亚族、黑山族的清洗。但是，在战后这些领土重新回归南斯拉夫以后，南斯拉夫政府和塞尔维亚人没有对这些有历史积怨的少数民族采取报复措施，反而为了保障他们作为南斯拉夫联邦人民共和国成员的平等权利建立了自治省和自治区。这与东欧其他一些国家处理类似的问题完全不一样。例如，战后，根据波茨坦会议文件中关于"有秩序地遣返德国居民"的规定，[①] 东欧一些国家出现了驱逐境内德意志人的浪潮，"波兰至少驱逐了 600 万德意志人出境"，"捷克人在 1945 年至 1946 年从苏台德驱逐出了大约 300 万德意志人"。而且这种驱逐伴随着暴行、掠夺和侮辱行为发生。当然，

---

① 〔苏〕萨纳柯耶夫等编《德黑兰、雅尔塔、波茨坦会议文件集》，三联书店，1978，第 519 页。

造成这种事态的原因是德国法西斯推行大日耳曼民族主义及其对其他民族残酷迫害的后果，但是"决不能证明其为正确"。南斯拉夫在遣返境内德意志人问题时采取了非敌视性的态度，这也从一个方面表明南共的民族政策坚持了马克思主义民族观。

在南斯拉夫实行联邦制的建国选择方面，无疑从体制和有关规定方面直接借鉴了苏联的经验。但是，从南斯拉夫近代以来的历史发展过程来看，南共的这一选择还是从本国实际出发的结果。这是一个内因与外因的关系问题。如上所述，在苏、南关系发生危机后，南斯拉夫在维护自己的独立性的同时仍为回归社会主义阵营而努力，并且在按照苏联的模式改造自己的国家，形成了事实上的中央集权领导体制和统一行政命令的工作机制。特别是在农业集体化方面实行的激进政策，对广大农民阶级的积极性造成了负面影响，消极的反抗以农业减产的形式表现出来。当然，这只是在农业问题上的反映，在工业方面和民族关系方面也出现了同类问题。在这种情况下，南共领导人开始对这一时期的政策加以反思并对南斯拉夫的社会发展政策进行探索。这种反思是建立在对苏联模式的弊端认识基础上的，南共领导人认为造成社会主义国家之间的这种危机关系，主要是两个原因和一个背景。第一个原因是共产党本身发生了变化，变得与国家机器，甚至警察机器等同起来，以致"无产阶级国家的原则变成了一个个人独裁或者围绕他的机关的独裁的原则"。第二个原因是工人阶级脱离政权乃至所有的执政形式，"工人变成了国家的某种雇佣工人"。而背景则是"十月革命"发生在一个非常落后的国家，"这个国家不仅经济落后，而且人与人之间的关系也落后，他们仍处于旧俄罗斯的精神状态的影响之下，或者说，大部分人都受到这种精神状态的影响"。① 针对苏联模式存在的上述两个原因和一个背景，南共认为必须首先解决南斯拉

---

① 〔南〕爱德华·卡德尔：《卡德尔回忆录》，第149页。

夫本身存在的与这两个原因相关的问题，由此提出了一套自治的思想。南共将自治思想的产生追溯到战争年代的人民政权结构，并认为在受到苏联及其卫星国封锁后得到了自发性的发展，而此时则成为南斯拉夫共产党所领导的南斯拉夫联邦共和国坚持独立自主建设社会主义的唯一可行道路。

南斯拉夫共产党以“工人自治”为核心的自治思想，塑造了南斯拉夫独特的社会主义模式。南斯拉夫“自治模式”的基本理念是“土地归农民、工厂归工人”。为了实现这一理想，南共首先从联邦权力开始改革。从1949年5月28日通过的《人民委员会法》开始，联邦国家权力的分散化、非官僚化和民主化通过以市镇人民委员会取代国家各级政权机关的职权而广泛推行，“通过根据普选权选举的公务员，在省、县和区实行完全自治。废除一切由国家任命的地方和省的政权机关”。[①] 为此而发动的全国性反对官僚主义的政治道德运动，促使机构减并、人员精简、权力下放等一系列变化。联邦政府将绝大部分企业下放到各共和国，各共和国也将一部分企业移交到市镇、区县管理。1950年6月26日通过的《关于工人集团管理国家经济企业和高级经济组织的基本法令》（也称《企业交给工人管理法》《工人自治法》等）规定：“工厂、矿场、交通、运输、贸易、农业、林业、公用事业和其他国家经济企业，作为全民财产，由工人集团代表整个社会，在国家经济计划范围内加以管理。”[②] 具体通过各企业工人投票选举产生“工人委员会”和“管理委员会”来实行工人自治。在这次联邦人民议会上，铁托发表了有关南斯拉夫“自治社会主义”的纲领性讲话，他在论述了南共一度没有从南斯拉夫的具体国情实际出发而原原本本地移植了苏联模式的错误后，提出了党政分开的思想，并

---

① 〔南〕杜尚·比兰契奇：《南斯拉夫社会发展的思想和实践》，第129页。
② 高放等主编《当代世界社会主义文献选编》，中国人民大学出版社，1990，第144页。

着重指出："国家所有制形式仅仅是社会主义所有制的临时的、初期的和最低的形式。国家所有制必须改造成为在直接生产者管理下的社会所有制"。[①] 在一系列逐级削弱国家权力和扩大地方自治以及实行工人自治的过程中，1952 年 11 月 2—7 日在萨格勒布召开的南共第六次全国代表大会上，南共宣布改名为"南斯拉夫共产主义者联盟"。这次大会通过的《南斯拉夫共产主义联盟章程》较之 1948 年的党章，最重要的变化是将南共的领导地位加以淡化，删去了有关部分中"领导者"的表述或字眼，亚历山大·兰科维奇在修改章程的报告中对此说明："因为党是通过自己的正确工作并在全面认识社会规律的基础上来实现领导作用的，而不是用命令使自己确立为党的政治领导力量。"[②] 所以，党要在密切联系群众的过程中来教育和引导广大人民。当时，南共的发展相当快。特别是在"共产党情报局事件"发生后，南斯拉夫的民族凝聚力在政治上突出地表现在党员队伍的显著扩大。1948 年底，南共党员为 530812 人，到 1952 年 6 月发展到 779382 人。这种发展与南共在进行上述自治改革的进程直接相关，它在实行权力下放和机构精简以及强调社会自治的过程中促使党在与政权分离中的社会化。"显然，党的性质已逐渐发生变化。党从一个干部队伍党变成群众性的党。"[③] 而所有围绕适应自治的上层建筑和经济基础的变革，实际上都是为了加快国家的消亡的进程。

　　作为这一阶段最重要的一段插曲，是苏、南关系的改善和再度恶化以及整个社会主义阵营内部的危机。1953 年斯大林去世后，苏联的政治形势发生了重大变化，苏、南关系开始和解。赫鲁晓夫虽然对铁托与西方保持并继续发展的密切关系不满，但是他对斯大林时期造成的苏、南关系所作的反省，足以使南共为自己维护独立自主的抗争和

---

① 转引自〔南〕杜尚·比兰契奇《南斯拉夫社会发展的思想和实践》，第 125 页。
② 《南斯拉夫共产主义者联盟章程汇编》，求实出版社，1986，第 43 页。
③ 〔南〕杜尚·比兰契奇：《南斯拉夫社会发展的思想和实践》，第 134 页。

建设自治社会主义的成就而深感欣慰和倍感骄傲。苏、南关系的恢复，尤其是苏联对南斯拉夫独立自主建设社会主义的承认，不仅使南斯拉夫人大有扬眉吐气之感，而且对一直在苏联控制下的其他东欧社会主义国家产生了巨大的鼓舞。1956年发生的"匈牙利事件"，很大程度受到了南斯拉夫独立自主运动取得胜利的影响。在此之后，苏、南关系再度发生逆转。1957年底，苏联与南斯拉夫的意识形态争论重新拉开帷幕，社会主义国家之间的大论战及其对南斯拉夫自治社会主义的大批判掀起高潮。赫鲁晓夫挖苦说："社会主义是不能建立在美国的小麦上的。"铁托回敬说："有些人还知道该怎样建设社会主义，而另一些人就连在自己的麦子上为啥不能建成社会主义都不知道。"①这场论战一直持续到60年代初，其间由于中、苏关系的破裂，这场论战变得更加激烈。其中对南斯拉夫的批判涉及对其整个自治模式的否定，从而论证了南斯拉夫全面复辟资本主义。

后来的实践证明，南共抗拒苏联模式的社会主义而另搞一套，并不是背叛社会主义或复辟资本主义，而是为了探索一条比苏联更好、更加符合科学社会主义的道路。但是，南共在批判斯大林主义的弊端和寻求马克思主义的真谛时，却又犯了脱离国情实际（超越社会发展阶段）的教条主义错误。从1950年开始停止的农业集体化，在贯彻"土地归农民"的原则过程中使在此之前按照"苏联模式"取得的农业集体化成就很快解体，到60年代初期已基本上完成了农业非集体化的过程。这实际上使南斯拉夫的农业又回归到了小农经济，而没有建立起现代化的农业经济。在实行广泛的工人自治过程中，虽然当时的企业国有化已经达到100%，但是其基础相当薄弱，基本上没有现代的大工业。例如，到1952年，南斯拉夫有8800个企业实行了工人自治制度，但是其中4187个企业的工人数量不足30人。到1959年，

① 〔美〕丹尼森·拉西诺：《南斯拉夫的试验》，上海译文出版社，1980，第126页。

也只有 80 个工业企业（占全部工业企业的 3%）和 26 个建筑企业（占全部建筑企业的 3%）的工人超过了 2000 人。而马克思所说的无产阶级夺取政权以后国家就开始消亡，是对资本主义高度发达的国家同时爆发无产阶级革命而言的。苏联的"十月革命"和南斯拉夫的独立建国，都是在资本主义不发达、基本上是农业社会的国家中发生的。南斯拉夫共产党为了证明自己在遵循马克思主义理论方面的正确性，而忽略了马克思主义无产阶级革命理论和列宁主义无产阶级革命实践之间的距离，结果导致了教条主义的激进变革。在 20 世纪的社会主义建设事业发展进程中，苏联社会主义模式的影响是极其深重的，几乎每一个社会主义国家都或多或少地接受了这种现成的模式。即便是认识到这种模式弊端的国家，在另辟蹊径的探索中也毫无例外地出现了超前判断各自社会主义发展进程的错误。事实证明，任何激进而超前判断社会发展阶段的理论与实践，都必然导致无产阶级政党对解决所面临的社会问题的简化或偏激。简化表现在对一些问题的忽视或人为加快方面，偏激则表现在对一些问题采取阶级斗争的方式加以处理。这两个方面，在南斯拉夫后来的历史中都有体现，民族问题就是最重要的实例之一，而民族问题又是南斯拉夫所有社会问题中最棘手的问题。

事实上，南斯拉夫联邦人民共和国（1963 年宪法改国名为南斯拉夫社会主义联邦共和国）建立以后，南共认为实行了联邦制和民族区域自治就意味着民族问题的解决。所以，铁托 1945 年 5 月在塞尔维亚共产党建党大会上指出："我们是在建立一个国家——南斯拉夫，在这个国家里每一个民族都享有自己的权利和完全平等。"他在强调了各民族团结的必要性后也指出："分裂的因素总是存在的。正因为如此，克罗地亚、塞尔维亚、波斯尼亚和黑塞哥维那，以及其他省的共产党员都必须成为维系这种团结和友爱的纽带。"他向全体塞尔维亚共产党员和南斯拉夫共产党员提出抵制任何民族沙文主义的表现，因为"民族沙文主义的旧遗产还没有被根除掉。我们还只是刚刚开始根除沙文主义"。① 然而，在此之后直到 1964 年以前，南共在整个国家的变革过程中一直没有对民族问题加以讨论或评估，尽管在同苏联论战中南共对苏联处理民族问题的错误政策进行了抨击。

南共对民族问题的这一"忽视"态度，原因是多方面的。首先，南共在领导南斯拉夫各民族人民抵抗法西斯和建立联邦国家的过程中，由于坚持实行各民族一律平等的政策而获得了较高的威望，得到了各民族人民的拥护，南共的威信和社会主义原则对各民族之间的历史积怨起到了抑制作用。其次，联邦国家草创阶段，百废待兴，各民族人民在新建的民族共和国和民族自治地方领导下，弥合战争创伤的心态和发展经济的愿望是共同的，这在很大程度上形成了社会整合的认同力量。最后，由于"共产党情报局事件"的发生，新兴南斯拉夫陷入逆境，保卫胜利成果和维护国家尊严的信念使南斯拉夫各民族实现了前所未有的团结，表现在国家层面上的民族凝聚力使抗拒外侮的爱国主义出现了空前的高涨。这对于本来就希望淡化各民族历史关系中的矛盾和仇怨的南共来说，除了对战争期间的叛国者、进行民族仇杀的"乌斯塔沙"和"切特尼克"这些让各民族人民痛恨的分子加以惩治外，也就无须去触及那些民族关系的敏感问题。特别是在 1949年以后，随着南共探索自治社会主义的进程在理论上对南斯拉夫社会发展阶段的超前判断，南共对民族问题的解决程度作出了盲目乐观的估计。"由于解决了工人阶级的阶级地位问题，也就解决了民族问题以及其他的社会问题。因此，如果民族问题没有详细地包含在南共关于社会主义建设的新观点之中，因为自治和分权化的思想本身就是实现民族平等的指路明灯。"② 所以，在进行联邦改造的过程中，由于强调了工人自治的思想，联邦议会中的民族院并入了联邦院，另设了生

---

① 〔南〕佩·达姆扬诺维奇：《铁托自述》，第 283、284 页。
② 〔南〕杜尚·比兰契奇：《南斯拉夫社会发展的思想的实践》，第 175 页。

产者院来体现工人阶级在联邦国家中的地位和作用。并入联邦院的民族院虽然保留了 70 名代表，但是由于生产者院中包括了各民族的代表，所以民族院的职能和作用被大大削弱。这使南共对民族问题已经通过实现工人自治而得到解决的认识流行开来。

第三节　"邦联化" 过程中的民族主义

事实上，南斯拉夫实行联邦权力的大幅度下放和自治政策并不顺利。因为，对于南斯拉夫这个工人阶级并不占有优势而且基本上没有形成大工业的国家来说，工人自治往往导致自由主义的泛滥。联邦权力下放的同时造成大批联邦机构的减并和人员的精简，这也导致了大批党员干部既得利益的丧失。同时 1952 年南共联盟的成立和党的领导地位的弱化以及党员队伍的群众化，也使一部分原本想通过加入执政党捞些好处的"群众党员"产生了不满情绪。在这种情况下，从 1953 年开始，南共联盟不仅有意识地放缓发展党员的速度，而且开始了大规模的清党。1953 年，有 72067 名党员被开除，32000 多名党员退党；1954 年到 1955 年，南共联盟又开除了 273464 名党员，同期发展了 136887 名党员。到 1956 年中，党员总数从 1952 年改称南共联盟时的 78 万党员减少到 635984 人。被清洗的几十万党员中 25% 是工人，54% 是农民，18% 是职员干部。"因为白领职员在新党员中占的比率最大，所以南共联盟已不再是农民占优势的党，也没有变成工人阶级的党"①。当时，由于东欧出现的波兰事件和匈牙利事件，已经和苏联重归于好的南斯拉夫在这场事关共产党执政的斗争中不仅站在了苏联一边，而且开始重新恢复党的领导权威，因为在南共联盟中央也出现了推崇西方多党制的力量。1957 年南共的重要领导人密洛凡·德

---

① 〔美〕丹尼林·拉西诺：《南斯拉夫的实验》，第 130 页。

热拉斯被清洗即是南共内部斗争中的重大事件。恢复南共的领导权威，也就意味着权力下放的停止和联邦中央权力的加强。1956年铁托在中央全会上严厉地批判了党内存在的消极现象问题，其中也提到对那些强调经济利益的地方主义和共和国狭隘观念被动迁就的不正常现象，这实际涉及了民族问题。

1957年以后，南斯拉夫联邦政府在国民经济发展方面加强了宏观调控的作用，这使南斯拉夫在第二个五年计划（1957—1961）期间，出现了"经济的计划指导"。国家对投资资金的控制和分配，实际上使企业自主处置本身资源（人力、物力、财力）的自治权利落实受到很大的影响。在此期间，分权化进程的放慢除了对正在形成的新的经济结构进行调整和巩固外，在推行自治化过程中出现的自由化现象也造成了"对劳动集体的能力和成熟程度还存在怀疑"。通俗地说就是"人们并不了解工人们会不会'吃掉'对发展落后经济如此必需的积累"。[1] 在国家控制和推动下，第二个五年计划所规定的指标取得了突破性的成绩。"然而在实现自治思想方面，却不能长期停滞下去。南斯拉夫社会的社会结构和民族结构产生了一股势力，它们越来越强地施加压力，要求破坏和摧毁国家集权制的垄断机器。"[2] 而这种压力主要来自经济基础比较厚实、工农业发展水平较高的地区。南斯拉夫是一个国内区域经济发展水平差距很大的国家。南斯拉夫的经济学家说："南斯拉夫一国之内存在着印度和西德。"[3] 这种差别体现在整个经济发展的各个方面，仅从个别指标来看即可见其差距之大。例如，1953年北方较发达地区的人均国民收入总值是全国平均值的110%，其中斯洛文尼亚达到182%；而在萨瓦河-多瑙河一线的南部地区则只有71%，这些地区包括了塞尔维亚、黑山、马其顿、波斯

---

① 〔南〕杜尚·比兰契奇：《南斯拉夫社会发展的思想和实践》，第194、195页。
② 〔南〕杜尚·比兰契奇：《南斯拉夫社会发展的思想和实践》，第200页。
③ 〔英〕弗雷德·辛格尔顿：《20世纪的南斯拉夫》，第187页。

尼亚和黑塞哥维那地区，其中科斯梅特（科索沃-梅托希亚自治区的简称）只达到 53%。到 1957 年，北方发达地区又上升到全国平均水平的 116%，而南方欠发达地区则下降到 67%，其中科斯梅特下降到 42%，波斯尼亚和黑塞哥维那下降到 75%，马其顿下降到 67%，黑山下降到 57%，塞尔维亚上升到 93%。针对这种地区同时也是民族之间日益扩大的经济发展差距，联邦政府采取了从北方发达地区抽调储备资金向南方落后地区投资的政策，但是连年"调用资金之多引起了斯洛文尼亚和克罗地亚日益强烈的不满"。[①] 而造成对落后地区大量投资但难以收到效果的重要原因之一，是这些地区尤其是科索沃-梅托希亚地区存在高生育率和高文盲率。例如，1950—1954 年南斯拉夫人口的全国平均出生率为 28.8‰、自然增长率为 16.4‰，而科索沃-梅托希亚自治区出生率为 43.5‰、自然增长率为 25.5‰；1960—1964 年上述同一口径的四个数据分别为 22.1、12.7 和 41.7、28.6。[②] 这种状况一直在延续，并成为南斯拉夫长期向科索沃地区投资规模大、经济效益差的重要原因。同时，这也成为引发民族问题危机的重要动因。

1960 年，南斯拉夫的经济发展在实现五年计划的各项指标方面似乎已经显示出提前并超额完成的势头。为此，2 月 22 日，南共领导人卡德尔在塞尔维亚科学院的会议上提出了南斯拉夫已经建成社会主义的论断。[③] 这显然是针对 1958 年以后苏、南论战再度兴起而提出的，目的是通过宣传南斯拉夫社会主义建设的伟大成就来反驳苏联和其他社会主义国家对南斯拉夫修正主义的指责。但是，当时南斯拉夫经济在迅速发展的同时已经暴露出一系列问题。为了体现南斯拉夫自治社

---

① 〔美〕丹尼林·拉西诺：《南斯拉夫的实验》，第 135 页。
② 〔英〕弗雷德·辛格尔顿：《20 世纪的南斯拉夫》，第 163 页。该书中的上引数据被列为百分比计，应为千分比计。
③ 《南斯拉夫大事记》（1945—1963），人民出版社，1964，第 86 页。

会主义的优越性，50 年代初期以来的经济发展是通过以逐年扩大的固定资产投资来实现的，而大量资金集中在工业和社会基础设施建设项目方面，这些盲目扩张的项目在短期内都不可能对国民经济生产和投资回报产生效益。与此同时，联邦日益扩大的投资也越来越依赖西方国家的贷款，大量的外债和贸易赤字逐年攀升，在 50 年代后期联邦政策鼓励的个人消费水平迅速提高的社会需求下，经济危机在通货膨胀的压力下悄然到来。然而，南共领导人并没有意识到这些危险，而沉浸在不切实际、脱离国情的 "社会主义建成论" 和对外扩大 "不结盟" 运动的影响方面，因为当时随着战后西方殖民主义帝国体系的垮台，殖民地的民族解放和独立建国运动正在走向高潮。所以，1961年新一轮的五年计划并没有作出相应的调整。1961 年，国家的投资比例、工资水平和外贸赤字已经失去控制，工业生产的增长率也从 15%降低到 7%并继续下滑。[1] 持续多年的经济繁荣显露了不可避免的萧条。但是，"一方面经济增长率猛跌，但许多劳动集体在获得独立分配纯收入的权利之后却开始增加个人收入"。就在经济生产迅速下滑的形势下，"1961 年经济部门的个人收入增长 23%"。[2] 造成这种矛盾现象的重要原因，是那些效益低下甚至没有创造效益的企业和部门出于以 "工人自治" 为核心，强调工人物质地位一律平等原则，从而向那些效益好、可支配纯收入多的企业看齐的结果。在这种情况下，南共开始研究经济体制改革问题，同时党内的分歧也随之暴露出来。其中的重要分歧之一，就是 1961 年作为遵循上述平等原则设立的开发不发达地区的联邦基金。南共在解决民族问题方面的重要政策之一，就是对波斯尼亚和黑塞哥维那、马其顿、黑山以及塞尔维亚共和国的科索沃地区给予经济发展的优先权，而克罗地亚、斯洛文尼亚和塞尔维亚三个经济比较发达的共和国则要为此作出贡献。"但是，这种经

---

[1] 〔美〕丹尼林·拉西诺：《南斯拉夫的实验》，第 151 页。
[2] 〔南〕杜尚·比兰契奇：《南斯拉夫社会发展的思想和实践》，第 223 页。

济平等化政策却造成了铁托主义者称之为'地方主义'的反作用——先进地区要自己利用自己的资源而想逃避它们对落后地区的责任。"①在这场争论中，无论是北方发达的共和国还是南方欠发达共和国，都承认联邦实行的"市场社会主义"没有达到缩小地区经济差距的目的，但是承认这一现实的理由却是不同的。这种不同的认识实际上反映了联邦权力下放、共和国自主权利扩大同联邦中央靠行政命令将资金向南部共和国等落后地区调拨之间的矛盾，而这种矛盾恰恰反映了南斯拉夫脱离国情实际的激进发展和实行包括民族平等在内的社会绝对平等政策的弊端。

1962年4月，一直将注意力集中在外交方面的铁托对国内经济状况出现的严重问题进行了严厉地批评，对追求个人发家致富、官僚主义、自由主义、地方主义和民族主义等问题进行了批判。尽管如此，南共党内对这些问题的认识已经难以按照铁托的意志而达成共识。强调联邦中央权威地位和强调共和国（地方自治）权利的辩论，实际上已经形成两派，而这种所谓"保守派"和"自由派"的划分又往往体现出共和国或民族的界限。如果粗线条地划分，"保守派"更多表现在塞尔维亚民族方面，而"自由派"则更多表现在克罗地亚民族方面，仍是事关南斯拉夫民族问题全局的主要矛盾。前者被认为有大塞尔维亚民族主义的倾向，后者则"正处在一个为期十年的从自由主义经过民族自由主义到民族主义的过程之中"。② 当然，从铁托对南斯拉夫民族问题的基本认识和把握而言，他会对前者更加警惕。这也是这场大辩论中事实上向以克罗地亚共和国为代表的先进地区让步的原因，其中的标志之一就是开发不发达地区的联邦基金拖延了四年后才实行起来。在此期间，联邦为克服经济发展中出现的一系列问题，也从最初试图通过国家对表现在"工人自治"方面失控现象加以干预逐

① 〔美〕查尔斯·麦克维克：《铁托主义》，第51页。
② 〔美〕丹尼林·拉西诺：《南斯拉夫的实验》，第153页。

步转向了继续深化自治制度的改革。为此而制定的一系列新的加快分权化的改革措施，通过 1964 年 4 月召开的南斯拉夫工会联合会第五次代表大会和 5 月联邦议会作出的关于进一步发展经济制度的决议得以确立。在这一从试图强化联邦中央的控制到扩大地方自主权利的转变过程中，有关经济问题的辩论越来越多地与民族问题联系在一起了。强调联邦中央权力的"保守派"提出的"南斯拉夫主义"虽然目的在于倡导南斯拉夫各民族在联邦国家层面上的整合思想，"但对绝大多数非塞尔维亚人来说，这种'南斯拉夫主义'仍然使人感到不过是亚历山大国王'南斯拉夫民族'的翻版，再仔细考察考察也许到头来还是一种'塞尔维亚化'"。当时，铁托出于对国内经济问题的忧虑和对地方自由主义的不满，对至少在表面上强调等同于爱国主义的"南斯拉夫主义"观点是予以支持的，这也使这场辩论出现了日益尖锐的对立。为此，铁托不得不在 1962 年 9 月的联邦议会和社会主义联盟的联邦委员会联席会议上强调指出："我们说融合，并不是指民族的融合，民族的同化或对民族的否定。"卡德尔也进一步指出："我们的联邦并不是一个创造什么新南斯拉夫民族的机构，也不是一种进行民族融合的机构，这些都是形形色色鼓吹霸权主义的人和宣扬民族取消主义恐怖的人的幻想。"① 在南共领导人消除非塞尔维亚人对大塞尔维亚民族主义的疑虑的同时，也给"自由派"提供了继续推进分权化进程的机会，而且他们通过黑山获得比其他欠发达共和国和地区更多的联邦中央支持来使马其顿等原本支持加强中央集权的落后共和国转变了态度，因为在南斯拉夫历史上，塞尔维亚和黑山从来都是紧密联系在一起的，况且在传统观念上黑山人在事实上被视为"黑山塞尔维亚人"。这些民族的"自由派"对大塞尔维亚民族主义的敏感提醒了铁托。

---

① 〔美〕丹尼林·拉西诺：《南斯拉夫的实验》，第 184 页。

1964 年 12 月，铁托在南共联盟第八次代表大会上第一次提到南斯拉夫的民族问题并未解决。他指出："由于官僚主义国家集权制倾向，出现了民族主义变形。这种倾向搅乱了民族一体化过程。它一方面导致官僚主义中央集权制倾向，导致从中央集权角度忽视各共和国的和自治省的社会经济职能，而另一方面又导致'固步自封'。这两种倾向实质上就是民族主义一体化和社会一体化。"卡德尔也强调说："各民族经济关系的出发点肯定是各民族的经济自主权，它保证每个民族在劳动中、在支配劳动成果方面，即建设为发展本民族文化和文明的物质基础方面拥有自主权。"弗拉霍维奇在报告中也指出："……出现这样一种断言：'民族应该尽快消亡'，而民族问题是一个'资产阶级的偏见'——这实质上是中央集权主义的反映，即官僚国家集权主义的观点，它导致沙文主义和狭隘民族主义现象。"[①] 南共领导人在这次代表大会上对中央集权制与大民族主义直接关联的批判，为推动从根本上消除行政指令时期的残余和推动经济向更自由的社会经济关系发展，发挥了重大作用。而另一位资深南共领导人兰科维奇关于加强党的领导的发言，则坚持认为"民主集中制的原则在一个自治的时代并不像一些人所声称的那样已经'过时'"。[②] 不过，这种声音在当时似无法影响大局。南斯拉夫国内发生的这一系列变化被称为"铁托的第二次革命"，而这场"革命"的国际背景是与社会主义国家和几乎所有的共产党对南斯拉夫修正主义大批判分不开的，苏、南关系的再次缓和更加增强了南共领导人对真理掌握在自己手中的自信心，为了证明自己社会主义的真实性和优越性而盲目地推进"国家消亡"，为了压抑可能出现的或者认为已经出现的大民族主义危险而分散国家的权力，实际上只能是一种倾向掩盖了另一种倾向。

60 年代中期的南斯拉夫进入了一种被称为"自由社会主义"的

---

① 〔南〕杜尚·比兰契奇：《南斯拉夫社会发展的思想和实践》，第 245、246 页。
② 〔美〕丹尼森·拉西诺：《南斯拉夫的实验》，第 236 页。

发展时期。50 年代后期南斯拉夫迅速的城市化，导致大量农村人口流向城镇。城市规模的扩大和大量工业设施的建立，虽然吸纳了许多城市和农村的劳动力，但是由于缺乏效益和坚持"平等"分配而导致的弊端，在 60 年代初的改革过程中出现了失业大军。在联邦政府确定的新的经济改革措施中，通过对外开放来提高企业的竞争能力和效益的同时，对外输出劳动力也成为缓解国内失业压力的重要政策。移民签证的放松并发展到自由化的程度，导致南斯拉夫劳动力如潮水般地涌向西欧国家。例如，在联邦德国的南斯拉夫籍工人，1960 年仅有 1 万人，到 1970 年达到 40 万人。在达尔马提亚的 7 个不发达区，当地就业的 100 个人中，就有 86 个在国外工作。有些地方的农村，劳动力几乎全部离乡背井到国外谋生。与此同时，南斯拉夫的旅游业也随着对外开放发展起来，1960 年来南旅游的人数为 108 万，到 1971 年达到 536 万。[①] 劳务输出在缓解国内就业压力的同时也为南斯拉夫带来可观的外汇收入，旅游业的兴盛刺激了南斯拉夫交通、餐饮和旅馆等服务行业的发展，同时也使迎合西方游客的各类娱乐项目流行开来。这些变化，对南斯拉夫社会意识形态产生的影响是重大的，"进行革命的一代向东看，寻求指导；70 年代成长起来的一代人则向西欧看，首先是向西德看，寻找榜样"。[②] 在这种变化中，南共对年轻一代正在急剧失去吸引力，25 岁以下的青年党员数量从 1958 年占全体党员的 23.6% 下降到 1964 年的 13.6%。[③] 这种改革及其引起的党内和社会变化促发了 1966 年南共党内的重大斗争。在南共党内很有威权（也许是主管国家安保部门的原因）并有迹象成为铁托接班人的兰科维奇（塞尔维亚人），因抵制改革和涉嫌在党内高层领导中进行窃听而被清洗，以兰科维奇为代表的塞尔维亚"保守派"受到了打击。南

---

① 〔英〕弗雷德·辛格尔顿：《二十世纪的南斯拉夫》，第 120、123 页。
② 〔英〕弗雷德·辛格尔顿：《二十世纪的南斯拉夫》，第 124 页。
③ 〔美〕丹尼林·拉西诺：《南斯拉夫的实验》，第 236 页。

共建国后，主要领导人是铁托（克罗地亚人）、卡德尔（斯洛文尼亚人）、兰科维奇（塞尔维亚人）和德热拉斯（黑山人），从 1957 年德热拉斯被清洗到 1966 年兰科维奇被撤职，这一领导核心中失去了塞尔维亚族代表。这当然是南共党内在加强联邦中央权威与推进分权化进程之间的斗争结果，但这一事件反映在塞尔维亚人当中则被认为是对塞尔维亚民族的压制，矛盾还是回到塞尔维亚与克罗地亚的关系上来了。作为这场斗争的一个花絮，是 1966 年底在监狱服刑的德热拉斯被提前释放。这大概是当年德热拉斯被清洗的原因——严厉批判中央集权和提倡自由化——已经成为南斯拉夫改革的现行政策的结果。

在被认为是塞尔维亚的大民族主义势力遭到打击的同时，铁托没有料到克罗地亚的民族主义在独立性方面越走越远。从 60 年代初开始，有关意识形态方面的辩论随着南共转向推进分权化进程和从中央领导核心中清洗了"保守派"而变得更加活跃，尤其在萨格勒布、卢布尔雅那的知识分子阶层中，提倡社会多元化的思潮尤为强烈。其中，1967 年表现在文化领域的一次事件，使克罗地亚的民族主义公开向贝尔格莱德提出了挑战。是年 3 月 17 日，萨格勒布的主要文学周刊登载了由 130 位著名的克罗地亚知识分子和 19 个文学团体联名发表的《关于克罗地亚书面语言的名称和地位的宣言》，"宣言"谴责了 1954 年诺维萨德协议中所宣称的"塞尔维亚-克罗地亚语或克罗地亚-塞尔维亚语"为一种语言、两种字体的论断。"宣言"要求联邦政府和宪法承认这是两种完全不同的语言，要求在克罗地亚的学校、报刊和政府公文只使用克罗地亚文字。这一"宣言"立刻引起了贝尔格莱德塞尔维亚族知识分子的回应，45 名塞尔维亚族作家以同样的措辞给予答复，诸如要求在贝尔格莱德电视台使用基里尔字母，在克罗地亚共和国的 70 万塞尔维亚人应该用自己的语言文字接受教育，等等。这一表现克罗地亚民族主义和塞尔维亚民族主义的斗争，正在造成联邦国家文化上的分裂。为此，南共采取断然措施对斗争双方进行了整肃。这两份签名信遭到严厉的谴责，凡是不撤回签名的党员一律开除出党。[①] 这一事件发生之后，铁托对他始终致力于控制塞尔维亚和克罗地亚民族矛盾的努力感到没有达到预期效果。作为一种新的选择，是通过一系列联邦宪法修正案继续扩大各联邦单位的自主权并加强联邦议会民族院的作用，达到各联邦单位之间的制约性。1967 年 4 月，议会通过了第一批 6 项宪法修正案，其中 4 项涉及联邦和共和国的关系，但都是对加强共和国权利有利的条文。从 1953 年联邦议会的民族院被削弱并归入联邦院后，这次对宪法的修正不仅重新赋予了民族院与联邦院平等的地位，而且赋予民族院具有决定"几乎包括所有经济问题及其他一些晚近看来在民族关系上很容易引起矛盾的问题"的权力。同时，取消了联邦副总统的职务设置，这个职务是 1963 年为当时被认为是铁托接班人的兰科维奇设置的。废除这一职务，一方面可以避免任何一个民族的人担任副总统都将引起的民族问题敏感反应，另一方面也维护了铁托在整个南斯拉夫国家和各民族当中无与伦比的权威，铁托几乎被认为是没有民族背景的唯一领袖，也几乎没有人对铁托处理民族问题的政策或策略提出异议，至少铁托在世期间如此。根据 1968 年 12 月对 1963 年宪法追加的 13 项修正案，联邦议会的联邦院被取消，其职能作用全部归到了完全独立的民族院，该院的代表中包括了 20 名来自各共和国议会的代表和 10 名来自各自治省的代表。自治省在民族院中的地位显著加强，是第 7 号修正案确定的。该修正案规定："南斯拉夫社会主义联邦共和国组成如下：波斯尼亚-黑塞哥维那社会主义共和国、马其顿社会主义共和国、斯洛文尼亚社会主义共和国、塞尔维亚社会主义共和国（包括伏伊伏丁那社会主义自治省和科索沃社会主义自治省）、克罗地亚社会主义共和国、黑山社会主义共和国。"[②] 伏伊伏丁那和科索沃两个自治省获得了联

---

① 〔美〕丹尼森·拉西诺：《南斯拉夫的实验》，第 312 页。
② 〔南〕杜尚·比兰契奇：《南斯拉夫社会发展的思想和实践》，第 287 页。

邦宪法规定的联邦单位资格，实际上和 6 个共和国成了平起平坐的地位。至此，所谓南斯拉夫特征的 1—8 数字化描述才真正名副其实：一个党（或一个领袖），两种文字（基里尔字母和拉丁字母），三种官方语言（塞尔维亚-克罗地亚语或克罗地亚-塞尔维亚语、斯洛文尼亚语、马其顿语），四种宗教（东正教、天主教、新教、伊斯兰教），五大民族（塞尔维亚、克罗地亚、斯洛文尼亚、马其顿、黑山），六个共和国（塞尔维亚、克罗地亚、斯洛文尼亚、波斯尼亚和黑塞哥维那、马其顿、黑山），七个邻国（罗马尼亚、保加利亚、希腊、阿尔巴尼亚、意大利、奥地利、匈牙利），八个联邦单位（塞尔维亚、克罗地亚、斯洛文尼亚、波斯尼亚和黑塞哥维那、马其顿、黑山、伏伊伏丁那、科索沃）。当然，在 70 年代以后出现人为制造的"穆斯林族"之后，这种数字化的巧合也就失去了意义。

南共对联邦进行改造，除了既定推动分权制的方针外，是同国内外的政治形势发展联系在一起的。1968 年第一季度，在贝尔格莱德的大学生中开展了一系列对"社会主义社会中的不平等现象"为主题的讨论，并得到一些教师的引导。这与当时南斯拉夫在"政治民主化"过程中出现的社会性的普遍政治批判是联系在一起的。事实上，从德热拉斯被提前释放和否决了对兰科维奇集团的罪行审判以后，南斯拉夫已经成为没有政治犯的国家。从 1967 年延续到 1971 年的"政治自由化"使各种社会力量都掀起了政治批判的热情。所以，1968 年 6 月的一个夜晚，贝尔格莱德大学的学生与青年志愿旅的工人因观看街头杂耍而发生斗殴之后，立刻演化成为一场政治示威活动。在第二天下午的游行中，警察和示威学生发生了冲突，造成了至少 169 名学生重伤。这一事态虽然没有造成更大的冲突，但是学生采取的静坐示威和要求对话引起了各界的关注和普遍的支持。僵持 5 天以后，铁托对这一事态亲自进行了干预，发表了电视讲话，批评了政府方面的问题，从而使学生在取得胜利的喜悦中结束了示威。铁托无可替代的权威作用再次化解了这场社会危机。① 从当时学生提出的一系列口号看，集中在反对官僚主义和揭露社会不公方面，这实际上对推动联邦中央权力的进一步分散产生了很大影响。同年8月20日夜间苏联等华约5国的军队突然越过捷克斯洛伐克的边界向布拉格开进，这是苏联在维护东欧社会主义大家庭团结统一和防止资本主义复辟的第二次军事干预。这一事件使南斯拉夫再次唤起了忧患意识和激发了爱国热情。最能反映这一变化的现象是当年大约有10万25岁以下的青年人加入了南共，而"他们绝大多数是在8月21日以后加入的"。② 这使南共25岁以下的党员几乎增加了一倍。南斯拉夫人从可能出现的外来军事干涉中增强了民族凝聚力，并且使国内的政治形势出现了一时的稳定。这些变化虽然与国内民族问题没有关系，但是当时民族问题在克罗地亚和塞尔维亚有关语言文字的民族主义斗争出现以后，还出现了斯洛文尼亚和马其顿对各自语言在联邦中所应享有的平等地位的呼吁，并直接促使联邦议会配置了同声传译设备，也就是说这两个民族的代表在联邦议会中可以用本民族的语言发言。不过，最出乎南共中央意料的是11月27日阿尔巴尼亚国庆节那一天，科索沃的阿尔巴尼亚人发动了规模浩大的示威活动。这一发生在南斯拉夫联邦诞生25周年国庆日（11月29日）前夕的民族性示威及其要求成为"第七个共和国"的政治目标，不仅引起了马其顿西部阿尔巴尼亚人的响应，③ 而且使南斯拉夫与阿尔巴尼亚国家关系中一直存在的领土争端问题更加敏感。所以，12月提出的一系列宪法修正案，特别是将科索沃升格为自治省和使自治省与共和国享有同等联邦单位的地位等有关民族问题方面的举措，正是在这一背景下出现的。

南共在对联邦进行上述改造的同时，也考虑到南共联盟如何适应

---

① 〔美〕丹尼森·拉西诺：《南斯拉夫的实验》，第324页。
② 〔美〕丹尼森·拉西诺：《南斯拉夫的实验》，第333页。
③ 〔美〕丹尼森·拉西诺：《南斯拉夫的实验》，第342页。

这一国家权力分散化形势的需要问题。在 1968 年 11 月开始为第九次南共联盟代表大会做准备的过程中，南共采取了与过去完全相反的工作程序，即首先召开各共和国的代表大会，由各共和国提出自己的政纲和方针并选出参加南共联盟中央的代表。这也就意味着新的南共联盟不再是一个以联盟中央为核心实行自上而下实施领导的统一组织，而是一个自下而上制定党的政策和决定中央领导机构成员的联邦党。1969 年 3 月举行的南共联盟第九次代表大会，实际上是确认各共和国、自治省和军队已经选定的参加中央领导机构的代表，而这些代表名额在共和国和自治省是完全一样的。至于各个地方代表大会通过的各种决议之间不可避免地存在着抵触和矛盾，但是因为已经形成了决议，南共中央也只能采取协调和认可。① 这次代表大会通过的南共联盟章程的第一条指出："南斯拉夫共产主义者及其在各社会主义共和国和社会主义自治省的共产主义者联盟，在为实现工人阶级的历史利益、社会引导作用和南斯拉夫各族人民爱好自由的、社会主义的愿望而斗争的共同纲领的基础上，统一为南斯拉夫共产主义者联盟。"② 南共联盟组织体制的这一重大变化，使党的集中统一的领导作用被大大削弱，党的领导权力联邦化和政府权力联邦化，极大地促使了各共和国和自治省的独立自主性。而各行其是的独立性又不可避免是以民族为依托的，这种改革所引发的各联邦单位之间的矛盾和纠纷已经不是南共联盟中央能够控制的了。为此，铁托再次提出了对联邦宪法的修改问题，也就是继续深化对联邦制进行改革的问题。1970 年 10 月召开的南共联盟会议上批准了对联邦进一步改革的意见。其决议中特别强调了"必须在联邦建设方向上以及在各共和国和自治省的国情和主

---

① 〔南〕杜尚·比兰契奇：《南斯拉夫社会发展的思想和实践》，第 287 页；〔美〕丹尼林·拉西诺：《南斯拉夫的实验》，第 356 页。

② 《南斯拉夫共产主义者联盟章程汇编》，第 102 页。

权的职能方面，在支持南斯拉夫各民族的平等方面，再前进一步"。①
1971 年 3 月，主持宪法修改工作的卡德尔在南共联盟主席会议的报告
中指出："……我们应该考虑到这样一个事实：在南斯拉夫各共和国，
即各民族的关系中，不仅存在差别，而且存在一定的、客观上相互矛
盾的利益。比如，在统一的市场上，一个发达的共和国和一个不发达
的共和国的地位并不相同。在不同的共和国内，生产力结构不同，有
时甚至相矛盾，因此非常容易发生：联邦统一的政策措施实际上却不
均等地损害着各个共和国，从而造成冲突，显然，我们不能用意识形
态的公式，更何况不能通过联邦，用国家强迫的方法来克服客观矛
盾。"② 通过继续放权来迎合各联邦单位的特殊性，其结果只能是削弱
南斯拉夫国家的统一性。

1971 年出台的联邦宪法改革内容所依据的原则的确是大大"前
进一步"。联邦宪法第 20 号修正案规定了劳动者、各族人民根据其宪
法权利在各社会主义共和国和社会主义自治省里、在南斯拉夫社会主
义联邦共和国里（当南斯拉夫宪法规定符合共同利益之时）实现自己
的主权；强调了南斯拉夫社会主义联邦共和国是联盟的国家，即各族
人民、各社会主义共和国以及组成塞尔维亚社会主义共和国的伏伊伏
丁那和科索沃社会主义自治省自愿联合的国家共同体。该共同体建立
在工人阶级和一切劳动者执政和自治的基础之上，是劳动者、公民和
平等的各族人民的社会主义自治的民主共同体。这些规定"所依据的
原则是各共和国和自治省享有主权，而联邦仅享有宪法明确规定的、
并且由各共和国和自治省预先同意的主权"。③ 根据这些规定，南斯拉
夫实际上已经不再是一个联邦国家，而成为一个各个享有主权的共和
国，甚至包括自治省主权在内的邦联国家。联邦中央机构实际上已经

① 〔南〕杜尚·比兰契奇：《南斯拉夫社会发展的思想和实践》，第 292 页。
② 〔南〕杜尚·比兰契奇：《南斯拉夫社会发展的思想和实践》，第 294 页。
③ 〔南〕杜尚·比兰契奇：《南斯拉夫社会发展的思想和实践》，第 296 页。

成为享有主权的"联邦单位"的协商机构。1971年对联邦的彻底改造同样是阻力重重的，在酝酿宪法修正案的过程中，已经联邦化的南共在形成统一意志方面面临着各个共和国和自治省不同意见的干扰，尤其是塞尔维亚和克罗地亚这两个共和国始终处于矛盾的中心。在宪法修正案提交公众讨论时，贝尔格莱德法学系的教授们言辞激烈地指出："唯有进攻性的民族主义才会提出上述改革的需要，因为民族主义不仅日益享有公民权，而且日益取得合法地位，并且容易把排他性、复仇和虚伪都当成是真正民族自立的最好方式……必须立刻予以说明，所建议的宪法改革会从根本上改变南斯拉夫各族人民迄今为止的国家共同体的性质。""众所周知，在老百姓中早就传说一个骗局，即塞尔维亚共和国是由两个自治省和'小塞尔维亚'所组成，而且'小塞尔维亚'一词应理解为狭窄的塞尔维亚。这种状况还能继续下去吗，或者由于所建议的宪法解决方案而进一步恶化?""南斯拉夫在通过修正案之后，就再也不会是作为一个国家而存在了。南斯拉夫将是某种无法完全定论的国家联合形式……"还有的观点尖锐地指出："把否决权交给各共和国和自治省就意味着加强大多数共和国和自治省的政权或使联邦崩溃。"[1] 在克罗地亚方面反应，则以批判中央集权制为武器，声称"宪法修正案只是完全实现克罗地亚'民族愿望'的第一步"。要求宪法修正案给克罗地亚直截了当地下个定义，即克罗地亚是"克罗地亚民族的民族国家"。[2] 当时，在克罗地亚已经形成以"克罗地亚玛蒂察"出版社所办的报纸、刊物为阵地的一股思想流派，他们所宣扬的思想是典型的民族分立主义，"这些人在摧毁联邦能力时仅看到一个目的：加强克罗地亚的国际地位，直到脱离南斯拉夫为止"。[3] 概括地说，主要在塞尔维亚和克罗地亚发生的对宪法修

---

① 〔南〕杜尚·比兰契奇：《南斯拉夫社会发展的思想和实践》，第304、305页。
② 〔美〕丹尼森·拉西诺：《南斯拉夫的实验》，第397页。
③ 〔南〕杜尚·比兰契奇：《南斯拉夫社会发展的思想和实践》，第305页。

正案的批评，代表了立场完全相反的两种意见，前者认为对联邦采取这样的改革就意味着拆散南斯拉夫联邦国家，后者认为对联邦进行这样的改革还不到脱离南斯拉夫的目的。虽然，在通过宪法修正案时没有理睬这两个方面的极端意见，但是表现在思想领域的这场斗争在宪法修正案通过后并没有停止，尤其在克罗地亚实现了"民族愿望的第一步"之后，他们又开始迈出第二步，铁托对此不能再视而不见了。

根据宪法修正案开始运作的联邦权力机构，由于克罗地亚共和国总是提出更加"独立自主"的意见而使各联邦单位的协调难以进行，这也导致了克罗地亚总是处在孤立的地位。尤其是涉及 1961 年设立直到 1965 年才确定运作方式（从各共和国的收入中抽取 1.85%）的开发不发达地区的联邦基金这类问题上，克罗地亚维护自己经济利益的意见，当然不会得到南部欠发达共和国和科索沃这样依赖联邦拨款的自治省的支持，而克罗地亚固执己见及其所享有的否决权也造成这类问题难以达成一致并付诸实施。事实上，铁托对联邦制的改革，其中很重要的原因是为了解决民族问题，"即把民族主义的离心倾向包容在一个更为松散的联邦体制内。其希望是，如果合法的民族愿望得到承认，各共和国会更加乐意为南斯拉夫的共同利益而一起工作"。但是，没有出现预期的成效，而且问题主要发生在克罗地亚，克罗地亚共盟的领导人也同民族主义势力联系在一起，充当民族利益的代言人和维护者。同时，具有党派性质的"克罗地亚玛蒂察"出版社的会员组织发展很快，从 1970 年 11 月的 30 个支部 2323 人发展到 1971年底 55 个支部 4.1 万人，而且还形成了 16 个专门委员会和 33 个基层委员会的组织网络系统。[1] 而且这一组织已经在控制一些权力，形成与克罗地亚共盟争权的态势，而克罗地亚共产党内部也存在意见分歧，

---

① 参见〔美〕丹尼森·拉西诺《南斯拉夫的实验》，第 411 页。另说为 4.6 万人。

为这种日益恶化的形势辩论不休。1971年7月4日，铁托到萨格勒布在党内发表了严厉的讲话。不过讲话的内容几乎一年以后（1972年5月9日）才在全国报纸上刊出。当时，铁托指出："克罗地亚的形势不好，民族主义十分放肆，而克罗地亚共盟中央对此所采取的唯一措施只是无用的口头谴责，在'民族利益'的掩盖下，各种坏蛋甚至反革命都聚集到了一起，塞尔维亚人与克罗地亚人的关系很坏，在一些塞尔维亚人村庄，他们由于精神紧张正在武装起来，难道我们还要重演1941年的事件吗？"在这次讲话中，铁托提到了国际形势，并且透露了勃列日涅夫曾打电话表示如果情况需要，苏联愿意提供"兄弟援助"。为此，他强调指出："别人在盯着我们。你们是否意识到，一旦出现混乱，别人马上会开进来？可是我宁愿迅速用自己的军队来恢复秩序，不让他人插手。"[①]不难看出，当时克罗地亚的形势确实严重到引起国家政局变乱甚至内战的边缘。铁托的弹压收到了一时的效果，但是由于外界并不知道铁托的讲话，克罗地亚的问题只是由于铁托的到来而一时有所收敛。铁托在视察了波斯尼亚和黑塞哥维那之后再次回到萨格勒布时，在30万群众夹道欢迎的欢呼声中得出有关"克罗地亚民族主义问题严重"说法存在言过其实的结论。所以，铁托十分满意地离开了萨格勒布投入一系列重大的外交活动中，直到11月。在此期间，萨格勒布的形势在民族分立主义的鼓动下已经发展到不可收拾的地步，由"克罗地亚玛蒂察"组织发起，要求对克罗地亚宪法进行修正的运动在克罗地亚展开，修正草案包括了确定克罗地亚为主权民族国家、克罗地亚语是唯一的官方语言、自行管理和控制克罗地亚境内的税收以及对联邦实行"志愿"上缴部分"捐款"、克罗地亚应有自己的货币和发行银行、建立克罗地亚自己的地方军队等。这些主张基本上是独立建国的一套计划。铁托在11

---

① 参见〔美〕丹尼森·拉西诺《南斯拉夫的实验》，第418、419页。

月中旬结束出访后了解到了克罗地亚的这些情况，而克罗地亚包括一部分共产党在内的各种势力也预感到铁托不会容忍这一局面，反而开始煽动学生罢课、工人罢工，企图造成更大的群众性事态以防止铁托动用军队。但是，工人没有响应这些极端民族主义势力的煽动。在这种形势下，这股反联邦的势力开始分化，并纷纷表态谴责学生的罢课示威活动，学生被这些出尔反尔的卑鄙政客行径所激怒，依然坚持罢课和示威行动。萨格勒布是在混乱中度过 11 月 29 日的南斯拉夫国庆节的。

1971 年 12 月 1 日，铁托在一个昔日皇家的狩猎行宫接见了克罗地亚的党政领导人，同时在这里举行了南共联盟主席团会议。铁托在开幕式上发表了讲话，严厉地斥责了克罗地亚党的领导人纵容民族主义分子和分裂主义分子，在日益发展的反革命活动面前表现出"腐朽的自由主义"态度。他指出，克罗地亚对于有关经济体制方面反映出的一些问题虽然是正当的，但是不允许把这些问题当作民族问题来提出和处理。他认为，克罗地亚出现的问题，是"大大倒退了的"党组织内部的思想危机，是近年来没有重视马克思主义教育和容忍学校中反马克思主义、亲西方教师的结果，而年轻的党员干部和新一代中的其他人恰恰是这些学校培养出来的。同时，他也指出，类似的现象在其他共和国也不同程度存在。在会议结束前，铁托的讲话已通过广播电台向全国发表了。① 巧合的是，53 年前，即 1918 年 12 月 1 日，塞尔维亚王国的国王亚历山大接见了克罗地亚的萨格勒布国民议会代表团，宣布了塞尔维亚-克罗地亚-斯洛文尼亚王国成立。53 年后，铁托接见克罗地亚领导集体挽救了南斯拉夫建国以来最大一次关系到国家分裂的危机。这次会议后，克罗地亚的领导人全部引咎辞职，随后在克罗地亚共和国展开了大规模的清洗。这场危机的余波一直延续到

---

① 〔美〕丹尼森·拉西诺：《南斯拉夫的实验》，第 430、431 页。

1974 年，在此期间铁托在思想上重新强调了南共的领导地位和南共联盟中央的权威，在组织上对各个共和国以及联盟中央进行了比较普遍的干部撤换和机构调整。党的至高无上的领导地位，在 1974 年 2 月 21 日颁布的南斯拉夫建国以来的第四部宪法中得到了重新确立。同时，1971 年对联邦制度改革的宪法修正案的内容也都在新宪法中得以体现。当时，为了适应联邦体制的"邦联化"改造，铁托将南共联盟改造成"联邦党"，但是实践证明将党"联邦化"的结果造成了党的"民族化"。这种"民族化"只能导致各共和国、自治省的党把本民族的利益作为最高利益，从而失去了它作为代表整个无产阶级和各民族人民根本利益的崇高目标和思想境界，最终成为民族主义的代言人。事实上，列宁在同机会主义作斗争时，对多民族国家无产阶级政党的建党原则进行了深刻的阐发，他认为实行党的联邦制的依据只能是民族主义的，他针对旧制度统治下造成的各民族隔阂以及所影响到各民族无产阶级隔阂的问题指出："这种隔阂是反专制制度斗争中最大的祸害、最严重的障碍。我们不应当使这种祸害合法化，不应当用什么党的独立性或党的'联邦制''原则'把这种丑事奉为神圣。比较简便的办法当然是走阻力最小的道路，各管各，'各人自扫门前雪'，现在崩得就想这样做。……最好还是让生活经验和实际运动的教训去说服人们：受专制制度压迫的各族无产阶级反对专制制度、反对日益紧密团结的国际资产阶级的斗争要取得胜利，是非要有集中制不可的。"[①] 南共联盟在党的"联邦化"上出现的上述问题，证明了列宁关于多民族国家无产阶级政党建党原则的正确性和重要性。1974 年 5 月南共联盟第十次代表大会上通过的联盟章程，在一定程度上接受了这一教训，强调了"南共联盟是工人阶级和全体劳动者在自治的基础上进行的争取社会主义的斗争中的统一革命组织和思想政治引导力量"。同

---

① 列宁：《我们纲领中的民族问题》，《列宁论民族问题》上册，第 24—25 页。

时在修改章程的报告中不无反省地指出："我们的实践证明了一个科学真理：工人阶级如没有党的引导和指导作用，用自发的力量是不可能彻底实现社会主义革命的。"① 南共在恢复党的统一领导地位的同时，保留了联邦制的改革，同时在实行从公社到联邦各级议会机构中的"代表团和代表制度"基础上恢复了联邦院和民族院的两院制，这在一定程度上淡化了民族院一度事无巨细的决定权所导致的强化民族利益的倾向。但是，联邦中央权力随着党的领导地位的强化而加强，同行政上的分权制之间的矛盾并没有解决，南斯拉夫国家"两元体制"难以结合的问题始终困扰着南共联盟建设"自治社会主义"的进程。

第四节 "塞弱则南强"与民族平等

南斯拉夫建国后的民族政策除了事事处处贯彻各民族绝对平等的原则外，没有形成比较完善的民族政策体系。南共在实现各民族一律平等方面的努力虽然很坚决和彻底，但是它对 6 个共和国和 2 个自治省在权利和地位上的绝对平等政策又导致了教条主义的偏激。在党和国家的各个权力机关中，各个民族不论人口多少、各个共和国不论规模大小，甚至自治省和自治区虽与共和国地位完全不同实行权力代表却完全平等，而且在议事过程中只要有一个联邦单位的代表持反对意见，就不能形成决定，这形成了一种没有集中的民主。铁托在联邦国家中采取这样的民族政策，一方面是为了证明南斯拉夫的社会主义更加符合马克思列宁主义而导致的脱离本国社会发展阶段的急功近利，另一方面是为了压抑和遏制南斯拉夫历史上由来已久的大塞尔维亚民族主义。这就是所谓的"塞弱则南强"策略。

所谓"塞弱则南强"，就是说塞尔维亚民族是造成南斯拉夫民族

---

① 《南斯拉夫共产主义者联盟章程汇编》，第 128、162 页。

问题矛盾的主要方面，如果弱化塞尔维亚共和国和塞尔维亚民族，就会保证其他民族免受大民族主义的威胁，从而也自然会使其他民族的民族主义偃旗息鼓。当然，这一思想来自列宁对俄罗斯民族问题的分析。列宁认为，大俄罗斯民族主义是历史上居于统治地位的民族压迫思想，而非俄罗斯民族主义是在反对这种大民族压迫中产生的。对此，斯大林进一步阐述说："归根到底反俄罗斯的民族主义只是一种防御性的形式，只是一种反对大俄罗斯民族主义、反对大俄罗斯沙文主义的畸形的防御形式。"[①] 列宁在他最后的政治遗言中"宣布同大国沙文主义进行决死战"，[②] 也是告诫全党在解决民族问题方面克服大俄罗斯民族主义的极端重要性。从南斯拉夫的历史来看，塞尔维亚民族在反抗奥斯曼帝国、奥匈帝国、法西斯帝国的侵略和统治方面所发挥的作用是重大的，它为此而付出的代价也是最大的。同时，由于塞尔维亚民族最早摆脱了帝国的统治，建立了近代王国，这对于南斯拉夫各民族争取民族解放的斗争起到了吸引和凝聚的作用，加之其人口规模在南斯拉夫各民族中居于优势，所以在共同对敌方面也自然享有中坚力量的领导地位。这些因素不仅培植了塞尔维亚民族在南斯拉夫各民族中的优越感，而且帝国霸权在巴尔干半岛竞相角逐的斗争也促使塞尔维亚王国滋生了帝国意识，特别是在 1929 年将塞尔维亚-克罗地亚-斯洛文尼亚王国改为南斯拉夫王国之后，塞尔维亚民族统治阶级实行的"统一的南斯拉夫民族"政策实质上是大塞尔维亚民族政策。"获胜的塞尔维亚资产阶级在一个多民族的国家里占据了主要的政治和经济地位，它不但不承认其他民族，而且对其他民族采取非常歧视的民族不平等政策。"[③] 因此，人口居于第二位的克罗地亚民族，

---

① 斯大林：《俄共（布）第十二次代表大会》，《斯大林论民族问题》，第 236 页。
② 列宁：《关于反对大国沙文主义问题给列·波·加米涅夫的便笺》，《列宁论民族问题》下册，第 862 页。
③ 〔南〕普勒德拉格·弗兰尼茨基：《马克思主义和社会主义》，人民出版社，1982，第 152 页。

以其经济文化相对发达、宗教信仰方面的不同和在西欧天主教文化影响下产生的民主色彩较为浓厚的民族独立意识等特点，成为抗拒大塞尔维亚民族主义的主要力量。这就是上文已经论及的南斯拉夫的民族矛盾主要集中在塞尔维亚与克罗地亚民族之间的关系方面。出于宗教观念和日耳曼文化的共同影响以及地缘关系的原因，在塞尔维亚与克罗地亚的冲突中，斯洛文尼亚人是站在克罗地亚一边的。我们不能说铁托作为一半克罗地亚人、一半斯洛文尼亚人的出身背景，使他在领导南共处理南斯拉夫民族问题方面存在天然的偏颇，铁托对南斯拉夫民族矛盾中的主要方面认识是清楚的。"在建立六个共和国和自治地区作为新的联邦的组成部分方面，铁托是听从了最重要的几个民族集团要求自治和发展民族文化的发自本能的渴望。但是，他的联邦政策也并不完全是利他主义的。从基本上说，它必须被认为是对塞尔维亚-克罗地亚不和的一个解决办法，这种不和已证明是以前任何南斯拉夫政府巩固政权的主要障碍。"[①] 所以，他从大民族主义和抗拒大民族主义而产生的防御性民族主义的辩证关系出发，在实践各民族一律平等原则时采取了以民族为单元的绝对平等。这本身就对塞尔维亚民族——尤其是第二次世界大战期间作为抗战的主要力量和付出代价最大的民族所加强的——优越感是一种抑制。通过提高其他民族（包括非斯拉夫人的匈牙利和阿尔巴尼亚少数民族）的地位来抑制塞尔维亚民族历史形成的特殊地位，是铁托在解决南斯拉夫民族问题方面的重要策略。

在南斯拉夫联邦建立的过程中，南共的基本力量（包括它所领导的军队）主要是塞尔维亚人、黑山人和穆斯林，他们自然在党所领导的党政机构中占据了更大的比例，同时"这些民族在部队的军官团和保安警察（包括人民保卫部和后来的国家保安部）中也占优势"。[②]

---

① 〔美〕查尔斯·麦克维克：《铁托主义》，第49页。
② 〔美〕丹尼森·拉西诺：《南斯拉夫的实验》，第25页。

此外，南共中央和联邦中央的所有权力机关都设在贝尔格莱德，这使其他民族很容易联想到南斯拉夫王国时的统治中心。所以，当时就有人建议将南斯拉夫的首都设在地理位置上更加中心、民族结构较为均衡的萨拉热窝。人们对"大塞尔维亚"统治的潜在忧虑随着克罗地亚鼓动由来已久的心存芥蒂而重新加强。这使铁托对大塞尔维亚民族主义的复苏也产生了警惕。所以，"在最大的塞尔维亚共和国内，建立一个伏伊伏丁那自治省以及一个科索沃–梅托希亚自治区，一般简称科斯梅特。建立这些低一级的单位，表明承认潘诺尼亚平原东南角有少数'发达的'马扎尔人杂居和聚居的情况，承认'古塞尔维亚''不发达'的阿尔巴尼亚族在数量上的优势。这两个自治单位的重要意义还不止于此，尽管不是尽人皆知"。① 其原因一方面是塞尔维亚以伏伊伏丁那塞尔维亚族人口占多数为由提出这一地区并非少数民族地区，应该成为塞尔维亚共和国的领土，这有可能会造成当地匈牙利人的民族平等权利被埋没；另一方面则是通过将这一地区保留在塞尔维亚共和国范围内但享有自治权来制约大塞尔维亚民族主义。至于科索沃地区，阿尔巴尼亚人占多数的状况使塞尔维亚人难以否决其实施自治的理由。通过自治省的建立并在地域上几乎占到塞尔维亚共和国的1/3，"使塞尔维亚不至于比克罗地亚大得不成比例"。② 不过，南斯拉夫建立不久，就发生了苏、南关系的危机，在外界的强大压力下，南斯拉夫各民族人民表现出空前的团结和凝聚，在相当一段时间内没有出现民族问题的冲突。而铁托对老共产党人的依靠，也使塞尔维亚人和黑山人在党和国家权力机关中所占的比例很大。"一些证据——区别于克罗地亚人散布的谣言——表明，在社会主义南斯拉夫的国家管理中，无论联邦一级和自治省一级，塞尔维亚人参与的太多了。"③

①　〔美〕丹尼森·拉西诺：《南斯拉夫的实验》，第23页。
②　〔美〕查尔斯·麦克维克：《铁托主义》，第50页。
③　〔英〕弗雷德·辛格尔顿：《二十世纪的南斯拉夫》，第174页。

例如，1959 年时的联邦执行委员会组成中塞尔维亚共和国的代表为
10 人，黑山为 9 人，斯洛文尼亚为 6 人，波斯尼亚和黑塞哥维那为 4
人，马其顿为 3 人，克罗地亚为 2 人。如果从人口比例来看，黑山人
口仅占全国人口的 3%，但在联邦执行委员会中的代表却占 26%；克
罗地亚人口占全国人口的 22%，但在联邦执行委员会中的代表仅占
6%。① 塞尔维亚人和黑山人在联邦领导机关中的实际地位是显而易见
的。不过，这在当时也是不可避免的。

问题是从 60 年代初期有关经济建设布局的争论开始的。当时辩
论的一个中心问题是在确定未来经济发展格局的重心，是"多瑙河概
念"有利还是"亚得里亚海概念"有利，这实际上就是以塞尔维亚
为经济发展的重心还是以克罗地亚为经济发展重心的争论。塞尔维亚
东部依傍多瑙河，克罗地亚西部濒临亚得里亚海，一个有内陆河运之
便、一个有外海航运之利。克罗地亚认为海岸联结东方和西方，是东
欧地区贸易的主要吞吐港。塞尔维亚人则认为经济发展主要在于人
口、可耕地、工业和整个河谷的广阔地区，而不是岩石嶙峋的海岸。
这是一场关于联邦投资的争论，同时也是民族利益的斗争。当时，有
关建立开发不发达地区的联邦基金的规定虽然已经确定，但是克罗地
亚和斯洛文尼亚的反对意见使这一基金难以运作。塞尔维亚支持联邦
在全国范围内实行统一投资的体制，其中也包括了通过这种投资体制
获得更多利益的愿望。因为，多次被列入塞尔维亚社会发展计划的一
些基础设施建设项目，往往不是由于缺乏资金而不能上马就是开工后
由于没有后续资金的投入而停工。在这些项目中，塞尔维亚人最关心
的是修建从贝尔格莱德到亚得里亚海岸巴尔的铁路。历史上塞尔维亚
一直在争取的就是获得出海口，而贝尔格莱德-巴尔的"这条铁路系
整个塞尔维亚直达海边的通道，是塞尔维亚和门的内哥罗政治家自

---

① 〔美〕丹尼森·拉西诺：《南斯拉夫的实验》，第 97 页。

1879 年以来梦寐以求的；有了这条铁路就可以完全避开非正教区，避免依赖克罗地亚或外国的港口"。这项几乎年年列入计划的工程，一直没有完成。与此同时的舆论之争是塞尔维亚所强调的"南斯拉夫主义"和克罗地亚等民族认为是"大塞尔维亚民族主义"回潮。这场斗争在铁托和卡德尔批判了"南斯拉夫主义"中包含"民族融合"思想的"霸权主义"而暂告结束。塞尔维亚人受到了来自最高领导人的压力。

1965 年的变革鼓励了各共和国的自由主义发展，"地方民族主义对目前基本上以地域划分的政治多元化形式的出现起到了重要的双重作用。首先，它培育出本身就带有民族主义的情绪和偏见的地方领导人。这些领导人还有着个人的理由追求本地区、亦即本民族的利益，怀疑为其他民族利益讲话的共产党同僚的意图，怀疑贝尔格莱德的意图——除一些塞尔维亚人以外，所有的人都认为贝尔格莱德是代表塞尔维亚人利益的。更为重要的是，地方民族主义给地方领导人提供了一种获得群众真心支持的潜力，一旦这种潜力发挥出来就会进一步加强他们向中央闹独立的地位。为了激起群众的情绪以取得支持，他们只需要像目前所做的那样卓有成效地竭力捍卫本地区的利益并公之于众，证明他们所捍卫的利益也就是本民族的利益，这样他们自己就一身兼为民族领袖和共产党领导人了"。① 对于这种现象，决意推进联邦权力分散化的铁托并没有引起注意，或许是认为这种倾向有利于推动改革。当时铁托的注意力主要放在反对改革的"保守派"问题上，兰科维奇作为塞尔维亚"保守派"的代表，因此受到了清洗。兰科维奇事件的发生，对塞尔维亚势力是一次重大的打击，塞尔维亚人失去了在国家保安部门系统一直占据的优势，对塞尔维亚人在把持干部任免权力和深入各地的"秘密警察"系统"胡作非为"的揭露，也形成

---

① 〔美〕丹尼森·拉西诺：《南斯拉夫的实验》，第 202 页。

了强大的舆论。铁托在清洗了兰科维奇集团后，为了防止塞尔维亚人的民族主义情绪的激化，在安排了一些塞尔维亚人担任那些清洗后的职务空缺的同时，几乎要求全部塞尔维亚人对兰科维奇及其主管的国家保安部加以谴责。但是，这无法消除大部分塞尔维亚人将这一事件视为塞尔维亚人在与克罗地亚人的斗争中败北的情绪。同时，铁托为了防止塞尔维亚和克罗地亚之间民族矛盾的激化也对克罗地亚方面发出了警告，声称要整肃那些"假自由派"和"无政府主义者"，但是也未能制止克罗地亚为兰科维奇所代表的塞尔维亚势力的失败而高昂的民族主义欢呼。塞尔维亚同克罗地亚的斗争开始公开化，1967年有关语言文字的斗争即是突出的实例之一。

在兰科维奇事件之后，南斯拉夫的"邦联化"改革通过修宪等方式从行政体系和党的组织等方面开始推行，其结果是导致了克罗地亚民族分立主义的甚嚣尘上，终于酿成1971年的克罗地亚危机。这场危机发生后对克罗地亚的清洗，似乎使塞尔维亚报了"一箭之仇"。当时，在"贝尔格莱德的塞尔维亚人中存在着一股仇视克罗地亚人的浪潮"。① 但是，铁托在整肃克罗地亚民族分立主义的同时，并没有忽视塞尔维亚人根深蒂固的"大民族主义"（在南斯拉夫被称为霸权主义），在清理撤换干部方面"继克罗地亚之后，塞尔维亚的变动尤其多，那里党的领导被指控未能抑制大型金融及银行联合企业的垄断性（用这个词指的是亲塞尔维亚）活动"。② 不过，铁托在对塞尔维亚共和国领导进行整肃时出现了前所未有的现象，在铁托主持的有关解决塞尔维亚领导人搞"经济霸权"问题的会议上，铁托特意安排的许多参加会议的塞尔维亚共和国级别较低的官员们，并没有出于对铁托权威的崇敬来按照铁托的意愿反对自己共和国的领导人。这使铁托的权威第一次受到来自基层官员的挑战。对此，他愤怒地指出："我在这

---

① 〔英〕弗雷德·辛格尔顿：《二十世纪的南斯拉夫》，第173页。
② 〔英〕菲利斯·奥蒂：《铁托传》，第332页。

个会上得到这样一种印象：问题不是怎样清除在贯彻总路线时妨碍思想和行动统一的东西，而是到底谁清除谁。"同时，他也非常动感情地说："（在塞尔维亚党内）不但对我个人和我的人格发表了一些令人不快和不能容忍的评论，而且不把我是南斯拉夫共产主义者联盟的主席、不把我自从 1937 年以来就一直担任这个职务的事实放在眼里。"不难体会，铁托当时在塞尔维亚共和国党内所碰到的阻力之大是前所未有的，甚至在兰科维奇集团被清洗时也没有出现过这样的抵触。当然，事情还是按照铁托对塞尔维亚共产党领导人的批评得到了解决。

毫无疑问，铁托在塞尔维亚民族当中享有绝高威信。这种威信是从铁托担任南共领导人、领导南斯拉夫人民抵抗法西斯和建立新南斯拉夫的过程中树立起来的，而在整个南斯拉夫共产党的建立、同德国法西斯进行艰苦卓绝的斗争和建立南斯拉夫联邦的过程中，塞尔维亚人付出的牺牲最多、作出的贡献最大。但是，从民族问题的角度讲，对于铁托和塞尔维亚共和国以外的各民族共和国领导人来说，他们从历史上南斯拉夫各民族关系的状况出发，对塞尔维亚民族形成了一种比较固定的看法，即"作为南斯拉夫最大的民族集团，塞尔维亚人没有理由感到任何其他民族集团文化上或经济上支配的威胁。事实上，他们倒是经常被人看成是对克罗地亚人和其他人具有霸权主义趋势的根源"。[1] 同时，在整个联邦体制进行自治化的改革过程中，塞尔维亚人好像一直在扮演中央集权体制的维护者角色。所以，所谓"塞弱则南强"的政策在事实上是存在的。1971 年以后，波斯尼亚和黑塞哥维那讲塞尔维亚-克罗地亚语的穆斯林被正式确认为"穆斯林族"，就"是南斯拉夫当局有意鼓动出来的"。[2] 波斯尼亚和黑塞哥维那的穆斯林是奥斯曼帝国统治时期实行伊斯兰教皈依政策的结果，从民族

① 〔英〕弗雷德·辛格尔顿：《二十世纪的南斯拉夫》，第 174 页。
② 〔英〕弗雷德·辛格尔顿：《二十世纪的南斯拉夫》，第 181 页。

的归属来说大部分是塞尔维亚人，也有一部分克罗地亚人。在奥匈帝国统治波斯尼亚和黑塞哥维那时期，人口统计是按照宗教信仰来划分的，例如 1914 年的人口统计显示：东正教徒 977906 人（占总人口的 43.55%），穆斯林 640158 人（占总人口的 31.76%），天主教徒 468161 人（占总人口的 23.23%）。在 1943 年南斯拉夫反法西斯人民解放委员会提出按照联邦制原则建立国家时，明确声明联邦制将保证塞尔维亚人、克罗地亚人、斯洛文尼亚人、马其顿人和黑山人完全平等，并未提及穆斯林。这说明当时的穆斯林一直被视为信仰伊斯兰教的塞尔维亚人和克罗地亚人。在南斯拉夫建立以后的人口统计中，穆斯林人口先后被称为"未确定民族的穆斯林""未确定民族的南斯拉夫人""作为非主体民族意义上的穆斯林"。在此期间，有关波斯尼亚和黑塞哥维那的穆斯林是不是一个单独民族的问题，引起了多次的辩论，但是没有任何定论。1968 年，波斯尼亚和黑塞哥维那共盟作出了"穆斯林是单独的民族"的论断。[1] 而当时，正是南斯拉夫联邦通过宪法修正案推进权力分散的实施之际。波斯尼亚和黑塞哥维那共和国领导人在各个联邦单位热衷于强调"民族利益"的形势下，提出上述论断显然是试图在这个多民族共和国中确立穆斯林的"大民族"地位，从而成为代表波斯尼亚和黑塞哥维那共和国的"民族利益"代表。因为，当时穆斯林的人口在持续的高生育率拉动下已经跃居该共和国各民族人口的第一位了。不过，当时这一"论断"并没有得到联邦中央的回应。但是，在 1971 年的人口普查时，"穆斯林族"却作为一个单独的民族正式纳入人口统计的口径。是时，波斯尼亚和黑塞哥维那的各民族人口比例发生了如下变化："穆斯林族" 1482430 人（占总人口的 39.57%），塞尔维亚族 1393148 人（占总人口的 37.19%），克罗地亚族 772491 人（20.62%），还有 43796 人（占总

---

[1]　郝时远主编《旷日持久的波黑内战》，中央民族大学出版社，1995，第 60—63 页。

人口的 1.7%）的各民族混血人，被称为斯拉夫族或南斯拉夫人。1971 年确定了"穆斯林族"也就意味着南斯拉夫的主体民族由过去的 5 个变成了 6 个，每个共和国都形成了由人口最多的民族代表共和国利益的平等模式，从而改变了塞尔维亚民族的人口优势延伸到波斯尼亚和黑塞哥维那的局面。当然，以宗教信仰作为确定一个民族的标准，在世界上是罕见的。但是，通过承认"穆斯林族"来分化和削弱塞尔维亚民族在波斯尼亚和黑塞哥维那的影响，又是显而易见的。这就像扩大塞尔维亚共和国内部的两个自治省的权力，并通过 1974 年宪法加以确认而造成塞尔维亚共和国内部的"国中之国"局面是一样的。如果说，在建立自治省时，铁托考虑到通过自治省来对大塞尔维亚民族主义从地域上加以裁抑是一种策略，那么同时为了防止塞尔维亚人的不满，又从法律地位上规定了"两个自治地区都置于塞尔维亚共和国的指导之下，由它负责批准它们的根本法，并且行使其中规定的某几项监督特权"。[①] 不过，到 70 年代初，塞尔维亚共和国却失去了这些权力。

铁托对大塞尔维亚民族主义的防范，从 60 年代后期开始显著加强。这一方面是在推进联邦体制改革过程中，认为塞尔维亚人是反对改革的"保守派"；另一方面是把分散联邦权力所引发的各个联邦单位出现的"民族利益至上"的民族主义反应，归结为传统的大塞尔维亚民族主义没有消除的结果。但是，教条主义地理解大民族主义和地方民族主义的辩证关系，使南共领导人通过压抑塞尔维亚民族来实现各民族"绝对平等"的理念，忽略了克罗地亚民族本身也存在的大民族主义倾向和在各个共和国的经济利益争端中所导致的分裂主义苗头。当然，南共对国内民族问题的判断，始终是与进行"自治社会主义"的联邦改造和"邦联化"过程联系在一起的，而这种联系在高

---

① 〔美〕查尔斯·麦克维克：《铁托主义》，第 50 页。

度的联邦行政权力分散化和党的集中统一领导地位之间出现矛盾时，南共总是向前者让步。而对于南斯拉夫这种以各个民族为依托的共和国联邦来说，向共和国让步就意味着向"民族利益至上"让步，而通过"绝对平等"的联邦权力运作机制（这在南斯拉夫达到了相当教条的地步）来保障各民族的利益，必然会培植和促发民族主义的离心离德倾向。铁托领导的南斯拉夫是社会主义国家中最早摆脱苏联模式、独辟蹊径地探索自己社会主义道路的国家，但是为了证明自己的社会主义比苏联模式更加符合科学社会主义而超前判断本国的社会发展阶段、急于求成地激进而教条地推进社会主义进程，势必会导致简化解决国内包括民族问题在内的所有社会问题的过程。马克思主义认为，民族问题是无产阶级革命和社会主义建设总问题的一部分，它不可能脱离解决社会总问题的进程单一地得到解决。对于取得政权的无产阶级政党来说，社会总问题就是如何建设社会主义的问题，也就是选择什么样的社会主义道路问题。解决这个问题，必须遵循的原则是把马克思主义的基本原理同本国的具体实际相结合。任何脱离本国实际的模仿、移植或独辟蹊径，都会因为脱离实际而导致失败。所以，如果说苏联解决民族问题失败的原因是在联邦制的名义下实行了高度的中央集权制，对内搞大俄罗斯主义；那么南斯拉夫解决民族问题失败的原因是在联邦制的名义下实行了不断削弱党的民主集中制原则，使国家权力"邦联化"，盲目而教条地追求各民族的"绝对平等"。前者纵容了大民族主义，后者姑息了地方民族主义。南斯拉夫在批判苏联社会主义集权制的极端性过程中把自己的社会主义引向了分权制的极端性。这两种脱离国情实际的社会主义道路探索，只能得到一种殊途同归的结果——苏联解体、南斯拉夫解体。

第九章

南斯拉夫社会主义联邦解体

分立主义早在 80 年代中就有成为社会的最高原则的危险。在民族领域内以极端形式表现出来的分立主义，在南斯拉夫的崩溃中起了决定性的作用。

〔南〕米拉·马尔科维奇：《东方与南方之间》

1990 年间，一系列的自由选举推动了国家分裂的进程。这些选举没有选举南斯拉夫联邦总统，因为这个职务已经无关紧要。除了塞尔维亚和黑山，非共产党人（或者至少说前共产党人）掌握了所有其他地区的政权。

〔英〕本·福凯斯：《东欧共产主义的兴衰》

南斯拉夫各族人民如果不团结一致，结果必彼此残杀。

〔美〕丹尼森·拉西诺：《南斯拉夫的实验》

第一节　铁托之后民族问题的消长

　　1980 年 5 月 4 日，南斯拉夫的伟大领导人铁托在斯洛文尼亚共和国首都卢布尔雅那与世长辞了。就在一年前，铁托的亲密战友、南共的理论家和自治模式的积极倡导者卡德尔也去世了。这对于南斯拉夫来说意味着一个时代的结束。虽然在铁托去世 10 年之后，曾经在 20 世纪的社会主义历史中展现过一种辉煌景象的南斯拉夫社会主义联邦共和国随着苏联和东欧社会主义国家的政治演变而分崩离析，但是这丝毫不影响铁托在国际共产主义运动历史上所应享有的地位。5 月 8 日，铁托的葬礼在贝尔格莱德他的住所花园中举行，全世界 100 多个国家的代表出席了葬礼，其中包括 35 位国家元首、3 位君主、8 位国家副总统、24 位政府总理、46 位外交部长等高级官员，同时还包括来自世界各地 100 多个共产党、社会党、工人党和其他进步政党的代表团以及解放运动的代表。[①] 这一隆重的葬礼，是超越意识形态分野和国际外交礼节意义的，它是对一个伟人为南斯拉夫人民、为社会主义运动、为世界和平所作出的重大贡献的崇敬。

　　对于南斯拉夫这样的多民族国家来说，千百年帝国征服的历史和无休止的战争，残暴的法西斯统治和残酷的民族仇杀，在南斯拉夫各民族人民之间留下了深重的创伤。但是，铁托领导的南斯拉夫共产党和人民军队，将南斯拉夫各民族人民团结在一起，建立了统一的社会主义联邦国家，并且在几十年间克服国际环境造成的困难，使南斯拉夫从一个欧洲最贫穷落后的农业国家变为一个具有相当工业基础的初步繁荣的中等发达国家。在铁托执政期间，民族问题虽然到 70 年代开始出现激化的苗头，但从总体来看，特别是在 1971 年处理了克罗

---

　　① 〔南〕佩·达姆扬诺维奇等编《铁托自述》，第 486 页。

地亚问题之后还是比较稳定的。南斯拉夫社会主义联邦共和国所取得的成就，特别是在解决民族问题方面一度取得的成绩，在很大程度上是与铁托的领导以及他在南斯拉夫共产党和各民族人民心目中所享有的崇高地位是直接相关的。"一个伟大人物之所以伟大，并不是因为他的个人特点使伟大的历史事变具有个别的外貌，而是因为他所具备的特点，使他自己最能为当时在一般的和特殊的原因影响下所发生的伟大社会需要服务。"[1] 后人可以对铁托及其领导的南斯拉夫"自治社会主义"实践作出种种评说，但是我们也必须看到在当时的历史条件下，"工人阶级和共产主义力量在社会主义下的民主进程方面、特别在自治方面的理论和实践经验是很少的，几乎是完全没有的"。[2] 从这个意义上说，无论南斯拉夫社会主义联邦共和国最后的命运如何，铁托独辟蹊径地探索南斯拉夫社会主义道路的理论与实践，对其他社会主义国家最终搞清楚什么是社会主义和如何建设社会主义这些基本问题无疑具有重要意义。

铁托去世正值整个东欧地区出现普遍的经济衰退，南斯拉夫当然也不例外。在铁托时期，南斯拉夫国民经济社会总产值在1951年至1980年平均每年增长6.2%，其中工业生产平均每年增长8.6%、农业生产平均每年增长3.4%。工业生产总值所占的比重也从1947年的18%上升到1980年的39%，人均国民收入水平从1947年的不足200美元上升到1980年的2300美元。[3] 农业人口从战后初期的70%，下降到1981年的19.07%，整个国民的教育水平得到了长足的提高，1945年至1985年的40年间毕业的大学生总量达到1092740人，知识分子队伍显著扩大。[4] 同时，人民的生活质量得到了很大的改善，从

①　〔俄〕普列汉诺夫：《论个人在历史上的作用问题》，三联书店，1961，第38页。
②　〔南〕普勒德拉格·弗兰尼茨基：《马克思主义和社会主义》，第162页。
③　徐坤明：《南斯拉夫内战和解体》，新华出版社，1993，第17页。
④　李嘉恩等编《东欧六国和南斯拉夫政治概况》，中国人民大学出版社，1989，第25页。

1950年到1980年，虽然全国的人口增长了600多万，但是从医疗条件来看却从每2700人拥有一名医生发展到每580人拥有一名医生，人均住房面积也从8平方米增加到15平方米，从1963年开始实行每周5天工作制等。当然，这只是就南斯拉夫的平均水平而言，至于在较为发达的共和国，如斯洛文尼亚，人均国民收入已达到4000美元，平均每5人拥有一辆小汽车（在首都卢布尔雅那为2.7人），文盲率仅为1.2%，妇女就业率占全部就业人员的44%，等等。[①] 这些成就无疑是令人瞩目的。

但是，如上章所述，南斯拉夫在推动以经济建设为主的社会发展中，一直没有在联邦制与民主集中制方面找到最佳的平衡点，始终处于集中统一与分散自治的矛盾和冲突之中。同时，在市场化和对外开放过程中，也一直存在着统一市场和地区市场的冲突，存在着联邦利益与依托于民族的联邦单位利益之间的矛盾，存在着发达地区与欠发达地区之间的矛盾。而联邦政府和南共中央从解决民族问题的目标出发，始终坚持的对不发达地区的支援政策和措施又往往成为联邦中央集权制与共和国自主分权制斗争的焦点。从1961年开始设立的开发不发达地区的联邦基金，事实上到1966年才开始运转。根据就业率、生产资料占有率、文盲率、国民生产总值和人均收入等指标确定的不发达地区——波斯尼亚和黑塞哥维那、黑山，马其顿、塞尔维亚共和国的科索沃自治省，在获得联邦贷款和经济支持方面的优先性和优惠性，往往引起克罗地亚、斯洛文尼亚这些比较发达的共和国的不满。同时，对不发达地区的大量投入中存在的脱离地方实际而出现的一些没有效益回报的"政治企业"或"政策项目"，以及造成的投资浪费和贷款无法回收等弊端，也使南斯拉夫的外债偿还能力受到很大影响，加之1973年中东石油危机对国际能源市场的巨大影响，使基本

---

① 迎秀：《我所看到的南斯拉夫》，人民日报出版社，1982，第203、264页。

靠进口石油支撑生产、发电和运输的南斯拉夫不得不扩大外债的借贷。此外，南斯拉夫的自治模式，在很大程度上促进了各个共和国在经济发展方面的独立性，经济项目的重复建设、国民收入的相互攀比等问题造成了经济战线越拉越长、摊子越铺越大的状况，过度的基本建设投资和效益回收的困难与日益膨胀的消费水平之间的矛盾也越来越突出。加工工业对进口原材料的依赖性逐日增强和产品在国际市场缺乏竞争力，也造成南斯拉夫的贸易逆差不断扩大。经济结构上的不协调发展所产生的种种弊端，其中包括失业率的大幅度上升，促使南斯拉夫在 70 年代末开始为稳定经济形势而努力。但是，1979 年实行的货币（第纳尔）贬值 30%、冻结和调整物价、冻结和降低个人收入、压缩进口和扩大出口等一系列措施，虽然起到了一定作用，在一定程度上降低了贸易逆差，但是同时也造成依赖进口原材料的加工工业陷入难以为继的困境。所以，到 1980 年铁托去世时，南斯拉夫的经济形势已经开始衰退，外债高达 200 亿美元。经济形势的恶化，势必引起政治生活和社会生活方面的震荡，民族问题开始再露锋芒。

1981 年 3 月，在科索沃自治省爆发的学生示威活动引发了社会骚乱，阿尔巴尼亚人的民族主义分子，打出了脱离塞尔维亚共和国控制建立独立共和国，甚至与阿尔巴尼亚合并的分离主义旗号。在南斯拉夫人口密度最大、经济文化最落后的这一自治省发生的民族冲突，成为铁托去世后南斯拉夫民族问题重新浮出水面的标志，而且它也被认为是那些试图"通过民族问题谋求南斯拉夫解体的势力的突破口"。①至此，科索沃问题成为南斯拉夫塞尔维亚共和国内最突出的民族问题而形成持续的困扰，并直接影响到整个南斯拉夫联邦的民族问题形势。因为，塞尔维亚共和国对科索沃阿尔巴尼亚人分立和分离主义势力的弹压和加强对这个自治省的控制，在其他共和国尤其是克罗地

---

① 〔英〕本·福凯斯：《东欧共产主义的兴衰》，第 278 页。

亚、斯洛文尼亚造成了大塞尔维亚民族主义回潮的恐惧。各民族共和国在经济形势普遍困难的情况下，在抵制联邦中央宏观经济调控的同时，开始更加强调自己的"民族利益"。

1982年6月召开的南共联盟第十二次代表大会，是铁托之后南共联盟最重要的一次会议。在这次大会的报告中，强调南共在思想战线上的任务时，特别指出了民族主义问题的严重性："各种与自治和社会主义格格不入的意识形态，尤其是民族主义最近时期钻进了共产主义者联盟、甚至钻进了某些领导班子中（如科索沃发生的事情）并明显地获得了更多的活动地盘。"报告号召全体共产党人在社会生活的各个方面（包括在家庭中）"同分裂主义的和一元主义的民族主义"进行斗争，因为"任何一个民族主义，特别是各种民族主义纠集在一起，是我国多民族共同体和社会共同体的最危险的反革命势力"。[1] 这些提法和表述是意味深长的。它一方面强调了民族主义问题在各个联邦单位普遍存在的问题，另一方面指出了在同各种民族主义斗争中"分裂主义"的民族主义是主要危险的形势。事实上，南共在铁托去世以后，开始用"批判的态度"重新审视"自治模式"，并不是对自治的批评而是对党的集中统一领导地位的重新加强和对联邦权力高度分散状况的纠正。所以，这次大会在充分肯定铁托在领导南共建设社会主义的伟大功绩的同时，在章程中用了更多的篇幅特别强调了"民主集中制是南斯拉夫共产主义者联盟、所有盟员、各组织机构内部生活、组织工作和活动的根本原则"。"民主集中制也是民主地酝酿、制定和创造性地贯彻执行共盟的立场、政策和决定的基础，是检验其实际价值的基础"。在增加的条款中，除了规定在"盟证上印有南斯拉夫共产主义者联盟的名称、盟徽和约瑟普·布罗兹·铁托的形象"外，还决定"创办南共联盟'约瑟普·布罗兹·铁托'政治学校，

---

[1] 《南共联盟第十二次代表大会主要文件集》，人民出版社，1984，第40、82页。

作为南共联盟盟员进行马克思主义教育和政治思想教育体系的组成部分"。① 这些条款一方面表明南共联盟对铁托伟大功绩的崇高评价和继承遗志的决心，另一方面也表达了加强民主集中制的党内统一原则的取向。会议要求共盟全体盟员团结一致、共渡难关。但是，也有少数人提出应该取消联盟章程中有关民主集中制和无产阶级专政等提法，认为民主集中制是"以多压少"，无产阶级专政是"一个阶级压迫另一个阶级"。其后，在克罗地亚也出现了关于是否应该将铁托神化的辩论和提出客观评价铁托功过的要求等。有关政治多元化的思潮也再度泛起。② 10月，南共联盟主席团根据代表大会的精神作出对自治政治制度及其各个部分和机制以批判的态度重新审视的决定，并在1985年制定了"以批判的态度分析政治制度的运转"的文件和提出修改宪法的动议。这实际上是加强民主集中制原则的具体举措。但是，对于这些原则问题的讨论，在社会舆论中已经出现了越来越多的反对意见，尤其在斯洛文尼亚和克罗地亚，要求政治民主化和多党制的呼声日渐高涨。1987年底，联邦议会通过了宪法修正案，其中涉及对1974年宪法内1/3内容的修改问题。1988年5月召开的南共联盟全国代表大会通过了《加强南共联盟在克服社会经济危机斗争中的思想政治作用、团结和责任》的决议，其中明确提出了"南共联盟反对多党制，同时也反对党的垄断制"，"加强联邦职能，包括加强自治职能和国家职能，特别是要加强各民族的团结"，"应该坚决克服党内联邦化倾向，防止在取得各共和国和自治共盟的领导一致同意以后才能作决定的做法"。③ 显然，南共正在从以往权力绝对平均化的困扰中摆脱出来，正在力图恢复和加强民主集中制。但是，持续了30多年的权力分散化所培植的各联邦单位"利益至上"的弊端已经积重难返，修改

---

① 《南斯拉夫共产主义者联盟章程汇编》，第224、276、278页。
② 石继成：《动荡中的南斯拉夫》，四川人民出版社，1992，第127页。
③ 高放等编《当代社会主义文献选编》，中国人民大学出版社，1990，第165、166页。

联邦宪法和南共联盟章程都面临着激烈的斗争。从 1988 年开始的有关修宪内容的讨论，基本上形成了以塞尔维亚为代表的"修宪派"和以斯洛文尼亚、克罗地亚为代表的"维宪派"。双方在是否对额外收入征税、各共和国的教学大纲是否应该一致、联邦法律能否凌驾于共和国法律之上等问题展开了激烈的舆论斗争。塞尔维亚认为要建立全国统一大市场，斯洛文尼亚认为根本不存在统一与否的问题，因为南斯拉夫根本没有市场。[1] 斯洛文尼亚提出在所有制问题上可以采取发行债券和实行股份制，塞尔维亚反驳说股份制就是管理权，这与工人自治制度是不相容的，等等。[2] 这些发生在各个共和国高层领导集团之间的辩论，使各共和国之间的矛盾完全趋向于政治化。而这种政治化的基础则是民族主义冲突，而根据联邦宪法修正案展开的共和国宪法修正的斗争，则将这种冲突推向了分裂的边缘。

1989 年 7 月，斯洛文尼亚议会通过了斯洛文尼亚共和国宪法修正案，提交公民讨论，其中强调斯洛文尼亚是人民主权国家，斯洛文尼亚人民拥有不可剥夺的民族自决权；斯洛文尼亚享有完全的经济主权和自由支配境内自然资源的权力；在联邦机关的决定损害斯洛文尼亚权益时，共和国机关可以根据本国的宪法规定采取措施保护自己的权益；只有斯洛文尼亚议会有权在共和国内宣布紧急状态和采取非常措施；等等。这几乎就是一份独立宣言。在 1971 年克罗地亚事件之后，1974 年的宪法第一次强调了南斯拉夫军队在维护国家安全和领土完整方面的地位与作用。这与当时铁托面对捷克斯洛伐克事件和在处理克罗地亚问题时强调的宁愿用自己的军队来解决国内的动乱，是直接相关的。而斯洛文尼亚的宪法修正案，则将宣布"紧急状态"和采取"非常措施"列为本国议会的权力，并声明不得在斯洛文尼亚境内使用武装力量，这实际上是在为脱离南斯拉夫做准备。在公民讨论中，

---

① 郝时远主编《南斯拉夫联邦解体中的民族危机》，四川民族出版社，1993，第 199 页。
② 石继成：《动荡中的南斯拉夫》，第 129 页。

更加极端的意见包括斯洛文尼亚的宪法和法律应高于联邦宪法和法律，建立自己的军队，对外派驻本国的外交代表，等等。① 这与1971年克罗地亚民族分立主义势力提出的要求完全一样，所以立刻得到克罗地亚的响应，也立刻引起塞尔维亚、黑山反对"邦联化"的大型集会。一场舆论战在南斯拉夫各个共和国、自治省之间展开，各种政治势力日益活跃。

为什么斯洛文尼亚会在南斯拉夫的民族分裂中扮演"带头羊"的角色？其原因是比较复杂的。第一，在整个南斯拉夫各民族独立和建立统一国家的历史过程中，斯洛文尼亚基本上总是远离斗争的中心，它作为奥地利的殖民地在经济文化和社会生活等方面深受"日耳曼化"的影响。第二，它在南斯拉夫各个共和国中是唯一一个没有国内民族问题的国家，这使它在南斯拉夫自治分权化的过程中能够在共和国范围内形成没有内耗的统一意志和权力体制。第三，由于地域的关系和国内民族关系的单一性，它基本上没有形成与南斯拉夫其他民族之间的历史纠葛和现实矛盾，社会形势和在联邦内部的关系比较稳定，如果说有民族问题它更多关注的是在意大利和奥地利境内的斯洛文尼亚人。第四，由于历史形成的经济基础比较好，它在南斯拉夫实行自治发展的政策环境中获得了更多的发展条件和更快的发展速度，并且在对外经贸方面同比邻的奥地利、意大利关系密切。第五，由于历史上外来的政治、经济和文化影响，斯洛文尼亚人对西方民主思想的接受程度比较高，尤其是在南斯拉夫一度削弱党的领导作用和对西方开放的条件下，这种影响十分容易同南斯拉夫"自治社会主义"所倡导的民主思想结合在一起。同时，作为南斯拉夫自治理论的创始人卡德尔是斯洛文尼亚人在联邦中央具有影响力的领导人，这不仅使斯洛文尼亚人为此而骄傲，而且也成为自治理论最坚定的维护者和实践

---

① 郝时远主编《旷日持久的波黑内战》，第54页。

者，南斯拉夫的"自治理论与实践研究中心"就设在卢布尔雅那。第六，斯洛文尼亚在联邦中央通过从各个共和国按一定比例抽调资金支援不发达地区的做法一直存在不满。特别是由于斯洛文尼亚人均社会总产值高居全国榜首，它所付出的资金也最多。但是，由于其自身发展能力强，所以在60年代中期以后获得联邦投资的机会也相应减少。1969年"高速公路"事件，就是因此而引发的。当时，斯洛文尼亚因没有得到联邦的投资而出现了民族主义的示威。这些因素，特别是突出表现在经济方面对"民族利益"的维护，以及联邦显而易见加强中央权力的举措，促使斯洛文尼亚再次成为"反对中央集权的最不妥协的力量"。[①] 而当时发生在南斯拉夫的这一切变化，又是与苏联和东欧各个社会主义国家正在发生的政治演变密切联系在一起的。

第二节　政治演变中的民族分裂

1985年3月，戈尔巴乔夫成为苏联的领导人，由此开始了苏联新一轮的改革。戈尔巴乔夫的改革"新思维"，对于这个多民族的霸权主义国家来说，最重要的冲击之一是苏联对内的大俄罗斯主义和对外的大国沙文主义。而对这"一个问题两个方面"的弊端，最大的冲击力来自国内非俄罗斯民族的民族主义和来自"卫星国"的民族主义。

苏联国内民族问题的积弊在当时已经是地下冲腾的岩浆。早在70年代，苏联领导人乐观地宣称"过去遗留给我们的那种状况的民族问题，已经完全解决，已经彻底和一劳永逸地解决了"时，[②] 西方人却声称：苏联"面临的所有问题中，最亟须解决而又最难解决的显然是

---

① 〔美〕丹尼森·拉西诺：《南斯拉夫的实验》，第406页。
② 〔苏〕勃列日涅夫：《论苏维埃社会主义共和国五十年》，《苏联民族问题文献选编》，社会科学文献出版社，1987，第343页。

民族问题。像它所继承的沙俄帝国一样，苏维埃国家似乎也无法走出民族问题的死胡同”。① 当苏联领导集团在无产阶级国际主义的口号下致力于严厉控制东欧社会主义并将霸权之手伸向世界其他地区之际，南斯拉夫的前领导人德热拉斯在“赋闲”的不同政见生活中却将苏联和 19 世纪末叶统治巴尔干半岛的奥斯曼帝国进行了比较，并且断言：“从长期看，苏联一定要解体，如果（它的）扩张被制止，解体就会更快。”② 作为冷战对抗的对手，以美国为首的西方世界在确定同苏联竞争的地缘战略纲领时，充分考虑和利用了苏联国内的民族问题和苏联势力范围的民族问题，他们认为：“东欧国家被压抑的意愿和现代大俄罗斯帝国内部的民族矛盾，为谋求实现两个重要的和相互依存的目标提供了跳板。第一个目标是通过增加苏联的内顾之忧而削弱克里姆林宫的进攻能力。第二个目标是通过小心地鼓励民族自决倾向来促进苏联集团的多元化，并最终促成苏联本身的多元化。”③ 他们是这样筹划的，而且也是这样去做的。戈尔巴乔夫的改革为苏联的对手提供了加快这一过程的条件，因为他所推行的“公开性”、“民主化”和“多元化”改革，使西方人立刻感觉到“这些变革无论是在理论上，还是在实践上都与马列主义的原则相违背”。④ 戈尔巴乔夫在国内倡导“公开性”的方式是：“任何事情，不论是今天的痛处或是过去历史上的悲惨事件，都可以成为报纸分析的对象。”⑤ 由此掀起了苏联社会中所有的历史积怨和现实不满的总爆发，压抑已久的非俄罗斯民族的民族主义继 1986 年的阿拉木图事件后全面爆发。

---

① 〔法〕埃莱娜·卡·唐科斯：《分崩离析的帝国》，新华出版社，1982，第 271 页。
② 〔美〕兹比格涅夫·布热津斯基：《竞赛方案：进行美苏竞争的地缘战略纲领》，中国对外翻译出版公司，1988，第 211 页。
③ 〔美〕兹比格涅夫·布热津斯基：《竞赛方案：进行美苏竞争的地缘战略纲领》，第 212 页。
④ 〔美〕兹·布热津斯基：《大失败——二十世纪共产主义的兴亡》，军事科学出版社，1989，第 288 页。
⑤ 〔苏〕戈尔巴乔夫：《改革与新思维》，新华出版社，1987，第 94 页。

1989 年 10 月，戈尔巴乔夫在柏林宣扬他的"新思维"时指出，社会主义"划一和标准化的实验是属于过去的社会发展问题"，并且高呼"民主化""公开性"口号和对改革的迫切性喊出那句"过于迟缓，必受生活惩罚"的名言后，① 也就意味着牢固束缚东欧社会主义的"苏联枷锁"被打开了。一个月后，象征冷战"铁幕"的柏林墙开放了。被苏联长期控制的东欧国家，不再需要像过去那样用含蓄的方式来表达它们的民族主义反抗性了，诸如 1956 年匈牙利事件时，布达佩斯的学生、市民涌向爱国诗人裴多菲的塑像前吟诵这位诗人在1848 年革命时期为匈牙利民族反抗哈布斯堡王朝统治、争取国家独立而写下的著名诗篇《民族之歌》；1968 年波兰的"三月事件"，则以华沙民族剧院重新上演 19 世纪伟大爱国诗人亚当·密茨凯维奇的反俄诗剧《先人祭》拉开反苏示威的序幕；与此同时，布拉格的市民涌上街头，欣喜若狂地庆祝捷克斯洛伐克冰球队在第 10 届奥林匹克冬运会的比赛中以 5 : 4 战胜苏联队。② 而 1989 年，这些东欧国家可以公开地抛弃过去苏联社会主义模式的"划一和标准化"了，但是他们没有想到的是几十年来模仿也好、强加也罢所形成的"准苏联模式"，使这些国家的共产党人面临的问题和所要改革的弊端几乎与苏联是一样的。就解决民族问题而言，70 年代罗马尼亚在建设全面发展的社会主义和向共产主义迈进的激进口号下，提出了"社会同质化"理论，即消除包括民族差别在内的所有社会差别来为进入"社会同质"的共产主义创造条件。为此，罗马尼亚政府对国内"共居民族"（少数民族）的"社会异质性"进行了行政命令式的同质化改造。取消匈牙利族的自治地方、关闭匈语和德语学校，在全国推行包括民居在内的"规范化"，将少数民族的村庄归并到罗马尼亚人的村庄等。1971 年，

---

① 〔民德〕埃贡·克伦茨：《大墙倾倒之际——克伦茨回忆录》，世界知识出版社，1991，第 76、83 页。

② 欧阳东：《东欧大裂变纪实》，中国经济出版社，1994，第 104、107 页。

保加利亚制定了"建设发达社会主义"的新纲领，同时宣称保加利亚是单一民族国家，不存在少数民族。为此，对马其顿、土耳其等少数民族进行强迫同化，要求他们把名字都改为保加利亚人的名字，停办用少数民族语言教学的学校，拆除清真寺等。因为保加利亚政府认为所谓保加利亚的"土耳其人"实际上是在奥斯曼帝国统治时期被迫皈依伊斯兰教的保加利亚人，而所谓保加利亚的"马其顿人"则是"一个按照斯大林和铁托的配方在'试管'中制造出来的民族"。[①] 无论如何，罗马尼亚、保加利亚包括捷克斯洛伐克的政治动乱都是以民族问题为导火索的。"实际上正是对匈牙利少数民族的仇视行为引发了罗马尼亚的国内危机。"在保加利亚"土耳其少数民族绝食罢工和生态保护组织游行纷纷登台"。[②] 民族问题危机在加剧政治演变、引发社会动乱、挑起武装冲突、造成国家裂变方面的作用，在苏联解体和东欧剧变中显而易见，当然这些特点在南斯拉夫体现得更加突出而全面。

东欧社会主义国家，由于深受"苏联社会主义模式"的影响，所以也必然承担"苏联社会主义模式"所造成的弊端及其后果。所以，当戈尔巴乔夫打开国内"公开性"的阀门并拆除套在东欧国家头上的"紧箍咒"后，一股"多党制"和"民主化"的浪潮在民族主义的推动下以加速度的冲击力，席卷了苏联和东欧地区，这就是所谓"在波兰，随着这一阶段的推进，民主化花了 10 年的时间，在匈牙利花了 10 个月，在东德花了 10 周，在捷克斯洛伐克花了 10 天，在罗马尼亚花了 10 小时"。[③] 如前所论，南斯拉夫是最早摆脱"苏联模式"而独辟蹊径建设社会主义的国家，但是它从另一个极端犯了超越社会发展阶段和脱离国情实际的同类错误，所以在这场演变中它同样成为这场

---

① 〔保〕托多尔·日夫科夫：《日夫科夫回忆录》，第 364 页。
② 〔英〕本·福凯斯：《东欧共产主义的兴衰》，第 273、275 页。
③ 〔美〕塞缪尔·亨廷顿：《第三波——20 世纪后期民主化浪潮》，第 118 页。

"多米诺骨牌"中的一个，只是排得靠后一点。也就是说，"南斯拉夫，在某些方面比东欧的共产主义国家更加自由，但是却在1989年被其邻国的民主化浪潮所超过，尽管其中两个最富裕的国家，斯洛文尼亚和克罗地亚已经开始朝着民主的方向移动"。[①] 其原因一方面在于南斯拉夫的社会主义模式确实与苏联和其他东欧国家有所不同，另一方面是在80年代中期以后当苏联和东欧国家在削弱共产党的领导和中央集权体制时南斯拉夫正好在进行相反的改革。但是，无论进行哪种方式的改革，"在席卷东欧所有前社会主义国家的大混乱中，人们是不容易适应的，我要说，是很难适应的。尤其是在那些多民族国家的前社会主义国家中，这种混乱尤其严重。也就是说，在所有当年的社会主义国家里，制度改变的结果是，产生了来源于社会两极分化的政治分裂，而那些多民族国家里，还要加上民族的分裂"。[②]

1989年9月26日，南共联盟中央全会以97票对40票通过了关于要求斯洛文尼亚共和国议会推迟审议该国宪法修正案的决定。但是，在斯洛文尼亚已经调动起来的民族主义情绪，促使斯洛文尼亚共和国议会在27日通过了该国宪法修正案。对此，联邦中央已无能为力。斯洛文尼亚在通过本国的宪法修正案后，得到了在法律支持下自行其是的权力。1990年1月，在南共联盟第十四次紧急代表会议上，塞尔维亚与斯洛文尼亚的共盟代表就联盟章程上是否继续保留"民主集中制"而争吵不休，由于大会没有接受斯洛文尼亚取消"民主集中制"的建议，斯洛文尼亚代表拂袖而去宣布无限期退出会议。[③] 南斯拉夫要么成为民主的南斯拉夫，要么什么也成不了，已经成为斯洛文尼亚共和国斩钉截铁的唯一选择。斯洛文尼亚这个民族成分最单一、经济发展水平最高的共和国，终于在分裂南斯拉夫社会主义联邦共和

---

① 〔美〕塞缪尔·亨廷顿：《第三波——20世纪后期民主化浪潮》，第74页。
② 〔南〕米拉·马尔科维奇：《黑夜与白昼》，第164页。
③ 石继成：《动荡中的南斯拉夫》，第130页。

国的问题上迈出了第一步。在此期间，主要在贝尔格莱德、卢布尔雅那和萨格勒布以及普里什蒂纳，集会、游行和充满相互攻击词句的舆论斗争达到了高潮，贝尔格莱德掀起反对科索沃阿尔巴尼亚人的分裂主义，谴责斯洛文尼亚人和克罗地亚人的民族分立主义；卢布尔雅那、萨格勒布和普里什蒂纳谴责大塞尔维亚民族主义和霸权主义以及在科索沃的残暴镇压。而且其他共和国也纷纷加入了这场维护南斯拉夫统一和拆散南斯拉夫的宣传舆论战，"一些不负责任的知识分子，对领导阿谀奉承，吹牛拍马，为他们提供了种种种族优势、宗教优势的理论以及大量的过分情绪化的辞令弹药，而此时的宣传媒体则又充当了炮筒的作用"。[①] "这场新闻媒体之战持续了很长时间，是粗暴的、但却组织得很好。各地新闻媒体动用了所有的武器开火了，从卢布尔雅那到杰尔达普，从苏博蒂察到赫瓦尔，从斯科普里到格利纳。但是这种剂量的毒药还不够强，不足以使南斯拉夫致命。"[②] 最终使南斯拉夫致命的是在意识形态领域极度混乱中乘虚而入的"多党民主制"。塞尔维亚（在一定程度包括黑山）在扮演维护南斯拉夫统一和南共联盟民主集中制角色的同时，被不断放大的大塞尔维亚民族主义霸权复活的舆论，成为一些共和国民族主义的政治多元化选择，各种政治组织随之出现。在萨格勒布成立了"克罗地亚民主共同体"，在普里什蒂纳出现了"民主联盟"和"独立青年议会"。1990 年 3 月 7日，斯洛文尼亚议会决定从国名中取消"社会主义"的字样，这进一步鼓励了政治多元化的风潮，各种政治组织纷纷建立。在这种形势下，联邦议会通过了《政治结社法》，多党民主制已成定局。据统计，到 1990 年底，南斯拉夫登记在册的合法政党和组织已达 248 个，其

---

① 〔美〕阿尔文·托夫勒、海迪·托夫勒：《未来的战争》，新华出版社，1996，第278 页。

② 〔南〕米拉·马尔科维奇：《黑夜与白昼》，第 59 页。

中全国性的 33 个，地区性的 215 个。① 南共联盟的各个盟员，或改换名称，或自行解散，或在随之而来的多党民主制竞选中纷纷落马。

1990 年 4—5 月，斯洛文尼亚和克罗地亚率先进行了议会选举，结果导致了"民主派"的全面胜利。同年 7 月，斯洛文尼亚议会通过《国家主权宣言》，声明联邦宪法只有在不与斯洛文尼亚共和国宪法相抵触的情况下才在其境内适用。8 月，已经被架空的、主要由塞尔维亚和黑山共和国代表支撑的联邦议会通过决议，对斯洛文尼亚的《国家主权宣言》表示严重关切和不安，谴责这一违反南斯拉夫联邦宪法、擅自改变联邦关系的行为。但是，这对于已经失去南共联盟核心领导地位的南斯拉夫来说，这种决议已经毫无约束力了。这一形势表明，南斯拉夫联邦体制已经趋向于解构，各个共和国和全体南斯拉夫人民需要在建立一种什么样的国家关系问题上作出抉择。② 当时，塞尔维亚和黑山坚持南斯拉夫保持联邦体制，并且同意进行必要的改革；斯洛文尼亚和克罗地亚坚持实行邦联体制；波斯尼亚和黑塞哥维那、马其顿两个共和国的政治形势尚不明朗，处在犹疑之间。在进行有关南斯拉夫未来国体的辩论和交锋过程中，其他 4 个共和国的议会选举也在各种政治势力的斗争中陆续进行。"在塞尔维亚，米洛舍维奇和他重新命名的社会党于 1990 年 9 月以绝大多数的选票（77%）重新登上权力宝座。"③ 10 月，波斯尼亚和黑塞哥维那在同斯洛文尼亚就上述问题讨论后，由斯洛文尼亚起草了一份《邦联条约》草案，其后联邦主席团提出了经过改进的"联邦制方案"，其中最大的改进之处在于：各共和国有权根据全民公决表达的意愿，按联邦规定的方式退出联邦。④ 11 月，波斯尼亚和黑塞哥维那举行议会选举，"穆斯

---

① 郝时远主编《南斯拉夫联邦解体中的民族危机》，第 33 页。
② 郝时远主编《旷日持久的波黑内战》，第 55 页。
③ 〔英〕本·福凯斯：《东欧共产主义的兴衰》，第 280 页。
④ 郝时远主编《旷日持久的波黑内战》，第 56 页。

林族"、塞尔维亚族和克罗地亚族的新建政党基本上按照人口的比例在议会中获得了议席;在紧随其后的马其顿选举中,共产党势力败北。12月,在黑山进行的多党民主制议会选举中,没有改名的黑山共盟则以绝对优势获胜。[①] 南斯拉夫6个共和国在1990年的多党民主制选举中除了塞尔维亚和黑山的政权还掌握在前南共手中外,其他4个共和国的领导权均已易手。事实上,在南斯拉夫各个共和国的民主选举中,固然存在不同政见的各种政党,但是依托于各民族的共和国在这种选举中都以本民族的民族主义为最高利益准则。而且在南斯拉夫,强化各民族民族主义意识的宗教因素也十分突出。

在南斯拉夫社会主义联邦共和国建立之前,南斯拉夫各民族基本上是全民信教的,而且各民族人民在受到政权统治的同时,也受到教权的统治。所以,当时的人口统计往往通过宗教信仰来对不同的群体加以区别。南斯拉夫共产党建立以后,在宗教问题上没有明确的规定,在战争期间尊重不同宗教信仰是民族平等原则的题中之义,同时对一些与德国和意大利法西斯勾结的天主教教会首领和教士进行过惩处。在南斯拉夫联邦国家建立的过程中,在宪法规定宗教信仰自由的同时,与宗教直接相关的问题是解决历史延续下来的政教合一问题,特别是在天主教方面,由于"克罗地亚独立国"和斯洛文尼亚的"白卫军"法西斯傀儡政权问题而更加突出。此外同穆斯林群体也发生了一些冲突,只有东正教不存在同南共政权的冲突问题。为此而对天主教会进行的整肃和处罚,引起了梵蒂冈的不满,并于1952年断绝了同南斯拉夫的关系。就在这一年,南斯拉夫共产党改为南斯拉夫共产主义者联盟时,在联盟章程中明确指出:"南斯拉夫共产主义者联盟盟员的资格同信奉宗教和举行宗教仪式是不相容的。"[②] 1953年南斯拉夫联邦通过了有关宗教团体法律地位的基本法。社会的宗教矛

① 阚思静等主编《东欧演变的历史思考》,当代世界出版社,1997,第183页。
② 《南斯拉夫共产主义者联盟章程汇编》,第43页。

盾开始逐步化解。在 1958 年通过的新的联盟章程中，没有再提盟员资格同信仰宗教和参加宗教活动的不相容问题，而且在以后的章程中也未再提及。1960 年 2 月，铁托向天主教会贝尔格莱德大主教乌依契奇授予国家级荣誉勋章，以示对他 80 寿辰的祝贺，被认为是天主教在南斯拉夫恢复名誉的开端。在此之后，克罗地亚、斯洛文尼亚的宗教活动日益活跃，宗教商品开始生产，宗教刊物陆续出版。1966 年兰科维奇被清洗以及由他主管的国家保安部门自上而下进行改组后，南斯拉夫与梵蒂冈之间的关系也不断缓和。这进一步促进了天主教活动的发展。在 1969 年出版的 29 种宗教刊物印刷量几近 1000 万份，而其中 800 万份是天主教的。1970 年，南斯拉夫同梵蒂冈之间的使节规格升为大使级。1971 年，教皇还会见了铁托总统。此后，南斯拉夫的天主教会得到了迅速发展，而且同国际上的联系日益密切。据调查，在斯洛文尼亚有 60% 的成年人从事宗教活动，在一些农村中所有的孩子上主日学校，宗教学校的数目比战前年代翻了一番。相比之下，塞尔维亚的东正教会则表现得比较沉闷，"虽然它具有塞尔维亚国教的特点，但不像克罗地亚天主教会那样，涉及到更加极端的民族主义形式"。[①] 同时，由于历史的积怨等原因马其顿的东正教会与塞尔维亚东正教会之间一直存在矛盾，马其顿东正教会虽然一度承认了塞尔维亚大主教为最高首领，但是 1967 年马其顿还是宣布了自己教会的自治地位。这一行动得到了马其顿政府和南斯拉夫联邦政府的支持，但遭到塞尔维亚大主教和宗教会议的强烈反对。[②] 显然，这一教派分立的行动，正是兰科维奇事件发生之后塞尔维亚处于被压抑状况下出现的。这也从另一个角度证明了压抑塞尔维亚的政策的确是存在的，否则南斯拉夫联邦政府无须在这样的问题上表明态度。同时，这也说明了在南斯拉夫解体过程中，强烈的宗教聚合力并没有导致东正教共和

---

① 〔英〕弗雷德·辛格尔顿：《二十世纪的南斯拉夫》，第 148 页。
② 〔英〕弗雷德·辛格尔顿：《二十世纪的南斯拉夫》，第 151 页。

国的团结。1974 年新宪法颁布后，在南斯拉夫总体上强调加强马克思主义教育和党的集中统一地位的氛围下，对宗教活动的规定开始有所严格。进入 80 年代以后，全球性的宗教复兴也促使了南斯拉夫的天主教、伊斯兰教和东正教的普遍发展。民族矛盾的冲突在没有公开涉及意识形态歧见的情况下，除了经济利益的争端，更多有关文化和社会生活的矛盾往往以宗教的聚合来进行对抗。泛伊斯兰教的影响对科索沃的阿尔巴尼亚人、波斯尼亚和黑塞哥维那的穆斯林产生着越来越强的影响，使他们那本已淡化的宗教意识和并不严格的宗教生活开始得到强化；而在克罗地亚、斯洛文尼亚，西方天主教势力的自由渗透不断灌输着西方民主的价值观念。在塞尔维亚和黑山，虽然东正教信仰并不起眼，但是当伊斯兰教和天主教所聚合的力量有效地强化了民族主义时，他们的东正教意识也开始成为民族斗争的精神动力。而这一切都是伴随着南共联盟的意识形态日趋淡薄情况下发生的。所以，当南斯拉夫"多元社会群体主义消失之后，各集团便越来越认同于更广泛的文化共同体，并根据宗教来自我定义"。①这在波斯尼亚和黑塞哥维那的多党民主制选举中极具代表性，穆斯林、塞尔维亚族、克罗地亚族的权力分享严格地按照民族的、宗教的集团利益来划分，从中体会不出他们在政治上的分歧，除了反对共产党这一共同性之外。

1990 年 12 月 9 日，斯洛文尼亚议会以 203 票赞成和 4 票弃权通过了关于就该共和国独立问题进行全民公决的法令。这项法令虽然受到联邦议会（主要是塞尔维亚和黑山）的反对，但是斯洛文尼亚的全民公决仍按期在 12 月 23 日举行。是日，有 136 万人参加了投票，占斯洛文尼亚选民总数的 93.2%。结果有 128.8 万张选票赞成斯洛文尼亚独立，占投票者总数的 94.7%，占全体选民总数的 88.2%。与此同

---

① 〔美〕塞缪尔·亨廷顿：《文明的冲突与世界秩序的重建》，第 304 页。

时，12 月 21 日克罗地亚议会在塞尔维亚族议员抵制的情况下，通过了具有邦联制性质的新宪法。虽然斯洛文尼亚和克罗地亚还没有正式宣布独立，但是 1990 年底的南斯拉夫已经处于解体的前夜，所有来自苏联和东欧其他社会主义国家的变乱消息，都在推动着南斯拉夫的分裂。不过，对于南斯拉夫来说，这种分裂必然要伴随着战争。"相爱不深容易收场，相爱很深结束得就痛苦，这种痛苦常常永远不能消除。"①

第三节　战火中的国家裂变

1991 年 1 月 10 日，南斯拉夫联邦主席团就南斯拉夫国家的前途问题开始召开扩大会议，参加会议的人员包括联邦议会主席、联邦总理和各个共和国的总统。会议先后进行了 7 轮，但是主要争执双方塞尔维亚、黑山和斯洛文尼亚、克罗地亚各持己见、互不相让、无法取得一致。在这种情况下，决定由 6 个共和国的总统轮流主持进行各国首脑的会谈。经过数轮会谈后，于 4 月 11 日达成协议，决定将先期已经形成的新的联邦制和邦联制两个方案交付各个共和国进行全民公决。5 月 19 日，克罗地亚举行全民公决。但是，公决并非赞同联邦制或邦联制，而变为是否赞成克罗地亚独立。此举虽然受到克罗地亚境内塞尔维亚人的抵制，但是参加投票的选民中仍有 94% 赞成克罗地亚成为独立主权国家。在此期间，3 月 7 日，斯洛文尼亚决定建立自己的军队，6 月 2 日斯洛文尼亚共和国军队成立。②

6 月 3 日，波斯尼亚和黑塞哥维那主席团主席伊泽特贝戈维奇同马其顿总统格利戈罗夫共同提出了《关于未来南斯拉夫共同体的行动纲领》，认为只有把南斯拉夫建成"各主权共和国的共同体"才能维

---

① 〔南〕米拉·马尔科维奇：《黑夜与白昼》，第 60 页。
② 徐坤明：《南斯拉夫内战和解体》，第 60 页。

护南斯拉夫的完整。6月6日，各共和国在萨拉热窝举行了第六轮首脑会议，达成以下协议：一致同意以和平和民主方式协商解决政治、经济和社会危机；同意将《关于未来南斯拉夫共同体的行动纲领》作为进一步协商的一种富有建设性的妥协基础；加强各共和国之间的双边和多边协商；建议塞尔维亚同克罗地亚、波斯尼亚和黑塞哥维那两国就族际关系进行磋商。[①] 塞尔维亚共和国力求维护南斯拉夫统一的努力，一方面是出于对20世纪以来统一的南斯拉夫国家历史，特别是社会主义联邦国家历史的维护，另一方面是考虑到塞尔维亚民族在各共和国的分布和一旦分裂会造成大量的塞尔维亚人成为异国他乡的少数民族。塞尔维亚作为南斯拉夫最大的民族，在1991年人口为852.6万，但是有1/4的塞尔维亚人分别生活在波斯尼亚和黑塞哥维那、克罗地亚、马其顿和黑山。其中在波斯尼亚和黑塞哥维那最多，达到136.9万；在克罗地亚次之，约为60万。所以，塞尔维亚维护南斯拉夫的统一和完整，很大程度是在考虑这个问题。因为1990年已经出现了克罗地亚共和国塞尔维亚人与克罗地亚人的冲突问题。

1990年5月6日，克罗地亚政权易手后，新任总统图季曼立即着手清除社会主义时期的痕迹，恢复克罗地亚的历史传统，启用"克罗地亚独立国"的国旗和国徽等，同时开始私自进口军火扩建警察部队和成立国民卫队。图季曼早年参加南斯拉夫共产党，并于1941年投身抵抗法西斯的斗争，南斯拉夫建国后曾任南人民军少将，后因发表不同政见的言论和著述，尤其是对"克罗地亚独立国"时期屠杀塞尔维亚人问题上提出的不同见解，于1967年被开除出南共联盟，并曾两次被判刑。这种政治背景，以及他为第二次世界大战中"克罗地亚独立国"和"乌斯塔沙"在屠杀塞尔维亚人问题上的辩护，自然引起克罗地亚塞尔维亚人对历史悲剧的回忆。同时，克罗地亚新政权对

① 郝时远主编《旷日持久的波黑内战》，第57页。

境内的塞尔维亚人采取了压制和排斥的态度，也使塞尔维亚人在不满和恐惧的双重压力下开始为保卫自己的权益和安全斗争。作为南斯拉夫民族矛盾最突出的两大民族，克罗地亚境内的塞尔维亚人对民族关系的变化尤为敏感。在1971年克罗地亚民族主义高涨时，塞尔维亚人就开始武装自己。当时，铁托在解决这一事件时特别提及了这一点。所以，在克罗地亚新政权成立，民族分立主义日益高涨的情况下，塞尔维亚人内聚自保的意识也特别强烈。"在多民族的国家里，在经济和社会危机时期，一句与民族有关的不慎重的话就有可能引起一场并不希望发生的大火。而我们这里，这样的话有的是。"① 克罗地亚民族主义势力仇视和排斥塞尔维亚族当然不会只停留在舆论上。1990年8月，在塞尔维亚族聚居的克宁，爆发了克罗地亚族与塞尔维亚族之间的武装冲突。随后，塞尔维亚族在其聚居地区先后成立了3个自治区。1991年3月，克罗地亚特种部队同塞尔维亚警察和居民再次发生冲突，造成2人死亡和20多人受伤。为此，联邦主席团命令南人民军出面干预，将冲突双方隔离。但是，由来已久的塞尔维亚族和克罗地亚族之间的矛盾一旦爆发，就很难消停。5月2日，克罗地亚警察在博罗沃村同塞尔维亚武装人员再次发生流血冲突，导致15人死亡、数十人受伤。5月3日，在滨海城市扎达尔和希贝尼克，克罗地亚人举行了示威活动，并捣毁当地塞尔维亚居民的住宅等财产。同日，来自塞尔维亚共和国的复旧的"切特尼克"运动成员，进入克罗地亚塞尔维亚族聚居地区助战。5月5日，一些地方的南人民军兵营遭到克罗地亚人的包围和封锁，甚至斯普利特的南人民军滨海军区司令部也受到围攻。面对这种事态，南斯拉夫联邦国防部发表声明，谴责克罗地亚发生的反对军队的活动，表示南人民军将对袭击部队的挑衅行为予以反击。② 5月28日，克罗地亚举行盛大集会，图季曼总

---

① 〔南〕米拉·马尔科维奇：《黑夜与白昼》，第87页。
② 郝时远主编《南斯拉夫解体中的民族危机》，第50页。

统检阅了新组建的克罗地亚军队。① 至此，斯洛文尼亚和克罗地亚都已组建了自己的军队。同时，这两个共和国的议会，抓紧进行本国的立法活动，积极为独立建国进行准备。而克罗地亚的塞尔维亚族，也宣布成立"塞尔维亚克拉伊纳共和国"，当然这一切都得到了塞尔维亚共和国支持。因为米洛舍维奇坚持维护南斯拉夫的统一的重要原因之一就是塞尔维亚民族必须生活在一个国家中。

1991 年 6 月 25 日，斯洛文尼亚和克罗地亚同时宣布独立。与此同时，斯洛文尼亚的军队立刻开始接管南斯拉夫同意大利、奥地利和匈牙利接壤的边境，强行占领过境通道和海关，将代表南斯拉夫社会主义联邦共和国的界碑换成"斯洛文尼亚共和国"的界碑，对主要的道路和机场等重要设施进行封锁，并切断驻扎在该"国"的南人民军的水、电等供应。这一行动，即刻引起联邦政府的强烈反应，在宣布斯洛文尼亚独立的非法性的同时，于 6 月 26 日便派遣南人民军、联邦内务部和海关人员进入斯洛文尼亚，夺回对边界的控制权。由此，南人民军同斯洛文尼亚的军队发生冲突，并立刻演化为一场战争。② 发生在巴尔干半岛的这场战争，立刻引起坐观东欧社会主义演变的西欧国家的惊恐，欧共体立刻出面调停。7 月 7 日，南斯拉夫有关各方和欧共体的代表在布里俄尼岛原则上通过了《和平解决南斯拉夫危机宣言》。宣言要求交战双方立即停火，南人民军返回兵营，斯洛文尼亚和克罗地亚推迟 3 个月执行其"独立"决定，各方不得采取任何单方面的行动，并就南斯拉夫未来的体制进行谈判。③ 短促的斯洛文尼亚战争，作为南斯拉夫建国以来的第一场内战停止了，但是有关南斯拉夫国家体制的谈判问题却毫无进展，尤其是在斯洛文尼亚、克罗地亚宣布独立之后，南斯拉夫分裂的态势几乎没有挽回的余地了。在这

---

① 徐坤明：《南斯拉夫内战和解体》，第 61 页。
② 石继成：《动荡中的南斯拉夫》，第 14 页。
③ 徐坤明：《南斯拉夫内战和解体》，第 3 页。

种情况下，7月18日南联邦主席团决定在3个月内将斯洛文尼亚境内的南人民军全部撤出。这一决定实际上意味着当时代表南斯拉夫联邦的塞尔维亚已经打算放弃斯洛文尼亚。如果说，在此之前，米洛舍维奇坚持维护南斯拉夫的统一和完整，还包含了维护南斯拉夫联邦历史的因素；那么，现在他所考虑的恐怕主要是塞尔维亚民族的统一问题，而且主要是克罗地亚的问题。而斯洛文尼亚作为一个基本上是单一民族的国家，且为克罗地亚所隔绝处于鞭长莫及之地，在历史和文化上与塞尔维亚的关系没有更多瓜葛，所以"米洛舍维奇最后准备让斯洛文尼亚脱离南斯拉夫，但是必须留下克罗地亚。他说，如果克罗地亚试图离开南斯拉夫，塞尔维亚的边界将成为'一个公开的政治问题'"。① 无论当时的南联邦如何考虑从斯洛文尼亚撤出军队，米洛舍维奇作为决策的参与者无疑是站在塞尔维亚民族主义立场上的。当时，在整个南斯拉夫，"包括塞尔维亚，民族主义又回来了。当然，比较合乎逻辑的是，民族主义者是站在按民族主义的方式来理解民族问题的斗争前列"。②

在斯洛文尼亚爆发内战的同时，克罗地亚境内的塞尔维亚族与克罗地亚族之间的摩擦和事端也时有发生。而且随着斯洛文尼亚境内的战争平息，克罗地亚境内的冲突呈不断扩大之势。在当时民族矛盾尖锐化的形势下，究竟是哪一方挑起事端，几乎无法区别。塞尔维亚要保护克罗地亚境内的塞尔维亚族，克罗地亚则希望将塞尔维亚族驱逐出"自己的国土"。民族矛盾的民间性反应，可以在任何地方、以任何理由挑起事端。特别是当时塞尔维亚族正在将其聚居地区联系在一起，并造成克罗地亚"国中之国"的态势下，克罗地亚共和国同样面临着领土分裂的危险。这些因素和日益加剧的紧张局势，终于导致克罗地亚境内大规模的内战爆发。从7月25日开始，在塞尔维亚同克

---

① 〔英〕本·福凯斯：《东欧社会主义的兴衰》，第280页。
② 〔南〕米拉·马尔科维奇：《黑夜与白昼》，第101页。

罗地亚交界的一些地区，先后爆发了武装冲突。很快，南人民军卷入了冲突，空中打击、炮火攻击和地面部队的交火在克罗地亚东部、中部和西南地区相继展开。战事在贝拉孟纳斯蒂尔、武科瓦尔、斯拉沃尼亚西段、萨格勒布东南与波斯尼亚北部相邻狭长地段、亚得里亚海沿岸克宁地区尤为激烈。战争显然不是先期冲突的那种形势了，而是在为领土而战。在南人民军卷入的形势下，克罗地亚的塞尔维亚族民间武装不断扩大地盘，力求将所有塞尔维亚族聚居的地区连成一片。在与波斯尼亚北部相邻这一地区，恰好同波斯尼亚和黑塞哥维那的塞尔维亚族聚居相连接。在克宁一线同样与波斯尼亚和黑塞哥维那西部的塞尔维亚族聚居区毗邻，而且克宁这一片包括 29 个区正是"塞尔维亚克拉伊纳共和国"控制的地区。[①] 显然，在这场内战中，塞尔维亚共和国的意图不仅是克罗地亚境内的塞尔维亚族连成一片的问题，而且也包括同波斯尼亚和黑塞哥维那共和国境内的塞尔维亚聚居地区联成一体的战略考虑。因为塞尔维亚人认为，"南斯拉夫一旦分裂，塞族人将处于危险之中。因此，非塞尔维亚共和国的塞尔维亚少数民族有权或者同他们所在的共和国脱离关系，或者同塞尔维亚结为一体"。[②] 然而，对于克罗地亚来说，如果塞尔维亚族将这些地区联为一体，不仅会造成"国中之国"的长久困扰，而且很可能会失去几占其国家 1/3 的领土。因此，克罗地亚方面对这一系列地区的军事争夺也尤为猛烈。同时，克罗地亚也试图将这一内战国际化，不断对外发布南人民军对克罗地亚实施侵略的罪行，寻求国际势力的支持。

9 月 13 日，克罗地亚武装迫降了南人民军的一架直升机，将乘坐该飞机的南人民军第五军区副司令阿克申蒂耶维奇少将等 21 人扣押，同时对克罗地亚境内南人民军各个驻地进行封锁和围攻，迫使南人民军撤离克罗地亚。南人民军也在克罗地亚全境发起反击，并于 9 月 7

---

① 石继成：《动荡中的南斯拉夫》，第 18—19 页。
② 〔英〕本·福凯斯：《东欧社会主义的兴衰》，第 280 页。

日出动海军封锁了普拉、里耶卡、斯普里特等 7 个海港,切断克罗地亚同国外的海上联系。9 月底,南斯拉夫联邦国防部从全国各地调集了兵力增援克罗地亚战场。10 月 3 日,南斯拉夫联邦主席团决定"转入在直接战争危险条件下工作",并于次日发布了局部动员令。在此之后,克罗地亚战场的形势日益向有利于南人民军一方转化,在战略重镇武科瓦尔、亚得里亚海滨历史名城杜布罗夫尼克等地,都发生了大规模的争夺战。到 11 月 18 日,南人民军攻克武科瓦尔时,这座经历了 86 天争夺战的城市已经是一片废墟。进入 11 月下旬,在南人民军的帮助下,克罗地亚的塞尔维亚聚居地区基本被控制在塞尔维亚人手中,而南人民军的一些兵营和军事设施也仍在克罗地亚武装力量的围困之下。战争进入了胶着状态。在这种形势下,经联合国秘书长特使万斯的调停,克罗地亚、塞尔维亚和南人民军的领导人于 11 月 23 日在日内瓦达成战争爆发以来的第 14 次停火协议。协议规定,克罗地亚立即解除对南人民军兵营的封锁;南人民军立即撤离克罗地亚当局控制区;冲突双方同意由联合国尽快向南斯拉夫派遣维持和平部队,进驻克罗地亚境内的塞尔维亚族聚居地区。[1] 持续数月的发生在克罗地亚共和国领土上的内战基本停了下来。这场内战,实际上是塞尔维亚同克罗地亚两个民族之间的战争,因为南斯拉夫人民军从兵员结构来说,历来是以塞尔维亚人为主,黑山虽然从历史上来说是出战士的民族,但是毕竟受到人口规模的制约。同时,塞尔维亚人在联邦军队的高中级军官中占到 80%,[2] 所以塞尔维亚人在南人民军中无论是指挥权还是士兵数量都占有绝对优势。这一特点形成于第二次世界大战南共领导的抵抗法西斯运动,当然这种传统还可以追溯到南斯拉夫王国时期。在斯洛文尼亚和克罗地亚宣布独立以后,南人民军中的斯洛文尼亚族和克罗地亚族士兵已经开始开小差,待战争爆发后这种

---

① 郝时远主编《南斯拉夫联邦解体中的民族危机》,第 52 页。
② 阚恩静等主编《东欧演变的历史思考》,第 182 页。

现象就更加普遍了，而且是以倒戈的方式出现的。南人民军中的克罗地亚族官兵倒戈后，立即成为克罗地亚军队中的骨干力量。所以，南人民军同克罗地亚武装的冲突，基本上代表了塞尔维亚族和克罗地亚族之间的冲突，同时也是两种民族主义的较量。在战争期间，10月8日，即7月7日布里俄尼岛原则上通过的《和平解决南斯拉夫危机宣言》所规定的斯洛文尼亚、克罗地亚推迟3个月执行其"独立"决定到期之日，斯洛文尼亚和克罗地亚再次联手宣布正式独立。同日，斯洛文尼亚发行自己的货币，强调它与克罗地亚的边境线为国界，宣布从18日起将视境内的南人民军为"外国军队"。10月26日，南人民军全部撤出斯洛文尼亚，斯洛文尼亚在事实上已经完全脱离了南斯拉夫。克罗地亚在第14次停火协议签署后，小规模的局部冲突虽然时有发生，但是冲突双方大体上在按照协议努力控制冲突。同时，克罗地亚在同南人民军关于南人民军撤出克罗地亚的谈判也取得了进展。12月8日，双方签署了撤军协议。12月22日，克罗地亚发行本国货币，克罗地亚独立的大局已定。

　　自1991年6月25日斯洛文尼亚和克罗地亚宣布独立后，欧共体就作为主要调停人开始介入南斯拉夫事务。在7月7日达成斯洛文尼亚境内的停火协议的前一天，欧共体外长会议已经作出对南斯拉夫实行武器禁运、中止同南斯拉夫的财政议定书和向斯洛文尼亚派出监督停火观察员等决定。从当时的情况看，欧共体国家原则上反对南斯拉夫分裂。但是，在克罗地亚战事爆发后，德国和意大利包括奥地利都开始转向承认斯洛文尼亚和克罗地亚独立，并指责南斯拉夫联邦已经成为塞尔维亚推行"大塞尔维亚主义"的伪装，南人民军已成为塞尔维亚镇压其他共和国的工具。这些国家对克罗地亚和斯洛文尼亚独立的支持，是出于对历史上它们在巴尔干半岛的传统势力范围的维护。英、法等国对此表示反对，同样也包含了这方面的因素。在此之后的数月间，欧共体国家为南斯拉夫冲突各方的停火与和谈，进行了一轮又一轮的磋商、斡旋，并签订了一次又一次的停火协议。但是，往往是墨迹未干、战火又起。为此，欧共体一度试图启动西欧联盟来对南斯拉夫的战火进行武装干预。但是，西欧联盟作为战后西欧 9 国的集体防务组织，在北约建立之后已经成为一个空壳。只是在进入 20 世纪 90 年代以后，随着欧洲统一的进程，在欧洲人主导欧洲事务的理念下才又将发挥西欧联盟在欧洲防务方面的作用问题提上议事日程。然而，当时的西欧联盟并无军事力量可以调用。从北约中抽调军队，则要受制于美国，这又是当时欧共体所不愿意的。加之西欧联盟 9 国意见存在分歧，这一措施无法实行。在欧共体的外交努力屡屡受挫的情况下，法国要求联合国干预南斯拉夫问题。9 月 25 日，联合国安理会通过了对南斯拉夫实行武器禁运的决议。同时，欧共体仍继续为达成南斯拉夫冲突各方的停火而努力。在 10 月 8 日斯洛文尼亚和克罗地亚正式宣布独立后，克罗地亚境内的战事明显加剧。10 月 18 日在欧共体、美国和苏联共同呼吁下，由欧共体主持再次达成停火协议。但是由于这项协议对当时在战场上占据优势的塞尔维亚人不利，塞尔维亚在勉强接受的情况下，并没有在停火问题上采取积极的态度。而克罗地亚方面也总想在停火之前尽量地扭转战局收复失地，所以停火仍未如期实现。11 月 8 日，欧共体宣布对南斯拉夫实行全面经济制裁，并敦促联合国对南斯拉夫实行石油禁运。虽然这些制裁针对南斯拉夫，但实际上是针对塞尔维亚的。在这种情况下，塞尔维亚于 11 月 9 日首先向联合国提出派遣维和部队的要求。在 11 月 23 日由联合国秘书长特使万斯主持达成的停火协议签署后，战事基本得到控制。11 月下旬，德国和意大利再次提出承认克罗地亚、斯洛文尼亚独立的问题，德国声称将于 12 月 25 日宣布正式承认。尽管欧共体会议仍然认为应暂时推迟承认问题，但是这一信号又引发了克罗地亚境内的冲突再起。塞尔维亚于 12 月 23 日率先宣布承认克罗地亚境内"塞尔维亚克拉伊纳共和国"。1992 年 1 月 5 日，在联合国秘书长特使万斯的再次调停下，克罗地亚境内的战火终于得以消停。在这一系列国际调停的过程中，欧安组织进行了一系列工作，苏联也曾派出总统特使赴南斯拉夫进行斡旋，1991年10月戈尔巴乔夫还专门邀请米洛舍维奇和图季曼到莫斯科进行调解。不过，当时的苏联在8·19事件后戈尔巴乔夫已是大权旁落，而且苏联的解体过程也已进入最后阶段。历史上欧洲列强在巴尔干半岛问题上的"外交传统"虽然再次重演，但是苏联在自身难保的情况下只能作出某种象征性的表示而于事无补。在联合国作出向克罗地亚派遣维和部队的决定后，南斯拉夫问题的国际调停工作被纳入联合国的议事日程。

在南斯拉夫各共和国的独立风潮中，1991年5月5日马其顿总统格利戈洛夫宣称，如果斯洛文尼亚和克罗地亚从南斯拉夫分离出去，马其顿也将成为独立国家。在克罗地亚战争升级以后，9月8日马其顿举行了全民公决，72%的公民参加了投票，其中95%的投票者赞成马其顿成为独立主权国家，并愿意同其他共和国建立"主权国家联盟"。10月5日，马其顿政府要求在南人民军中服役的马其顿族官兵离开克罗地亚和其他共和国。11月20日，马其顿议会颁布新宪法，正式宣布马其顿为"独立主权国家"。同年10月15日，波斯尼亚和黑塞哥维那共和国议会通过关于该国主权问题的备忘录。10月22日，塞尔维亚共和国的科索沃议会宣布成立"科索沃共和国"，并立刻得到南斯拉夫毗邻国家阿尔巴尼亚的承认，成为南斯拉夫独立风潮中第一个得到外国承认的"国家"。1992年1月9日，波斯尼亚和黑塞哥维那共和国的塞尔维亚族议会宣布成立"塞尔维亚波黑共和国"。15日，欧共体12国突然宣布承认克罗地亚共和国与斯洛文尼亚共和国。而梵蒂冈在欧共体承认之前抢先承认了克罗地亚和斯洛文尼亚，因为教皇认为克罗地亚是西方基督教的"防护堤"。[①] 2月15日，南斯拉

---

① 〔美〕塞缪尔·亨廷顿：《文明的冲突与世界秩序的重建》，第322页。

夫联邦主席团副主席宣布，以塞尔维亚和黑山两个共和国为基础的"新南斯拉夫"即将成立。3月2日，黑山共和国举行公民投票，参加投票的56%的选民中有96%赞成黑山与塞尔维亚联合为新的南斯拉夫。4月27日，塞尔维亚和黑山宣布成立南斯拉夫联盟共和国，通过宪法，宣布继承原南斯拉夫在国际社会中地位和履行原南斯拉夫所有的国际义务等。至此，前南斯拉夫社会主义联邦共和国不复存在。但是，解体后的南斯拉夫仍将面临动荡不安。尤其是在波斯尼亚和黑塞哥维那，3个宗教、民族集团之间正在酝酿着一场更大的冲突。南斯拉夫在战争中解体的过程不仅没有完结，甚至高潮还没有到来。

第十章

波黑内战与国际干预

在前南斯拉夫，俄罗斯支持东正教的塞尔维亚，德国鼓励天主教的克罗地亚，穆斯林国家联合支持波斯尼亚政府，塞尔维亚人与克罗地亚人、波斯尼亚穆斯林及阿尔巴尼亚穆斯林交战。

西方对克罗地亚人的支持，还包括无视其种族清洗、侵犯人权和违反战争法的行为，而塞尔维亚人恰恰在这些方面经常遭到谴责。

〔美〕塞缪尔·亨廷顿：

《文明的冲突与世界秩序的重建》

从第二次世界大战到今天，世界上不总是有些地方成了几个大强国较量自己实力的场所吗？它们挑起暴行，又制止暴行，向这些地方提供武器，又向这些地方发出和平呼吁，为这些地方而动员军队，又为这些地方组织和平会议……

〔南〕米拉·马尔科维奇：《黑夜与白昼》

在美国的代顿通过了在波斯尼亚建立和平的文件。建立了由两个相当独立的共同体——一个塞尔维亚的，一个穆斯林–克罗地亚的——组成的共同体。

〔南〕米拉·马尔科维奇：《东方与南方之间》

第一节　民族、宗教冲突的背后

20 世纪 80 年代末在南斯拉夫社会主义联邦共和国出现的多党制风潮，迅速席卷了南斯拉夫各个共和国。1990 年 2 月 21 日，波斯尼亚和黑塞哥维那共和国（以下简称波黑）议会通过了《公民结社法》，其中规定了公民中 30 人以上即可申请登记成立组织和结社。同时，也规定了有关维护国家宪法、领土完整、人权和不得进行煽动种族、民族和宗教偏见等原则。7 月 25 日，联邦议会通过了《政治结社法》，规定在联邦成立政党至少需要 100 名公民方可申请。这些法律的出台，为南斯拉夫的多党制提供了保障。而对于民族问题极其复杂的南斯拉夫来说，无论在联邦层次登记的全国性政党，还是在各共和国建立的政党，其民族性或宗教性的色彩不可避免。是年 9 月，波黑共和国已出现了 41 个不同名目的政党，其中势力较大的包括伊泽特贝戈维奇领导的穆斯林民主行动党、卡拉季奇领导的波黑塞尔维亚族民主党、克留伊奇领导的波黑克罗地亚族民主共同体、杜拉科维奇领导的波黑共盟–社会民主党和凯茨曼诺维奇领导的波黑改革力量联盟。不难看出，以民族或宗教为依托的政党力量已占据优势。

在同年 11—12 月举行的波黑共和国大选中，共和国议会两院（公民院和区院）的 240 个席位中，民主行动党（穆斯林）获得 86 席，占 35.83%；民主党（塞尔维亚族）获 72 席，占 30%；民主共同体（克罗地亚族）获 44 席，占 18.33%；共盟-社会民主党获 14 席，占 5.83%；改革力量联盟获 12 席，占 5%；其他小党和无党派人士分享了其余的 12 个席位。作为南共联盟在波黑的代表——共盟-社会民主党丧失了执政地位。在新组成的共和国主席团 7 人委员会中穆斯林、塞尔维亚和克罗地亚 3 个大党各当选 2 人，可谓平分秋色。[①] 以民族、宗教为依托的三大政党在议会中所占的比例与其在波黑的人口比例是较为接近的。根据波黑国家 1991 年的人口统计，波黑穆斯林人口占总人口的 43.67%，塞尔维亚族人口占总人口的 31.37%，克罗地亚族人口占 17.32%。而这三部分人口在波黑共和国的 110 个行政区（包括萨拉热窝 4 个城区）中的分布情况如下。

穆斯林人口占 90% 以上的区只有 2 个、占 80%—89% 的 1 个、占 70%—79% 的 13 个、占 60%—69% 的 9 个、占 50%—59% 的 10 个、占 40%—49% 的 20 个、占 30%—39% 的 12 个、占 20%—29% 的 11 个、占 10%—19% 的 11 个、占 5%—9% 的 7 个、占 4.9% 以下的 10 个。

塞尔维亚族人口占 90% 以上的区为 3 个、占 80%—89% 的 5 个、占 70%—79% 的 7 个、占 60%—69% 的 8 个、占 50%—59% 的 9 个、占 40%—49% 的 8 个、占 30%—39% 的 12 个、占 20%—29% 的 12 个、占 10%—19% 的 19 个、占 5%—9% 的 5 个、占 4.9% 以下的 11 个。

克罗地亚族人口占 90% 以上的区为 5 个、占 80%—89% 的 2 个、占 70%—79% 的 3 个、占 60%—69% 的 1 个、占 50%—59% 的 3 个、占 40%—49% 的 7 个、占 30%—39% 的 8 个、占 20%—29% 的 6 个、占 10%—19% 的 11 个、占 5%—9% 的 11 个、占 4.9% 以下的 43 个。

不难看出，波黑穆斯林、塞尔维亚族和克罗地亚族人口占多数（50% 以上）的聚居区分别为 35 个、32 个和 14 个;[②] 在这些区的穆斯林、塞尔维亚族和克罗地亚族人口分别为 181.2 万（约占全国穆斯

---

① 郝时远主编《旷日持久的波黑内战》，第 47—51 页。
② 郝时远主编《旷日持久的波黑内战》，第 65 页。

林总人口的 95%)、93.2 万（约占全国塞尔维亚族总人口的 68%)、31.1 万（约占全国克罗地亚族总人口的 41%)。由此可见，除波黑穆斯林群体的聚居程度较高外，塞尔维亚族、克罗地亚族相互之间以及同穆斯林之间交错聚居的状况十分普遍。然而，千百年历史造就的这种民族、宗教群体的交错聚居，却正在通过民族主义的膨胀而导致的政治多元化斗争酝酿为分清"你"和"我"界线的战争。随着南斯拉夫社会主义联邦共和国的解体，在波黑发生了依托于宗教和民族的战争。"最残忍的战争发生在波斯尼亚土地上，是在波斯尼亚人之间展开的，而以前在他们的生活中，这三种宗教只起次要作用。他们的分手是最艰难的，因此是通过最残酷，而且似乎没有尽头的战争来进行的。"①

　　1991 年 6 月 25 日，斯洛文尼亚和克罗地亚宣布脱离南斯拉夫联邦独立。这一行动也立刻引起了波黑共和国的反响。穆斯林民主行动党主张效法斯、克两国，在保持波黑领土完整的前提下退出联邦独立建国。塞尔维亚民主党则坚决反对波黑独立，并声称如果波黑独立塞尔维亚族将另建国家。克罗地亚民主共同体则站在穆斯林一边支持独立，以便实现将波黑克罗地亚族聚居地区同独立的克罗地亚共和国融为一体。在这一事关波黑国家前途命运的斗争中，10 月 15 日波黑议会在塞尔维亚民主党议员以退席抗议的情况下，通过了《关于波黑主权问题的备忘录》。这份"备忘录"虽然没有直接宣布波黑国家的独立，但是刻意强调了波黑是"保持现有边界的主权国家"地位。同时声明，波黑只能留在塞尔维亚和克罗地亚共存的南斯拉夫联邦之内。其言外之意就是，如果克罗地亚脱离了南斯拉夫联邦，也就意味着波黑将脱离南斯拉夫。而克罗地亚脱离南斯拉夫已经成为既成事实。为此，波黑议会中的塞尔维亚族代表宣布辞去副议长和联合政府中的部

---

① 〔南〕米拉·马尔科维奇：《黑夜与白昼》，新华出版社，1996，第 60 页。

长职位退出议会。波黑议会和联合政府的分裂，使各民族、宗教集团之间的民间性对立陡然加剧。波黑塞尔维亚族先后宣布成立了5个"塞尔维亚族自治区"。10月25日，波黑塞尔维亚族议会宣布成立。1992年1月9日，波黑塞尔维亚族议会宣布成立由5个"塞尔维亚族自治区"为基础的"塞尔维亚波黑共和国"。[①] 1月15日，欧共体宣布承认斯洛文尼亚和克罗地亚的独立进程，这使波黑共和国的穆斯林和克罗地亚族独立势力受到鼓舞，他们置塞尔维亚族反对独立的举措于不顾，决定按照欧共体承认独立的前提要求——全民公决来加快独立进程。波黑政府决定于2月29日至3月1日就波黑国家的独立问题举行全民公决。在这决定波黑命运的时刻，波黑的民族、宗教集团都处于变乱前的骚动之中，民族、宗教关系变得异常敏感。

1992年3月1日，波黑首都萨拉热窝的全民公决投票仍在继续，反对独立的游行示威和戒备森严的军警，使萨拉热窝的街头气氛异常紧张。但是，在一座东正教堂中却正在为一对塞尔维亚族青年举办婚礼。这对新人选择事关波黑国家以及波黑塞尔维亚族命运的日子举行婚礼，虽然纯属巧合，但是一阵突如其来的枪声却使这一预示着人类成家立业、传承繁衍的幸福开端变成了一场流血惨案。如果说78年前的萨拉热窝枪声代表了波黑塞尔维亚民族反抗奥匈帝国斗争的开端，而78年后萨拉热窝街头向沉浸在喜庆气氛中塞尔维亚族平民发出的子弹却成为波黑三方武装冲突的导火索。这一惨剧使抵制全民公决的塞尔维亚族民众群情激愤，谴责这是穆斯林和克罗地亚人向塞尔维亚人的挑衅。当晚，塞尔维亚民主党成立了"波黑塞尔维亚人民危急司令部"，号召塞尔维亚人民"拿起武器为生存而战"。民主党主席卡拉季奇也向新闻界宣布：这是一件"政治事件"，它表明塞尔维亚人如果生活在独立的波黑也就意味着失去了自由，所以塞尔维亚人

---

① 郝时远主编《旷日持久的波黑内战》，第73页。

决不接受任何享有独立国家地位的波黑，为此而引起"党派和宗教之战"也在所不惜。这一事件和塞尔维亚政党以及民众的强烈反应，迫使波黑共和国总统伊泽特贝戈维奇出面表态，谴责这一"有预谋的行动"，表示追查凶手，希望各方保持克制，并于当晚召开了三方参加的主席团会议，允诺对波黑国家的独立问题再行磋商。然而，在政治家们磋商调解之际，已经被调动的民族幽怨和宗教隔膜在民众间已到了一触即发的地步。这一惨案的消息一经传开，萨拉热窝立刻陷入枪炮声中，街垒战斗持续了一天一夜。波黑穆斯林、塞尔维亚族和克罗地亚族三方之间的武装冲突已经不可避免。

波黑共和国的全民公决虽然遭到了塞尔维亚族的抵制，但是仍有 63.4% 的选民参加了投票，其中赞成独立的票达到 99.4%，波黑独立在所难免。3 月 3 日，几乎获得投票选民一致支持的波黑政府宣告独立，并要求得到欧共体的承认。在这种形势下，波黑三方再次开始谈判，寻求保护各自利益的办法，或者是在为即将到来的真正战争赢得准备的时间。3 月 18 日，穆斯林、塞尔维亚族、克罗地亚族达成了协议：维持波黑领土完整，实行民族区域自治，实行政教分离，建立由在民族原则基础上的三个构成单位组成的世俗主权国家。在达成这一三方妥协的方案过程中，穆斯林放弃了建立中央集权制的伊斯兰国家的计划，塞尔维亚人放弃了脱离波黑独立建国的计划，克罗地亚人放弃了与克罗地亚母国合并的计划，在此基础上共同建立一个联邦制的或邦联式的世俗波黑。然而，就在波黑三方根据这一协议为建立独立的波黑进行有关细节的准备时，急于肢解南斯拉夫社会主义联邦共和国的西方世界，于 4 月 6 日由欧共体 12 国率先承认波黑独立，7 日美国也对波黑予以承认。[①] 这一举措对执掌波黑政权但又迫于塞尔维亚人独立压力而妥协的穆斯林是一个极大的鼓舞，因为获得西方国家的

---

① 郝时远主编《旷日持久的波黑内战》，第 75 页。

承认也就意味国家主权和领土完整得到了"合法的保障"，这对谋求独立建国的塞尔维亚人和企图带着领土回归克罗地亚的波黑克罗地亚人无疑是一个遏制，伊泽特贝戈维奇试图建立伊斯兰国家的主张在得到西方承认后则再度高昂，波黑塞尔维亚人对此的回应是宣布成立"塞尔维亚波黑共和国"。波黑形势的上述变化表明，西方国家"承认波斯尼亚－黑塞哥维那为独立国家并允许其加入联合国的决定仅仅是加快了三方战争——波斯尼亚穆斯林多数派和塞尔维亚、克罗地亚少数民族之间的战争——的到来"。[①] 蓄势已久的波黑内战终于爆发了。

对于波黑国家来说，穆斯林、塞尔维亚族和克罗地亚族之间虽然在历史上有过冲突，但是大多数时间是和睦相处的。特别是在奥斯曼帝国和奥匈帝国统治时期，他们在反抗外来统治的斗争中往往是在同一条战线上作战。他们虽然有着不同的宗教信仰背景，但是历史上并没有发生过严重的宗教冲突。这也是他们形成交错聚居的重要历史原因。在第二次世界大战中，波斯尼亚和黑塞哥维那被划归在"克罗地亚独立国"范围，克罗地亚的"乌斯塔沙"和塞尔维亚的"切特尼克"在波黑的民族仇杀中，除了向对方民族施暴外，也都对信仰伊斯兰教的手足兄弟进行迫害和虐杀。但是，在铁托领导的南斯拉夫抵抗力量转战波斯尼亚和黑塞哥维那之后，各民族共同抗击法西斯侵略者的斗争和南共实行的民族平等政策对这种仇怨起到了很好的消弭作用。在南斯拉夫社会主义联邦共和国时期，波斯尼亚和黑塞哥维那共和国一直是得到联邦政府在经济文化建设方面优先照顾的地区之一。同时，在南斯拉夫社会主义联邦共和国时期，波斯尼亚和黑塞哥维那一直也不属于南斯拉夫民族问题的多发或严重地区。"波斯尼亚和黑塞哥维那各民族取得的最大成果——兄弟友爱和团结，也是整个南斯

---

① 〔英〕本·福凯斯：《东欧共产主义的兴衰》，第281页。

拉夫坚强和稳固的一个重大因素。"① 正因为如此，波黑的"塞尔维亚族、克罗地亚族和穆斯林作为邻居和平地生活在一起，相互通婚很普遍，宗教认同也很弱。穆斯林被称为不去清真寺的波斯尼亚人，克罗地亚族是不去天主教堂的波斯尼亚人，而塞尔维亚族则是不去东正教堂的波斯尼亚人"。② 然而，在南斯拉夫社会主义联邦解体之际和波黑独立之时，"种族纯洁的原则在波斯尼亚天天与数以百对计的异族通婚相冲突，跟这样的婚姻生下的数以千计的小南斯拉夫人发生冲突"。③ 是什么力量促使波黑不同民族、宗教集团的强烈自我认同和相互排斥？异族通婚的家庭解体，和睦相处的邻居反目成仇，民族杂居的地方开始了种族驱赶，穆斯林、东正教徒、天主教徒都在为将身边的"异教徒"赶走而进行残酷厮杀，都在为将自己的同类居住的地方连接在一起而争夺地盘。但是，正如上文所列他们的聚居和杂居状况一样，将他们相互分开太艰难了，所以非要用最残酷的手段不可。在凝聚南斯拉夫各民族人民的社会主义思想失去昔日的光泽之后，波黑的冲突似乎印证了"宗教是主要的，可能是唯一主要的促动和动员人民的力量"的判断。所以，"一旦广泛的南斯拉夫认同被破坏，这些随意的宗教认同便具有了新的意义，在斗争开始后又得到加强。多元社会群体主义消失之后，各集团便越来越认同于更广泛的文化共同体，并根据宗教来自我定义"。④ 波黑的穆斯林无论以往是否严格地遵循过《古兰经》的教义，现在他们把自己视为虔诚的穆斯林并发扬了伊斯兰"圣战"的精神，向伊斯兰世界寻求归宿；波黑的塞尔维亚族不论在方言或习俗上与南斯拉夫其他地区的塞尔维亚人有何区别，现在他们在东正教的统一信念下把自己同比邻的塞尔维亚共和

① 铁托：《波斯尼亚和黑塞哥维那的民族团结》，《民族译丛》1981年增刊第1期。
② 〔美〕塞缪尔·亨廷顿：《文明的冲突与世界秩序的重建》，新华出版社，1998，第304页。
③ 〔南〕米拉·马尔科维奇：《黑夜与白昼》，第68页。
④ 〔美〕塞缪尔·亨廷顿：《文明的冲突与世界秩序的重建》，第56、304页。

国和克罗地亚共和国中的"克拉伊纳塞尔维亚共和国"联系在一起，并在东正教世界中寻求兄弟的情义；波黑的克罗地亚族则以其天主教的信仰和母体国家的联系，已经把自己视为克罗地亚共和国的公民和归属于西欧的罗马天主教忠实信徒。于是，波黑穆斯林得到了几乎世界上所有伊斯兰教国家和信仰伊斯兰教民族的支持；波黑塞尔维亚人则得到其母体国家——塞尔维亚共和国的支持和援助，在更广阔的背景中还有俄罗斯、保加利亚和希腊的同情；波黑克罗地亚族除了直接作为它后盾的克罗地亚共和国的全力帮助，同时还有"后盾之后盾"的德国出于历史上同克罗地亚人的渊源关系在为其撑腰。这看来像是"文明断层线"上的冲突，如果以塞尔维亚族同穆斯林的战争来说，似乎证明了亨廷顿的"文明冲突论"；但是如果以塞尔维亚族和克罗地亚族之间以死相拼的争斗来看，又使"文明冲突论"陷于解释的窘境。

事实上，民族主义和宗教的聚合力在波黑三方的残酷战争中，并非所谓"文明的冲突"。从整个巴尔干半岛的历史来看，每一场战争都有着深刻的政治背景，其中也总是包含着大国列强的巴尔干政策。巴尔干半岛作为欧亚大陆接合部的战略地位，使它"凑巧"成为以不同宗教为界定文明特征的所谓"断层线"，而造成这种"断层线"冲突的却不是巴尔干半岛各民族生性好勇斗狠，而是外部势力争夺巴尔干半岛的角逐。每当外部势力介入巴尔干事务，都会迫使巴尔干半岛的国家和民族将自己的利益与某一方外部势力联系在一起，首先是在巴尔干半岛内同族或同教的结合，然后是同巴尔干半岛外部势力的同一宗教的联系，从而形成看起来像是"冷战所造成的人类分裂已经结束，但种族、宗教和文明所造成的人类更根本的分裂仍然存在，而且产生着大量的冲突"。[①] 而事实上，这些在所谓"文明"因素掩盖下

----

① 〔美〕塞缪尔·亨廷顿：《文明的冲突与世界秩序的重建》，第56页。

的冲突，仍然是政治冲突，是大国列强的巴尔干政策的冲突。这一点，从整个南斯拉夫解体的过程中是不难看出的。

亨廷顿以其著名的"文明冲突论"对波黑战场进行了分析，以期证明其理论的正确性。他认为，在波黑战场上存在着三个层次的势力。首先是波黑冲突三方之间的战争。其次是塞尔维亚共和国与克罗地亚共和国对波黑冲突三方中塞尔维亚族与克罗地亚族的支持。再次是围绕波黑冲突三方的文明归属（主要是宗教）展开的各个文明的"大集结"：德国、奥地利、梵蒂冈、其他欧洲基督教国家和集团以及后来加入的美国，站在克罗地亚人一边；俄罗斯、希腊、其他东正教国家和集团，支持塞尔维亚人；伊朗、沙特阿拉伯、土耳其、利比亚、伊斯兰国际和伊斯兰国家普遍支持波黑的穆斯林，同时也得到美国的支持。对于属于西方基督教文明的美国支持穆斯林，亨廷顿的解释为"这是亲缘国家支持亲缘国家普遍模式的一个破例现象"。① 我们毫不否认亨廷顿在以宗教为主要纽带使不同文明相联结的"普遍模式"存在的真实性，但是我们也必须重视出现在这种"普遍模式"中的"破例现象"。对此，亨廷顿非常留有余地地指出："这个文明模式的唯一例外就是美国，其领导人在言辞上支持穆斯林，然而在实践中，美国的支持是有限的。"但是，面对美国在波黑问题上越来越处于的主导地位，他也不得不对这一"例外"作出非文明模式的政治解释："一个可能的原因是，这并非是一种反常行为，而是经过深思熟虑的文明现实政治。"② 既然不是"反常"自然也就不存在什么"例外"。实际上，这种"经过深思熟虑的文明现实政治"正是美国支持波黑穆斯林的真正目的。尽管当时这种"例外"行动使担心在欧洲增加一个伊斯兰国家的美国盟友们颇为不满，但是它们在波黑问题上共同的"现实政治"目标使欧洲盟国容忍或服从美国的"高瞻远

---

① 〔美〕塞缪尔·亨廷顿：《文明的冲突与世界秩序的重建》，第 321 页。
② 〔美〕塞缪尔·亨廷顿：《文明的冲突与世界秩序的重建》，第 331 页。

瞩"。亨廷顿有一点是正确的，就是他无意中指出了与其构造的"文明模式"相抵牾的"现实政治"，虽然他还是牵强附会地在前面冠以"文明"二字。事实证明这种"现实政治"的主导作用，1999年3月至6月的70多天中，以美国为首的北约基督教集团，将上万吨的炸药投向南斯拉夫来"保护"科索沃的阿尔巴尼亚族穆斯林，已经将亨廷顿的"文明模式"的普遍性"例外"变成了"现实政治"普遍模式中的"常例"。

西方世界支持、鼓动斯洛文尼亚、克罗地亚的独立，决不是为了将巴尔干半岛的天主教徒从"异教徒"统治下解救出来的"文明冲突"，而恰恰是为了取得资本主义意识形态对社会主义意识形态在巴尔干半岛的完全优势。所以，他们在波黑战场上对于支持穆斯林的伊斯兰世界及其"圣战者"参战的外部势力没有发动制裁，对支持克罗地亚族的克罗地亚共和国以及德国这些外部势力也没有任何指责，但是对支持塞尔维亚族的南斯拉夫却实行了全面的制裁。其原因是异常简单的，因为前南斯拉夫解体后重组的新南斯拉夫以米洛舍维奇为代表的前南共势力仍然占据优势。实行了多党民主制的南斯拉夫在美国为首的西方人眼中仍然是共产党国家，所以，它们不仅反对新南斯拉夫在联合国继承前南斯拉夫地位，而且通过全面的制裁来迫使这个"顽固"的、作为巴尔干半岛最后的共产党堡垒改弦更张。对于以美国为首的西方世界来说，这就是这场所谓发生在"文明断层线"上的战争的全部意义。即便从东方的俄罗斯而言，虽然"在俄罗斯，民族主义在长久的历史上一直不脱宗教使命感和帝国主义色彩"。[1] 但是，在巴尔干半岛由来已久的战略需要使后者的真实目的超越了它作为东正教中心的"救世主"虚荣，因为"邻国想趁帝国中心式微而占便宜，而式微中的帝国则企图在周边邻国重振权势雄风"。[2] 俄罗斯虽然

---

① 〔美〕亨利·基辛格：《大外交》，第757页。
② 〔美〕亨利·基辛格：《大外交》，第755页。

在意识形态上已经改弦更张,但是在它向历史上沙俄帝国回归的同时也勾起了历史上同西方帝国列强争夺巴尔干半岛的情结,所以它对南斯拉夫的支持也不是为了保证前南共领导人的执政地位,而是为了使这个在整个东欧唯一的非亲西方国家能够得到生存,从而作为自己抗拒北约东扩的盟友。至于伊斯兰世界,从总体上说是反西方的,尽管它们内部矛盾重重。但是,在事关伊斯兰教复兴的问题上,它们总是一致的,除了像萨达姆侵吞自己穆斯林兄弟的国土之外。

由于历史形成的交错聚居和不同民族、宗教的人们杂居相处,波黑三方的内战使为划清"种族纯洁"界限而引发的冲突变得难解难分。而在这三方背后的直接"后盾"和间接"后盾"的争夺,又使这场以大国政治利益和战略需要为目标的"内战",在民族、宗教色彩掩护下变得异常残酷而难以消停。在这一点上,亨廷顿的揭示是客观的:"第二和第三层次参与者提供的支持对于战争的进行至关重要,它们的制约对于制止战争也是至关重要的。"① 事实确实如此,波黑交战三方"每当出现可能达成协议的时候,每当诚意行将占上风的时候,从某个未经认定的中心又发生新的暴行"。使一次次停战协议与一份份和平方案变得形同废纸,因为"这场战争是根据来自遥远地方,肯定来自战争所在土地之外的地方的命令时断时续"。② 波黑内战的外部之手,使这场战争已经不再是一场内战。

第二节　波黑内战中的"种族清洗"

从 1992 年上半年开始的波黑内战,在巴尔干"火药桶"再次点燃的世界舆论中成为世人瞩目的焦点。如果我们将 1992 年 3 月 1 日萨拉热窝一座东正教堂发生在塞尔维亚族平民婚礼上的流血惨案,作为

---

① 〔美〕塞缪尔·亨廷顿:《文明的冲突与世界秩序的重建》,第 321 页。
② 〔南〕米拉·马尔科维奇:《黑夜与白昼》,第 15、182 页。

象征这场内战的起点。那么，在此后的数月期间，战火已从萨拉热窝蔓延到波黑全境 85% 的地区。以穆斯林以及塞尔维亚族、克罗地亚族各自集中聚居地区为大本营，三方在那些交错聚居和杂居地区的争夺尤为激烈。"种族清洗"式的驱赶和杀戮也在这些地区表现得最为惨烈。

从上节所列的民族、宗教集团人口聚居状况来看，穆斯林占绝对多数的 35 个区，面积为 15349 平方公里，占波黑国土的 30.02%。主要包括萨拉热窝市区及其西部和北部的广大地区、德里纳河西岸地区、乌纳河以西地区、奈雷特瓦河东岸若干地区，这里人口密集、物产丰富、经济比较发达；塞尔维亚族占绝对多数的 32 个区，面积 19893 平方公里，占波黑国土的 38.91%。主要包括萨拉热窝以东地区、萨瓦河南岸地区的西段、以巴尼亚卢卡为中心的广大中西部地区，其东部和东北部与南斯拉夫塞尔维亚共和国接壤，东南部与南斯拉夫黑山共和国相连。这些地区多半比较荒僻、人烟稀少、交通不便、经济比较落后；克罗地亚族占绝对多数的 14 个区，面积 5047 平方公里，占波黑国土的 7.13%。主要包括萨瓦河南岸地区的东段、西南部广大地区和波黑唯一的沿海地区奈乌姆，而南北这两片地区都与其母国克罗地亚共和国接壤。这些地区人口密度低、经济不发达。[①]在波黑剩下的 24% 的国土范围内，三方的居民各以不同的人口优势或均衡大杂居、小聚居在一起。在这些地区的地盘争夺也尤为激烈，三方为一城、一镇、一村、一条道路甚至一座桥梁的争夺，形成了大大小小、犬牙交错、此伏彼起的数十个战场。

从三方投入的兵力来看，到 1992 年 6 月就已达到 50 万人。其中塞尔维亚方的军队中包括了前南斯拉夫人民军中的波黑塞尔维亚族军人 10 万和新组建的各类武装 10 万人，达到 20 万人左右。克罗地亚共

---

① 郝时远主编《旷日持久的波黑内战》，第 66 页。

和国派往波黑的国民卫队和准军事武装力量达到 6 万人，波黑穆斯林和克罗地亚族的各类武装力量达到 17 万人，而其他来自国外的"志愿军"、雇佣兵和伊斯兰"圣战斗士"等武装力量也数以万计。据统计，到 1993 年底，从各伊斯兰国家或伊斯兰组织中来到波黑战场进行"圣战"的武装人员已达 6000 人。① 从武器装备来看，波黑塞尔维亚族得到了南斯拉夫人民军撤离波黑时留下的装备，穆斯林和克罗地亚族则得到来自西方国家和伊斯兰国家的武器供给。所以，交战各方在军事力量方面都掌握着现代化的轻重武器装备。虽然联合国于 1991 年 9 月就通过了对所有前南斯拉夫国家实行武器禁运的决议，但是"武器还是通过德国、波兰和匈牙利等欧洲天主教国家，以及巴拿马、智利、玻利维亚等拉丁美洲国家流入了克罗地亚。……西班牙的武器出口在短短的时间内增长了 6 倍"。"美国无视克罗地亚人严重违反联合国武器禁运决议的状况，为克罗地亚人进行训练，还派遣退役的高级将领作顾问"。同时，"1993 年初，俄罗斯军事和情报机构显然向塞尔维亚人出售了价值 3 亿美元的 T-55 坦克、反导弹导弹和防空导弹。……塞尔维亚人还从其他东正教国家购买武器，罗马尼亚和保加利亚是其'最积极的'供应者，乌克兰也是其武器来源之一"。而伊斯兰世界对波黑战场的"支援"使"在战争头几年进入波黑的总价值为 20 亿美元的武器中，有 80%—90% 交到了穆斯林手中。……其中大多数是经过克罗地亚转运的"。② 帝国势力的野心、军火生意的高额利润和所谓"文化亲族的同情加在一起……使联合国对所有前南斯拉夫共和国实行的武器禁运成为笑柄……"③ 从古至今，巴尔干"火药桶"中的火药，就是这样被来自巴尔干半岛之外的帝国等"援助之手"一次又一次地充填起来的。

---

① 郝时远主编《旷日持久的波黑内战》，第 91 页。
② 〔美〕塞缪尔·亨廷顿：《文明的冲突与世界秩序的重建》，第 332、323、324、330 页。
③ 〔美〕塞缪尔·亨廷顿：《文明的冲突与世界秩序的重建》，第 325 页。

各种外部势力的介入和大量军事装备的涌入，使波黑内战的对抗程度日益激烈，在三方为扩大各自的地盘争夺中，瓜分波黑领土的趋向日益明显。特别是 1992 年 8 月 24 日波黑克罗地亚族宣布成立"克罗地亚赫尔采格波斯尼亚共和国"之后，"三分天下"的"国中之国"局面已然形成。为领土而战的目标，使战争开始阶段发生在塞尔维亚族与穆斯林和克罗地亚族两方之间的战争，变成三方之间的战争。塞尔维亚族与穆斯林和克罗地亚族之间，穆斯林与塞尔维亚族和克罗地亚族，克罗地亚族与塞尔维亚族和穆斯林之间的捉对儿厮杀愈演愈烈，相应的民族仇杀也更加惨烈。有关波黑发生令人发指的"种族清洗"的舆论也因此引起了国际社会的广泛关注。

在南斯拉夫这片土地上，只要发生战争就必然伴随着民族仇杀的悲剧。尤其是在第二次世界大战中"克罗地亚独立国"的"乌斯塔沙"对塞尔维亚民族和穆斯林的肆虐屠杀，在法西斯的屠杀史上留下了永久的记录。同时，塞尔维亚的"切特尼克"对克罗地亚族的报复和对穆斯林的杀戮，也在南斯拉夫历史上留下了难忘的记忆。然而，半个世纪以后，在当年民族仇杀最厉害的波斯尼亚和黑塞哥维那，民族仇杀的历史又重演了。在战场上，当年"乌斯塔沙"的法西斯 U 形标志再次成为一些克罗地亚族武装的臂章，塞尔维亚族的一些武装也再次打起"切特尼克"的招牌。波黑好像重新回到了法西斯的肆虐时代。那些纪念在第二次世界大战中为抵抗法西斯而献身的英雄纪念碑纷纷被捣毁，"这些纪念碑被捣毁是抹煞历史，是毁灭一代人留给自己人民的最神圣的成果"。[①] 从 1992 年 7 月开始，在西方媒体的大肆渲染下，关于波黑塞尔维亚族建立了大量"死亡集中营"的报道不胫而走。波黑穆斯林指控塞尔维亚人将 3 万穆斯林平民关押在塞尔维亚族控制区的集中营内，大批穆斯林被折磨、虐待，大批的穆斯林妇

---

① 〔南〕米拉·马尔科维奇：《黑夜与白昼》，第 192 页。

女被强奸，很多残酷刑罚的描述使世人大为震惊。西方世界关于波黑塞尔维亚人进行"种族清洗"的谴责，纷至沓来。与此同时，波黑塞尔维亚人也提出反指控，声称穆斯林和克罗地亚人设立了 20 个集中营，关押了 4 万多塞尔维亚平民，其中已有 6000 多人被屠杀，至于虐待、折磨、强奸等暴行和对方说的没什么两样。有关波黑"种族清洗"和"集体强奸"等严重违反人权的暴行，促使国际社会对南斯拉夫施以强大的压力。而国际红十字会受命对波黑境内的 10 个战俘营进行检查的结果表明，在塞尔维亚人控制的 3 个战俘营中除了生活条件"无法接受"外，被拘押的 4200 名战俘没有提供任何属于西方媒体大肆宣传的情景。[1]"每天我都听到欧洲和全世界向南斯拉夫交战各方人民提供并送来某种'援助'：举行追思仪式、运来武器、招募'解放者'和派来摄影师。"[2] 它们使交战的各方不是从自己身临其境的战争中去了解正在发生的事情，而是从战场之外遥远地方传来的消息了解自己身边的事情。美、英国家的摄影小组在随同联合国难民署等国际组织检查战俘营时拍摄的镜头，经过"科学"的处理之后向世界播放发生在波黑的惨绝人寰的悲剧，而西方民众、穆斯林因此而激发的愤慨又以精神的、物质的和人力的实际支持来推动波黑的战争、加深波黑三方的仇恨，加剧民族仇杀或"种族清洗"的悲剧。这是造成波黑内战三方不断达成停火协议而又不断重新开战的重要原因。

如前所述，民族仇杀的现象在波黑的历史上存在，在现实中也同样存在。这种仇杀决不限于战场上士兵的对抗，事实上发生在为抢夺地盘而进行的驱赶异族和异教徒的过程中。重要的是，这种"种族清洗"不仅仅是塞尔维亚人在进行，穆斯林和克罗地亚人也同样在进行。所有的犯罪现象：扫射平民、强奸妇女等，都是为了通过残酷的杀戮和征服者对被征服者的人格虐待来将对方赶走，而这一切很难说

---

① 郝时远主编《旷日持久的波黑内战》，第 160 页。
② 〔南〕米拉·马尔科维奇：《黑夜与白昼》，第 22 页。

在三方中那一方更加文明。当然，1993 年 1 月在国际社会组建的前南斯拉夫问题指导委员会拿出解决波黑内战的"万斯-欧文计划"时，波黑塞尔维亚族的武装力量已经控制了波黑全境 70% 的领土。那是不是可以认为波黑塞尔维亚人在"种族清洗"方面犯的罪更多更大呢？问题不在波黑三方谁驱赶的民众更多，问题的关键在于是不是只有塞尔维亚人在这样干？当时，站在波黑克罗地亚族背后的克罗地亚共和国总统图季曼，在 1989 年首版了他的《历史真相的泥淖》一书，该书是对暴力的历史和哲学的探讨，其中很多篇幅集中在有关第二次世界大战中"克罗地亚独立国"的"乌斯塔沙"建立集中营、大肆屠杀塞尔维亚人问题的考证方面。这在本书的第七章第三节中已经谈及。他在对夸大历史事实而将"历史罪责"强加于克罗地亚民族身上的政治阴谋进行了揭露后，十分思辨地指出："历史事实是灵活的材料，从中可以构造出各种东西，正如每一个建筑师或者泥瓦匠可以把一堆砖变成不同的建筑——从富丽堂皇的大厦到简陋的棚屋一样。亚里士多德教导说，一条正确的原则只能被理智的、聪明的和高尚的人领悟，他的判断是同真实的世界相协调的，而不是相对立的。所有历史分歧的全部问题归结为如何教育一个人尊重别人的个性。一个人除了自己本身的真理之外，是否愿意承认他的邻居的真理？历史是一场难以预料的战斗，要么是为了把自己的真理强加于人，要么是为了获得或多或少和谐的共存。"① 那么，为什么不能用这一观点来看待波黑内战中的"种族清洗"？如果将二战中数十万甚至上百万塞尔维亚人死亡于种族灭绝大屠杀的罪责算在克罗地亚民族身上不仅是"夸大的事实"，而且是"政治阴谋"，其目的是让克罗地亚民族永远背上"历史罪责"而不能翻身；那么 50 年后将"种族清洗"的罪责加之于塞尔维亚民族的身上，是否也是在夸大其词，是否也有"政治阴

---

① 〔克〕弗拉尼奥·图季曼：《历史真相的泥淖》，第 101 页。

谋"？据统计，在持续了 43 个月的波黑战争中死亡人数约 25 万人，造成难民 200 万。[①] 另一种统计为，在 1991 年至 1995 年南斯拉夫解体过程的内战中，死亡 15 万人以上，300 万人沦为难民，2 万—4 万妇女和姑娘被强奸。[②] 由奥斯陆国际和平研究所提供的后一组数据，包括了斯洛文尼亚、克罗地亚和波黑三个共和国内战的统计，我认为是比较接近事实的。当然，如果这些数据能够作出民族的或宗教的区分，恐怕很多在西方带有政治或民族偏见的人，就不会将这些"罪责"不加区别地都算在塞尔维亚民族的头上了。最为难能可贵的是，作为历史的见证人，当时南斯拉夫塞尔维亚共和国总统米洛舍维奇的夫人米拉·马尔科维奇能够客观地对发生在波黑的暴行作出这样的谴责：

> 我们知道，有些塞尔维亚人烧毁克罗地亚人和穆斯林的房子。他们强奸克罗地亚和穆斯林的妇女，杀害克罗地亚人和穆斯林的儿童，抢劫克罗地亚人和穆斯林的家庭，不断地挑起对所有克罗地亚人和穆斯林的仇恨，甚至对所有不是塞尔维亚人的人的仇恨。
>
> 这些塞尔维亚人不是塞尔维亚境内塞尔维亚人民的兄弟。不过，他们也不是波斯尼亚境内塞尔维亚人的兄弟，不是那些与之具有共同母亲的人的兄弟。很简单，他们是罪犯。他们对其他人，对无辜的妇幼犯下的野蛮行径，不能因为他们是塞尔维亚人而变得不那么严重了。恰好相反。从我的观点而言，正是因为他们是塞尔维亚人，他们的野蛮行径就变得更为严重。因为塞尔维亚人历史上没有这样的野蛮行径。或者，至少我没有读到过写有

---

① Nicholas V. Gianaris：*Geopolitical and Economic Changes in the Balkan Countries*，USA，1996，p. 104.

② Dan Smith：*The Stateof Warand Peace Atlas*，Oslo，1996，p. 32.

他们有过这样的行径的历史。或者，他们历史上有过这样的行径，而历史未加以谴责。①

通过揭露本民族中一些人的犯罪行来为本民族辩护——"'全世界'指责我们要对塞尔维亚族在波斯尼亚对穆斯林实行种族清洗负责。我们不承担这一责任"，② 要比为加之于本民族身上的不实之词辩护更加有说服力。更重要的是，在冲突三方的政治领导人以及支持他们的"后盾"政治家中，除了像塞尔维亚民族中有人这样坦诚地揭露发生在波黑冲突中的民族仇杀暴行，还没有其他人愿意承认本民族的人对其他民族或信奉其他宗教的人所犯的罪行。但是，无论如何，至少在波黑的"整个战争期间，美国新闻界忽视了克族和穆斯林的种族清洗行为和战争罪行，以及波斯尼亚军队对联合国安全区和停火协议的破坏"。③ 这当然不是因为美国人善于"同情弱者"的眼泪迷蒙了摄像机的视窗，报道什么？为什么报道？通过片面的甚至是虚假的报道要达到什么目的？这些问题在进行采访和编制新闻前早已有了答案。这就是美国和西方的新闻自由，因为以美国为首的西方政府就是持这种态度的。"1995 年当休整后的克罗地亚军队对克拉伊纳地区的塞族人发动进攻，把在那里居住了几个世纪的成千上万的塞族人驱赶到波斯尼亚和塞尔维亚时，西方保持了沉默。"④ 至于那些号称享有"新闻自由"的"摄影师""广播员""撰稿人"不过是他们政府对外发动"维护人权""创造和平""惩恶扬善"的工具而已，在 1999 年 3 月以美国为首的北约集团发动的侵略南斯拉夫的战争中，这些工具又进行了极其"上乘"的表演。

---

① 〔南〕米拉·马尔科维奇：《东方与南方之间》，中央编译出版社，1997，第 5 页。
② 〔南〕米拉·马尔科维奇：《黑夜与白昼》，第 147 页。
③ 〔美〕塞缪尔·亨廷顿：《文明的冲突与世界秩序的重建》，第 332 页。
④ 〔美〕塞缪尔·亨廷顿：《文明的冲突与世界秩序的重建》，第 323 页。

　　除了有关"种族清洗"的种种放大的宣传，不断造成波黑冲突三方人民的恐惧和相互不信任以及挑起新的仇恨，使"每当我们认为南斯拉夫的战争有可能结束时，战争又重新打起来"① 之外。造成波黑战争难以消停的另一个原因，是以美国为首的西方国家直接插手战争。苏联解体和东欧剧变，曾使西方世界额手称庆资本主义对社会主义的胜利。在这一变乱过程中，巴尔干半岛国家中虽然出现了罗马尼亚总统齐奥塞斯库"人头落地"的流血冲突，但是真正意义上的内战只有在南斯拉夫解体中才出现。南斯拉夫作为巴尔干半岛中从历史到现实最具影响的大国，历来是东、西方列强试图控制的地区，而南斯拉夫的塞尔维亚民族也历来是西方一些国家仇视的对象，至少奥匈帝国、希特勒法西斯都把塞尔维亚民族视为眼中钉。所以，当南斯拉夫发生斯洛文尼亚、克罗地亚宣布独立时，德国、欧共体立刻插手南斯拉夫国家的内政，通过强调"民族自决"原则来支持斯洛文尼亚和克罗地亚独立，谴责南斯拉夫人民军为保卫联邦国家领土完整而对分裂主义武装势力展开的军事行动。当克罗地亚分裂势力对克罗地亚共和国境内的塞尔维亚民族进行种族清洗式的驱赶时，克拉伊纳塞尔维亚人被迫奋起反抗，并遵循"民族自决"的原则成立了"塞尔维亚克拉伊纳共和国"。但是，对克罗地亚独立尤加庇护的西方国家，这时却不再强调"民族自决"原则了，它们转而强调主权独立国家的"领土完整"原则，以此来反对克罗地亚境内的塞尔维亚人实行"民族自决"。② 这种将"民族自决"和"领土完整"玩弄于股掌的伎俩，在波黑独立时也再次使用。它们支持波黑穆斯林和克罗地亚族的独立要求，反对塞尔维亚族的建国要求，同时它们并不反对克罗地亚族在波黑建立"赫尔采格"共和国。不难看出，西方国家在南斯拉夫可以偏袒所有的民族，而就是对塞尔维亚民族毫无公平可言。从历史的原因来

---

① 〔南〕米拉·马尔科维奇：《黑夜与白昼》，第 15 页。
② 郝时远主编《旷日持久的波黑内战》，第 117 页。

看，西欧帝国在向巴尔干半岛渗透过程中，塞尔维亚民族是它们的障碍。希特勒对苏联发动侵略战争时，南斯拉夫的塞尔维亚人也成为它在巴尔干半岛的唯一障碍。冷战时期，铁托领导的南斯拉夫坚持走自己的社会主义道路和对外实行不结盟政策，虽然同西方国家一直保持着密切的经贸合作关系，但是在政治上仍然站在社会主义的立场一边，使西方世界在巴尔干半岛的渗透难以深入。所以，当南斯拉夫解体之际，西方国家迫不及待地想将南斯拉夫"分而治之"。同时，对新南斯拉夫仍由前南共领导人掌权而恨之入骨，必欲除之而后快。所以，它们在克罗地亚采取双重标准对待塞尔维亚族，在波黑采取双重标准对待塞尔维亚族，在所有支持波黑三方的外部势力中只对南斯拉夫实行制裁而对克罗地亚共和国介入波黑战争、伊斯兰教势力介入波黑战争则不闻不问，其目的都是通过改变波黑战场冲突三方的力量优势来打败塞尔维亚人。同时通过强大的国际压力和对南斯拉夫政治、经济、文化的全面制裁使南斯拉夫陷于困境，从而引起国内反对党势力的政变和人民群众的不满，趁机将南斯拉夫的前南共势力一举颠覆。为此，它们在波黑战场上始终采取纵容和支持穆斯林和克罗地亚人的立场，并为了对这种明目张胆的偏袒性支持寻找理由，制造出无数塞尔维亚人实行"种族清洗"的暴行来为其扶持"弱者"树立"正义的形象"。对于波黑三方来说，这场内战更直接地表现在民族、宗教冲突和领土争端方面，但是对于以美国为首的西方国家来说，这场战争是冷战的继续，或者它们认为是对欧洲共产党政权的最后进攻。因此，波黑战场上的冲突三方也就成为它们这场"最后进攻"的牺牲品。战争的进程已经不再掌握在穆斯林、塞尔维亚族和克罗地亚族冲突三方手中了。

第三节　大国强权左右下的和平进程

更加久远的历史无须赘述，如果从 1815 年欧洲列强所谓"缔造和平"的维也纳会议算起，列强国家可以说一直没有停止通过不断制造战争和不断"缔造和平"来划分着各自的势力范围和改变着欧洲弱小国家的边界。为此而通过秘密交易或公开交易达成的双边、多边协议、公约可谓汗牛充栋，这些根据列强国家的战略需要而制定的"国际规则"和"国家规范"，毫无疑问都体现着列强的意志。到90年代初期，在前南斯拉夫解体中出现的波黑内战，在战与停以及制定和平方案方面，再次重演了历史上大国左右战争进程和按照大国的意志来"缔造和平"的剧目。

从1992年3月联合国维和部队进驻克罗地亚开始，南斯拉夫解体过程中的武装冲突就纳入了国际社会的控制之下。当时，联合国维和部队的总部设在刚刚宣布独立的波黑共和国首都萨拉热窝，同时出于波黑日趋紧张的局势变化，联合国向波黑派遣了100名军事观察员。其后，波黑内战的爆发促使联合国安理会于6月8日通过向波黑派遣维和部队的决议。6月29日，驻克罗地亚共和国克拉伊纳地区的联合国维和部队抽调兵力开赴萨拉热窝。随着战争的全面展开，俄罗斯与西方国家纷纷派出维和部队进驻波黑，到1993年3月波黑的维和部队已达13000人左右。4月，安理会批准再增加7000名军人和警察进驻波黑，以加强对波黑境内6个安全区的保护。10月，由于在波黑出现维和部队受到交战方袭击和被扣押为人质的现象，安理会又授权维和部队以更大的"自卫反击权"。与此同时展开的是"人道主义"救援行动，并根据美国的提议建立了波黑领空"禁飞区"。联合国关于波黑"禁飞区"的决议授权联合国成员国和"地区组织"可以采取一切必要手段对波黑交战三方违反"禁飞区"规定的行为实施打击。这就为早已跃跃欲试的北约，提供了为所谓维护欧洲安全和保护人道主义救援施展身手的机会。北约军事力量对波黑内战的介入，虽然按照联合国决议的规定没有攻击地面目标的权力（除非在受到地面攻击时），但是以美国为首的西方大国在波黑交战三方刻意偏袒穆斯林和克罗地亚族的态度，本身就对塞尔维亚族造成了压力。而有关解决波黑内战的和平进程，也正是在这种压服塞族的基本趋向下开启的。

　　1992 年 3 月，在波黑穆斯林和克罗地亚族通过"全民公决"宣布独立并引起波黑塞尔维亚族的强烈反对以致内战一触即发之际，欧共体就开始在卡林顿主持的南斯拉夫和平会议下成立了波黑和平会议，由葡萄牙外交官库蒂莱罗担任主席。波黑战事初起，在库蒂莱罗的斡旋下，波黑冲突三方于 3 月 18 日达成"库蒂莱罗方案"，即将波黑按民族或宗教划分为几个大区，按照瑞士的模式组成联邦国家。①波黑的版图犹如一个坐东南朝西北的"楔形"，它的"楔形"尖端部分深深地插入克罗地亚共和国，造成波黑 2/3 的边界在西部和北部同克罗地亚接壤，其他陆路边界则与塞尔维亚和黑山接壤。在波黑，穆斯林聚居区主要集中在中部偏南，同时在西北端和东南端分别有两块聚居区域，其间被塞尔维亚族聚居区所隔绝；克罗地亚族的主要聚居区集中在波黑中南的西部边界地区，同时在中南的东部边界地区也有一块聚居地区，而这两个聚居地区都同克罗地亚共和国接壤，但是中间地带为穆斯林聚居区所隔绝；塞尔维亚族主要聚居在波黑北部和南部，中间被穆斯林和克罗地亚族聚居区隔绝，但是北部地区同克罗地亚境内的塞尔维亚族聚居区接壤，南部同塞尔维亚和黑山接壤。这是一种相当复杂的分布状况，每个集团的主要聚居区都存在被其他集团隔绝的状态，而克罗地亚族和塞尔维亚族都有同其母体国家联结的地区。所以，波黑冲突三方的领土争夺，对于克罗地亚族、塞尔维亚族来说都包含了将各自的聚居区联结在一起并尽量扩大和巩固同母国的接壤地区。按照"库蒂莱罗方案"的三大区域划分，基本没有改变这种相互隔绝的状态，尤其是穆斯林聚居地区几乎完全处于东西两端是克罗地亚族地区、南北两部是塞尔维亚族地区的包围之中。所以，在

---

① 郝时远主编《旷日持久的波黑内战》，第 165 页。

4月上旬西方国家纷纷承认波黑独立后,穆斯林一方对这种三区划分的态度发生了转变,停战协议被撕毁,波黑三方的冲突不断升级。在7月底召开的伦敦和会上,穆斯林一方的代表坚决地否定了"库蒂莱罗方案",声称:"除非把波黑变成血海,否则别想把波黑分成3个民族区域。"①

法国在历史上同奥匈、沙俄帝国在争夺巴尔干半岛的竞争中,建立了在塞尔维亚的势力影响。所以,在国际社会解决前南斯拉夫问题的过程中,法国也积极谋求发挥作用。欧共体有关解决波黑冲突的"库蒂莱罗方案"失败后,根据法国关于将欧共体主持的南斯拉夫和平会议扩大为更广泛的国际会议的建议,在联合国秘书长的主持下,于8月下旬召开了伦敦会议。会议由欧共体执行主席英国首相梅杰和联合国秘书长加利主持,前南斯拉夫各国、安理会常任理事国、欧共体12国、前南斯拉夫的邻国、欧安组织、西方7国集团、伊斯兰会议组织和国际红十字委员会的代表出席了会议。这次会议在确定解决前南斯拉夫危机的一系列原则的基础上,就波黑问题通过了一项决议,其中包括波黑冲突三方无条件地停火和参加政治谈判,并就以下问题达成协议:①真正永久停止冲突,归还以武力夺取的领土;②停止对波黑冲突的任何外来干涉;③对冲突各方的重武器实行国际监督;④重要城市实行非军事化并由国际观察员监督;⑤建立难民救济中心;⑥联合国派维和部队,负责监督波黑停火。会议还决定在日内瓦的联合国欧洲总部设立一个解决前南斯拉夫问题的指导委员会,由联合国秘书长特使万斯和欧共体代表欧文担任主席。该委员会的成员分别由欧共体、欧安组织、安理会常任理事国、伊斯兰会议组织和前南斯拉夫邻国的代表组成,并分成6个小组处理前南斯拉夫地区的各种问题。

---

① 郝时远主编《旷日持久的波黑内战》,第166页。

1993年1月2日，经过前南斯拉夫问题指导委员会几个月的工作后，在万斯和欧文两位主席的主持下，波黑冲突三方在日内瓦举行了首次直接会谈。会上，万斯和欧文提出了从军事上和政治上和平解决波黑问题的"一揽子计划"，即所谓"万斯-欧文方案"（也作"万斯-欧文计划"）。根据这一方案，波黑应成为一个由10个省组成的"非中央集权制"国家，大部分政府职能由各个省来行使，但是各个省不具有任何国际法人资格，不能与外国或国际机构达成协议。宪法应承认波黑三方是国家的制宪部分，总统应由三方的代表共同担任，等等。同时，这一方案还包括了波黑国家10个省的区划图。其中，塞尔维亚族管辖3个省，占波黑领土总面积的43%；穆斯林管辖3个省，占波黑领土总面积的27%；克罗地亚族管辖2个省，占波黑领土总面积的15%；还有一个省为穆斯林和克罗地亚族共管，占波黑领土总面积的11%；萨拉热窝则由波黑三方共管。这一省制划分，从波黑三方的分布来看，克罗地亚在东北、西南两端获得了完整的2个省；穆斯林的3个省除了西北端的1个省夹在克罗地亚共和国与波黑塞尔维亚族北部省之间外，中南部的2个省是联为一体的；塞尔维亚族的3个省，除了西北部面积最大的一个省外，东南部的2个省则是由大小不一、相互隔断的4块地区组成的。对于这一区划图，穆斯林领导人表示反对，并认为这是将塞尔维亚族进行的"种族清洗"合法化。塞尔维亚族领导人认为，战前塞尔维亚族在波黑拥有的土地占波黑领土总数的64%，而战争爆发以来塞尔维亚族控制的领土接近70%。如果按照这一方案划分，塞尔维亚族不仅要失去21%—27%的领土，而且在塞尔维亚族拥有的省区内经济资源匮乏，仅占波黑资源总量的23%。同时，东南部2省分为4块，其中一块在穆斯林的省内，所以要求对这一区划方案进行重大修改，至少要在塞尔维亚族管辖区之间开辟由塞尔维亚人控制的"安全通道"。对于克罗地亚族一方来说，他们毫不犹豫地率先在这一方案上签了字，因为这种划分不仅扩大了克罗地亚族战前拥有的领土,而且克罗地亚族的2个省虽然相互不联结,但是都与其母国在东北、西南部接壤。为了使这一有利于克罗地亚族的方案成为既成事实,克罗地亚一方签字后立刻在波黑战场按照这一区划图开始驱赶其"省内"的穆斯林。波黑内战爆发以来,穆斯林和克罗地亚族一直是站在同一条战线与塞尔维亚族对抗的。但是,作为克罗地亚一方来说,在其母国的支持下并没有为波黑完整统一而战的目标,他们对穆斯林建立中央集权制的伊斯兰国家从骨子里是反对的,但是为了取得对塞尔维亚族的优势又不得不同穆斯林联合在一起,所以当他们从"万斯-欧文方案"中得到比预想更多的利益时,便毫不犹豫地来为实施这一方案而向穆斯林开战。

波黑穆斯林断然拒绝了"万斯-欧文方案",塞尔维亚族要求修改方案,克罗地亚族自行开始实施方案。在这种形势下,国际上的压力既没有加之于穆斯林一方,也没有对克罗地亚的"积极性"予以打击,而是将责任完全归结为波黑塞尔维亚族及其母国南斯拉夫的头上。1993年2月10日,美国国务卿克里斯托弗宣布了一项解决波黑问题的6点计划,除了任命美国驻北约大使巴塞洛缪为美国特使与万斯和欧文共同谋求和平解决波黑冲突等建议外,最突出的是加强对南斯拉夫的经济制裁和建议联合国设立追究波黑战争责任的"战争罪行法庭"。美国开始参与波黑问题。2月22日,联合国安理会通过决议,决定成立审判前南斯拉夫地区的战争罪犯的国际法庭。3月3日,波黑穆斯林领导人在"万斯-欧文方案"的有关军事文件上签字。至此,波黑冲突三方,在"万斯-欧文方案"有关宪制、军事的两项协议上均已签字,在版图协议上只有克罗地亚一方签字。在此期间,波黑三方虽然在国际社会的调停下不断进行和谈,但是战场上冲突三方为了获得更多讨价还价的资本使领土争夺战进入白热化阶段,塞尔维亚族的军队在战场上占据很大的优势,不断扩大其控制区。所以,当穆斯林一方感到战场上的领土现实已经使穆斯林控制区远远小于"万斯-欧文方案”的版图协议中所获得的利益时，代表穆斯林一方的波黑总统伊泽特贝戈维奇于 3 月 25 日签署了“万斯-欧文方案”的版图协议。波黑塞尔维亚族现在成为唯一不同意这一版图划分方案的一方，波黑和平能否实现的矛盾集中到了塞尔维亚族的身上。4 月 2 日，北约宣布将在近期对波黑领空采取军事行动，这是北约成立以来第一次在其防区之外采取军事行动的声明。次日，波黑塞尔维亚族议会通过《关于继续和平进程的宣言》，继续表明拒绝“万斯-欧文方案”中的版图划分协议。8 日，波黑塞尔维亚军队在国际社会向穆斯林地区运送人道主义救援物资的车队上搜出 1.95 万发子弹。在联合国对前南斯拉夫地区实行武器禁运的形势下，利用人道主义援助来为冲突的某一方提供弹药，继续充填“火药桶”，这是导致波黑内战难以消停的根本原因。4 月 17 日，联合国安理会通过了 820 号决议，决定对南斯拉夫进行更加严厉的制裁。在此之后，虽然南斯拉夫多次敦促波黑塞尔维亚族接受版图划分方案，甚至限制对波黑塞尔维亚族的援助，但是均未取得成效。到 6 月中旬，南斯拉夫塞尔维亚共和国总统和克罗地亚共和国总统在日内瓦新一轮波黑三方的和平谈判中，向前南斯拉夫问题指导委员会主席欧文和斯托尔滕贝格（4 月 2 日取代万斯）提出了关于将波黑冲突三方按照传统居住区一分为三然后组成松散的邦联的建议。这一建议的产生，同战场上克罗地亚族和穆斯林之间的冲突不断加剧有直接关系，所以波黑塞尔维亚族和克罗地亚族都提出了对“万斯-欧文方案”中有关宪法原则和版图划分的修改意见。6 月 17 日，欧文和斯托尔滕贝格宣布“万斯-欧文方案”已经失败。

如上所述，从“万斯-欧文方案”一出台，克罗地亚族就立即表示接受，并开始在方案所划定的克罗地亚 2 省范围内进行对穆斯林的“种族清洗”，很快就将其控制区扩大到了 20%。而塞尔维亚族在要求修改方案的同时加紧了在战场上的领土争夺。在这一过程中，塞尔维亚人在扩大和巩固其控制领土 70% 优势的同时还占领了一些重要城镇。所以到 1993 年 6 月，穆斯林的控制区被压缩到 10% 的境地。在这种形势下，始终对宣称要建立以穆斯林为首的中央集权制国家不满的波黑克罗地亚族当然不愿意轻易放弃既得利益，便在塞尔维亚族一方坚持不同意有关 10 省版图划分方案的情况下，开始和塞尔维亚人联手夹攻穆斯林，并且由双方提出了关于实现波黑和平的"邦联方案"。根据这一方案，波黑将由 3 个民族国家组成邦联，3 国享有与外国缔约的权力但不得损及别国的利益，3 国各自制定本国的宪法，并在此基础上共同签署一个邦联制宪协议，邦联主席团由 3 国总统组成，3 国各派 3 名代表组成邦联部长委员会，等等。在版图划分方面，塞尔维亚一方愿意以"土地换和平"，在满足塞尔维亚人聚居区连成一片的前提下向穆斯林出让土地，克罗地亚一方也表示可以向穆斯林让出一部分土地。① 同时，实施这一方案的基础是波黑塞尔维亚族和克罗地亚族都已建立了自己的"国家"。从版图的具体划分来看，塞尔维亚和克罗地亚提出的方案中，西南部的"赫尔采格-波斯尼亚克罗地亚共和国"领土有所扩大，而其东北部的只保留很小的一块，从而为西北和东南的"波斯尼亚塞尔维亚共和国"领土联结在一起提供了条件。穆斯林则在波黑的中部地区获得了联成一体的领土，同时保留西北端的一片领土。对于这样一个方案，穆斯林一方当然难以接受，但是由于战场上的现实又迫使穆斯林一方同意波黑成为塞尔维亚族、克罗地亚族和穆斯林平等的联邦制国家，并开始同塞尔维亚、克罗地亚进行谈判。

正当波黑冲突三方根据自己提出的方案开始谈判时，1993 年 8 月 22 日前南斯拉夫问题指导委员会两位主席提出了"欧文-斯托尔滕贝格方案"。这一方案是在塞尔维亚、克罗地亚的邦联方案基础上、吸

---

① 郝时远主编《旷日持久的波黑内战》，第 177—178 页。

收了穆斯林意见后形成的。这项方案规定：波黑国家将按民族（宗教）分为 3 个共和国，然后组成一个介于联邦和邦联之间的波黑共和国联盟。联盟设置一个权力较小的中央政府，但大部分国家职能由各共和国行使，联盟保持联合国成员国的地位。版图的划分基本上同塞尔维亚和克罗地亚的"邦联方案"格局相似，同时在东北和西南为中部的穆斯林开辟了通往萨瓦河与亚得里亚海的通道，萨拉热窝地区由联合国托管。从领土比例上看，在波黑领土的总面积中塞尔维亚占52%，穆斯林占 31%，克罗地亚占 17%。这一方案提出后，南斯拉夫塞尔维亚共和国总统表示这是一个公正解决波黑问题的方案，保障了三方的利益。波黑塞尔维亚族领导人卡拉季奇也表示谁也没有理由拒绝这个方案。克罗地亚共和国总统图季曼认为这是在目前情况下唯一可能的妥协，波黑克罗地亚族领导人博班则强调说这是唯一能结束战争与恢复和平的最好妥协。然而，穆斯林领导人伊泽特贝戈维奇却对这一方案表示强烈不满，认为塞尔维亚族用武力夺取的土地并没有归还，塞尔维亚族和克罗地亚族必须作出新的让步，否则只有在战场上来争取。8 月 28 日，波黑塞尔维亚族议会以 55 票赞成、14 票反对和3 票弃权通过了接受"欧文-斯托尔滕贝格方案"的决议。克罗地亚族议会则表示，如果其他两方接受这一方案，他们也将接受。穆斯林议会则表示不能接受这一方案，并提出了一系列修改方案的要求。在后来的谈判中，穆斯林要求再得到 4% 的领土和在亚得里亚海滨拥有内乌姆港作为自己的出海口，这些要求遭到塞尔维亚和克罗地亚两方的拒绝，谈判陷入僵局。在这种情况下，西方国家没有像"万斯-欧文方案"受到塞尔维亚族抵制时对南斯拉夫施以严厉的制裁和对波黑塞尔维亚族进行军事恐吓那样来对穆斯林一方施加压力，它们反而站在拒绝和平方案的穆斯林一边继续向塞尔维亚和克罗地亚施加压力。11 月 8 日，法国和德国提出一项"行动方案"，要求波黑塞尔维亚族再向穆斯林让出 3%—4% 的领土，要求波黑克罗地亚族向穆斯林提供出海口。同时表示，如果塞尔维亚一方作出让步的话，可以考虑逐步解除对南斯拉夫的制裁。欧共体 12 国外长会议立刻批准了这一"行动方案"。在西方国家的压力下，南斯拉夫塞尔维亚共和国、波黑塞尔维亚族领导人同克罗地亚共和国、波黑克罗地亚族领导人再次会谈，并就双方向穆斯林方让出土地问题达成协议，同意"穆斯林共和国"拥有波黑 33.3% 的土地和出海口。① 波黑和平终于显露出达成最后协议的曙光。

然而，在 12 月 22 日开始的布鲁塞尔谈判会议上，波黑穆斯林领导人突然变卦，以穆斯林所获得的领土"质量不好"为由，拒绝在最后的协议上签字。同时，指责"欧文-斯托尔滕贝格方案"是企图将一种不公正的和平强加于穆斯林。这一变化令人惊奇，连欧共体也没有想到。由于穆斯林对这一已经满足了他们所有要求的方案突然加以否定，波黑战场再次陷入了激战之中。对于穆斯林的这一蛮横态度，欧共体国家没有进行谴责和施加压力，原因是造成这一态势的始作俑者是美国。对此，亨廷顿的分析是，美国除了受到伊斯兰世界的压力，特别是来自土耳其、沙特阿拉伯的压力外，还包括了"美国人的理想主义、道德主义、人道主义本能、天真和对巴尔干的无知，导致了他们亲波反塞的立场"。对于美国来说，在波黑乃至巴尔干半岛并没有直接的安全利益，也没有像西欧国家和俄罗斯同巴尔干半岛的那些背景深远的历史联系，但是"由于美国政府拒绝认识战争的真相，它便疏远了自己的盟友，延长了战争，并协助在巴尔干建立了一个受到伊朗极大影响的穆斯林国家"。② 事实上，亨廷顿的意见只说对了部分原因，美国的确想利用对波黑穆斯林的支持来巩固和扩大它在伊斯兰世界中的影响，同时美国也确实拒绝认识波黑内战的真相，实际上是不承认这场战争的事实真相。但是，美国对巴尔干半岛决不是无

---

① 郝时远主编《旷日持久的波黑内战》，第 181—184 页。
② 〔美〕塞缪尔·亨廷顿：《文明的冲突与世界秩序的重建》，第 333 页。

知，更没有什么天真可言，至于那些"理想主义"、"道德主义"和"人道主义本能"根本是无稽之谈。美国政府的"理想"就是称霸全球，他们的"道德"就是弱肉强食、武力征服，而"人道主义本能"在越南战场上已经表现得淋漓尽致了。亨廷顿认为，波黑"塞族人在战争初期的残暴行为，使美国人将其视为杀害无辜、进行种族灭绝的'坏家伙'，而波斯尼亚人却为自己树立了孤立无援的受害者的形象"。因此，整个战争期间美国的新闻界都忽视了克罗地亚族和穆斯林所进行的种族清洗。美国人真是这样"总想将善的力量和恶的力量区分开来，并与前者结盟"吗？① 美国果真是世界级的"正义卫士"到处行侠仗义、惩恶扬善、主持公道吗？看看深谙美国政治的麦克纳马拉先生是如何评价的："几个基本的问题必须澄清：我们应对什么程度的人类苦难予以反应？根据联合国确定的全球公约和 1989 年我国的立法：美国同意加入反种族屠杀的活动。1994 年 6 月，美国政府确认 20 多万卢旺达人的被杀是'种族屠杀行为'，但同时却拒绝声明该行动属于条约中规定的范围。难道，那里不正是一个种族大屠杀的典型例子，而需要国际社会给予公正的干预吗？那么，我们究竟应在什么情况下进行干预呢？"② 非洲大湖地区有数十万人计的大规模种族屠杀，美国可以无动于衷；而波黑内战中的"种族清洗"究竟如何至今没有能够说服人的证据，但美国却要插手。这当然不是亨廷顿所说的原因能够解释的。美国插手波黑事务的根本原因是在苏联解体和东欧剧变之后，美国开始改变它在 80 年代中期的欧洲政策——鼓励更为自立的欧洲，通过美国在西欧的军事存在逐步减少以便使美国满足"解决地缘政治方面的其他急需，并促使欧洲领导人着手解决他们的

---

① 〔美〕塞缪尔·亨廷顿：《文明的冲突与世界秩序的重建》，第 332 页。
② 〔美〕罗伯特·S. 麦克纳马拉：《回顾——越战的悲剧与教训》，作家出版社，1996，第 340 页。

自身的防务问题"。① 但是，美国人没有料到苏联和东欧社会主义阵营会坍塌得这样快，以至于欧洲可能在失去苏联威胁后迅速强大起来。在这种新的欧洲政治格局面前，美国不仅要加强在欧洲的军事存在，而且要确立美国对欧洲事务的主导作用。波黑内战为美国提供了一个可以实现多种目标的机会。诸如改善海湾战争以来同伊斯兰国家的关系，介入欧洲的战略要地巴尔干半岛，通过解决波黑问题来确立美国在欧洲事务中不可或缺的主导作用，同时遏制俄罗斯在巴尔干问题上开始日趋活跃的外交活动。所以，当美国看到欧共体的努力即将达成和平协议，便利用了波黑穆斯林一方建立伊斯兰集权国家的心态唆使穆斯林提出更高的价码来破坏即将到来的和平。

美国在废弃了欧洲解决波黑内战的"欧文-斯托尔滕贝格方案"之后，于1994年2月提出了"穆-克联邦加邦联"的新方案。即由波黑穆斯林和克罗地亚族建立联邦，然后同克罗地亚共和国结成邦联。在美国的撮合下，3月1日克罗地亚共和国、波黑穆斯林和克罗地亚族三方领导人在华盛顿就这一"联邦+邦联"的方案达成原则协议。从3月4日开始，波黑穆斯林和克罗地亚族开始就建立"穆-克联邦"进行谈判。同时，在盟国退役将军高尔文的直接调停下，穆斯林和克罗地亚军方签署了联邦协议的军事条款，并就建立联邦军队达成初步协议。3月18日，在克林顿总统亲自主持下，波黑穆斯林领导人和克罗地亚族领导人签署了成立波黑"穆-克联邦"的协议，波黑穆斯林总统伊泽特贝戈维奇和克罗地亚共和国总统图季曼签署了波黑"穆-克联邦"同克罗地亚共和国组成邦联的框架协议，这就是所谓解决波黑问题的"华盛顿协议"。在波黑内战爆发以来，在国际社会所提出的一系列和平协议中，没有哪一个协议能像美国的"联邦+邦联"协

---

① 〔美〕兹比格涅夫·布热津斯基：《竞赛方案——进行美苏竞争的地缘战略纲领》，第238页。

议这样毫无阻力且速度惊人地得到确定。难道美国的"联邦+邦联"方案更加有利于解决波黑的民族、宗教冲突？其实不然，关键是美国在迫使穆斯林同意这一方案的同时，通过对克罗地亚共和国的许诺来促使波黑克罗地亚族同意这一"没有爱情的婚姻"。因为在解决波黑问题的进程中，前南斯拉夫塞尔维亚同克罗地亚之间的矛盾始终影响着波黑乃至前南斯拉夫地区的形势，克罗地亚共和国在插手波黑内战的过程中一直受到国内"克拉伊纳塞尔维亚共和国"问题的困扰，而且该"共和国"已经宣布同波黑的塞尔维亚"共和国"合并。在这种情况下，"联邦+邦联"的方案，一方面可以在波黑战场上形成穆斯林、克罗地亚族共同对付塞尔维亚族的固定局面，从而彻底孤立塞尔维亚族；另一方面满足了克罗地亚共和国将波黑克罗地亚族聚居地区纳入自己控制范围的愿望，同时也使克罗地亚在直接插手波黑内战的行为以及今后处理国内"克拉伊纳塞尔维亚共和国"问题上得到美国等西方国家的"谅解"。但是，这一方案是在完全排除波黑塞尔维亚族和南斯拉夫塞尔维亚共和国的情况下制定的，所以它本身并不完整，在具体实施中几乎是无法操作的，尤其是如何处理波黑塞尔维亚族的关系，如何划分版图这些问题均未解决。

对美国这种突如其来插手波黑事务且造成"穆-克联邦"与克罗地亚共和国结成邦联的既成事实，欧共体国家和已经加入波黑冲突国际调解的俄罗斯是不满意的。1994年4月25日在伦敦成立的波黑问题国际联络小组，即是欧共体的英、法、德三国和俄罗斯同美国协调立场的产物。由波黑问题国际联络小组在"联邦+邦联"的基础上提出全面解决波黑冲突的方案，于1994年7月5日经美国、俄罗斯、英国、法国和德国外长会议批准，成为"五国和平方案"。由于波黑国家的体制已经确定，所以这一方案主要是关于波黑塞尔维亚族与"穆-克联邦"的领土划分问题。方案规定："穆-克联邦"拥有波黑领土的51%，波黑塞尔维亚人得到49%。对于当时已经控制波黑领土

72%的塞尔维亚族来说，按照这一方案就意味着要交出23%的领土。而且，从领土划分的情况来看，塞尔维亚族控制区除了明显缩小外，西北部和东南部之间的联结通道变得更加狭窄，东南部由于"穆-克联邦"领土的扩大而造成斯雷布雷尼察、戈拉日代这两块穆斯林聚居区的扩大，从而将塞尔维亚族的东南部领土被分割为四块。这个方案显然不是公正的产物，还是贯彻了将塞尔维亚族"分而治之"的原则。为了使这一方案付诸实施，西方7国首脑和俄罗斯联合发出声明，要求波黑冲突各方接受方案，北约则以武力恫吓，事实上这都是针对波黑塞尔维亚族的。尽管穆斯林领导人对这一方案仍心存不满，将方案视为"所有坏方案中的最佳方案"，但是"穆-克联邦"议会还是于7月18日通过了接受方案的决议。① 球又踢到了波黑塞尔维亚人的一边。制定一个明知塞尔维亚人不能接受的方案，来造成方案被拒绝的态势以便对塞尔维亚人进行军事打击，这就是美国人"惩恶扬善"的手段。而对于塞尔维亚人来说，历史上他们曾经历过这样的事情，奥匈帝国发动侵略塞尔维亚王国的战争，就是这样做的。为了促使塞尔维亚人接受这一方案，俄罗斯和南斯拉夫塞尔维亚共和国对波黑塞尔维亚族领导人做了大量的工作，但是波黑塞尔维亚族领导集团坚决拒绝这一方案，以致造成南斯拉夫联盟于8月4日宣布断绝同"波黑塞尔维亚共和国"之间的一切政治和经济联系。南斯拉夫联盟是波黑塞尔维亚族的后盾，如同克罗地亚共和国是波黑克罗地亚族的后盾一样，所不同的是南斯拉夫这个后盾不仅始终受到美、欧大国的谴责和压力，而且受到联合国的全面制裁，甚至被中止了联合国会员国资格。南斯拉夫为维护境外塞尔维亚人的平等权益，在顶着巨大的强权政治威吓和国际社会压力的条件下，一直对克罗地亚共和国的"克拉伊纳塞尔维亚共和国"和"波黑塞尔维亚共和国"的塞尔维亚

---

① 郝时远主编《旷日持久的波黑内战》，第192—194页。

同胞进行援助，而"这种物质援助使南斯拉夫伤筋动骨"。① 所以，为了尽快结束战争、解除制裁，南斯拉夫在对波黑塞尔维亚族领导人劝解无效的情况下，只好采取了置身事外的态度。

1994 年 8 月 27 日、28 日，波黑塞尔维亚族就是否赞成"五国和平方案"进行了全民公决。在参加投票的 90% 以上的塞尔维亚族公民中，96.12% 的投票者反对这一方案。这使波黑内战走向和平的前景再次被随之而来的战火所吞没。对此，美国反应强烈，甚至声称要单方面解除对穆斯林的武器禁运。针对美国的这种态度，英、法、德、俄四国在波黑问题上协调了立场，坚决反对解除对穆斯林的武器禁运，如果美国一意孤行，英、法等国将撤出本国在波黑参加联合国维持和平的部队。对于波黑三方来说，塞尔维亚族在失去母国的支持后虽然陷于孤立状态，但是背水一战、放手相搏的民族凝聚力却增强了，而且不需要再去考虑自己的行动会给母国带来什么影响，在不对版图划分方案进行修改的情况下决不屈服。穆斯林一方则想假美国之手乘机扩大领土，图谋引发联合国维和部队和北约同塞尔维亚族之间的正面冲突来达到打击塞尔维亚族的目的。克罗地亚族在整个波黑和平进程中没有对任何一个和平方案提出过反对意见，因为这些方案不仅都满足了他们获得超过人口比例的领土，而且这些领土又是同母国联结在一起的。所以，克罗地亚族不想再战。9 月 25 日，联合国安理会通过 943 号决议，决定放松对南斯拉夫的制裁，同时强化对波黑塞尔维亚族的制裁。在波黑内战爆发两年多来，联合国安理会就波黑问题作出了近 40 项决议，943 号决议第一次将南斯拉夫同波黑塞尔维亚族加以区别对待。9 月 27 日，波黑穆斯林领导人伊泽特贝戈维奇突然表示，要求美国将单方面解除对波黑穆斯林武器禁运问题的讨论推迟四到六个月，这使美国为此而规定的 10 月 15 日最后期限得到缓解。

① 〔南〕米拉·马尔科维奇：《东方与南方之间》，第 153 页。

在武器禁运问题上，美国是将解除对穆斯林的武器禁运作为压服塞尔维亚族的一张王牌。但是，美国的这种偏袒一方和激化战争的政策却受到其欧洲盟国和俄罗斯的强烈反对。所以，对美国来说，规定了最后期限已经使其陷入被动。一旦解除对穆斯林的武器禁运，欧洲盟国的维和部队就将撤出波黑，波黑将重新回到毫无控制的战争中，穆斯林得到武器的供给在与塞尔维亚人的较量中能有多少胜算？何况穆斯林从来就没有中断过从境外获得武器。美国在波黑问题上的偏向造成了它本身的被动，但是美国又是一个从来不肯承认错误和改正错误的国家，所以这个台阶只能通过完全依赖美国的波黑穆斯林来提供。同时，波黑穆斯林当时也错误地判断了形势，他们没有想到塞尔维亚族在失去南斯拉夫的支持后会变得更加强硬，也没有想到企图利用联合国维和部队作为自己的屏障有可能会因为解除武器禁运而落空，更没有想到在"穆-克联邦"中部地区的一系列城市都发生了穆斯林与克罗地亚族之间的大规模"种族清洗"冲突，双方都在为"种族纯净"而驱赶对方。在这种情况下，他们当然会考虑到假如联合国维和部队撤出后波黑将面临什么样的局面，"穆-克联邦"的内讧和塞尔维亚族军队的强大会造成什么后果。同时，穆斯林内部分裂所出现的"西波斯尼亚自治省"已经造成激烈的内部冲突。所以，他们也就乐得为美国人即将面临的困境充当台阶了。

10月21日，波黑问题国际联络小组的工作陷入僵局，俄罗斯和法国认为应部分满足塞尔维亚族的要求，美国则表示反对并继续声称争取在1995年春季取消对穆斯林的武器禁运。当时，穆斯林军队为了扩大地盘不断向塞尔维亚族控制区发起进攻。同时，波黑塞尔维亚军队也对被联合国宣布为"安全区"的比哈奇发动大规模的进攻，并取得了重大进展。在这种情况下，美国五角大楼于11月11日宣布美国在亚得里亚海的海军和空军将停止对波黑政府实施武器禁运。18日，美国政府向国会提交一项计划，要求单方面结束对波黑的武器禁运，并准备向波黑提供 50 亿美元的军事援助。美国的这些行动，加剧了波黑战场的领土争夺。波黑塞尔维亚族军队在比哈奇的攻势得到了来自克罗地亚共和国"克拉伊纳塞尔维亚共和国"的空中支援。19日，联合国安理会授权北约袭击从克罗地亚对穆斯林军队发起进攻的塞尔维亚族军队。21 日，北约美、英、法、荷兰 4 国出动 39 架飞机对克罗地亚境内塞尔维亚族控制的乌德比纳机场进行了空袭，摧毁了机场跑道和塞尔维亚族军队的防空基地。这是北约建立以来在欧洲进行的规模最大的空袭行动。23 日，美、法、英、荷 4 国的 20 多架战斗机再次袭击了波黑塞尔维亚族军队奥托卡导弹基地和比哈奇镇附近的坦克群。尽管如此，塞尔维亚军队在重武器和直升机的掩护下继续向比哈奇地区挺进。波黑"穆-克联邦"总理西拉伊季奇说，比哈奇地区的穆斯林第 5 军已面临彻底失败的境地，萨拉热窝政府希望尽早同塞尔维亚族军队就停火举行谈判。25 日，波黑塞尔维亚族、穆斯林领导人在萨拉热窝机场达成比哈奇地区停火的口头协议。26 日，波黑塞尔维亚族军队在东波斯尼亚扣留了 150 名英国、荷兰的维和部队人员。几天以前他们在萨拉热窝附近已经扣留了 250 名联合国维和部队人员。显然，塞尔维亚人已经不惜一切后果来捍卫自己的利益了。在这种情况下，美国要求更大规模地动用武力来打击塞尔维亚人，但是欧洲国家却坚持通过和平谈判来解决问题。南斯拉夫塞尔维亚共和国总统米洛舍维奇会见了波黑问题国际联络小组，讨论制止战争升级和推动和平进程的问题。法国总统密特朗与德国总理科尔举行会晤，一致认为波黑冲突只能通过政治途径解决。英国国防大臣里夫金德说，如果北约和美国诉诸武力来结束波黑战争，那么战争有可能升级。英国主张解决波黑冲突唯一途径是谈判。在处理波黑危机问题上，欧洲国家与美国之间的分歧越来越大，特别是在对和平方案的修改问题上。12 月 7 日，波黑"塞尔维亚共和国"总统卡拉季奇在帕莱说，他准备和国际联络小组中的大国重新进行谈判。他说，国际联络小组对和平方案的新解释是会谈的良好出发点，并说如果联合国维和部队撤出波黑时带走自己的武器而不是留给穆斯林军队，可以允许其以和平方式撤出。作为诚意的表示，9日塞尔维亚族军队释放了27名联合国观察员和40名法国军人。10日，欧盟首脑会议就波黑局势发表了十点声明，呼吁各方停火，强调和平解决波黑问题。14日，波黑塞尔维亚族领导人卡拉季奇邀请美国前总统卡特为波黑危机的调解人，并表示如果卡特同意，塞尔维亚族将作出几项让步，其中包括恢复所有联合国维和部队的行动自由。卡特表示将作为卡特中心的代表和卡拉季奇联系，并不代表美国政府。对此，联合国秘书长加利表示欢迎。18日，美国前总统卡特飞抵波黑，随后分别在萨格勒布会见了克罗地亚总统图季曼、波黑穆斯林政府总理西拉伊季奇，在萨拉热窝会见了波黑穆斯林领导人伊泽特贝戈维奇，卡特对会谈结果表示乐观。21日，在卡特的调停下，交战的双方达成了8点协议，决定从23日开始就实行为期4个月的停火协议和达成全面停火协议进行谈判。29日，波黑塞尔维亚族议会批准了卡拉季奇与美国前总统卡特签署的停火协议。

第四节　北约军事干预下的"代顿协议"

1994年的最后一天和1995年的第一天，对波黑战场来说出现了一种走向和平的新气象。1994年12月31日，波黑塞尔维亚族和穆斯林领导人分别签署了关于停止敌对行动4个月的协议。1995年1月1日，波黑塞尔维亚族和穆斯林高级军事代表在萨拉热窝就实施上述协议进行了会谈。但是，面对波黑冲突各方自行达成争取和平的协议，美国的一些政客却仍在为煽动战争而努力。1月5日，联合国驻波黑维和部队新闻发言人伊万科发表声明，指责美国参议院共和党领袖多尔要求美国政府单方面解除对波黑穆斯林的武器禁运。与此同时，波黑问题国际联络小组在波恩举行专家级会议，讨论实施去年 7 月拟订的和平计划的可能性，并决定利用休战的间隙，推进波黑的和平进程。是时，波黑塞尔维亚族领导人已同意将国际联络小组的"五国和平方案"作为同穆斯林领导人进行谈判的基础，但"谈判必须首先解决萨拉热窝问题"。1 月 14 日，由美国、俄罗斯、英国、法国和德国代表组成的波黑和平国际联络小组在萨拉热窝同穆斯林领导人再次进行会谈，以寻求解决波黑危机的途径，并说服他们接受经过修改的和平方案。但是在波黑战场上所谓停止 4 个月敌对行动的协议并没有得到遵守。特别是穆斯林一方，在塞尔维亚族方面同意将"五国和平方案"作为谈判的基础之后，急于改变战场上的领土劣势，不断向塞尔维亚族军队发起进攻。1 月 15 日，联合国驻波黑维和部队总司令罗斯致函波黑穆斯林军队总司令拉西姆德利奇，谴责穆斯林第 5 军在比哈奇安全区向塞尔维亚族发动进攻，并在比哈奇西面向前推进了 6 公里。次日，联合国驻萨拉热窝维和部队发言人埃·古尔梅隆说，波黑穆斯林军队尚未全部撤离萨拉热窝非军事区伊格曼山，联合国维和部队前一天乘直升机在伊格曼山上空巡逻时发现至少还有 50—55 名穆斯林军人继续留在山上。在这种不能遵守停火协议的形势下，波黑问题国际联络小组的斡旋活动也无法取得进展。

是时，"穆-克联邦"内部的矛盾也趋于尖锐。1995 年 1 月 28日，在由穆斯林政府控制的特扎尼地区的克罗地亚族军队逮捕了几名穆斯林官员。穆斯林警方下令逮捕所有的克罗地亚族地方官员。穆斯林军队还封锁了向乌索拉等地区克罗地亚族居民运送救援物资的所有车队。在波黑南部的莫斯塔尔地区，穆斯林和克罗地亚族再次发生武装冲突。莫斯塔尔以南的科索尔、马洛波列和飞机场一带的战斗最为激烈。几乎与此同时，"西波斯尼亚穆斯林自治省"武装力量同波黑穆斯林第 5 军在大克拉杜沙郊区进行了近 1 个月来最激烈的炮战，双方共发射了 1000 多发炮弹。在这种内外交困的情况下，波黑穆斯林领导人伊泽特贝戈维奇发出警告说，如联合国不制止塞尔维亚族在比哈奇地区的攻势，穆斯林方面将取消去年年底同塞尔维亚族签署的停止敌对行动4个月的协议。但事实上这种敌对行动从来就没有停止过，而且是由于穆斯林一方为了增加谈判桌上的筹码而造成的。为此，塞尔维亚族军方也发表声明称，如国际社会不阻止驻扎在波黑比哈奇地区的穆斯林第5军破坏停止敌对行动协议的挑衅行径，塞尔维亚族军队将进行反击。面对波黑战场这种难以消停的冲突，联合国和北约一时苦无良策，在2月5日召开的慕尼黑国际安全政策大会上波黑问题成为会议的主题之一。会议认为，联合国维和部队撤出波黑的可能正在越来越接近现实。北约将向波黑和克罗地亚派遣一支先遣队，这将是北约支持联合国维和部队撤出波黑行动计划第一阶段。北约欧洲盟军司令部制定了"四阶段行动计划"，其第二阶段为北约部队出击，第三阶段为联合国维和部队撤离，第四阶段为北约部队撤出。同时，北约秘书长克拉斯在德国慕尼黑举行的国际安全政策大会上指出，在波黑维和行动中，北约和联合国出现了矛盾和摩擦，由于北约没有指挥权，故而未能取得成效。为此，北约今后应能"灵活行动"。波黑问题5国联络小组则提出了解决波黑穆斯林和克罗地亚族之间纠纷的计划，以保证"穆-克联邦"这一解决波黑问题已经建立的"成果"。2月6日，欧盟成员国外长在布鲁塞尔举行会议后发表一项声明，支持法国提出的有关召开前南斯拉夫3国首脑会议的建议，以解决旷日持久的波黑冲突。这些会议表明国际社会在解决波黑冲突方面已陷入困境，而联合国维和部队已成为冲突各方的"人质"，在过去3年中，联合国驻前南斯拉夫地区的维和部队已有135名官兵在执行维和任务时丧生、1250名官兵受伤。在这种情况下，撤出维和部队正在成为一种选择。但是，北约将这种被动局面归结为自己没有指挥权的说法，则表明北约希望在波黑问题上拥有更大的话语权。

在国际社会酝酿撤出联合国维和部队的情况下，波黑塞尔维亚族方面也做了两手准备。1995 年 2 月 9 日，卡拉季奇发表谈话说，塞尔维亚族不久将会同意举行和谈，塞尔维亚族方面将不会对波黑和谈提出任何先决条件，但国际社会应"完全平等地对待和谈各方"。13日，卡拉季奇在"塞尔维亚共和国"议会重申，同意在国际联络小组提出的波黑和平方案的基础上进行谈判，但"决不接受这一方案"。同时，他表示如果联合国维和部队从克罗地亚撤走后，"克拉伊纳塞尔维亚共和国"遭到克罗地亚的进攻，波黑塞尔维亚族军队将同克拉伊纳塞尔维亚族军队联合起来共同作战。其后，卡拉季奇表示波黑塞尔维亚族可以加入某种波黑联盟，但只能作为主权国家加入。最终目的是成为塞尔维亚的一部分，如果不能如愿就与克拉伊纳联合成立联邦，再不行就宣布独立。2 月 20 日，"波黑塞尔维亚共和国" 和克罗地亚共和国境内的"克拉伊纳塞尔维亚共和国"决定成立联合防御委员会。联合防御委员会将由这两个塞尔维亚族实体的总统、议会主席、政府总理、国防部长、内务部长和军队总司令组成。其任务是，一旦这两个塞尔维亚族实体受到外来进攻，他们的军队将由联合防御委员会统一指挥并联合作战。失去母国南斯拉夫支持的波黑塞尔维亚族可以说从各方面做好了联合国维和部队撤出后所将面临的战争升级准备，但是并没有拒绝和谈。21 日，波黑穆斯林政府的人士也表示说，波黑穆斯林"希望和平，但也准备继续打仗"。他说穆斯林政府没有别的选择，它只能加强自己的武装和强化自己的国家，以便准备继续打仗。穆斯林方面正在"利用 4 个月的停火加强穆斯林军队并准备继续进行战斗"。3 月 5 日，波黑克罗地亚族领导人、"穆-克联邦"总统祖巴克指责波黑穆斯林领导人"反对克罗地亚人在波黑拥有绝对平等的地位"，并"企图继续保持由占多数的穆斯林决定一切的波黑共和国"。穆斯林领导人则指责克罗地亚族领导人破坏"穆-克联邦"，并企图保持独立国家。双方于 1994 年 3 月签订的关于建立"穆-克联邦"的协议至今未落实。尽管如此，但是穆斯林和克罗地亚族在波黑即将到来的战争升级危险面前仍然需要联合在一起对付塞尔维亚族。为此,克罗地亚共和国和波黑"穆-克联邦"在萨格勒布签订了一项关于建立三方军队联合司令部的协议。克罗地亚共和国军队总司令博贝特科被任命为克罗地亚、波黑克罗地亚族和穆斯林军队联合司令部总司令。波黑冲突双方已经为再次全面开战做好了准备。

面对波黑停火协议即将到期而冲突双方已经剑拔弩张的这一形势,联合国及有关国家多次呼吁延长停火协议,但是没有得到任何一方的响应。3 月 21 日,波黑战场爆发了自 1 月停火以来最激烈的战斗,穆斯林军队在东北部和中部两个战场向塞尔维亚族阵地发动大规模进攻。3 月 26 日,"波黑塞尔维亚共和国"总统发布关于在全国采取保卫国家措施的总动员令。波黑内战再次全面爆发。国际社会的调解工作虽然继续进行,但是毫无效果。4 月 24 日,设在海牙的前南斯拉夫战争罪法庭指控波黑塞尔维亚族领导人卡拉季奇、军事领导人姆拉迪奇、前秘密警察头目斯坦尼希奇为战争嫌疑犯。这一指控令人费解。从波黑内战爆发以来,战争始终是在波黑冲突三方中进行的,而且这次全面爆发完全是由于穆斯林率先发动的结果,但是战犯的罪名却落在了塞尔维亚族一方。这种对塞尔维亚族不公正的国际法庭裁决,事实上是西方国家在处理波黑危机中袒护克罗地亚族、偏向穆斯林和打击塞尔维亚族政策在法律上的体现。这种毫无公正可言的国际司法准则不仅不会促使波黑内战的消停,反而起到了火上浇油的效果。因为它一方面鼓励了穆斯林和克罗地亚族的战争热情,另一方面也将塞尔维亚族逼上绝境。5 月 25 日,由于波黑塞尔维亚族没有按联合国维和部队司令史密斯的最后通牒在当日午时交出从维和部队监管的军火库抢走的 4 门大炮,北约派出飞机用激光制导导弹袭击了离帕莱 1.5 公里处的几个塞尔维亚族军火库。这是北约 1995 年以来对波黑塞尔维亚族进行的第一次空袭。其后塞尔维亚炮兵便立即向萨拉热窝、图兹拉等 5 个联合国确定的安全区猛烈轰击,同时还袭击了联合国设在萨拉热窝周围的 3 个武器收集点。次日，北约两次出动飞机轰炸了塞尔维亚的军火库。为了防止北约继续轰炸，塞尔维亚军队将 88 名维和部队人员和联合国观察员扣作人质。在这种情况下，美国总统克林顿和西欧国家的一些领导人请求叶利钦说服波黑塞族释放人质，克林顿还向叶利钦保证不会再对塞尔维亚军队的阵地进行空袭。当时塞尔维亚方面扣押着数百名联合国维和部队人员和观察员，并将这些人质分散在塞尔维亚的重要军事设施中关押，以防止北约的空袭。对此，波黑塞尔维亚方受到国际社会的普遍谴责。美国和西欧国家纷纷向波黑地区调集兵力。5 月 29 日，波黑塞尔维亚族最高司令部宣布，鉴于联合国和北约严重卷入波黑冲突并支持冲突的一方，联合国安理会的所有有关决议、北约最后通牒以及塞尔维亚族与联合国签署的协议均已"无效"。"塞尔维亚共和国"将"恢复对其领土和领空的全部主权"，并"禁止未经批准的飞行"。声明还说，鉴于联合国维和部队的行动已超越了其权限，因此塞尔维亚族所扣押的维和人员不是"人质"而是"战俘"。6 月 2 日，波黑塞尔维亚族军队在姆尔科尼奇格拉德上空击落美军一架 F-16 战斗机。波黑塞尔维亚族称其防空部队击落这架美军战斗机，是执行最高司令部下达的关于保卫波黑"塞尔维亚共和国"领土主权和领空完整的命令。波黑塞尔维亚族现在面对的敌手已经不是穆斯林和克罗地亚族了，而是以美国为首的北约集团。

6 月 3 日，北约和欧盟 15 国国防部长和总参谋长在巴黎举行会议，讨论加强对联合国驻波黑维和部队的保护措施等问题，决定尽快组建"多国快速反应部队"。新组建的多国部队在军事行动上接受联合国驻前南斯拉夫维和部队司令部的监督。与此同时，在俄罗斯特别是南斯拉夫联盟塞尔维亚共和国总统米洛舍维奇斡旋下，第一批获释的 121 名联合国维和部队人员已于当日晚平安抵达克罗地亚首都萨格勒布。当时，面对北约组建"多国快速反应部队"有可能给波黑战场带来的危险，俄罗斯的态度虽然同意加强对塞尔维亚人的压力，但不是指通过军事手段，而是政治和道义手段。希腊外交部长卡罗洛斯·帕普利亚斯和国防部长耶拉西莫斯·阿尔塞尼斯突然飞往帕莱同波黑塞族领导人举行会谈进行调解。6月7日，波黑塞尔维亚族再次无条件释放了111名联合国维和部队的人质。形势趋于缓和。但是6月8日，美国众议院通过要求美国政府单方面取消对波黑穆斯林的武器禁运的议案。次日，波黑塞尔维亚族军队总司令姆拉迪奇就联合国救援车队向穆斯林军队偷运弹药向联合国维和部队总部提出强烈抗议。13日，南斯拉夫联盟塞尔维亚共和国总统米洛舍维奇的特使同波黑塞尔维亚族领导人就释放第3批130名被扣押的联合国维和部队人员达成协议。而此时，波黑穆斯林政府正在维索科和布雷扎地区大量集结军队，并于14日午夜起在萨拉热窝地区向塞尔维亚族控制区发动了强大攻势，双方战斗激烈。15日，"波黑塞尔维亚共和国"议会就"本国"同"克拉伊纳塞尔维亚共和国"合并问题通过宪法法律。16日，联合国安理会紧急会议通过998号决议，批准由法、英、荷三国提出的建议，向波黑派遣一支1.25万人的快速反应部队，以增援业已驻扎在波黑的约2.2万人的联合国维和部队。18日，"波黑塞尔维亚共和国"副总统科列维奇宣布，被扣押的11名联合国维和部队人员和15名联合国军事观察员在当天全部获释。波黑塞尔维亚族扣押联合国维和人员的危机宣告结束。然而，21日，联合国驻前南斯拉夫地区维和部队发言人宣布，波黑穆斯林军队扣押了654名维和部队人员，联合国维和部队向穆斯林政府提出了强烈抗议。但是，西方国家对此没有作出类似对波黑塞尔维亚族那样的强烈义愤和严厉措施。

6月23日，"多国快速反应部队"法国支队负责人雷蒙·盖马诺将军宣布，近2000名全副武装的法国士兵将于25日晚以前完成在克罗地亚亚得里亚海岸的登陆。26日，德国政府决定向波黑派遣1500名军人和"旋风式"电子战斗侦察机参加联合国快速反应部队，这将是第二次世界大战后德国军队及其战斗机首次在巴尔干地区出现。对此波黑"穆-克联邦"总统、克罗地亚族领导人祖巴克发表声明表示欢迎。"波黑塞尔维亚共和国"议会主席克拉伊什尼克发表声明，认为德国决定向波黑派遣军队和战斗机参加联合国快速反应部队"是一个严重错误"。德国军队重返巴尔干，使克罗地亚人回忆起第二次世界大战时在德国法西斯支持下建立起"克罗地亚独立国"时的历史情结，使塞尔维亚人回忆起第二次世界大战时德国法西斯侵略和惩罚塞尔维亚人的历史悲剧。在"快速反应部队"进入波黑战场的过程中，塞尔维亚族军队在全面反击穆斯林进攻的战斗中再次取得优势，并向被列为联合国保护区的穆斯林飞地斯雷布雷尼察推进，同时又扣押了驻守在斯雷布雷尼察的联合国维和部队士兵。7月11日，应联合国维和部队的请求，北约作战飞机对围困斯雷布雷尼察的塞尔维亚族军队进行了轰炸。15日，联合国驻波黑维和部队新闻发言人宣布，被波黑塞尔维亚军队扣押的64名维和部队人员获释。联合国维和部队发言人同时指出，波黑穆斯林武装力量占领了热帕市内维和部队的4个观察哨所并抢走那里的武器。穆斯林武装力量还在维和部队基地旁部署10余门重型迫击炮向塞尔维亚族阵地进行炮击，将联合国维和部队作为自己的盾牌。不仅如此，波黑穆斯林军队还宣布，如果被其围困的维和部队不要求北约飞机轰炸塞尔维亚族阵地，穆斯林军队就将这些被包围的维和部队消灭，联合国维和部队同样成为穆斯林的人质。如果说塞尔维亚一方扣押维和部队人员是为了避免遭受北约的轰炸，那么穆斯林扣押维和部队则是为了得到北约对塞尔维亚族的轰炸，波黑战场就是在这样一种状态下发展的。

7月21日，波黑问题国际会议在伦敦举行，美、英、法、德、俄5国的外长和国防部长以及一些派兵参加联合国维和部队国家的代表，还有联合国秘书长加利、北约秘书长克拉斯和欧洲联盟前南问题调解人比尔特参加了会议。与会者经过长达8个小时的紧张磋商后，以会议主席、英国外交大臣里夫金德的名义发表的一项声明，警告波黑塞族不得进攻联合国指定的戈拉日代安全区，否则就将再次遭到包括空袭在内的"大规模和决定性的"反击。会议认为，有必要采取措施加强联合国维和部队的力量，包括动用英、法部队组成的快速反应部队。美、法、英等国强烈要求对塞尔维亚族进行大规模的空中打击，但俄罗斯坚决反对。"波黑塞尔维亚共和国"政府对伦敦国际会议的结果"深为失望"，认为国际社会在波黑问题上采取了偏向穆斯林的立场。因为国际社会只字没有谴责穆斯林利用"安全区"向塞尔维亚族进攻的问题，却谴责了塞尔维亚族的自卫反攻。然而，对塞尔维亚族方面的这一态度的国际回应是，联合国审判前南斯拉夫战犯国际法庭发出了逮捕波黑塞尔维亚族领导人卡拉季奇和塞尔维亚族军队司令姆拉迪奇等 24 人的令状，指控这些人犯有种族灭绝罪。7 月 26 日，波黑"西波斯尼亚穆斯林自治省"首府大克拉杜沙电台宣布，"西波斯尼亚穆斯林自治省"自当日起更名为"西波斯尼亚共和国"，并宣布西波斯尼亚地区的穆斯林同萨拉热窝的伊泽特贝戈维奇政府彻底分道扬镳。至此，在波黑领土上除了被国际社会承认的波黑穆斯林政府，已出现了塞尔维亚族、克罗地亚族和穆斯林反对势力的 3 个"共和国"。这时，美国参议院以压倒多数，通过了要求克林顿政府单方面宣布美国取消对波黑"穆-克联邦"武器禁运的提案。此举立刻遭到法国、英国的批评，俄罗斯则表示将考虑单方面解除对塞尔维亚族的武器禁运。8 月 1 日，北约决定把为保卫戈拉日代制订的空中打击计划范围扩大到比哈奇、图兹拉和萨拉热窝 3 个安全区。北约秘书长克拉斯说，波黑冲突任何一方对这 4 个联合国安全区的进攻以及被认为对安全区造成直接威胁的军事行动都将遭到北约空中力量"坚决而迅速的回击"。美国总统克林顿则称，阻止波黑塞尔维亚族军事进攻的"最佳办法"是联合国授权北约和西方盟国对波黑塞尔维亚军事目标发动大规模的空中打击。美国众议院通过了要求克林顿政府单方面取消对波黑穆-克联邦政府武器禁运的提案。这时，美国又对解决波黑问题提出了新的建议。

8 月 14 日，"波黑塞尔维亚共和国"外长布哈说，美国提出的关于解决波黑危机的最新倡议含有新的可以结束战争的积极因素。18 日，波黑穆斯林领导人伊泽特贝戈维奇提出 12 点意见，作为对美国提出的波黑和平新方案的回答。伊泽特贝戈维奇要求波黑仍保留已被国际承认的边界，但不承认波黑塞尔维亚族政权，要求南联盟塞尔维亚共和国总统米洛舍维奇代表波黑塞尔维亚族参加谈判，保证前南独立的各共和国互相承认。波黑塞尔维亚族领导人卡拉季奇也致函曾参与调解波黑冲突的美国前总统卡特，明确表示美国最近在解决波黑冲突一揽子方案中所提出的波黑版图划分比例可以作为和解谈判的基础。29 日，波黑塞尔维亚族议会决定接受美国最近提出的关于和平解决波黑危机的方案，同时决定波黑塞尔维亚族代表团将加入南斯拉夫联盟共和国代表团参加和谈。波黑的形势再次出现转机。不过，在战场上对塞尔维亚族的打击并没有因此而停止。30 日，北约从意大利空军基地和亚得里亚海上的航空母舰出动了 60 多架战斗机连续对塞尔维亚族在萨拉热窝周围的导弹基地、雷达基地、弹药库、指挥部和地面交通设施进行空袭。此后，空袭行动又扩大到萨拉热窝塞尔维亚族区、帕莱、戈拉日代塞尔维亚族区和黑塞哥维那一些塞尔维亚族区，整个空袭达到 2000 架次。联合国秘书长加利为此发表声明，证实联合国 29 日授权北约采取了这次旨在打击波黑塞尔维亚族军事设施的空袭行动。是时，波黑塞尔维亚族领导人和南斯拉夫领导人举行联席会议，就和平解决波黑危机的立场达成一致。波黑塞尔维亚族领导人表示完全接受贝尔格莱德的和平政策，并将自己的立场同南领导人的立场协调一致起来。9 月 1 日，美国国务院发言人证实，以美国战机为主的北约作战飞机对波黑塞尔维亚族目标进行的大规模空袭已于当地时间清晨 5 时暂停，以便北约和联合国对经过 2 天多的连续轰炸后波黑局势的新变化进行评估。4 日，美国前总统卡特说，他在同波黑塞尔维亚族领导人卡拉季奇通电话时，得知波黑塞尔维亚族军队已经开始按照联合国维和部队的要求，从萨拉热窝周围地区撤走大炮等重武器，并打开了通向萨拉热窝的供应线。5 日，联合国驻前南维和部队总部宣布，北约空军已于当地时间下午 1 时恢复了对波黑塞军目标的空中打击。原因是维和部队和北约指挥官认为，塞尔维亚族没有按照联合国的要求，解除对萨拉热窝的威胁。俄罗斯强烈谴责北约恢复对波黑塞尔维亚族的空袭行动，要求立即停止破坏和平进程的做法。白宫发言人则称，美国总统克林顿"完全支持"北约恢复对波黑塞尔维亚族目标的空袭。在北约轰炸塞尔维亚族目标的同时，穆斯林军队从萨拉热窝安全区向格尔巴维察地区的塞尔维亚族防线发起进攻，北约的轰炸实际上成为穆斯林地面进攻的空中掩护。

在北约不断加强对波黑塞尔维亚族的空中打击力度的同时，由美国助理国务卿霍尔布鲁克主持的波黑、克罗地亚和南斯拉夫联盟 3 国外长会议在日内瓦举行，并就解决波黑冲突问题达成了原则协议。主要内容包括：①波黑共和国将在现有边界内继续存在，并得到国际承认；②波黑将由"穆-克联邦"和塞尔维亚共和国两个实体组成，"穆-克联邦"将拥有波黑领土的 51%、塞尔维亚共和国拥有 49%，这两个实体"在保证波黑主权和领土完整的基础上"将有权"与邻国建立特殊关系"；③就难民和人权等问题作了规定。尽管前南斯拉夫 3 国外长在日内瓦就解决波黑危机达成了上述原则性协议，但北约飞机仍在对波黑塞尔维亚族的许多地区进行轰炸。而且轰炸的目标中包括越来越多民用设施，如住宅、医院、交通设施、高压输电网等。许多地区因此停水、停电、交通和通信联系中断，多人被炸死炸伤，物质损失严重。美国的航空母舰也向塞尔维亚族目标发射巡航导弹。为此俄罗斯、中国等国对北约这种完全违反联合国授权范围的野蛮行径进行了谴责，俄罗斯驻联合国代表要求紧急召开安理会会议讨论此事。美国则要求意大利政府允许其 F-117A 隐形战斗轰炸机使用意大利北部阿维亚诺空军基地,以便发动对波黑塞尔维亚族更大的打击,但是遭到意大利方面的拒绝。在北约猛烈的空中打击之下,波黑"穆-克联军"发动的攻势也越来越强,在波黑中部攻占了 100 多平方公里的土地,其中包括一条连接图兹拉和泽尼察两地的全天候公路。在波黑西部,克罗地亚共和国的军队同波黑"穆-克联军"联合行动,攻克了 1500 平方公里的塞尔维亚族控区,占领了一些战略要地。其中包括塞尔维亚族控制的重要城市雅伊泽。雅伊泽水电站是塞尔维亚族最大城市巴尼亚卢卡电力的重要来源,该市失守,意味着巴尼亚卢卡的供电权掌握在了"穆-克联邦"手中。在北约的帮助下,克罗地亚共和国军队和"穆-克联邦"军队先后攻占了 2000 多平方公里的塞尔维亚族控制的土地,约占波黑总面积的 6%。

在战场上优劣大局已定的情况下,美国总统克林顿宣布,波黑塞尔维亚族已正式同意接受北约提出的实现萨拉热窝停火的综合方案。波黑塞尔维亚族武装将立即停止在萨拉热窝周围 20 公里隔离区内的一切军事进攻行动,在 6 天内从该地区撤走重武器,并在 24 小时内为联合国维和及救援人员开通进入萨拉热窝市内的陆地和空中通道。作为回报,北约暂停对塞尔维亚族目标的轰炸。实际上,从当时波黑冲突双方所控制的领土来看,由于北约的帮助,"穆-克联邦"的控制区已接近 51% 的比例,这才是以美国为首的北约采取大规模空中打击行动并纵容穆斯林、克罗地亚族和克罗地亚共和国军队趁机争夺领土的真实目的。当然,其中也包含着美国等西方国家对塞尔维亚民族的一种"天然"的敌视和必欲施以惩罚的心理。在实现了上述目标之后,美国和西方国家纷纷开始表示和平解决波黑问题的重要性和可能性。至于在北约公然支持下出现的穆斯林、克罗地亚族军队攻城略地所导致的 12.7 万塞尔维亚族平民百姓离乡背井,加上克罗地亚共和国乘机驱赶塞尔维亚人导致的总计近 30 万塞尔维亚族难民,却不在西方国家保护人权和反对"种族清洗"的道义之列。从 8 月 30 日至 9 月 14 日，北约空军对波黑塞尔维亚族地区的各类目标进行了 3200 架次的轰炸，投掷了 1 万吨炸弹，152 人被炸死，273 人被炸伤。在地面战争中约 5000 名塞尔维亚族平民被打死。10 月 5 日，波黑"穆-克联邦"和塞尔维亚族达成在波黑全境停火 60 天的八点协议，协议于 10 月 10 日生效。10 月 9 日，波黑塞尔维亚族军方宣布，波黑交战各方一致同意从当晚午夜起在波黑全境开始全面停火。该协议是交战各方和维和部队实施停火协议委员会同一天在萨拉热窝机场举行的会议上达成的。旷日持久的波黑内战终于实现了真正意义上的停火。

在此期间，南斯拉夫联盟、波黑和克罗地亚 3 国外长在纽约就波黑未来的宪制原则达成协议，明确规定波黑未来将只有一个议会、一个执政主席团和一个宪法法院。波黑将在条件成熟时进行直接、自由和民主的选举。议会的 2/3 将从穆斯林-克罗地亚联邦选举产生，另外 1/3 则由波黑"塞尔维亚族共和国"选举产生。议会采取任何行动都需得到各方 1/3 代表的支持和全体代表相对多数的同意。执政主席团的人选也将按上述比例进行分配，任何决策的实施必须获得主席团多数的支持。10 月 30 日，俄罗斯国防部长格拉乔夫重申，俄军将参加在波黑的维和行动，但不接受北约的指挥。11 月 1 日，波黑塞尔维亚族和穆斯林经过长达半年之久的谈判，联结萨拉热窝塞尔维亚族区和穆斯林区的"团结友谊"桥正式开放。这座位于萨拉热窝市中心的桥梁，是联结相互敌对的塞尔维亚族区和穆斯林区的唯一通道。这座桥开放的当天在美国俄亥俄州代顿的赖特-帕特森空军基地举行了南斯拉夫塞尔维亚共和国总统米洛舍维奇、波黑总统伊泽特贝戈维奇和克罗地亚共和国总统图季曼参加的结束波黑战争和实现波黑和平问题会议。美国国务卿克里斯托弗主持了会议的开幕式。当天，塞尔维亚共和国总统米洛舍维奇和克罗地亚共和国总统图季曼达成一项和平解决有关东斯拉沃尼亚地位问题的协议，双方表示要为实现两国关系的正常化而共同努力。上述协议被认为是俄亥俄和谈开始以来所取得的第一个成果。10 日，波黑总统伊泽特贝戈维奇和克罗地亚共和国总统图季曼正式签署了一项旨在加强波黑"穆-克联邦"的协议。11 月 21 日，美国总统克林顿宣布，前南斯拉夫 3 国总统在美国东部俄亥俄州举行 3 周紧张的会谈后，达成并草签了《波黑和平协议》，即《代顿协议》。

《代顿协议》草签之后，尽管波黑停战各方仍对其中的一些内容表示异议，如塞尔维亚族方面表示希望能重新讨论萨拉热窝的地位问题，克罗地亚族举行集会反对将波萨维纳划归"塞尔维亚共和国"。但是，从整个国际社会来说对这一协议的达成都给予了高度的评价。在协议达成的第二天，联合国安理会便通过了两项决议，决定解除对巴尔干地区的武器禁运和中止对南斯拉夫联盟已实施 3 年半的制裁。在波黑的联合国维和部队也已开始准备向北约移交维和任务。根据和平协议，一旦这一协议正式签署，联合国维持和平部队将撤出波黑，由以北约为首的多国部队接管波黑地区的维和任务。12 月 2 日，美国总统克林顿正式批准了由北约制订的向波黑派遣多国维和部队的计划。根据该计划，美国将向波黑派遣一支 2 万人的主力部队。在此之前，美国国防部长佩里和俄罗斯国防部长格拉乔夫在布鲁塞尔北约总部会晤后决定，美国和俄罗斯一致同意俄罗斯军队加入由北约组织的波黑多国维和部队，但俄军将不置于北约的指挥之下。4 日，为履行波黑和平协议，以北约为主的多国维和部队的先头部队开始陆续抵达波黑。9 日，为期两天的实施波黑和平协议的国际会议在伦敦闭幕，与会的 50 多个国家和有关国际组织的代表都表示要为维护波黑和平和帮助波黑重建尽一切努力。12 日，波黑"穆-克联邦"议会通过决议，批准关于波黑和平的《代顿协议》。1995 年 12 月 14 日，解决波黑冲突的《波黑和平协议》正式签字仪式在法国总统府爱丽舍宫隆重举行。美国总统克林顿、法国总统希拉克、俄罗斯总理切尔诺梅尔金、英国首相梅杰和德国总理科尔等 10 多位国家元首和政府首脑出席了签字仪式。前南地区波黑总统伊泽特贝戈维奇、克罗地亚共和国总统图季曼和南斯拉夫联盟塞尔维亚共和国总统米洛舍维奇在《波黑和平协议》上签了字。国际联络小组 5 国领导人作为证人也在协议上签字。根据《波黑和平协议》的规定，波黑国家将是一个在现存边界内拥有两个实体的联邦国家，它将有联邦宪法、由两院组成的议会、宪法法院、总统、单一货币和中央银行；"穆-克联邦"控制 51% 的领土，塞尔维亚族共和国控制 49% 的领土。首都萨拉热窝在"穆-克联邦"政府控制之下，但是塞尔维亚族拥有对其聚居区的学校和其他服务设施的行政权；联结塞尔维亚族共和国东（东南）、西（西北）控制区的陆地走廊保持 5 英里宽；总统和议会将在 1996 年在国际监督下举行全国公民的自由民主选举中产生；难民将获准返回家园，人民将能够在全国范围内自由迁徙；等等。波黑这个多灾多难的国家，在经过 4 个年头的残酷战争后终于实现了和平。

据统计，在近 4 年的战争中，共有 27.8 万人死亡，其中直接冲突的三方中穆斯林 14.08 万人，塞尔维亚族 9.73 万人，克罗地亚族 2.84 万人。波黑战争期间，共有 137 万人流离失所，其中穆斯林 70.2 万人，塞尔维亚人 41 万人，克罗地亚人 15.5 万人。从上述统计数字中可以看出，穆斯林死亡人数占死亡总人数的 50.6%，穆斯林难民人数占难民总人数的 51.2%，均高于穆斯林人口在波黑总人口中所占比例 43.67% 的水平；塞尔维亚族死亡人数占死亡总人数的 35%，塞尔维亚族难民占难民总人数的 30%，高于或非常接近塞尔维亚族人口在波黑总人口中所占比例 31.37% 的水平；克罗地亚族死亡人数占死亡总人数的 10.2%，克罗地亚族难民人数占难民总人数的 11.3%，均低于克罗地亚族人口在波黑总人口中所占比例 17.32% 的水平。这一组数字是很说明问题的，穆斯林死亡人口多、难民多的原因一是在军事对抗能力方面不如塞尔维亚族骁勇善战，二是穆斯林除了与塞尔维亚族对抗外，还经常与克罗地亚族冲突，同时其内部的战争也十分激烈；塞尔维亚族死亡人口多、难民比例接近其人口比例的原因，主要是受到穆斯林、克罗地亚族和克罗地亚军队以及北约的交相攻击造成的，只是由于其战斗力和抵抗力强才避免了更大的伤亡；至于克罗地亚族死亡少、难民少的原因一是在战场上游离于穆斯林和塞尔维亚族的冲突之间，在对抗塞尔维亚族时更多地利用了穆斯林的力量，在夺取地盘时更多地借助了塞尔维亚族对穆斯林的攻势和穆斯林战斗力弱的特点，同时克罗地亚族始终得到其母国的人力、武器和物资的支援，始终受到西方国家的庇护。所以，从这个意义上说，按照以美国为首的西方国家所确定的"种族清洗"标准，真正实行"种族清洗"的是克罗地亚族。无论如何，近4年的战争给波黑造成了深重的灾难，大批的人口死亡、数以百万计的难民，大量的基础设施被毁，经济损失高达450亿美元，这对一个本来就属于前南斯拉夫最落后的共和国之一的国家来说，的确是一场悲剧。是谁制造了这场悲剧？为什么制造这场悲剧？"今天全世界对于在当年的南斯拉夫范围内所发生的事情所作出的大大小小数十种回答，恰如水花转瞬即逝。真正的答复正在黑暗中期盼作出。不是因为它是艰难的，而是因为它是令人痛心的。这不是对塞尔维亚人和克罗地亚人来说，不是对北大西洋公约组织和五角大楼，不是对于欧洲外交界和美国参议院，不是对于多国公司的老板，不是对于战争与和平的策划者来说。当然，也是对所有他们来说"。无论是对谁来说，"在黑暗中期盼的这个回答对于人类是令人痛心的"。①

1995年的岁末之夜，饱经战火的萨拉热窝市部分居民在热烈而激昂的交响乐声中迎接《波黑和平协议》签署后第一个新年的到来。萨拉热窝交响乐团12月31日在萨拉热窝民族剧院举行1996年新年音乐会。这是一个和平的开端，但是也是一个十分艰难的开端，甚至比结

---

① 〔南〕米拉·马尔科维奇：《东方与南方之间》，第196页。

束第二次世界大战建立新南斯拉夫的开端还要艰难。尽管德国为重建萨拉热窝供电工程提供了 1300 万马克的援助；英国宣布向波黑提供 2000 万英镑人道主义援助；国际货币基金组织宣布接纳波黑为该组织的成员，同时批准向波黑提供 4500 万美元紧急贷款；波黑重建捐助国和组织第一次会议的 50 个国家和 27 个国际与地区组织的代表"保证"立即出资 5 亿美元，用于 1996 年 1—3 月波黑重建"最紧急的需要"；世界银行宣布已批准波黑的第一个紧急重建计划，并将为此提供 3000 万美元优惠贷款和 1500 万美元赠款；波黑重建捐助国和组织第二次会议的 55 个国家和 29 个国际与地区组织的代表同意出资 12.3 亿美元，用于 1996 年 4—12 月的波黑重建工作。波黑共和国正式成为世界银行的成员国，世界银行计划在此后 4 年里为波黑重建提供 4.5 亿美元援助；世界银行和欧洲委员会正在实施一项总额为 8.8 亿美元的重建波黑计划，用于重建被战争破坏的房屋和设施，接纳难民重返家园。根据这项重建计划，将有 5.58 亿美元的资金用于恢复学校、诊所、输水管道等紧急重建项目；欧盟批准向波黑提供 6500 万欧洲货币单位的援助；等等。但是，波黑冲突三方之间几年来你死我活的战争所结下的仇怨却不是一场新年音乐会和源源不断的外国援助可以弥合的。1996 年 5 月 5 日，波黑共和国总统伊泽特贝戈维奇声称，有朝一日穆斯林将"解放整个波黑"。作为领导人尚且心怀仇怨，在民间塞尔维亚族、穆斯林、克罗地亚族之间的仇怨和隔膜则更加溢于言表。所以小型武装冲突、聚众斗殴、焚烧教堂和清真寺之类的事件始终不断。大量的武器流落民间，在这类冲突中经常出现开枪事件。

同时，有关战后的政治问题和战争责任问题也在继续影响着波黑三方的关系，而且美国直接插手这方面的事务。1996 年 3 月 22 日，海牙国际法庭决定对 4 名波黑穆斯林和克罗地亚族人提出起诉，指控他们犯有枪杀、殴打和强奸塞尔维亚族平民的罪行。对波黑穆斯林和克罗地亚族作为"战犯"正式提出起诉这是首例。6月25日,波黑塞尔维亚族律师协会向海牙国际法庭驻萨拉热窝办事处负责人斯特贝里递交一份刑事起诉书,指控波黑穆斯林领导人伊泽特贝戈维奇和"穆-克联邦"副总统加尼奇对波黑塞尔维亚族犯有战争罪行。7月7日,在美国政府的强大压力下,波黑穆斯林和克罗地亚两族领导人就制定波黑《联合防御法》问题达成协议,从而为美国开始实施策划已久的训练和装备波黑"穆-克联邦"军队的计划扫清了道路。11日,海牙国际法庭发布了关于逮捕波黑塞尔维亚族领导人卡拉季奇和姆拉迪奇的国际通缉令。16日,美国前助理国务卿霍尔布鲁克抵达萨拉热窝,当天分别同波黑穆族领导人伊泽特贝戈维奇和北约波黑维和部队司令史密斯举行了会谈,讨论了波黑塞尔维亚族领导人卡拉季奇的政治前途问题。19日,霍尔布鲁克在贝尔格莱德宣布,从即日起卡拉季奇放弃波黑塞尔维亚共和国总统的一切权力,停止所有公开的政治活动,他的塞尔维亚民主党主席的职务在波黑大选前也被冻结。8月30日,美国助理国务卿科恩布卢姆在同波黑穆斯林和克罗地亚族领导人会谈后宣布,从次日午夜起,"克罗地亚赫尔采格-波斯尼亚共和国"在法律上将不复存在。10月13日,波黑科尼茨地区克罗地亚族难民委员会向海牙国际法庭起诉穆斯林领导人伊泽特贝戈维奇和科尼茨地区穆斯林军队领导人契博,指控他们对波黑克罗地亚族犯有种族灭绝的战争罪行。11月29日,海牙的国际法庭作出判决,以参与谋杀罪判处一名前波黑塞尔维亚族军人10年徒刑。这个判决是根据联合国安理会的有关决议设立审判前南斯拉夫战争罪行法庭3年多来作出的首例判决,这也是国际法庭50年来首次对战争罪犯作出的判决。同时波黑塞尔维亚族巴尼亚卢卡地方法庭缺席审判波黑穆斯林领导人、波黑主席团主席伊泽特贝戈维奇。1997年10月6日,10名被指控为战争嫌疑犯的波黑克罗地亚族人被送往海牙国际法庭接受审判。

当然,在国际社会的共同努力下,波黑国家在经济重建的过程中,"穆-克联邦"与"塞尔维亚共和国"两个实体之间的关系也在逐步改善。1996 年 9 月 14 日,波黑举行了战后的第一次大选。根据负责选举的欧洲安全与合作组织提供的资料,波黑全国共设有 4400 多个投票站,共有 260 多万选民投票,另外 30 多万选民已于 8 月 28 日至 9 月 3 日在其避难国家投了票。在投票过程中,没有发生严重的冲突事件。据欧洲安全与合作组织估计,60%—70%的波黑选民参加了投票。9 月 16 日,波黑选举初步揭晓,波黑三个民族、宗教集团执政党的候选人在波黑主席团成员竞选中处于领先地位。穆斯林方面,执政的民主行动党的候选人伊泽特贝戈维奇位居第一;塞尔维亚族方面,执政的塞尔维亚民主党的克拉伊什尼克位居第一;克罗地亚族方面,执政的克罗地亚民主共同体的祖巴克位居第一。波黑穆斯林候选人伊泽特贝戈维奇当选波黑共和国主席团主席。1998 年 3 月 13 日,波黑塞尔维亚族共和国和波黑"穆-克联邦"两个实体正式建立电讯联系,恢复了中断 5 年的电讯联系。5 月 18 日,波黑"穆-克联邦"教育、科学、文化和体育部长里兹万贝戈维奇和波黑塞尔维亚族共和国教育部长苏齐奇就删除两个政治实体的教科书中一切能引起民族仇恨内容的问题达成协议。6 月 22 日,波黑统一货币可兑换马克在波黑两个政治实体正式发行。

在南斯拉夫解体过程中,作为一个政治"花絮"是历史上多次酝酿的"巴尔干联邦"曾一度泛起。1992 年,塞尔维亚总统米洛舍维奇向希腊提出了建立"希腊-南斯拉夫联邦"的建议。1994 年,米洛舍维奇再次向希腊左翼领导人提出建立"巴尔干联邦"的建议,第一步建立"塞尔维亚-黑山-马其顿-希腊联邦",第二步扩大到保加利亚和罗马尼亚。联邦中心设在雅典,联邦银行设在贝尔格莱德,联邦大学设在斯科里普,首任联邦总统由希腊人担任,等等。希腊方面也提出建立"希腊-塞尔维亚联邦"的意见,包括马其顿和波黑。1994 年,南斯拉夫"科索沃共和国"的领导人鲁戈瓦提出,如果国际社会承认"波黑塞尔维亚共和国"同南斯拉夫结为邦联，那么"科索沃共和国"同阿尔巴尼亚建立邦联也是可行的。同时，马其顿的阿尔巴尼亚族政党也提出建立"马其顿－阿尔巴尼亚联邦共和国"的主张。作为对穆斯林的回应，马其顿的反对党则提出建立塞尔维亚－保加利亚－马其顿联邦，并声称他们毕竟是斯拉夫人，是东正教徒。这一联邦自然而然地会将希腊和罗马尼亚包括在内。1995年，阿尔巴尼亚提出建立按照"穆－克联邦"模式建立"阿尔巴尼亚－马其顿联邦"，并由美国人来作保。这些被称为"巴尔干马斯特里赫特"的"巴尔干联邦"计划，在一定程度上反映了巴尔干半岛各民族希望自主处理巴尔干事务的心理。然而，它们也同历史上的"巴尔干联邦"构想一样不过是过眼烟云。

1999年2月26日，波黑克罗地亚族、穆斯林和塞尔维亚族就开始实施国际社会制定的1999年难民遣返计划达成协议。根据协议，波黑三方将立即向萨拉热窝、莫斯塔尔和巴尼亚卢卡3个主要城市遣返6000个难民家庭，从而为1999年难民遣返计划的顺利实施创造了一个良好的开端。波黑似乎确实走上了和平、和解之路，但是它也无法摆脱大国对它的控制。波黑三方曾经为了相互分离而试图证明他们之间毫无共同之处，但是"他们是有共同点的，那就是想活下去。而这种活下去的愿望在共同生活中，或者至少不是在现在拼命追求的分开的生活中，才比较容易得到实现"。① 对于波黑三方来说，"穆－克联邦"使穆斯林和天主教徒克罗地亚人在国家体制上联系在一起，同时又和克罗地亚共和国建立了密切的特殊关系。信仰东正教的塞尔维亚人获得了自己的国家地位，并且与"穆－克联邦"结合为一个统一的国家，并与它的母国保持了良好的关系。作为拥有3种宗教2种文字1种语言的统一国家来说，长期的共存历史使它们难解难分，只要

---

① 〔南〕米拉·马尔科维奇：《黑夜与白昼》，第138页。

有一方坚持所谓"种族纯净"的原则，战争就不会停止；只要有一方心底深处依然埋藏着这个罪恶的原则，战争早晚还会爆发。1999 年的波黑正在为落实几年前那场战争造成的难民重返家园的计划而努力，而 1999 年的南斯拉夫联盟却面临着一场远比波黑战争短促，却远比波黑战争惨烈的被侵略战争。

第十一章
科索沃危机与北约侵略

这类传统中最著名的却是关于 1389 年科索沃之战的一组塞尔维亚民歌……1912 年塞尔维亚军队终于解放了科索沃，士兵们走过古战场时生怕惊动了长眠地下的昔日英烈，都脱下了靴子。

〔英〕艾伦·帕尔默：《夹缝中的六国》

1966 年 7 月科索沃的塞尔维亚人掌权的国家保安部被制服以后，阿尔巴尼亚族这个目前人口已近百万的迅速增长的南斯拉夫少数民族，在权利平等和人身安全方面情况已大为改善。然而，该民族政治上活跃的阶层对此并不感到满意，反而在这些方面提出更多要求，并要把他们那个地区改为南斯拉夫的第七个共和国。

〔英〕丹尼森·拉西诺：《南斯拉夫的实验》

纯粹的外交成就——即便是以塞尔维亚遭受最大屈辱而告终——也没有什么价值。因此，必须向塞尔维亚提出一些十分苛刻的要求，这样就可以预料这些要求一定会被拒绝，从而用军事干涉的办法来彻底解决问题。

1914年7月7日奥匈帝国大臣会议记录。

我自问，巴尔干过去所发生的事情还有什么事情没有出现在当年南斯拉夫的领土上？欧洲蛮横无理的一切和国际黑社会的勾当中还有什么没有在我们这里出现？看来，全世界决定，要在这里生病，决定在20世纪行将终了时在这里留下文明的污点。

〔南〕米拉·马尔科维奇：《黑夜与白昼》

至于巴尔干半岛，半岛上的和平与繁荣，这在本世纪几乎是无法实现的。在本世纪即将结束时，这是无法实现的。当然，这并不意味着永远无法实现。

〔南〕米拉·马尔科维奇：《东方与南方之间》

第一节　科索沃问题的历史背景

1389年6月28日，塞尔维亚王国的拉扎尔大公率领塞尔维亚人、克罗地亚人、保加利亚人、阿尔巴尼亚人和匈牙利人组成的巴尔干联军，在抵抗奥斯曼苏丹的军队进攻时失利，拉扎尔大公被俘并被苏丹处死。巴尔干联军在"科索沃战役"中的惨败，成为巴尔干半岛各民族抵抗土耳其人侵略的历史转折点，它不仅意味着巴尔干半岛各民族抗拒外来侵略的斗争形势由此逆转，而且也意味着巴尔干半岛各民族遭受帝国统治的屈辱历史由此开启。所以，科索沃之战对于巴尔干半岛各民族，尤其是塞尔维亚民族来说更具有刻骨铭心的屈辱记忆和壮怀激烈的复仇愿望。

进入13世纪的巴尔干半岛，在拜占庭帝国统治下的南部斯拉夫人，在摆脱拜占庭的统治和建立各自的王国斗争中兴衰嬗替、此伏彼起。是时，塞尔维亚人建立的王国也不断向南部扩张，到 1214 年时，塞尔维亚人的王国东以莫拉瓦河为界，南抵普里兹伦，西及亚得里亚海，北与波斯尼亚和匈牙利王国为邻，虽然贝尔格莱德尚不在其版图之内，但是科索沃地区则几乎处于其王国的中心位置。① 所以，从巴尔干半岛各民族的变迁和国家演进的过程来看，科索沃这个地区从摆脱拜占庭帝国统治开始就属于塞尔维亚人是毫无疑义的。当然，南斯拉夫人是在民族大迁徙的浪潮下被推动到巴尔干半岛，的确不是巴尔干半岛上的"土著民族"。而根据阿尔巴尼亚学者的见解，阿尔巴尼亚人的远古祖先是伊里利亚人，"在公元前 1000 年即印欧各部族自北欧移居南欧的时期，继定居于巴尔干南部的希腊人和定居于希腊人以北的色雷斯人之后，大量的伊里利亚人在青铜时代末和铁器时代初也进行了迁徙，由于这些迁徙，新的伊里利亚部族占据了巴尔干半岛的整个西部（约略相当今天阿尔巴尼亚和南斯拉夫的领土），并且同跟他们非常相似的'原始印欧的'或'佩拉斯吉的'或'原始伊里利亚的'部族融合起来"。而且通过语言学的分析，尤其是"考古学的、人种志的和历史的文献都令人信服地证明这样一种看法，即伊里利亚人是阿尔巴尼亚人的祖先"。② 尽管在我们这个种族纷呈、民族大千的世界上，"每一个民族，无论是希腊人，还是野蛮人，都有一个同样的虚骄讹见，认为自己比一切其他的民族都较为古老，早就已创造出人类舒适生活所必需的事物，而他们自己所回忆的历史要一直追溯到世界本身的起源"。③ 但是，阿尔巴尼亚人作为早期移居巴尔干半岛的伊里利亚人与其他人类群体融合、分化、再融合的一支相对于斯拉夫人来说的"土著民族"也应该是无可怀疑的。但是，民族的形成

---

① 〔南〕伊万·博日奇等：《南斯拉夫史》上册，第 70、94 页所附历史地图。
② 〔阿〕克·弗舍里：《阿尔巴尼亚史纲》，第 11、14 页。
③ 〔意〕维科：《新科学》，人民文学出版社，1986，第 83 页。

是伴随着国家的出现而完成其初级形态的，因为国家的出现从人类学和民族学意义上来说最重要的变化是对人类群体形式的根本性变革，即以地缘关系取代了氏族、部落时期的血缘关系。

据阿尔巴尼亚历史书籍的记载，伊里利亚人最早的国家形态出现在公元前5世纪的一些在希腊统治时期的城邦组织，如斯科德腊（斯库台）、阿曼提亚（发罗拉地区的普罗察）、彪利斯（马拉卡斯特地区的赫卡利）、弗伊尼克（德尔维那地区的非尼吉）等。这些城邦主要由属于伊里利亚人的恩凯莱人、陶兰特人、伊庇鲁斯人和阿尔迪安人建立。后来，恩凯莱人在科尔察和德沃利平原建立了一个"强大的王国"并向东扩展，与马其顿王国成为邻国。这个恩凯莱人的国家在公元前344年被马其顿人所征服。马其顿国王亚历山大死后，伊里利亚人的一些部落曾一度结为同盟，并且进行过一些扩张，甚至伊庇鲁斯人还曾在公元前280年渡过亚得里亚海同罗马军队大战，而阿尔迪安人的国家也曾占领过达尔马提亚和黑山之间的沿海地带，并在同陶兰特人的竞争中向南部扩张，定都于斯库台，一度成为"海上强国"。当公元前168年罗马人入侵后，所有的伊里利亚国家和马其顿王国均遭覆灭，罗马人的统治延续了5个半世纪以上。继罗马人之后，这些地区又被置于拜占庭的统治之下。在拜占庭统治期间，巴尔干半岛包括现在的阿尔巴尼亚也多次受到西哥特人、东哥特人、阿提拉率领的匈奴人、保加尔人的扫掠，随后到来的就是斯拉夫人。在阿尔巴尼亚的历史著作中记载："从6世纪末叶起，斯拉夫人就逐步在阿尔巴尼亚的领土上定居下来，并占去了最适于耕种的土地。"这些"定居下来的斯拉夫人建立起了自己的村庄。这一时期阿尔巴尼亚以及其他巴尔干国家的许多村庄、平原、丘陵、河流、山岭都是以斯拉夫语命名的"。① 同时，经历了罗马化、希腊化影响的伊里利亚各部族，在同如

---

① 〔阿〕克·弗拉舍里：《阿尔巴尼亚史纲》，第48页。

潮水般涌入的斯拉夫人杂居中开始斯拉夫化了。而那些处于封闭山区的伊里利亚人的各个部落，在相对保留自身特征的情况下，也在逐步整合为民族的道路上发展，所以在中世纪的历史上出现了外部他称的阿尔巴诺伊人、阿尔巴南斯人、阿尔班人和内部自称的阿尔巴人和阿尔布列士人。1190 年，在拜占庭帝国衰微之际，在今天阿尔巴尼亚的中部地区出现了阿尔贝里公国，这被认为是最早的阿尔巴尼亚封建国家。随后又出现了若干类似的由阿尔布列士人建立的小公国。

14 世纪 30 年代，塞尔维亚国王斯蒂芬·杜尚先后于 1334 年、1341—1345 年、1347—1348 年连续向拜占庭帝国发起进攻，并不断取得胜利，从而使其领土几乎占据了整个巴尔干半岛中、西部，并且将拜占庭帝国压缩到半岛的顶端一隅。[①] 当然，这只是一时的"帝国辉煌"。随着帝国内部的崩溃和奥斯曼帝国入侵巴尔干半岛，塞尔维亚帝国的领土逐日丧失，及至 1389 年在科索沃战役失败后，塞尔维亚以及巴尔干半岛的其他王国大势已去。从 1389 年 6 月 28 日塞尔维亚联军兵败科索沃后，至少在早期斯拉夫人和后来分化出来的塞尔维亚人开发治理近 800 年之久的科索沃地区纳入了奥斯曼帝国的统治之下。在此之后，随着伊斯兰化的推行，笃信东正教的塞尔维亚人不断北迁，而皈依伊斯兰教的阿尔巴尼亚人也开始逐步向北迁徙，科索沃信仰伊斯兰教的阿尔巴尼亚人开始增多。但是，科索沃并没有因此而伊斯兰化，因为奥斯曼帝国统治者在宗教方面采取了较为宽容的政策，只是对穆斯林加以优待而已，并不排斥其他宗教的存在和活动。所以，留在科索沃的塞尔维亚人及其宗教设施并没有遭到"伊斯兰化"的迫害和破坏。在 1787 年俄土战争爆发后，原奥斯曼帝国在斯库台建立的巴夏区内的阿尔巴尼亚贵族卡拉·穆罕

---

① 〔南〕伊万·博日奇等：《南斯拉夫史》上册，第 97 页所附历史地图。

默德在扩张自己的势力范围时一度攻占了科索沃，但是很快就被土耳其军队打败，退回斯库台。科索沃仍然处于土耳其人的统治之下。

19 世纪 30 年代，日益式微的奥斯曼帝国开始试图按照欧洲的一些制度进行改革，其中包括废除分封制的地区性统治和建立中央集权制国家管理机构，废除封建贵族的地方武装和通过实行普遍的义务兵役制建立统一的国家正规军，改变税收体制，等等。但是，推行这些改革的过程困难重重，奥斯曼苏丹委任的地方官吏和被统治民族中的贵族之间久已形成的利益关系很难打破。很多地方大员早已便宜行事，不服奥斯曼苏丹的约束。所以，这种改革只在部分地区加以推行，1843 年首先在科索沃展开。① 这表明科索沃地区土耳其人的统治势力比较强，同时也说明该地贫穷落后，没有形成复杂的地方利益关系。在 1875 年的"近东危机"爆发后，根据俄土之间 1878 年《圣斯特法诺条约》的规定，塞尔维亚、黑山和罗马尼亚成为独立国家，而且在领土划分中，塞尔维亚收回了普里什蒂纳。但是随之而来的列强柏林会议，对《圣斯特法诺条约》进行了修改并形成了《柏林条约》。西方大国列强对巴尔干半岛利益的划分，使很多边界发生了变动，未获得完全独立的保加利亚国家，在西部领土和教区的扩展将科索沃包括在其中。由此引起了保加利亚、塞尔维亚和希腊对扩大的马其顿地区的争夺。这种争夺主要体现在教区控制和兴办学校方面。据统计，"到 1900 年，科索沃、比托拉和萨洛尼卡三州看来已有保加利亚学校 800 所以上；塞尔维亚学校约 180 所。而据希腊 1901 年的统计数字，仅后两州即已有学校 900 所以上"。② 当时，阿尔巴尼亚的一些政治势力，在 1896 年也曾提出将斯库台、科索沃、马纳斯蒂尔、亚

---

① 〔阿〕克·弗拉舍里：《阿尔巴尼亚史纲》，第 166 页。
② 〔英〕斯蒂芬·克利索德主编《南斯拉夫简史》，第 229 页。

尼纳和萨洛尼卡这些被认为是阿尔巴尼亚的土地合并在一起的要求。①
但是，当时阿尔巴尼亚无论是在奥斯曼帝国、巴尔干半岛独立国家，
还是在东西方列强国家眼中从来没有被视为一个国家或曾经是一个国
家。其重要原因是这个地区多山贫瘠，十分落后，特别是在奥斯曼帝
国统治下，不仅没有得到发展反而更加落后，"土耳其的占领把阿尔
巴尼亚向后推迟了有几个世纪"。② 在 1912 年第一次巴尔干战争爆发
前，在奥斯曼帝国统治下阿尔巴尼亚人发动了起义，并于 7 月 17 日
向普里什蒂纳进军。是时，科索沃的阿尔巴尼亚人也发动了起义。在
这种形势下，刚刚经历了政局变换的奥斯曼帝国政府开始和科索沃起
义者谈判，土耳其人在谈判中力图分裂科索沃与阿尔巴尼亚的起义力
量。起义运动的领导者哈桑·普里什提纳等人为此中断了谈判，并发
动了向斯科普里的进攻。8 月 12 日，斯科普里被攻陷，这使土耳其人
大为震惊，只好同意阿尔巴尼亚人提出的自治要求。③ 同时，"苏丹承
认他们在科索沃、斯卡达尔、比托利和亚尼纳四行省的权力，这使得
信奉基督教的居民的地位更趋恶化"。④ 然而，阿尔巴尼亚得到对科索
沃的控制权不过是过眼烟云，因为就在阿尔巴尼亚人发动起义之际，
塞尔维亚和保加利亚正在就发动对奥斯曼帝国最后攻击之后如何瓜分
马其顿、阿尔巴尼亚进行商谈。是年，黑山、塞尔维亚率先发动了对
奥斯曼帝国的进攻，已经虚弱不堪的奥斯曼帝国在巴尔干半岛各国军
队摧枯拉朽般的扫荡下顷刻瓦解，塞尔维亚和黑山军队在追击土耳其
军队的同时不仅收复了科索沃而且随即攻入阿尔巴尼亚。巴尔干半岛
的这一巨大变故，立即引起了奥匈、沙俄、英、法、德、意列强的干
涉。在帝国列强的干预下，塞尔维亚、黑山和希腊对阿尔巴尼亚的领

---

① 〔阿〕克·弗拉舍里：《阿尔巴尼亚史纲》，第 221 页。
② 〔阿〕克·弗拉舍里：《阿尔巴尼亚史纲》，第 127 页。
③ 〔阿〕克·弗拉舍里：《阿尔巴尼亚史纲》，第 238 页。
④ 〔南〕伊万·博日奇等：《南斯拉夫史》下册，489 页。

土要求受到遏制，但是阿尔巴尼亚人的独立建国要求未得到尊重，只是在 1913 年确定了阿尔巴尼亚同希腊、塞尔维亚和黑山的边界，"居民长期以来为祖国的自由而斗争的、富庶的科索沃，没有划入阿尔巴尼亚的版图"。①

1913 年第二次巴尔干战争之后，战败的保加利亚又同土耳其联系在一起，试图对塞尔维亚施以报复，为此它们同念念不忘收复失地的阿尔巴尼亚秘密结成联盟。"流亡在阿尔巴尼亚的科索沃人，也指望这个联盟会导致所有阿尔巴尼亚领土统一。"土耳其和保加利亚要求阿尔巴尼亚允许它们的军队通过阿尔巴尼亚领土进入塞尔维亚和希腊，并向科索沃的阿尔巴尼亚人施加影响，以便使他们拿起武器反对塞尔维亚政府。作为回报，土耳其和保加利亚答应在"战争结束以后帮助收回科索沃"。② 不过这个计划未能实现。第一次世界大战爆发后，置于列强监管之下的脆弱的阿尔巴尼亚政权处于瘫痪，这一地区基本上处于无政府状态，意大利趁机占领了阿尔巴尼亚的滨海地区。在意大利改变中立转向协约国之后，英、法、俄对战后意大利在阿尔巴尼亚的权益给予了保证。塞尔维亚在奥匈帝国的攻势下战败，整个塞尔维亚国家是通过阿尔巴尼亚的发罗拉撤向科孚岛的。第一次世界大战结束后，在 1919 年初召开的凡尔赛和会上，意大利、塞尔维亚、黑山和希腊都对阿尔巴尼亚提出领土要求，阿尔巴尼亚要求承认其国家独立和领土完整，"并要求把仍然不公正地处于阿尔巴尼亚国境之外的阿尔巴尼亚土地科索沃和察梅里亚归还它"。③ 意大利由于其他协约国列强不同意它对阿尔巴尼亚的委任统治权力，便同希腊达成瓜分阿尔巴尼亚的协议。在这种形势下，美、英、法列强国家于 12 月 9 日达成对阿尔巴尼亚问题的备忘录，其中确定意大利有权吞并发罗拉

---

① 〔阿〕克·弗拉舍里：《阿尔巴尼亚史纲》，第 250 页。
② 〔阿〕克·弗拉舍里：《阿尔巴尼亚史纲》，第 257 页。
③ 〔阿〕克·弗拉舍里：《阿尔巴尼亚史纲》，第 279 页。

地区和萨扎尼岛，同时对经过重新划界的阿尔巴尼亚实行委任统治。希腊得到纪诺卡斯特，北部边界虽然没有改变，但是塞尔维亚-克罗地亚-斯洛文尼亚王国有权将铁路线穿过阿尔巴尼亚北部通向亚得里亚海。事实上，阿尔巴尼亚已成为意大利的殖民地。1920 年，由于阿尔巴尼亚人民的起义，意大利占领发罗拉的企图未能实现，但是阿尔巴尼亚也未能摆脱意大利的控制，同时也一直受到南边的希腊和北边的南斯拉夫王国的侵扰。30 年代，意大利法西斯政权建立以后，阿尔巴尼亚成为意大利的附属国，1939 年 4 月阿尔巴尼亚被意大利法西斯军队占领。在德国法西斯发动对南斯拉夫的侵略战争后，巴尔干半岛除了加入轴心国的国家外都已直接置于德、意法西斯的统治之下，阿尔巴尼亚傀儡政权利用德国和意大利瓜分巴尔干半岛战败国领土之机，提出了收复原有领土的要求以满足意大利的扩张需要。"这样一来，随着南斯拉夫的被分割，1913 年被吞并的科索沃地区和曾经被黑山吞并的几个阿尔巴尼亚地区，都归还了阿尔巴尼亚"。当然，还包括希腊和保加利亚占有的土地。这样，意属阿尔巴尼亚的领土和人口几乎扩大了一倍，而且"因为原来被夺走的科索沃的土地比较肥沃，所以农产品经常不足问题马上解决了。阿尔巴尼亚由一个粮食进口国一变而为粮食出口国"。[①] 近代历史上巴尔干半岛各民族普遍想在赶走土耳其人之后建立自己的"大民族国家"的梦想，在意大利法西斯统治下的阿尔巴尼亚得到了"实现"。

在巴尔干半岛抵抗法西斯的斗争中，南斯拉夫、阿尔巴尼亚和希腊的共产党都发挥了重大的作用，阿尔巴尼亚共产党领导的抵抗力量得到了南斯拉夫共产党的有力支持。1945 年，阿尔巴尼亚获得解放。在南斯拉夫解放战争中，科索沃作为第二次世界大战前南斯拉夫王国、第一次世界大战前塞尔维亚王国、奥斯曼帝国入侵前塞尔维亚王

---

① 〔阿〕克·弗拉舍里：《阿尔巴尼亚史纲》，第 279 页。

朝的领土乃至从公元 6 世纪后南部斯拉夫人的居住地，当然也在解放之列。但是，科索沃在第二次世界大战中已被划入意大利法西斯统治下的"大阿尔巴尼亚"，所以南斯拉夫共产党同阿尔巴尼亚共产党的第一次冲突也发生在科索沃的归属之争问题上。当时，在"大阿尔巴尼亚"境内，抵抗意大利法西斯的运动形势与南斯拉夫十分类似，存在着两种抵抗力量："一个由共产党领导，想把反对敌人的斗争转变为社会革命；另一个是民族主义者运动，希望保持战前的社会结构。"但是，阿尔巴尼亚人本身又划分为两大文化集团，即北部山区信仰伊斯兰教的盖格人和南部都市地区信仰东正教的托斯克人（受希腊影响），此外在阿尔巴尼亚北部沿海地区还有天主教集团（受奥匈帝国和意大利影响）。"盖格人一些首领在科索沃和马其顿拥有地产，南斯拉夫境内的阿尔巴尼亚人大多数是盖格血统的穆斯林。盖格人首领的行动独立于这两种抵抗运动之外。在侵扰科索沃的塞尔维亚人活动中，他们支持意大利人，以后又支持德国人。"[1] 在战争期间，上述两种运动也曾一度组成联合阵线，但是民族主义运动的领导权掌握在地主、资产阶级手中，他们为了维护自己的既得利益十分容易同法西斯统治者达成妥协，甚至充当傀儡。科索沃地区的阿尔巴尼亚民族主义势力游离于上述两种运动之外的重要原因是他们虽然"满足于重新进入自己同胞统治之下的边界变动"，[2] 但是从历史上来看他们同民族母体的联系一直比较淡漠，而更多地受到奥斯曼帝国土耳其人的影响。所以，他们的民族主义运动更具有地方主义的特点，而把主要敌人不是设定为德、意法西斯而是塞尔维亚人。为此，他们乐意迎合德、意法西斯惩罚塞尔维亚人的政策而对科索沃地区的塞尔维亚人、黑山人、马其顿人等东正教信徒实施的镇压和迫害。当时，科索沃也存在共产党所领导的进步力量，受到来自南斯拉夫和阿尔巴尼亚共产党的

---

① 〔英〕弗雷德·辛格尔顿：《二十世纪的南斯拉夫》，第 35 页。
② 〔英〕弗雷德·辛格尔顿：《二十世纪的南斯拉夫》，第 36 页。

双向影响。据有关资料称，1943 年 11 月南斯拉夫共产党领导的人民解放委员会宣布成立临时政府时，便提出了解放科索沃的问题，但是科索沃-梅托希亚的人民解放运动却提出了希望该地区并入阿尔巴尼亚。[①] 在 1944 年到 1945 年南斯拉夫人民军和游击队对德国法西斯展开战略性反攻之际，在科索沃遇到了当地民族主义势力武装力量的抵抗，经过激战南斯拉夫人收复了科索沃地区。这一行动成为南共同阿共以及南斯拉夫国家（前、现）同阿尔巴尼亚国家之间从第二次世界大战以来一直延续的重大矛盾。

第二节　南斯拉夫科索沃问题的消长

南共领导的南斯拉夫联邦人民共和国建立以后，在通过联邦制解决民族问题的基本思路下，以南斯拉夫境内的各斯拉夫民族为依托建立了 6 个共和国，同时根据 1946 年宪法的规定在塞尔维亚共和国内建立了保障匈牙利人和阿尔巴尼亚人民族平等权利的伏伊伏丁那自治省、科索沃-梅托希亚自治区。南斯拉夫宪法或有关文件中没有对自治省或自治区的本质性不同作过解释，只是在有关的介绍中提到："伏伊伏丁那省和科索沃-梅托希亚地区的组织法没有任何重大的差别。总的说来，两个自治单位享受相同的权利，有同样的组织。虽然，应该看到伏伊伏丁那省享受司法自治权，而科索沃-梅托希亚区则不享受。"此外，"伏伊伏丁那自治省的最高权力机关是省人民议会，在科索沃-梅托希亚自治区是地区人民委员会"。[②] 根据人口统计资料，1948 年南斯拉夫的阿尔巴尼亚族为 750431 人，占南斯拉夫全

---

① 郝时远主编《南斯拉夫联邦解体中的民族危机》，第 97 页。
② 〔南〕约万·乔治耶维奇：《社会主义民主国家南斯拉夫》，法律出版社，1963，第 157 页。

国总人口的 4.76%。① 他们主要分布在科索沃－梅托希亚自治区和毗邻的马其顿共和国。当时（1948），在科索沃－梅托希亚自治区总人口中占 68.5%的阿尔巴尼亚人，"无论在经济上和文化上，与塞尔维亚人相比，都处于较低的发展水平"。② 所以，科索沃－梅托希亚自治区的阿尔巴尼亚族在参与行使自治权利方面的作用是有限的。当然，除了经济文化落后的原因外，至少还有以下几个重要原因在战后一段时期发挥着重要的作用：一是奥斯曼帝国统治时期扶持穆斯林的政策导致了阿尔巴尼亚族穆斯林对塞尔维亚等信仰东正教民族的歧视和压迫；二是在德、意法西斯瓜分南斯拉夫时将科索沃地区大部归并在"大阿尔巴尼亚"并导致科索沃的阿尔巴尼亚民族主义势力对塞尔维亚民族进行的屠杀和迫害；三是在反法西斯的斗争中，科索沃的阿尔巴尼亚人共产党力量十分薄弱，而科索沃的塞尔维亚等民族在这方面要强得多，无论在党员数量上还是抵抗法西斯的游击队组成上，他们是起主导作用的；四是在科索沃解放过程中受到了当地民族主义势力的抵抗，并且在实现解放后还出现过阿尔巴尼亚人反对共产党政权的暴动，所以对阿尔巴尼亚人的防范比较明显；五是在 1948 年共产党情报局事件发生后，毗邻的阿尔巴尼亚也站在苏联一边对南斯拉夫"背叛"社会主义的罪行进行谴责，其中特别强调了南斯拉夫的"资产阶级大民族主义"问题，隐含了对科索沃地区归属的声索，甚至对科索沃阿尔巴尼亚人进行了这方面的煽动。这些复杂的政治因素同民族、宗教矛盾交织在一起，使科索沃成为当时关系到南斯拉夫内政和外交最敏感的一个问题。特别是 1948 年阿尔巴尼亚与南斯拉夫公开对立以后，苏联立即对这个从来没有被它放在眼中的巴尔干小国派出了大量的专业技术人员和管理者，在帮助阿尔巴尼亚兴建国家的同

---

① 《战后南斯拉夫人口普查中各民族人口变动情况》，《民族译丛》1992 年第 3 期。
② 〔英〕弗雷德·辛格尔顿：《二十世纪的南斯拉夫》，第 178 页。

时，也"鼓励阿尔巴尼亚穆斯林少数民族越过南斯拉夫边境采取收复领土的行动"。① 在这种形势下，南斯拉夫国家甚至铁托"对于阿尔巴尼亚人民族主义的任何表现都疑虑重重"显然是不可避免的。所以，联邦建立时没有给予科索沃-梅托希亚自治区以司法自治权，并且在以后加强了塞尔维亚等民族在该自治省掌握权力的作用无疑与上述原因有直接关系。这也是在塞尔维亚共和国内建立两个少数民族自治实体以遏制历史上积淀深厚的"大塞尔维亚民族主义"的初衷，在特殊条件下的一种改变。从 1958 年的一组数字中我们可以看出上述因素所造成的结果：在科索沃-梅托希亚自治区中，塞尔维亚人和黑山人占党员总数的 49.6%，而这两个民族的人口在该地区总人口中只占 27.4%；阿尔巴尼亚族人口虽然已占该地区总人口的 64.9%，但党员数量只占党员总数的 48%。"在政府机构中，塞尔维亚人比门的内哥罗人（黑山人——作者注）的支配作用还要大，特别是在警察和公安部队中，经济生活也同样为塞尔维亚人所控制。在教育方面，教师大多数是塞尔维亚人，高等教育则在贝尔格莱德大学控制之下，讲师和教授们从贝尔格莱德乘飞机来到这里兼职给学生们讲课。"② 当时，在科索沃-梅托希亚自治区的塞尔维亚族和黑山族人口所占比例的增多，与支援该地区的经济建设和社会发展直接相关，塞尔维亚共和国政府向该地区派入了大量的各类专业技术人员，同时也应该包括在科索沃被划归"大阿尔巴尼亚"后为躲避阿尔巴尼亚民族主义势力的迫害而离开家乡的塞尔维亚、黑山居民回归故里的因素。总之，在整个 50 年代，科索沃-梅托希亚自治区的民族问题似乎销声匿迹了。

60 年代初南斯拉夫联邦进行的改革，虽然是在新一轮的以苏联为

---

① 〔英〕艾伦·帕尔默：《夹缝中的六国——维也纳会议以来的中东欧历史》，第 386 页。我认为该书作者这里所说的"阿尔巴尼亚的穆斯林少数民族"应该是指在南斯拉夫解放科索沃过程中和后来镇压科索沃阿尔巴尼亚族暴动时跑到阿尔巴尼亚境内的科索沃阿尔巴尼亚人。

② 〔英〕弗雷德·辛格尔顿：《二十世纪的南斯拉夫》，第 179 页。

代表的社会主义阵营和几乎全世界共产党以及左派力量的指责下进行的，但是最重要的变化是当时的阿尔巴尼亚也同苏联分道扬镳，开始探索自己的社会主义道路。这使南斯拉夫在整个西部和南部的政治、军事安全形势发生了很大变化。所以，在南斯拉夫对联邦国家进行分权制的改造中，在同被认为是"大塞尔维亚民族主义"的"保守派"斗争中，科索沃－梅托希亚自治区开始享受了事实上的"自治省地位"，并获得了同伏伊伏丁那自治省同样的联邦"实体"地位。1966年兰科维奇事件以后和随之而来的对"兰科维奇集团"的全国性清洗，也在科索沃－梅托希亚自治区展开。在揭露"兰科维奇集团"的"警察统治"罪行中，"一些文章还公开揭露了某些塞尔维亚和联邦公安机关领导人的种族偏见。文章详细描述了在科索沃－梅托希亚地区警察对大多数阿尔巴尼亚族人民进行恫吓的手段以及故意残暴迫害他们的行径"。[①] 塞尔维亚族政治势力的削弱，使这里的"阿尔巴尼亚人可以重新发泄他们的一些牢骚"。学生开始上街游行，有关塞尔维亚族警察对待阿尔巴尼亚人的暴行和罪行纷纷揭露出来，而这些系统正是由兰科维奇领导的。随着"一些塞尔维亚警官，由于虐待以致谋杀拘留中的阿尔巴尼亚人而受到审讯，阿尔巴尼亚学生和教师的骚乱也告终结"。[②] 当然，这只是阿尔巴尼亚人在受压抑多年后，借着兰科维奇事件而出现的第一次宣泄。随着南斯拉夫联邦的变革进程，以及1967年克罗地亚、斯洛文尼亚、马其顿共和国的民族主义程度不同的高涨，科索沃－梅托希亚自治区的阿尔巴尼亚人也开始出现了更为强烈的民族主义要求，并且首先在高等学校的师生中形成气候。

1968年6月，贝尔格莱德出现的大规模学生示威活动对全国的形势产生了影响。铁托在处置了这一发生在首都的事件后，立刻陷入了

---

① 〔美〕丹尼森·拉西诺：《南斯拉夫的实验》，第260页。
② 〔英〕弗雷德·辛格尔顿：《二十世纪的南斯拉夫》，第179页。

苏联等国入侵捷克斯洛伐克的国际危机问题当中，南共比 1948 年时更加紧迫地意识到国内政治形势的不稳定有可能带来国际势力干预的危险。然而，就在 11 月 29 日南斯拉夫国庆节到来前夕，在科索沃的首府普里什蒂纳和马其顿共和国的一些阿尔巴尼亚少数民族聚居地区，相继爆发了规模浩大的示威活动，其主体是阿尔巴尼亚族学生和教师。在这次示威活动中，一些阿尔巴尼亚人提出了建立"科索沃共和国"的口号，即要求科索沃-梅托希亚自治区升格为和其他共和国一样的联邦实体，① 甚至也有人喊出"同阿尔巴尼亚合并等口号"。② 十分巧合的是这场示威爆发的日子正好是毗邻国家阿尔巴尼亚的国庆节。对这一政治性的示威活动及其引起的骚乱，当局不得不采取措施迅速加以弹压，逮捕了一些组织者，"其中有几个受到审讯，并被判处有期徒刑"。③ 同时，联邦政府也作出一些让步，将科索沃-梅托希亚自治区升格为自治省，留待 1974 年颁布新宪法时确认。同时，根据 1968 年 12 月的宪法修正案有关条款，科索沃-梅托希亚自治省改称为"科索沃自治省"，更改名称的原因是"梅托希亚"是纯粹的塞尔维亚语。④ 这些让步政策包括贝尔格莱德放弃对科索沃的教育控制，成立独立的普里什蒂纳大学，扩大招收阿尔巴尼亚族学生以达到比其他民族学生高出一倍的比例，等等。此后，从地拉那来的客座教师取代了贝尔格莱德的教师，许多塞尔维亚族、黑山族学生开始选择尼什和贝尔格莱德的学校就读，而马其顿的阿尔巴尼亚族学生却选择了普里什蒂纳而不是斯科普里，很多塞尔维亚族、黑山族的专业技术人员开始离开科索沃。阿尔巴尼亚人民族主义的高涨以及社会化、民间化的发展，使一些地方出现了歧视、欺侮塞尔维亚人、黑山人的迫害性

---

① 参见郝时远主编《南斯拉夫联邦解体中的民族危机》，第 98 页。
② 迎秀：《我所看到的南斯拉夫》，第 161 页。
③ 〔英〕弗雷德·辛格尔顿：《二十世纪的南斯拉夫》，第 179 页。
④ 〔美〕丹尼森·拉西诺：《南斯拉夫的实验》，第 207 页，注释 3。

活动，甚至出现了塞尔维亚人、黑山人墓地被袭扰、墓碑被砸的事件。这也导致了一些塞尔维亚人、黑山人再次背井离乡。当然，这对科索沃的人口比例会产生一定影响，但并不是主要的因素。科索沃各民族人口的变化，尤其是阿尔巴尼亚族人口的迅速发展，主要是高生育率的结果。根据 1971 年南斯拉夫的人口统计，阿尔巴尼亚族的总人口已达到 130.95 万，比 1948 年增长了 55 万之多，超过了马其顿族（119.48 万），在南斯拉夫各民族人口数量排列中居于第 5 位。[①] 在科索沃自治省的总人口中，阿尔巴尼亚族人口所占比重上升到 73%，塞尔维亚族和黑山族人口所占比重则下降到 20.9%。人口普查的这一结果，对科索沃阿尔巴尼亚人中的极端民族主义者产生了心理上的强烈影响。[②] 一种将科索沃、马其顿西部地区的阿尔巴尼亚人联合在一起并同阿尔巴尼亚结为一体的"大阿尔巴尼亚"历史梦想（在二战中曾一度实现）开始在现实中时隐时现。当时，虽然塞尔维亚共和国政府有人对联邦在科索沃采取的纵容政策提出了批评，指出："在科索沃省，有人公然宣扬阿尔巴尼亚'民族主义和领土收复主义'，在该省的塞尔维亚人则在现行就业政策上受到有组织的歧视。"并为此援引了越来越多的塞尔维亚人、黑山人从该省迁出的事实来加以证明。[③] 但是，在当时的政治环境下，塞尔维亚的大民族主义问题似乎掩盖了民族问题的另一面。当然，南斯拉夫联邦对科索沃地区的宽容，除了在 1966 年的党内斗争所引起的一系列对塞尔维亚族民族主义危险性的再认识外，最直接的原因是铁托当时的确非常担心由于国内的动乱而导致苏联入侵布拉格的事件在贝尔格莱德重演。

70 年代中期，西方国家的南斯拉夫专家对 1968 年以后科索沃问

---

① 《战后南斯拉夫人口普查中各民族人口变动情况》，《民族译丛》1992 年第 3 期，第 78 页。

② 〔英〕弗雷德·辛格尔顿：《二十世纪的南斯拉夫》，第 180 页。

③ 〔英〕丹尼森·拉西诺：《南斯拉夫的实验》，第 344 页。

题的走向提出了一个重要观点："南斯拉夫联邦在解决最落后地区的经济问题和社会问题上能取得多大程度的成效，将是决定南斯拉夫境内科索沃的未来的因素之一。"[1] 从经济发展水平来说，科索沃是南斯拉夫 8 个联邦单位中最落后的地区，同时它也是全国最富庶的地区。因为南斯拉夫全国褐煤储量的 57% 和铅锌矿储量的 56% 都沉睡在科索沃的地下。[2] 但是这个地方农业生产落后，基本没有工业，而且人口密度很大，文化素质低下，农业人口高达 80%，文盲比例在解放时几近 90%。所以，上文所引的一条材料中说由于科索沃的回归使阿尔巴尼亚从一个粮食进口国变成了一个粮食出口国当然是毫无根据的。事实上，直到 80 年代初，科索沃的农业还处于牛犁阶段而不能自给。因此，科索沃是南斯拉夫联邦建立以后联邦政府优先加以扶持的地方，并且为此而付出了巨大的代价。从 1947 年到 1966 年的近 20 年间，如果按照人均国民收入指数来看，以 1947 年为起点，其顺序为：斯洛文尼亚 175.3，伏伊伏丁那 108.8，克罗地亚 107.2，塞尔维亚（本土）95.6，波斯尼亚和黑塞哥维那 82.9，黑山 70.8，马其顿 62.0，科索沃 52.6；到 1966 年，同一指数分别为斯洛文尼亚 188.5，克罗地亚 121.5，伏伊伏丁那 107.4，塞尔维亚（本土）98.4，黑山 74.2，波斯尼亚和黑塞哥维那 70.5，马其顿 64.3，科索沃 37.6。从这两组数字来看，科索沃不仅没有增长，反而大幅度下降了，与先进的斯洛文尼亚地区从 1947 年的 3.3 倍之差变为 1966 年的 5 倍之差。然而，就这两个地区同期的国民收入来看，从 1947 年到 1966 年科索沃增长 320%，斯洛文尼亚增长了 360%，[3] 差距并不大。问题出在人均上，也就是科索沃的高出生率所导致的人口迅速增长，造成了上述的矛盾现象。而这种现象一直在继续，例如，从 1966 年到 1970 年，

---

① 〔英〕弗雷德·辛格尔顿：《二十世纪的南斯拉夫》，第 181 页。
② 迎秀：《我所看到的南斯拉夫》，第 163 页。
③ 〔英〕弗雷德·辛格尔顿：《二十世纪的南斯拉夫》，第 1990 页。

人均国民收入指数斯洛文尼亚升为 200，而科索沃却降到 30，差距扩大到 6.67 倍。从人口增长的情况来看，斯洛文尼亚族人口在南斯拉夫总人口中所占的比例由 1948 年的 8.97% 下降到 1971 年的 8.18%，而同期阿尔巴尼亚族人口在南斯拉夫总人口中所占的比例却从 4.76% 上升到 6.38%。[①] 这种增长速度大大超过了当地经济的发展速度，以致科索沃同先进地区的差距越来越大，科索沃的阿尔巴尼亚人对这种差距也越来越不满。事实上，南斯拉夫联邦在扶持落后地区的经济社会发展方面作出了相当大的努力，而且把这项事务作为完全保障各民族平等的基础条件来付诸实践。从 50 年代起，联邦中央就对被列为不发达地区的黑山、马其顿、波斯尼亚和黑塞哥维那、科索沃进行了大规模的投资。例如，从 1953 年到 1957 年，联邦对不发达地区的生产性投资按年度分别占这些地区社会总产值的 43.5%、36.9%、29.4%、26.5% 和 22.8%；同期在发达地区的同一口径数字分别为 22.6%、21.6%、20%、20.1% 和 18%。[②] 在 60 年代初对联邦体制进行改革时，联邦政府为了适应联邦权力分散后能够继续保证对不发达地区的援助，专门设立了按照同一比例从各共和国提取的联邦基金，用于支援不发达地区的建设和发展，为此受到斯洛文尼亚、克罗地亚的民族主义抗拒，增大了这些国家的离心力。但是联邦中央虽然下放了几乎所有可以下放的权力，但在扶持不发达地区的资金调配方面却坚持履行自己的职责。科索沃在上述四个不发达地区中虽然只是一个自治省，但它却是这笔基金的最大受益者。从 1965 年开始启动这项基金，科索沃从中得到的比重为：1966—1970 年年均 30%，1971—1975 年年均 33.3%，1979—1980 年年均 37%。此外，科索沃还从联邦的国际贷款中获得大量的资金。1976—1980 年，南斯拉夫从国际开发银行获得的贷款总额为 10.41 亿美元，而科索沃从中得到了 3.31

---

① 《战后南斯拉夫人口普查中各民族人口变动情况》，《民族译丛》1992 年第 3 期。
② 〔美〕丹尼森·拉西诺：《南斯拉夫的实验》，第 135 页。

亿美元，几占 1/3。而且联邦对科索沃还采取了更加特殊的政策，科索沃所得到的贷款，年息为 3%，17 年归还；而其他 3 个不发达的共和国得到的贷款，年息为 4.2%，14 年归还。[①] 在 1976 年到 1980 年的五年计划总投资中，科索沃自筹资金仅占 12%，其他 88%都是来自联邦的国内和国际贷款。[②] 虽然科索沃从多种渠道得到联邦的大力支持且持续不断，但是科索沃的经济始终位居 8 个联邦实体的最末。这里固然有南斯拉夫经济发展长期偏重重工业所造成的结构性问题，例如在科索沃主要是原料生产企业，如大型的"科索沃联合企业"主要包括采煤、发电和化工，"特列普查铅锌矿"主要包括采、选、冶炼等企业，还有"巴尔干橡胶厂"等，缺乏劳动密集型的加工工业。同时，其他民族的知识分子和专业技术人员由于民族关系恶化和经济发展落后而不断流失。科索沃阿尔巴尼亚人对联邦的依赖性使民族和地区自我发展的能力没有在优厚的外来支援下得到加强，反而越来越差。阿尔巴尼亚族在科索沃自治省依托于人口优势的民族优越感，使官僚主义的惰性造成了对得来容易的巨额投资的挥霍浪费和不讲效益的投入。但是，最根本的是阿尔巴尼亚族人口的迅速发展，对就学、就业和提高人民生活水平等一系列问题造成巨大而积重难返的社会压力。因为存在这些日益严重的社会问题，阿尔巴尼亚人又将责任归结为联邦政府的投入不够，迫使联邦不断进行照顾和优待，从而形成了高投入、低效益和多问题的恶性循环。

南斯拉夫联邦政府在解决科索沃问题上所付出的代价是罕见的，但是因此而造成的后果却影响到整个联邦的民族关系。对于独立性越来越强的各个联邦实体，地方保护主义与民族利己主义融为一体，严重地影响到全国统一大市场的形成。斯洛文尼亚、克罗地亚这些发达的共和国，经济越发展被联邦提取的资金比例越大，而联邦的国家贷

---

① 李嘉恩等编《东欧六国和南斯拉夫政治概览》，第 61 页。
② 迎秀：《我所看到的南斯拉夫》，第 169 页。

款和国际贷款得到的也越少，从而对联邦中央的不满也越来越强烈、越来越公开。它们认为联邦在那些不发达地区不断加大的"政治"投资，严重地损害了自己的利益。同时认为那些不发达地区在不劳而获地占有它们的财富。这些不满造成了民族分离主义的高涨，并导致了1969年的斯洛文尼亚事件和更为严重的1971年克罗地亚事件。铁托在克罗地亚危机爆发前，曾专门视察了波斯尼亚和科索沃这两个民族问题十分敏感的民族杂居落后地区，结果到处是民族主义的不满。甚至在普里什蒂纳的党内会议上有人当着铁托的面发表了一通民族主义言论，这使铁托十分震惊和愤怒，他不得不承认："到现在为止，事情从来没有像今天这么糟过。"他表示："如果情况不见好转，就得诉诸行政手段。"① 铁托的这一态度，在一年以后处理克罗地亚民族分离主义问题上得到了证明。在克罗地亚事件之后，南共加强了党的领导和联邦中央的权威，南斯拉夫的形势开始比较稳定下来。科索沃自治省虽然小事不断，但是没有出现让联邦中央感到不安的大事情。铁托出于对南斯拉夫民族问题的敏感，特别是在视察科索沃时得到的影响，促使他在1979年，即他去世前的一年前往科索沃处理那些年来时常发生的阿尔巴尼亚民族主义问题。在普里什蒂纳他对科索沃的经济发展作出了指示，要求科索沃不要只发展原料工业，还要发展加工工业；他要求全国都要大力帮助科索沃的发展，对科索沃的援助要继续下去，直到它赶上发达地区。同时，他语重心长地对科索沃各民族人民说："在我们这里，兄弟情谊和团结是最重要的。你们不要让那些试图破坏你们团结的各种预言家们钻进来。……国外有人总希望南斯拉夫各族人民产生不和以便捞到什么好处，他们夸大、歪曲我们的每一个困难。……不应该忘记在我们国内有破坏兄弟友谊和团结的情况，科索沃也有。"他特别强调指出那些民族主义者、伊林登主义者

---

① 〔美〕丹尼森·拉西诺：《南斯拉夫的实验》，第396页。

（历史上的马其顿民族复兴运动）、敌对教会分子等思想敌人加紧活动的共同目的"是力求挑起科索沃阿尔巴尼亚人的不满，在多民族的居民中进行挑拨离间"。[①] 铁托在这里提到的敌对教会分子，不是指来自邻国阿尔巴尼亚的影响，因为在 1967 年阿尔巴尼亚进行了一场无神论的"文化革命"，禁止了国内的伊斯兰教、天主教和东正教。要求僧侣和阿訇还俗另择他业，全国 2169 个教堂和清真寺被改为他用或拆除。阿尔巴尼亚成为"世界上第一个无神论国家"。[②] 所以当时对科索沃阿尔巴尼亚人的宗教影响主要来自土耳其。总的来说，当时南斯拉夫同阿尔巴尼亚的关系还是比较好的，没有明显的对科索沃阿尔巴尼亚人施加民族主义影响的迹象。在发表这次讲话的两个月后，铁托就病卧床榻，直到 1980 年 5 月去世。铁托在科索沃普里什蒂纳的这次讲话，成为他生前有关南斯拉夫民族问题的最后一次重要讲话。从这个意义上来说，这篇讲话就如同当年列宁在病榻上就民族问题口授的几封信件成为列宁的政治遗嘱一样，也可以说是对南共留下的有关民族问题的政治遗嘱。不过，与列宁所不同的是，列宁临终前最不放心的是大俄罗斯民族主义，所以"宣布同大国沙文主义进行决死战"。铁托在建立南斯拉夫之后，同样遵循了这一思想一直在同南斯拉夫国家传统的大塞尔维亚民族主义做斗争，但是在他最后处理的民族问题事务和发表的讲话中却让人们感到了地方民族主义，特别是科索沃的阿尔巴尼亚民族主义问题正在上升。"1971 年，铁托反对克罗地亚共产党内民族主义的斗争就是一个危险的征兆。第二个征兆是 1980 年 5 月铁托去世后不久，失去铁托铁腕控制的科索沃于 1981 年爆发的冲突。"[③]

1981 年 3 月，科索沃普里什蒂纳大学的学生因对学校伙食不满举

[①]　转引自迎秀《我所看到的南斯拉夫》，第 162 页。

[②]　〔南〕兰科·佩特科维奇：《巴尔干既非"火药桶"又非"和平区"》，第 175 页。

[③]　〔英〕本·福凯斯：《东欧共产主义的兴衰》，第 278 页。

行了抗议,游行队伍从校园走上了街头,并立刻引起了各种社会力量的参与。一件学生对学校伙食不满的事件迅即演化为从普里什蒂纳向全省蔓延的政治抗议和社会骚乱。"要科索沃共和国不要自治省"、"我们是阿尔巴尼亚人不是南斯拉夫人"等口号几乎响彻全省。[①] 在这种情况下,联邦政府和塞尔维亚共和国政府决定进行弹压,造成了伤亡,同时也逮捕了一批阿尔巴尼亚族的民族主义激进分子,其中包括学生。这一发生在铁托去世之后的民族主义骚乱,使联邦政府特别是塞尔维亚共和国政府十分震惊。为了稳定科索沃自治省的形势,政府向那里增派了军警部队,并实行了短期的军事管制。在此之后,科索沃自治省的问题日益突出,一些阿尔巴尼亚人开始结成非法组织,并对塞尔维亚人、黑山人采取报复行动。在 1982 年 6 月召开的南共联盟第十二次代表大会上,科索沃问题作为当时南斯拉夫民族问题的重要实例被提及,而这次大会所确定的有关加强马克思主义理论教育、加强党的领导地位,以"批判的态度"重新审视南斯拉夫的"自治"等原则,表明南共在党的领导、联邦中央的权威等一系列问题上对 70 年代有关自治理论与实践所造成的权力分散和各联邦实体独立性以及民族主义的危险等问题开始了反省。这也促使联邦政府的收权取向,而对于拥有两个自治省的塞尔维亚共和国来说,科索沃要求升格为共和国甚至脱离南斯拉夫的民族主义问题,也成为该共和国急需解决的重大问题。在这种形势下,失去铁托权威后的塞尔维亚共和国开始从 1966 年兰科维奇事件的影响下摆脱出来,这一方面是当时的联邦形势和南共联盟确定的新原则似乎证明了当年兰科维奇在联邦改革中所代表的反对中央权力分散化的"保守思想"是正确的,另一方面长期以来的"塞弱则南强"政策所造成的塞尔维亚人的压抑心理随着科索沃的民族分立主义和对塞尔维亚人、黑山人的歧视与迫害

---

① 郝时远主编《南斯拉夫联邦解体中的民族危机》,第100页。

激发起了强烈的塞尔维亚民族主义。这一倾向，导致了维护联邦中央权力和南斯拉夫国家统一的政治愿望同塞尔维亚人的民族主义有机结合在一起的现实。塞尔维亚共和国在联邦中央政府中的地位与作用开始明显加强，同时在对科索沃阿尔巴尼亚人的民族分立主义活动的镇压也日益强硬。

事实上，自1981年科索沃事件之后，科索沃的形势就没有安定下来。据1987年普里什蒂纳的《再生报》披露，在1981年至1986年，有15万以上的科索沃阿尔巴尼亚人受到过警察的传讯，5万多人受过告诫和惩罚，7000多人被捕，1234人被判徒刑。同类现象也发生在与科索沃相邻的马其顿阿尔巴尼亚人聚居地区，有1300多人被监禁。① 另一种材料显示，在1981年至1985年，有3000多阿尔巴尼亚人被捕，100多人被打死。② 尽管当局采取了严厉的措施对科索沃阿尔巴尼亚人的民族分立主义活动进行控制，但是已经形成各种地下组织的阿尔巴尼亚族分立势力的活动却日益增多。政治形势的不稳定不断加剧着经济生活的危机，而当时科索沃阿尔巴尼亚族人口中将近50%是20岁以下的人口，③ 那些60年代初人口高峰开始时出生的大批青年就业无门，闲散于社会、滋生着不满，他们极易被这些政治势力所利用。他们"无法发泄对官方的不满，便一度转为针对当地塞尔维亚人和黑山人个人的暴力行为"。④ 在这种情况下，"科索沃落后的经济加上处于少数民族地位的塞族人不断受到侵袭，大批塞族人于是逃离该省"。⑤ 这进一步激发了塞尔维亚人的民族主义情绪。1986年初，贝尔格莱德的一个由206名知识分子组成的团体签署了一份请愿

---

① 〔美〕阿尔希·皮帕：《南斯拉夫阿尔巴尼亚人的政治形势》，《民族译丛》1991年第6期。
② 〔英〕本·福凯斯：《东欧共产主义的兴衰》，第278页。
③ 〔美〕塞缪尔·亨廷顿：《文明的冲突和世界秩序的重建》，第294页。
④ 〔美〕阿尔希·皮帕：《南斯拉夫阿尔巴尼亚人的政治形势》，《民族译丛》1991年第6期。
⑤ 〔英〕本·福凯斯：《东欧共产主义的兴衰》，第278页。

书，分别呈送塞尔维亚共和国议会和联邦政府。请愿书谴责塞尔维亚
和联邦领导人对科索沃出现的阿尔巴尼亚人对塞尔维亚人进行的"种
族清洗"无动于衷，并警告"科索沃的领导和理论家们正在引导一场
民族冒险，这一行动将使他们丧失一切"。① 同年 5 月，被视为塞尔维
亚强硬派的米洛舍维奇当选为塞尔维亚共盟的领导人；9 月塞尔维亚
艺术与科学学院出版了关于南斯拉夫形势的备忘录，这份颇有预见性
的题为《1991—1992 年……战争》的蓝图将铁托时期的整个民族政
策斥责为"彻头彻尾的反塞尔维亚主义"，并且特别批评南共没有反
对科索沃阿尔巴尼亚人的暴行。② 1987 年，米洛舍维奇在科索沃议会
发表了重要讲话，"呼吁塞尔维亚人对自己的土地和历史提出权利要
求"。③ 这一具有强烈民族主义号召的讲话，导致 1988 年 6000 多科索
沃的塞尔维亚人、黑山人针对阿尔巴尼亚人的抗议活动。此后又出现
了一次更大规模的塞尔维亚"进军"科索沃的行动。"1989 年 6 月 28
日，米洛舍维奇带领着 100 万—200 万塞尔维亚人回到科索沃，参加
历史上那标志着他们与穆斯林之间要不断进行战争的伟大战役 600 周
年纪念活动。"④ 对 600 年前的"科索沃战役"所进行的如此声势浩
大的纪念活动，恐怕在南斯拉夫联邦建立以来是前所未有的。"6 月
28 日"这个在塞尔维亚人历史上极其特殊的日子，在此又体现出塞
尔维亚民族主义的锋芒。这不是一次纪念活动，而是一次塞尔维亚民
族主义向科索沃阿尔巴尼亚族分立主义势力的声讨和示威。"南共联
盟中的塞族人将民族主义和传统共产主义价值观结合起来的趋势已经
无法抗拒。"⑤ 准确地说，这不是一种结合，而是一种取代。随之而来

① 〔美〕阿尔希·皮帕：《南斯拉夫阿尔巴尼亚人的政治形势》，《民族译丛》1991 年第 6 期。
② 〔英〕本·福凯斯：《东欧共产主义的兴衰》，第 279 页。
③ 〔美〕塞缪尔·亨廷顿：《文明的冲突和世界秩序的重建》，第 295 页。
④ 〔美〕塞缪尔·亨廷顿：《文明的冲突和世界秩序的重建》，第 295 页。
⑤ 〔英〕本·福凯斯：《东欧共产主义的兴衰》，第 279 页。

的是塞尔维亚人民族主义的强烈迸发，一时间舆论宣传、群众集会、示威游行从贝尔格莱德发展到塞尔维亚共和国全境。正是在这样的大气候中，塞尔维亚共和国议会通过了新宪法，这部新宪法的最大变化就是取消了伏伊伏丁那自治省和科索沃自治省。根据这一决定，塞尔维亚人接管了科索沃的权力，塞尔维亚的军警部队也大量被派驻到科索沃。这一非常的措施不仅加剧了科索沃的动乱形势，而且加快了南斯拉夫解体的进程。大塞尔维亚民族主义的复兴，使克罗地亚、斯洛文尼亚的分离主义运动开始付诸行动。

从 1990 年开始，南斯拉夫各个共和国在多党民主制风潮的推动下走向解体。而科索沃的局势已经处于腥风血雨的前夜。科索沃的阿尔巴尼亚民族分立主义势力追求的最低目标是建立"科索沃共和国"，最高目标是完全从南斯拉夫分离出去同阿尔巴尼亚合并。但是，他们的努力却失去了原有的自治省地位，这当然是他们不能接受的。所以，90 年代以来，特别是在斯洛文尼亚、克罗地亚相继宣布独立并引发内战，乃至波黑战争的全面爆发以及新组建的南斯拉夫陷于国际制裁和西方谴责的困境等一系列变化过程中，科索沃地区的阿尔巴尼亚人从抗议示威、罢工罢课、社会骚乱，宣布成立"科索沃共和国"，逐渐发展到暴力恐怖活动，南斯拉夫军警的镇压也随之升级。同时，在科索沃只占当地总人口 10% 的塞尔维亚人、黑山人因政府军警对阿尔巴尼亚人的震慑而开始扬眉吐气。然而，这种"扬眉吐气"在民族主义对抗的条件下只能是民族主义的偏执而非理性。1995 年 5 月在全世界进行反法西斯战争胜利 50 周年的纪念活动之后，科索沃的普里什蒂纳大学却将语言系大楼前竖立了几十年的法西斯受害者纪念碑拆除了，竖立纪念碑的地方曾经是法西斯迫害和屠杀科索沃各民族人民爱国者、共产党人、游击队员的地方。然而，现在却要在这里建立被视为塞尔维亚民族历史上最伟大的语言学家武克·卡拉季奇的塑像。"搬走这座纪念碑不光是与反法西斯斗争分道扬镳，而且是与主张所有生活在科索沃的人应该共同和平等地在科索沃生活的政策分道扬镳。"① 民族主义的此消彼长、此起彼伏已经成为科索沃毒害各民族人民的"海洛因",而且似乎哪一个民族也离不开它了。

1997 年 11 月 28 日,斯坎德拉村庄的阿尔巴尼亚村民在为一名死于塞尔维亚族警察枪下的人送葬的时候,被称为"科索沃解放军"的阿尔巴尼亚族分离主义武装第一次露面了。此后,科索沃的阿尔巴尼亚人与塞尔维亚共和国、南斯拉夫联盟政府乃至塞尔维亚人之间的冲突进入了军事对抗的阶段。关于这支非法武装的来历,有一种说法是在境外阿尔巴尼亚人的支持下于 1991 年建立的,另一种说法是 1994 年科索沃阿尔巴尼亚人在参加波黑内战后出现的,还有一种说法是 1996 年建立的。无论如何,民族矛盾发展到有组织的武装对抗,局势就决非治安性防御或弹压所能控制的了。事实上,从 1997 年"科索沃解放军"亮相以后,在科索沃出现了南斯拉夫解体过程中继斯洛文尼亚、克罗地亚、波斯尼亚和黑塞哥维那三个共和国的战争后的第四场战争。这场战争在科索沃的一些城市、农村、交通要道、边界地区广泛展开。而这种带有游击战特点的战争不断造成塞尔维亚人、阿尔巴尼亚人的一些村庄、城镇被卷入冲突,难民开始出现并随着战争的升级而不断增多。特别是从 1998 年开始,阿尔巴尼亚难民开始流向毗邻的阿尔巴尼亚和马其顿等国。尽管南斯拉夫关闭了南、阿边境,但是仍无法阻止难民的外流和"科索沃解放军"利用边境地区的一些秘密通道获得武器弹药和给养。科索沃战争正在国际化,因此也必然地引起国际社会的关注和某些国际势力的干预。

阿尔巴尼亚作为南斯拉夫的邻国,在科索沃问题上与南斯拉夫存在着历史深远的领土争端。在 1945 年以后,南斯拉夫同阿尔巴尼亚的关系从 1948 年共产党情报局事件开始转向敌对。在斯大林去世后,

---

① 〔南〕米拉·马尔科维奇:《东方与南方之间》,第 231 页。

随着苏联和南斯拉夫关系的改善，阿尔巴尼亚同南斯拉夫的关系也得到一定恢复。60 年代，南斯拉夫再度被孤立，阿尔巴尼亚当时也与苏联处于敌视状态，同南斯拉夫的关系则处于比较稳定的状态，但是对南斯拉夫的"社会主义"有相当的保留。1967 年阿尔巴尼亚实行宗教改革后，也进入一种超越本国社会发展阶段的激进发展的阶段，试图成为真正的"社会主义"。从 1968 年南斯拉夫科索沃出现骚乱，到1981 年爆发危机乃至整个 80 年代时断时续的动乱，尽管科索沃的阿尔巴尼亚人高举阿尔巴尼亚国旗、高喊"恩维尔·霍查万岁"，在科索沃废止了传统的盖格方言为基础的书面语而推行阿尔巴尼亚官方书面语，但是地拉那方面除了加强对科索沃地区的文化影响外，在政治上从总体采取了比较慎重的态度来处理这一问题，甚至将一些越境逃往阿尔巴尼亚的科索沃阿尔巴尼亚人遣送回南斯拉夫。据统计从 1981年到 1983 年这样的遣返有 249 例。[1] 直到 1988 年 2 月的巴尔干会议上阿尔巴尼亚的外长还郑重地表示：少数民族问题是一个国家的内部问题，应由其所在国家自己处理。阿尔巴尼亚官方在科索沃问题上的这种态度当然不是对科索沃领土争端的放弃，而是存在着其他考虑。首先，南斯拉夫是巴尔干半岛上的大国，塞尔维亚、黑山从历史上就对阿尔巴尼亚有领土要求，阿尔巴尼亚虽然想收复科索沃但不愿意因此而造成南斯拉夫对它的潜在威胁的公开化；其次，阿尔巴尼亚自认为自己是纯粹的社会主义，认为南斯拉夫搞的是资本主义（科索沃阿尔巴尼亚人的抗议口号中就曾包括"要社会主义不要资本主义"），而且科索沃的阿尔巴尼亚人大多是农民并拥有自己的土地，所以对科索沃还包括某种程度的意识形态因素；最后，科索沃的阿尔巴尼亚人在历史上深受土耳其人的教化，笃信伊斯兰教，而阿尔巴尼亚已经是一个"无神论"国家了。出于这些考虑，霍查当政时期，阿尔巴尼亚

---

① 〔美〕阿尔希·皮帕：《南斯拉夫阿尔巴尼亚人的政治形势》，《民族译丛》1991 年第 6 期。

虽然在科索沃问题上的历史态度并未改变，但是"阿尔巴尼亚政府并不会像联合国或欧洲议会关心人权问题那样关心科索沃人的抗争"。[①]到了90年代，阿尔巴尼亚虽然比其他东欧社会主义国家的演变稍微滞后一些，甚至在1991年的多党制大选中执政的阿尔巴尼亚劳动党（共产党）仍旧保持了执政地位，但是在1992年3月的再次选举中阿尔巴尼亚劳动党却丧失了政权。[②]阿尔巴尼亚国内政治形势的逆转以及整个苏联和东欧演变中的民族主义大气候，使1992年成立的"科索沃共和国"立刻得到了阿尔巴尼亚的承认。从此，阿尔巴尼亚共和国开始公开成为南斯拉夫科索沃阿尔巴尼亚民族分离主义的国际后盾，阿尔巴尼亚已经不再惧怕南斯拉夫了，因为南斯拉夫正在分崩离析，而且阿尔巴尼亚也开始恢复它的伊斯兰教国家的传统。阿尔巴尼亚从1992年公开支持科索沃阿尔巴尼亚人的独立运动，是造成科索沃民族问题日益激化并发展为军事对抗的最直接的国际因素。而在更进一步的国际背景中，当波斯尼亚和黑塞哥维那战争终于平息之后，伊斯兰世界的目光开始转向过去并不起眼的科索沃冲突。1998年科索沃危机之所以出现了引起全世界关注的升级，其重要原因就在于科索沃的阿尔巴尼亚民族分离主义势力及其武装正在得到伊斯兰世界的武器和"圣战者"的支持。始终关注伊斯兰教势力在欧洲扩张的西欧国家和一直要主导欧洲事务的美国，当然不会放过在巴尔干半岛中部的这块弹丸之地所出现的危机，一种更为深远的战略构思，使科索沃危机为以美国为首的北约集团提供了实施这种构思的演练场。

第三节　国际干预与北约侵略南斯拉夫

1998年2月科索沃危机升级后，阿尔巴尼亚迅即作出强烈的反

---

① 〔美〕阿尔希·皮帕：《南斯拉夫阿尔巴尼亚人的政治形势》，《民族译丛》1991年第6期。

② 〔英〕本·福凯斯：《东欧共产主义的兴衰》，第276页。

应，在官方声明中严厉谴责了南斯拉夫的极端主义和国家恐怖主义暴行，指出如果南斯拉夫不停止对阿尔巴尼亚人的镇压活动，科索沃将成为另一个波黑。同时，阿尔巴尼亚向西欧各大国和国际组织以及前南问题国际联络小组通报情况，要求国际干预，力求将科索沃问题国际化。阿尔巴尼亚官方的这一态度，也立刻引起了其国内的民间性反应，包括各政党在内的社会力量纷纷发表声明，要求政府公开支持"科索沃共和国"的独立运动和"科索沃解放军"的"解放斗争"，甚至历史上的"大阿尔巴尼亚"舆论重新复活，将过去"我们不是一个 300 万人的国家，我们是一个 700 万人的国家"口号再次呼喊起来。① 阿尔巴尼亚政府还加强了边界地区的戒备。与此同时，希腊政府积极出面调解，并反对西方大国的干预，希望巴尔干国家联合处理这一事务，包括组成巴尔干地区性的维持和平部队，提出在保证南斯拉夫主权和领土完整的前提下，恢复科索沃的自治地位等政治解决的主张。希腊的态度，当然与本国北部地区聚居着 30 多万阿尔巴尼亚少数民族的现实是直接相关的，科索沃的独立和冲突以及阿尔巴尼亚的介入，不仅会对希腊的阿尔巴尼亚人产生连锁反应，而且也会造成马其顿境内阿尔巴尼亚人的响应。在此之前，1994 年希腊与阿尔巴尼亚之间由于双方民族的跨界而居已经引起了边界冲突。希腊在同南斯拉夫、阿尔巴尼亚、匈牙利、保加利亚和马其顿等国的领导人会晤中达成共识，即反对科索沃独立，恢复自治，通过和平谈判解决问题。但是，已经在波黑问题上深深介入巴尔干半岛事务的美国等西方大国，此时也开始采取行动了。

实际上，美国早在波黑战争平息后便开始关注科索沃问题。1997年，美国就在酝酿着被西方称为用以解决科索沃问题的"第二个代顿协议"。这个预谋中的计划就是使科索沃成为一个共和国，然后同塞

---

① 所谓"700 万人的国家"，是指除了阿尔巴尼亚的 300 万人外，还包括科索沃、马其顿和希腊的阿尔巴尼亚人在内的"大阿尔巴尼亚"。

尔维亚、黑山结成"南斯拉夫联邦"。1998年科索沃危机再度加剧后，美国以强硬的态度谴责南斯拉夫，认为是南斯拉夫当局一味奉行强硬政策和使用武力造成了科索沃形势的恶化，要求南斯拉夫立即停止使用武力，同阿尔巴尼亚人进行谈判，通过赋予科索沃更多的自治权来解决危机。同时威胁说，科索沃问题是一个国际问题，不能只把它看成是南斯拉夫的内政。因为科索沃问题具有爆炸性，有可能引起整个巴尔干半岛的动荡。所以，外部力量有必要对科索沃问题进行干预，必要时北约可以动用武力解决危机而无须通过联合国的批准。美国一方面敦促联合国解决前南斯拉夫问题国际联络小组召开会议，另一方面联合英、法、德等西方国家推动联合国对南斯拉夫实行武器禁运和经济制裁，同时，美国还敦促北约制定对科索沃军事干预的计划。英、法、德、意等西欧国家虽然在原则上表示支持美国的立场，但是又有不同于美国的"欧洲考虑"。一方面它们希望尽快解决危机，以防止引发周边国家的问题从而导致大规模的难民潮涌向西欧国家，为此需要向南斯拉夫施加以经济制裁为主、军事手段为辅的压力，促使南斯拉夫的合作；另一方面，它们不愿意在波黑问题上看到美国所发挥的主导作用继续扩大到科索沃，希望将科索沃问题完全纳入欧洲自己的事务中加以解决。所以，在是年3月的伦敦会议上，美国的强硬态度没有得到欧洲盟国的响应，会后，西欧国家的领导人频繁访问贝尔格莱德，力图在美国插手前促成和平解决。因为以往的"经验"表明，只要美国一插手它们就会丧失欧洲的"自主权"。6月8日，欧盟15国外长会决定对南斯拉夫实行经济制裁。在12日的前南斯拉夫问题国际联络小组会议上，西欧大国在军事干预问题上同美国的主张形成了对立，德国、法国和英国都表示了对科索沃问题的军事干预必须得到联合国的授权。15日的欧盟首脑会议在谴责南斯拉夫和米洛舍维奇总统的同时，向米洛舍维奇提出了四点要求：一是立即制止治安部队对阿尔巴尼亚族平民采取的一切行动，撤出用于镇压阿尔巴尼亚族平民的治安部队；二是保证国家机构在科索沃进行有效和连续不断的监督；三是为难民和流离失所的人全部返回家园以及人道主义组织进入科索沃提供方便；四是同科索沃阿尔巴尼亚族领导人的谈判要迅速取得进展。会议要求南斯拉夫立即按照上述要求采取行动，否则国际社会将采取更加强硬的性质完全不同的行动，包括要求联合国安理会根据联合国宪章第七章规定的内容给予授权，实际上就是军事干预。同时，在赞扬科索沃阿尔巴尼亚族领导人鲁戈瓦主张以和平方式解决危机的态度的同时，要求他明确拒绝暴力攻击和恐怖活动。欧盟则将在制止境外的金钱和武器流入"科索沃解放军"方面发挥作用。

在科索沃问题上，俄罗斯的态度也十分坚决，支持南斯拉夫在解决科索沃问题方面的原则立场，强调科索沃问题是南斯拉夫的内政，反对科索沃问题国际化，不主张将此问题提交联合国安理会讨论，坚决反对国际势力以经济制裁等手段向南斯拉夫施以高压政策。所以，当美国力主下由北约13个国家的80架飞机在阿尔巴尼亚和马其顿领空进行空军演习之后，俄罗斯立即召回其驻北约的军事代表，俄罗斯杜马也随即通过反对以军事手段解决科索沃问题的决议，并对科索沃阿尔巴尼亚族分离主义分子的极端行动导致巴尔干局势再度恶化进行了谴责。俄罗斯并派出特使赴南斯拉夫、阿尔巴尼亚和马其顿进行磋商，强调科索沃问题"不容讨论"，必须毫不含糊地谴责"科索沃解放军"所从事的恐怖活动，强调"制止恐怖活动是从科索沃减少并撤出塞尔维亚警察和部队的主要条件"。① 俄罗斯对科索沃问题的态度固然有它历史上与南斯拉夫，特别是塞尔维亚、黑山的传统结盟关系以及冷战后民族主义浪潮所推动的斯拉夫民族和东正教关系的因素，但是更重要的是北约东扩的地缘政治压力和俄罗斯在巴尔干半岛传统势力影响的低迷。在此之前，俄罗斯虽然努力参与了解决波黑问

① 吴华等主编《全球冲突与争端：欧洲·美洲卷》，世界知识出版社，1998，第153—157页。

题的国际调解，但是它没有能力阻止美国和欧洲大国在处理波黑问题上的偏向态度和强硬措施。由于波黑问题涉及前南斯拉夫三个国家的关系，问题比较复杂，美国等西方国家以及联合国介入得很深，所以俄罗斯的作用是有限的。而科索沃问题是南斯拉夫的内政，对整个南斯拉夫国家来说也不是一个全局的问题，所以俄罗斯力图将这一危机限于内政范围来处置，防止其国际化。同时，俄罗斯内部的车臣问题虽然暂告平息，但是问题并没有完全解决。如果科索沃问题这样的主权国家内部事务被国际化，有朝一日车臣问题也将走上国际化的道路。

联合国在处理前南斯拉夫问题方面的作用，从授权北约在波黑实施空中打击之后，就逐渐开始削弱。特别是在波黑问题的最后解决方面，联合国以及它所设立的前南问题指导委员会基本上发挥不了什么作用，特别是北约维和部队取代了联合国维和部队以后，波黑问题的处置几乎都被欧盟国家和美国所左右，特别是美国发挥了决定性的作用。所以，在科索沃危机升级以后，在美国的推动下联合国安理会于1998年3月31日通过了对南斯拉夫的武器禁运决议，又于是年9月23日通过要求南斯拉夫立即停火、从科索沃撤出部分军队、同科索沃阿尔巴尼亚族领导人对话和允许难民返回科索沃的1199号决议后，基本上在科索沃问题的处理上只限于一般性的呼吁而没有发挥实质作用。

在国际势力开始介入南斯拉夫科索沃问题的调停之后，1998年4月24日塞尔维亚共和国曾进行过全民公决，有94.73%的投票者赞成米洛舍维奇总统拒绝外国调停的态度。南斯拉夫坚持将科索沃问题纳入国家内政的解决范围。5月15日，米洛舍维奇总统与科索沃阿尔巴尼亚族领导人鲁戈瓦举行了首次会晤，并商定每周就科索沃的局势商讨一次，寻求共同解决的方式。但是，由于西方传媒开始对科索沃问题进行大肆渲染，特别是对塞尔维亚人在科索沃对阿尔巴尼亚人实行

"种族清洗"的放大性宣传，国际舆论和美国等西方大国不断加强的压力对科索沃的形势产生了火上浇油的作用。科索沃的强硬派势力和武装力量因得到西方国际舆论的同情和美国对南斯拉夫当局的强硬态度而受到鼓舞，它们在扮演"可怜的受害者"国际形象的同时不断加剧军事行动。而南斯拉夫方面，面对日益不利的国际环境和遭受北约打击的威胁，也急于从军事上完全控制住科索沃的局势。这两个方面的因素导致的共同结果就是军事冲突愈演愈烈。贝尔格莱德与普里什蒂纳之间的和谈对话当然也不可能继续下去。这种形势所招来的只能是美国等西方国家更大的压力和日益迫近的军事威胁。当时，以美国为首的北约已经开始进行针对南斯拉夫的军事准备，美国在地中海的舰队正在集结，美国在欧洲的空军部队也在向意大利北部的阿维亚诺空军基地云集，准备从美国本土远程奔袭的 B-2 型轰炸机也待命随时起飞，英国、法国、德国、荷兰、挪威、比利时、西班牙、葡萄牙、丹麦、加拿大、意大利的飞机、战舰也加入了准备随时发动的军事干预行动。

9 月 1 日，米洛舍维奇向科索沃阿尔巴尼亚族领导人提出了一项为期 3—5 年的临时协议，应允给科索沃一定程度的自治。但是，对于已经在分离主义道路上迈出很大步伐并且得到美国等西方国家支持的科索沃阿尔巴尼亚族极端势力来说，这种"自治"对他们毫无吸引力。10 月 6 日，北约军队开始在地中海进行炫耀武力的军事演习。8 日，"科索沃解放军"忽然宣布单方面停火休战。解决科索沃问题的皮球踢到贝尔格莱德一边。13 日，北约已完成军事行动的准备，各成员国已批准了采取行动的命令。就在战争一触即发的同时，南斯拉夫宣布已经同美国特使霍尔布鲁克达成和平解决科索沃危机的协议。米洛舍维奇保证执行联合国 1199 号决议，同意欧安组织观察员进入科索沃等。南斯拉夫的这一举措使形势峰回路转，战争的威胁暂告缓解。10 月 23 日，由于俄罗斯和中国的反对，美、英等国起草的含有支持北约对南斯拉夫采取军事行动内容的决议草案在联合国安理会没有通过。中国坚决反对北约集团在未经联合国授权的情况下对南斯拉夫采取军事行动，严正指出这种行动是对一个主权国家内政的粗暴干涉，是违反联合国宪章和国际法准则的。27 日，在北约限定的最后期限，南斯拉夫军队撤出了科索沃。同时，一个偶然的事件，也影响了北约实施"空中打击"计划的时间表。11 月 3 日，西方媒体播发了法国驻北约总部军事代表团团长办公室主任皮埃尔将北约打击南斯拉夫的计划泄露给塞尔维亚情报人员的事件。因为泄露的内容中包括北约准备打击的目标清单，所以北约的军事行动不得不因这一事件而推迟。法国军官向塞尔维亚人透露北约的军事机密，在波黑战争期间就已发生过。这大概也是由于历史上塞尔维亚曾经是法国势力范围所造成的民间传统情结，法国政府在波黑问题上和科索沃问题上除了维护"欧洲是欧洲人的欧洲"的面子外，并没有表现出对塞尔维亚人有什么怜悯之心。11 月 13 日，北约通过建立一支援救欧安组织观察人员的快速反应部队的决定，基地设在马其顿。但是南斯拉夫拒绝了所谓保护欧安组织观察员的部队进驻科索沃的要求。12 月 7 日，美国提出的科索沃"高度自治"的方案遭到冲突双方的拒绝。科索沃阿尔巴尼亚族方面认为这一方案距离他们独立建国的目标太远，南斯拉夫方面则认为这一方案有损国家的主权独立和领土完整。与此同时，随着南斯拉夫军队撤出科索沃，"科索沃解放军"趁机重返科索沃的据点和阵地，并且在其逐日扩大的占领区对塞尔维亚人进行迫害和报复。同时，"科索沃解放军"所代表的阿尔巴尼亚族极端势力，反对被称为"温和派"领导人鲁戈瓦同塞尔维亚人签署任何不能实现其目的的和平协议。对于"科索沃解放军"破坏和谈的行动，美国等西方国家如同当年对待波黑穆斯林的态度一样，采取了偏袒和纵容的态度。甚至在拒绝了美国的和平方案后，美国也没有对此表示任何态度强硬的威胁。在这种情况下，南斯拉夫军队不得不采取行动遏制"科索沃解放军"趁和谈之际进行的军事行动和恐怖主义活动。12 月中旬，冲突双方再次开战。

1999 年初，"科索沃解放军"对南斯拉夫军队的运输车队发动袭击，并扣押了 8 名南联盟军人。在欧安组织观察团的调解下，这 8 名军人得到释放。1 月 15 日，冲突双方在科索沃南部的拉察克和佩特罗沃激战，成为进入 1999 年后规模最大的冲突。次日，欧安组织观察团团长沃尔克宣布在拉察克村发现 45 具被集体屠杀的阿尔巴尼亚平民的尸体。这一"惨无人道的滔天大罪"可谓一石激起千层浪，一时间西方国际舆论对此进行了连篇累牍的夸张性报道，南斯拉夫的"刽子手"形象和"种族清洗"暴行充斥了报纸、杂志、电视、广播和互联网等所有的传媒。虽然芬兰法医小组随后就宣布了经他们检验后所得出的结论，即没有证据表明这是一次"集体屠杀"平民的事件，但是却无法抵消西方世界从科索沃事件以来，或者说从波黑内战爆发以后就已形成的塞尔维亚人是"种族清洗"的罪犯这一"极其深刻的印象"。因为以美国为代表的西方媒体，其最大的特征就是为其政府的政治需要服务，特别是在对外政策方面"妖魔化"其对手是惯用伎俩，掌握着世界上最强大和最先进传媒机器的美国尤为如此。它集中体现着美国大资产阶级利益、意识形态对抗等一系列美国利益至上的原则，在前南斯拉夫问题上当然也不例外。"美国主流思潮是蔑视伊斯兰文化的，但是在关于前南斯拉夫的报道上，由于穆族是伊斯兰文化，塞族是共产党，结果意识形态的敌对压倒宗教文化上的蔑视，美国大资产阶级及其操纵的媒体大肆渲染塞族的恐怖行动，要像当年铲除纳粹分子一样铲除塞族领导人。"[①] 当然，这并不是为塞尔维亚人在科索沃的军事行动和民间性的对阿尔巴尼亚人进行排斥现象辩护，而是说美国和西方在介入前南斯拉夫问题的过程中正是以这种"妖魔

---

① 李希光、〔美〕刘康等：《妖魔化中国的背后》，中国社会科学出版社，1996，第 21 页。

化"塞尔维亚人来掩盖其政治目的的。在此,不得不重复引证美国学术界权威人士对这种现象的揭露:"整个战争期间,美国新闻界忽视了克族和穆斯林的种族清洗行为和战争罪行,以及波斯尼亚军队对联合国安全区和停火协议的破坏。按照丽贝卡·韦斯特的话说,在美国人眼中,波斯尼亚人成了'他们心目中无辜受难、被人屠杀却从来不屠杀他人的可怜的巴尔干人'。"同时"西方对克罗地亚人的支持,还包括无视其种族清洗、侵犯人权和违反战争法的行为,而塞尔维亚人恰恰是在这些方面经常遭到谴责。1995 年当休整后的克罗地亚军队对克拉伊纳地区的塞族人发动进攻,把在那里居住了几个世纪的成千上万的塞族人驱逐到波斯尼亚和塞尔维亚时,西方保持了沉默"。① 这种现象在科索沃问题上当然也毫无例外,而且对于现代的霸权主义来说,发动一场片面而放大事实的舆论宣传战往往是军事战争的先声。这一点至少可以从希特勒法西斯帝国发动第二次世界大战中可以得到佐证。

1938 年,希特勒法西斯帝国在侵略捷克斯洛伐克苏台德地区时,首先制造了大量有关捷克斯洛伐克在苏台德地区迫害日耳曼人的舆论。1941 年,希特勒发动侵略南斯拉夫的战争前,也是首先开动宣传机器大造舆论,"公布了大量纯属虚构的暴行,其手法与 1938 年对捷克斯洛伐克的攻击如出一辙"。② 时隔 58 年,美国等西方国家在南斯拉夫科索沃的拉察克村发现 45 具尸体事件后,通过强有力的宣传至少使西方国家、伊斯兰世界的民众确信在科索沃发生了类似于当年德国法西斯对待犹太人那样的种族清洗,他们支持北约对南斯拉夫采取军事行动。1999 年 1 月 20 日,北约开始了针对科索沃的军事调动,美国国防部长科恩、国务卿奥尔布赖特、北约秘书长索拉纳等人也纷纷发表措辞严厉的战争恐吓声明。鉴于"沃尔克谎言"所造成的紧张

---

① 〔美〕塞缪尔·亨廷顿:《文明的冲突与世界秩序的重建》,第 332、323 页。
② 〔英〕斯蒂芬·克利索德:《南斯拉夫简史》,第 326 页。

态势以及法医鉴定所表明的事实，欧安组织不得不宣布沃尔克是在"感情冲动下"作出"塞尔维亚军警屠杀阿尔巴尼亚族平民"判断的。这也标志着北约没有理由利用这一炒热的"新闻"来向南斯拉夫开战。为此，在22日的前南斯拉夫问题国际联络小组外交部政务总监会议上他们又提出一些苛刻的条件来向南斯拉夫施加压力，其中包括允许前南战犯法庭检察官到科索沃进行司法调查，交出拉察克村"屠杀"事件的指挥官名单，撤出自12月再次发生冲突后进驻科索沃的特警部队。这些侵犯南斯拉夫国家主权的无理要求自然遭到贝尔格莱德的拒绝。北约仍旧不能因此而作为向南斯拉夫开战的理由。29日，前南问题国际联络小组外长会议发表声明，要求科索沃冲突双方于2月6日开始举行谈判，并在7天内达成"允许科索沃实现实质性自治协议"。形势对南斯拉夫已经十分不利，甚至可以说是危难在即。2月6日南斯拉夫塞尔维亚共和国代表团与科索沃阿尔巴尼亚族代表团在法国巴黎附近的朗布依埃就和平解决科索沃危机举行谈判。谈判的基础是由美国特使希尔草拟的和平协议。这份协议是由几个部分组成的，第一部分是解决科索沃问题的基本原则，其中包括尊重南斯拉夫联盟的边界和领土完整，科索沃不能独立但在未来3年中实行高度自治，科索沃阿尔巴尼亚族将有自己的政府和议会，按照当地人口比例组成警察部队来维护治安，3年以后的科索沃地位问题将由一个国际会议来决定等。第二部分是关于科索沃自治实体的内部组成、产生办法、司法权力、科索沃参加联盟议会和塞尔维亚共和国议会的具体名额等。第三部分是关于科索沃地区的安全问题，南斯拉夫军队撤出科索沃，只保留1500人的兵力分别驻扎在毗邻马其顿和阿尔巴尼亚的边界区，只能在沿边界线5公里宽的范围内巡逻；"科索沃解放军"解除武装；北约向科索沃地区派驻多国部队来保障协议的实施，同时北约的部队可以在南斯拉夫任何地方活动等。在谈判中，分歧最大的问题是南斯拉夫坚决不同意北约的部队进驻科索沃，更不能容忍北约部队在南斯拉夫随意活动，因为这意味着对一个主权国家的军事占领；阿尔巴尼亚族则不放弃独立的要求，坚持3年过渡期后将由科索沃全民公决来决定科索沃的前途。同时，也拒绝解除"科索沃解放军"的武装。由于这些根本性的问题无法达成协议，谈判并没有按照北约的时限完成。而且由于双方的拒绝，北约无法实施其事先扬言的哪一方拒绝这一方案就用武力惩罚之的威吓。北约对于南斯拉夫拒绝这个协议是有思想准备的，甚至可以说如同1914年奥匈帝国发动侵略塞尔维亚王国时的做法一样，即提出让对方不能接受并且必然拒绝的苛刻条件，从而得到"教训"和"惩罚"南斯拉夫的口实。但是，北约没有想到科索沃的阿尔巴尼亚族也会拒绝这个方案，坚持独立的要求，致使以美国为首的北约无法对其庇护的"弱者"同时实施军事打击。

在谈判陷入僵局的情况下，美国开始对科索沃阿尔巴尼亚族的代表人物"做工作"，就如同当年给波黑穆斯林"做工作"一样。实际上所谓"做工作"就是向科索沃阿尔巴尼亚族一方许愿，通过利诱来改变其态度，从而孤立南斯拉夫以实施军事打击的目的。在这方面，科索沃的阿尔巴尼亚族一方，也如同当年波黑穆斯林一样接受了美国的"劝说"，从而使矛盾再次集中到南斯拉夫方面。但是，南斯拉夫作为一个主权国家，虽然面对着强大的以美国为首的北约军事机器，为维护国家尊严、主权神圣和领土完整的南斯拉夫坚持了自己的立场。在3月18日科索沃阿尔巴尼亚族代表团单方面签署了朗布依埃协议后，美国立刻开始启动战争机器。20日，欧安组织观察团撤出南斯拉夫。当天，在科索沃，南斯拉夫军警部队同"科索沃解放军"之间的武装冲突再次爆发。22日，美国特使霍尔布鲁克再次赴贝尔格莱德进行最后的外交努力。23日，南斯拉夫宣布国家已处于"直接战争危险状态"。同时，北约秘书长索拉纳宣布北约决定对南斯拉夫进行大规模空袭。贝尔格莱德24日晚8时，贝尔格莱德、波德戈里察、丹尼洛夫格勒、普里什蒂纳、库尔舒姆利亚、乌日策、诺维萨德和潘切沃8个城市及其附近的军事目标遭到北约飞机和发自舰船上的巡航导弹的轰炸，以美国为首的北约作为世界上最强大的军事集团向一个从20世纪90年代初以来在国家裂变的内战中蒙受了巨大损失的巴尔干弱小国家——南斯拉夫发动了侵略战争。这是一场几乎没有军事对抗的战争。

第四节　灾难和阴谋下的"和平"

从1999年3月24日起，以美国为首的北约对巴尔干半岛的一个弱小国家南斯拉夫发动了前所未有的高科技侵略战争。在持续78天的"空中打击"中，侵略者联军动用了当时世界上最先进的作战飞机和激光制导武器，对南斯拉夫进行了野蛮的狂轰滥炸。据统计，以美国为首的北约投入各类作战飞机1100多架，包括航空母舰在内的各种战舰40多艘，起飞34000多架次，从天空和舰船上向南斯拉夫的军事目标、基础设施、民用建筑和生活设施等目标投掷和发射了23000余枚导弹和炸弹。共炸毁了12条铁路、60多座桥梁、5条公路干线、5个民用机场，7个机场严重受损；同时被毁坏的住宅楼、学校、医院、幼儿园、文化体育场所等设施多达1134处；炸毁多座变电站、热电厂、水电站（造成全国70%的地区电力系统受到损失）和油库（41%的军用油库和57%的军地两用油库），炸毁或严重毁坏了南斯拉夫39%的广播电视转播站等。造成南斯拉夫至少1800多名平民丧生，6000多人受伤，近100万人沦为难民；300所学校受到严重破坏，150万儿童无法上学。以美国为首的北约除动用了大量常规武器外，还使用了可导致新生儿白血病和各种畸形病态的贫铀导弹和炸弹，投掷量约23吨，直接危及被炸地区50万人的健康。加之被炸毁的化工厂、炼油厂所造成的有毒化学物质的泄漏，给南斯拉夫及周边国家造成严重的生态污染，并将对整个欧洲的生态环境产生长期的灾难性影响。同时据调查，在美国投掷的《日内瓦公约》禁止的、杀伤力极大的1100枚绝大多数为CBU-87集束炸弹中，每枚炸弹含有的202枚小弹中约有5%未能在当时引爆，这也就是说还散落着1万多枚这种炸弹有随时爆炸的隐患。以美国为首的北约所进行的狂轰滥炸给南斯拉夫造成重大的经济损失，使南斯拉夫的国民生产总值减少了40%，工业生产与上一年同期相比减少了45%。由于轰炸以及轰炸造成的电力不足，南斯拉夫数百家工厂关门或技术性停产，失业人数因此增加了33%。大约有10万人在北约的轰炸中丧失了一切而流落街头。南斯拉夫全国已有20%的人生活在贫困线以下，60%的人生活接近贫困线。有专家预言，如果得不到外援，南斯拉夫的经济恢复到这场战争发生以前的水平需要16年，恢复到1989年时的水平需要25年以上。这就是发生在20世纪行将结束前人类文明社会中的最严重的人道主义灾难，而据说这是为了实现科索沃的和平。

3月24日，在北约发动对南斯拉夫的侵略战争时，美国总统克林顿向全体美国人民发表了电视讲话。他声称，他们之所以采取行动，是为了保护科索沃数以千计的无辜百姓免遭不断升级的军事攻击；是为了防止战争的扩大；是为了卸除处于欧洲心脏的火药桶的引信；是为了同他们的北约盟友协调立场维护和平，通过采取行动，维护他们的价值观，保护他们的利益，推进他们的和平事业。然后，克林顿开始向美国人民描绘发生在科索沃的悲惨情景："我们看见无辜的百姓被拉出家门，被逼着跪在地上，然后遭到扫杀；科索沃的男人被拽出家门，父与子站成一队，然后遭到残酷的枪杀。"在克林顿的讲话中，南斯拉夫的国家总统被描绘为：塞尔维亚的一个独裁者，自冷战结束以来，他除了发动新的战争，在种族和宗教分歧上火上浇油之外，没有干过别的什么事情。同时，在克林顿的讲话中，科索沃阿尔巴尼亚族分离主义势力被描绘为："我们要求他们接受和平，他们照办了；

我们要求他们承诺放下武器，他们同意了。"克林顿把远离美国万里之遥的科索沃危机拉近到美国人民的眼前，声称虽然采取行动对美国军人存在着危险，但是经过他苦苦思索后得出了与采取行动带来的危险相比、不采取行动的危险要大得多的结论。美国人通过拯救无辜的生命，从而避免一场更加残酷、代价更高昂的战争是符合美国利益的，因为美国人的后代需要，也应该得到一个和平、稳定和自由的欧洲；等等。这是多么动人心弦的战争动员令啊，可惜的是在这篇充满谎言的动员令中，美国人重犯了在发动越南战争时的错误："我们没有充分地解释发生了什么事情，以及为什么我们要这样做。"① 被歪曲、放大、隐瞒了的科索沃冲突的真相在美国人眼中变成了如同希特勒一样的米洛舍维奇正在对"可怜的"阿尔巴尼亚少数民族进行"残酷的种族清洗"。而美国所发动的战争成了"维护人权""拯救屠弱""伸张正义""缔造和平"的崇高壮举。而隐藏在这些冠冕堂皇、激动人心的煽情言辞后面的真实目的，却不为美国人民所知。

曾几何时，"越南战争提出一个浅显的问题：美国为什么要在一个很小、很远的国度里打这么一场费用惊人、破坏严重的战争，而美国与这个国家并无利害冲突，干预的主要理由，最后只有归结到'信念'二字。……美国人从那场战争的废墟中出逃时，他们开始怀疑是否是占统治地位的外交政策意识形态导致了错误的估计和重大的代价"。② 所谓美国人的"信念"就是按照美国的模式和价值来衡量世界，特别是美国的对外政策将共产主义恐惧症、地缘政治和种族主义结合在一起后，它的意识形态就成为帝国主义的霸权信念。所以从冷战时期开始，美国的政论家们就不断宣扬美国的价值观念和道德水准比别人高得多，"认为我们所做的一切事都是为了一个崇高的目标"，

---

① 〔美〕罗伯特·S. 麦克纳马拉：《回顾：越战的悲剧与教训》，第 332 页。
② 〔美〕迈克尔·H. 亨特：《意识形态与美国外交政策》，世界知识出版社，1999，第 187 页。

而别人所做的任何事都是卑鄙的阴谋,"这种假装神圣是损人利己的和自欺欺人的沙文主义"。① 而这种帝国信念"在遇到顽固不化,或抗拒、抵制时,美国人自然就感到受挫与遗憾,更极端些也许会沉溺于把对方看作是非人性,有可能求助于强迫或暴力手段。这种模式,首先用于同黑人与土著美洲人的关系上,后来便使用到了'第三世界'各民族的身上"。② 今天又用在了南斯拉夫。

在这场侵略战争中,以美国为首的北约为了掩盖它们的暴行和所制造的人道主义灾难,在发动战争之后继续进行颠倒黑白、混淆视听的"宣传战"。它们把 3 月 24 日轰炸以后出现大规模难民潮说成是南斯拉夫军队进行"种族清洗"的结果;把对各种基础设施、民用设施的轰炸说成是为了削弱南斯拉夫军事力量继续进行"种族清洗"的能力;把对新闻机构和设施的摧毁说成是为了消除南斯拉夫当局鼓动人民反抗以美国为首的北约的惑众手段;等等。它们不允许在南斯拉夫土地上正在发生的人道主义灾难为世人所知,为此它们对南斯拉夫的新闻机构投下 1000 多枚炸弹,造成 16 名新闻工作者死亡和 11 亿美元的物资损失。其中,南斯拉夫的国家电视台——塞尔维亚广播电视台遭受的损失最大,这家电视台的 19 座中转站中的 17 座已被摧毁,卫星节目也被中止,物资损失高达 10 亿美元。以美国为首的北约,在侵略和摧毁一个国家的同时却不许这个国家动员人民进行反抗,不允许世界人民和它们本国的人民了解事实真相。这种霸道同当年奥匈帝国侵略南斯拉夫王国时提出的要求是完全一样的,只是当时是提出要求而今天是通过军事手段直接摧毁南斯拉夫的宣传设施。事实上,以美国为首的北约依仗高科技电子武器对南斯拉夫的空中打击,基本上是一场无法进行军事抵抗的单向战争。同北约的军事力量相比南斯拉夫的军事力量几乎不值一提。从防空力量来看,只有战斗机 160 架

---

① 〔美〕威廉·富布赖特:《帝国的代价》,世界知识出版社,1991,第 8 页。
② 〔美〕迈克尔·H. 亨特:《意识形态与美国外交政策》,第 189 页。

（米格 29、米格 21）、支援机 109 架、武装直升机 44 架。防空大炮
1850 门、"萨姆"导弹 1000 枚。所以，南斯拉夫对北约侵略的反抗，
主要体现在南斯拉夫人民宁死不屈的民族性格和不畏强权的民族精神
方面，他们把标靶贴在自己的胸前，他们为了保卫大桥而日夜聚集于
桥上同大桥共命运。在这种情况下，南斯拉夫人民不仅需要听到政府
的声音，而且需要得到一切伸张正义的国际力量的声援。美国等西方
国家对有关南斯拉夫真相的双向新闻封杀，一方面是为了摧毁南斯拉
夫人民的抵抗意志，另一方面是为了避免它们践踏人权、草菅人命的
暴行披露于世从而引起国际和国内反战运动的高涨。为了达到这一目
的，它们不仅对南斯拉夫的新闻机构和传媒设施进行毁灭性的打击，
而且对坚决反对它们霸权主义行径和揭露它们在南斯拉夫制造人道主
义灾难的中华人民共和国主权进行了粗暴的侵犯，并屠杀了恪守新闻
工作者道德准则的中国记者。

　　中国政府在南斯拉夫科索沃问题上，始终维护联合国宪章和国际
法准则，坚持科索沃问题是南斯拉夫国家内政的原则，坚决反对以美
国为首的北约对南斯拉夫采取武力威吓和军事侵略的霸权主义行径。
在以美国为首的北约发动对南斯拉夫的侵略战争后，中国驻南斯拉夫
大使馆的外交人员没有像其他一些驻南使馆那样临时撤离，而是始终
坚守工作岗位，坚定地遵循中国政府对南斯拉夫科索沃问题的原则立
场开展工作。同时，中国驻南斯拉夫的新闻工作者，在侵略战争爆发
后，深入各个被轰炸的实地采写和报道真实的情况。对此，美国忌恨
尤甚。1999 年 5 月 8 日清晨（北京时间），美国突然对中国驻南斯拉
夫大使馆发动了空袭，5 枚导弹击中了中国大使馆，造成 3 名中国新
闻记者死亡、20 多名使馆工作人员受伤和大使馆建筑严重毁坏的重大
外交事件。中国驻外使馆代表着中国的主权和领土，美国对中国使馆
的军事袭击不仅是对维也纳外交关系公约和国际关系基本准则的肆意
践踏，而且也是对中国主权的粗暴侵犯，甚至可以说是对中国宣战。

对此，中国政府和中国人民对美国的这一行径表示了严正的抗议和强烈的谴责，中国的学生在美国驻华使领馆进行了大规模的抗议和示威。中国政府要求美国彻底调查这一重大事件，必须对这一事件向中国人民作出交待。对这一震惊世界的事件，国际社会纷纷谴责美国的野蛮行径。而美国却先后以"误炸""地图错误"等理由为这一行径进行辩解。美国轰炸中国驻南斯拉夫大使馆的确是它们侵略南斯拉夫战争中的偶然事件，但是它也的确是一件有意的偶然事件。对于美国所说的误将中国驻南大使馆当作南斯拉夫的武器采购中心，使用了数年前的贝尔格莱德地图之类的解释，可以说任何一个具备基本智商的人都不会受骗。美国是世界上的情报大国，拥有从空中到地面全方位的世界上最先进的侦察系统。特别是在战时，美国的所有间谍卫星和地面谍报网络会全面启动，在空中美国及其盟友的侦察卫星、U2 高空间谍飞机和配备有 180 度转角照相机的无人驾驶侦察机不断向北约提供着高清晰度的图像和照片，地面的特工和"科索沃解放军"通过美国等西方国家为其配备的电台、移动电话和卫星电话不断地输送着各种目标的情报，美国人强大的电子监听设备截获着这一地区所有的电话、传真、电报和电子邮件。所以，它们对中国驻南斯拉夫大使馆这样的目标从不同角度进行高精度的轰炸决不是所谓"误炸"的错误。当然更谈不上什么"使用了几年前的地图"，对此美国的地图局已经发表声明表明了不能充当"替罪羊"的态度。那么，美国为什么会对中国驻南斯拉夫大使馆进行如此毁灭性的袭击呢？至少包括了它们不能容忍中国在南斯拉夫科索沃问题上始终坚持的原则立场和中国对南斯拉夫正在发生的人道主义灾难的客观、准确报道方面的原因。当然，它们也希望这一事件能够引起中国的内乱，从而使它们在侵略南斯拉夫的同时也顺便在搞垮中国方面得到意外的收获。时至今日，在中国政府一再强烈的要求下，美国仍在试图用"误炸"来解释这一事件。其原因就是不能将其有意轰炸中国驻南斯拉夫大使馆的真相公之于众。美国政府试图将其战略上的阴谋用战术"错误"来加以掩饰，但是美国人经常犯的错误却往往是战略性的而不是战术性的。

以美国为首的北约对南斯拉夫发动的侵略战争也是如此，它们的真实目的隐藏在"维护人权"和"缔造和平"的背后。事实上，科索沃阿尔巴尼亚人的死活对它们来说是毫无价值的。它们的目的是要拔掉位居巴尔干半岛中心的这个仍由前南斯拉夫共产党的遗留势力执政的、妨碍北约东扩的"钉子户"。它们原本以为经过几轮轰炸就可以让南斯拉夫屈服，但是它们低估了南斯拉夫政府和人民维护国家主权、民族尊严和领土完整的坚强信念。为此，它们开始对外封杀轰炸南斯拉夫所造成的灾难的真相报道，同时将轰炸最初限定的军事目标扩大到民用设施，目的是通过将南斯拉夫政府与人民之间的信息隔绝来引起南斯拉夫内部的分裂，特别是通过对民用基础设施的轰炸造成断电、断水等基本生活条件的困难和社会恐慌来引发人民群众对米洛舍维奇政权的不满；它们通过狂轰滥炸特别是对阿尔巴尼亚族难民队伍的轰炸来引发更大的难民潮，并将这一罪责加在南斯拉夫政府的头上，为它们久攻不下的战争寻找继续进行的理由；它们通过利用黑山领导人的亲西方态度来挑拨南斯拉夫塞尔维亚共和国与黑山共和国的关系，企图从内部瓦解南斯拉夫对它们的抗拒；等等。而这些阴谋都是通过美国人历来采取的"双重标准"加以实施的。类似科索沃这样的问题，在北约成员国中也存在，尤其是土耳其的库尔德人问题。分散在土耳其、伊拉克、伊朗和叙利亚的库尔德人一直在为建立统一的"库尔德斯坦"奋斗，并由此造成土耳其、伊拉克受国内的库尔德人分离主义的长期困扰。在美国打击伊拉克的过程中，为了分化伊拉克内部和造成伊拉克自身的困扰，它们支持和保护伊拉克的库尔德人。但是对土耳其政府镇压库尔德人，甚至土耳其军队进入伊拉克境内追剿库尔德人的行径，却得到美国的支持，至少是熟视无睹的默许。米洛舍维奇总统是按照西方的模式在10多个政党的候选人中通过全民选举产生的,但是被美国人视为"独裁者";米洛舍维奇在解决波斯尼亚和黑塞哥维那的内战问题上作出了巨大的努力,但是克林顿却说他除了挑起新的民族冲突没有干过一件有利于实现和平的事情;拉察克村的 45 具尸体一事,被认为是米洛舍维奇对科索沃阿尔巴尼亚人"集体屠杀"的"种族清洗"罪证,而美国的飞机发射的一枚导弹即让 79 名科索沃阿尔巴尼亚人死于非命的罪行却被说成是战争状态下不可避免的"误伤";等等。"评判敌人的一举一动用一个标准,而评价自己的一言一行则用另一个标准。甚至敌人的善行也被视为穷凶极恶的征兆,意在欺骗我们和全世界,而我们的丑行则是必要的,是为我们的崇高目标服务的,因而也是正当的。"① 这就是美国的"人权理念"和"人道原则"。

事实上,以美国为首的北约坚持军事打击的目的已经完全体现为帝国强权最野蛮的征服欲,这种征服欲是历史上包括希特勒法西斯帝国在内的所有追求称霸世界的帝国共有的,正如美国政要在回顾和反省美国政府对外进行武装干涉和军事侵略时所说:"打仗或杀人的冲动力也许已经牢牢地扎根于我们的基因之中",所以"我们在制定政策的时候是不顾战争之后世界将成为什么样子的后果的,或者像在越南和尼加拉瓜那样,明明知道腐尸遍野,残缺儿童比比皆是,坟茔满目,流离失所者到处可见等这些战争的有形结果,却依然不管不顾"。② 南斯拉夫政府和人民对侵略战争的心理抗拒和意志抵抗远远超过了美国人的估计,以美国为首的北约为长时间空中打击未能收到预期效果和派遣地面部队必然陷入游击战争泥潭的忧虑深感大失脸面,对于蓄谋已久并在 4 月 24 日(轰炸一个月后)北约成立 50 周年庆典上未能将"科索沃模式"作为其向世界公布的《北大西洋联盟战略概念》的可行性注释蒙受的挫折恼羞成怒。因此,它们唯一能够挽回

---

① 〔美〕威廉·富布赖特:《帝国的代价》,第 9 页。
② 〔美〕威廉·富布赖特:《帝国的代价》,第 148、146 页。

面子的手段就是通过军事压服来迫使南斯拉夫首先接受停止轰炸的条件，否则就意味着美国的失败。对此，美国的一些鼓动战争的政要是明白的。在4月初，美国对南斯拉夫轰炸进入第11天时，美国的前参议院多数党领袖鲍勃·多尔就表示如果世界上最强大的北约不能战胜弱小的塞尔维亚，美国政府、北约和他们国家的信誉都将面临危险，当月庆祝北约成立50周年的活动可能变成北约的葬礼。在轰炸持续了两个月后，面对北约空中打击无效、地面部队虚张声势的窘境，美国最著名的战略分析家布热津斯基鼓动说，要使科索沃在一种不仅要重新实现北约最初确定的目标，而且还要确保北约的生命力的情况下得以解决，北约联盟必须要冒一些风险。即使北约作为一个整体选择的是不进行地面行动，美国、英国和法国仍然还有充足的理由自己采取行动这样做。但是，这样一个行动将要求在政治和军事上有一定胆识，然而到4月为止，克林顿政府显然一直都没有显示出这种胆识。事实上，美国人在筹划进行地面战争计划时，最担心的就是地面部队进入后可能面临的伤亡，为此它们对"科索沃解放军"进行了重新武装和训练，并从难民中征召兵员，以作为它们发动地面战争时美国和北约士兵的"人体盾牌"，这与历史上的奥斯曼帝国、奥匈帝国、希特勒法西斯帝国在征服巴尔干时所采取的"以夷治夷"的伎俩完全一样。

在以美国为首的北约集团对南斯拉夫进行夜以继日的狂轰滥炸过程中，国际社会反对这一侵略暴行的抗议也逐日加强。特别是在美国轰炸中国驻南斯拉夫大使馆之后，南斯拉夫的科索沃问题已经成为更大范围的国际争端。在这种形势下，以美国为首的北约所采取的军事行动除了不断扩大人道主义灾难外，对于解决科索沃危机没有产生任何意义上的积极作用。北约内部的分歧也日益公开化。寻求政治解决的途径在俄罗斯的参与下开始逐步成为处置科索沃危机的唯一选择。中国、俄罗斯等国坚持解决科索沃危机的前提条件是停止对南斯拉夫的轰炸，美国等西方国家则坚持只有南斯拉夫完全接受北约提出的条件才能停止轰炸。但是，无论如何，这场野蛮的战争已经难以为继了。所以，美国和北约不得不再次允许俄罗斯加入科索沃问题的调停和处置进程。从 4 月 14 日俄罗斯总统叶利钦任命切尔诺梅尔金为总统特使参加国际社会和平解决科索沃危机开始，俄罗斯在北约和南斯拉夫之间进行了大量的调停工作，并最终在 6 月 8 日西方 7 国和俄罗斯的 8 国外长会议上就提交联合国讨论的一项有关结束科索沃危机的决议草案达成一致。科索沃问题终于重新回到联合国的权限中来加以处理。同日，南斯拉夫同北约签署了从科索沃撤出军队的协议。10 日，联合国安理会通过了政治解决南斯拉夫科索沃问题的决议。这项决议指出并规定：

> 铭记联合国的原则和宗旨，包括安全理事会所负维持国际和平与安全的主要责任；
>
> 回顾其 1998 年 3 月 31 日通过的第 1160（1998）号决议、1998 年 9 月 23 日通过的第 1199（1998）号决议、1998 年 10 月 24 日通过的第 1203（1998）号决议和 1999 年 5 月 14 日通过的第 1239（1999）号决议；对这些决议的规定没有得到完全遵守表示遗憾；
>
> 决心解决南斯拉夫联盟共和国科索沃严峻的人道主义局势，为所有难民和流离失所者安全而自由地返回家园提供条件；谴责对科索沃居民的一切暴力行为以及任何一方的恐怖主义行为；回顾秘书长 1999 年 4 月 9 日发表的声明，他在这份声明中对在科索沃发生的人道主义悲剧表示关切；重申所有难民和流离失所者均享有安全返回家园的权利；
>
> 回顾联合国审判前南斯拉夫战争罪行法庭的管辖范围和任务规定；

欢迎 1999 年 5 月 6 日通过的关于政治解决科索沃危机的一般原则（S/1999/516，本决议附件 1），并欢迎南斯拉夫联盟共和国接受 1999 年 6 月 2 日在贝尔格莱德提出的文件第一至第九点内所载原则（S/1999/649，本决议附件 2），还欢迎南斯拉夫联盟共和国同意这项文件；

重申全体会员国根据《赫尔辛基最后文件》和附件 2 的规定对南斯拉夫联盟共和国以及该地区其他国家的主权和领土完整的承诺；

重申在以往各项决议中的呼吁，要求在科索沃实行充分自治和有效的自我管理；认定该地区的局势继续对国际和平与安全构成威胁；

决心确保国际人员的安全和保障，确保有关各方根据本决议履行自己的责任，并为此目的根据《联合国宪章》第七章采取行动。

①决定科索沃危机的政治解决办法应以附件 1 的一般原则和附件 2 所进一步详述的原则和其他要点为基础。

②欢迎南斯拉夫联盟共和国接受上文第 1 段所指的原则和其他要点，并要求南斯拉夫联盟共和国予以充分合作，迅速加以执行。

③特别要求南斯拉夫联盟共和国立即并可证实地停止在科索沃的暴力和镇压行为，按照一个快速的时间表开始并完成可证实的分阶段从科索沃撤出所有军队、警察和准军事部队的工作，与此同时将在科索沃部署国际安全部队。

④确认在撤军之后将允许议定数目的南斯拉夫和塞尔维亚军队和警察人员返回科索沃，按照附件 2 履行职责。

⑤决定在联合国主持下在科索沃部署国际民事和安全存在，酌情配备适当的装备和人员，并且欢迎南斯拉夫联盟共和国同意

这些存在。

⑥请秘书长与安全理事会协商，任命一名特别代表来统管国际民事存在的执行工作，还请秘书长责成其特别代表与国际安全存在密切协调，以确保这两种存在目标一致并互相支持。

⑦授权成员国和有关国际组织根据附件2第四点在科索沃建立国际安全部队，并根据下文第9段采取一切必要措施来履行其职责。

⑧确认有必要向科索沃迅速早日部署有效的国际民事机构和安全部队，并要求有关各方在部署时全面合作。

⑨决定将在科索沃部署并采取行动的国际安全部队将负有如下职责：a. 阻止发生新的敌对行动，维持并在必要时强制执行停火，确保南斯拉夫联盟（和塞尔维亚）共和国的军队、警察和准军事部队撤出科索沃并阻止它们重新返回科索沃，但附件2第六点规定的除外；b. 根据下文第15段的要求使科索沃解放军和科索沃其他阿族的武装组织实现非军事化；c. 建立一个难民和无家可归者可以安全返回家园、国际民事机构可以运转、过渡行政当局能够建立以及人道主义援助可以运送的安全环境；d. 确保公共安全和秩序，直到国际民事机构能够承担这项职责为止；e. 监督排雷工作，直到国际民事机构能够酌情承担这项职责为止；f. 酌情支持国际民事机构的工作，并与其紧密协调；g. 根据需要执行监视边界状况的任务；h. 确保自身、国际民事机构和其他国际组织得到保护和行动自由。

⑩授权联合国秘书长在有关国际组织的协助下在科索沃建立一个国际民事机构，以便在科索沃建立一个临时性的行政当局，使科索沃人民能够在南斯拉夫联盟共和国内享受高度自治。该行政当局将实行过渡性的行政管理，同时将设立临时性的民主自治机构并监督其发展情况，以确保科索沃所有居民和平和正常生活

的条件。

⑪决定国际民事机构将负有如下主要职责：a. 在问题最终解决之前，充分考虑到附件 2 和《朗布依埃协定》（S/1999/648），促进在科索沃建立高度自治和自我管理；b. 在需要时履行基本的民事管理职责；c. 在问题最终得到政治解决——包括举行选举——之前，组织并监督民主和自治的临时性机构的发展；d. 当这些机构建立起来的时候，移交其行政职责，同时监督并支持加强科索沃地方临时机构和其他缔造和平的活动；e. 考虑到《朗布依埃协定》（S/1999/648），促进旨在决定科索沃未来前途的政治进程；f. 在最后阶段监督科索沃临时性机构向根据政治解决方案而设立的机构的权力移交；g. 支持重建主要基础设施和其他经济重建活动；h. 在国际人道主义组织的协调下支持人道主义和赈灾援助；i. 维持治安和秩序，包括建立地方警察部队，同时在科索沃部署国际警察部队人员；j. 保护并促进人权；k. 确保所有难民和无家可归者安全和不受阻拦地返回他们在科索沃的家园。

⑫强调必须协调人道主义救援活动，南斯拉夫联盟共和国必须允许人道主义救援组织不受阻挠地进入科索沃，必须与这些组织进行合作，以确保迅速、有效地运送国际救援物品。

⑬鼓励所有成员国和国际组织对经济和社会重建以及难民和无家可归者的安全返回作出贡献，并在这种背景下强调尽早召开一次国际捐助者会议的重要性，尤其是出于上文第 11 段确定的目标。

⑭要求包括国际安全部队在内的有关各方与前南斯拉夫问题国际法庭充分合作。

⑮要求科索沃解放军和其他科索沃阿族组织立即停止一切进攻行动并执行国际安全部队首脑经与联合国秘书长的特别代表磋

商后规定的非军事化的要求。

⑯决定 1998 年第 1160 号决议第 8 段实施的禁令不适用于国际民事机构和安全部队使用的武器和相关物品。

⑰欢迎欧洲联盟等国际组织为拟订使受科索沃危机影响的地区的经济发展和局势稳定的全面方案而正在着手进行的工作，其中包括在广泛国际参与下执行《东南欧稳定条约》，以便进一步促进民主、经济繁荣、地区稳定和区域合作。

⑱要求该地区所有国家为执行本决议方方面面的规定而给予充分合作。

⑲决定国际民事和安全存在最初为期 12 个月。除非安理会另有决定，否则以后将予延续。

⑳请秘书长定期向安理会汇报本决议的执行情况，其中包括国际民事和安全存在的领导人提出的报告，首批报告应在本决议通过 30 天内提出。

㉑决定继续积极参与此事。

作为联合国上述决议的两个附件包括：

附件 1　八国外长会议主席声明（1999 年 5 月 6 日八国集团外交部长在彼得斯贝格中心举行的会议结束时发表）八国集团外交部长通过的关于科索沃危机的政治解决办法基本原则如下：

——立即并可核实地停止在科索沃的暴力和镇压。

——从科索沃撤出军队、警察和准军事部队。

——在科索沃部署经联合国核实并通过的、足以保证实现共同目标的有效国际民事和安全存在。

——在科索沃建立一个由联合国安理会批准的临时行政当局，以确保科索沃所有居民拥有正常和平生活的条件。

——所有难民和流离失所者安全自由地重返家园，并且人道主义援助组织畅通无阻地进驻科索沃。

——充分考虑到《朗布依埃协定》和南斯拉夫联盟共和国及该地区其他国家的主权和领土完整原则，开展政治进程，以订立一个临时政治框架协定，规定科索沃高度自治，并使科索沃解放军实行非军事化。有关各方为解决这场危机而举行的谈判不应当阻延或干扰民主自治机构的成立。

——为危机殃及地区的经济发展和局势稳定制订一套全面方案。

附件2　应就解决科索沃危机的下列各原则达成协议：

a. 立即和可核实地停止在科索沃的暴力和镇压。

b. 按照一个快速的时间表可核实地从科索沃撤出所有军队、警察和准军事部队。

c. 在联合国主持下在科索沃部署有效的国际民事和安全存在，可根据《联合国宪章》第七章的规定行事，以保证共同目标得以实现。

d. 包括大批北大西洋公约组织人员在内的国际安全存在必须在统一指挥和控制下进行部署，必须授权为科索沃境内的所有人创造安全的环境，并为所有流离失所者和难民安全重返家园提供便利。

e. 作为国际民事存在的一部分，建立科索沃临时行政机构，使科索沃人民能在南斯拉夫联盟共和国内享有高度自治，办法由联合国安理会决定。临时行政机构将进行过渡行政管理，同时监督临时民主自治机构的发展，以确保科索沃所有居民拥有正常和平生活的条件。

f. 在撤退之后，将准许议定数目的南斯拉夫和塞尔维亚人员返回履行下列职责：（1）与国际民事特派团和国际安全存在联络；（2）标出布雷区和排雷；（3）在塞尔维亚族祖先遗址派驻人员；（4）在主要的边界过境点派驻人员。

g. 在联合国难民事务高级专员办事处的监督下，让所有难民和流离失所者自由地安全重返家园，让人道主义救援小组畅通无阻地进驻科索沃。

h. 充分考虑到《朗布依埃协定》和南斯拉夫联盟共和国及该地区其他国家的主权和领土完整原则，开展政治进程，以订立一个临时政治框架协定，规定科索沃高度自治，并使科索沃解放军实行非军事化。有关各方为解决这场危机举行的谈判不应当阻延或干扰民主自治机构的成立。

i. 为危机殃及地区的经济发展和局势稳定制订一套全面方案。这将包括在广泛国际参与下执行《东南欧稳定条约》，以便进一步促进民主、经济繁荣、局势稳定和区域合作。

j. 停止军事行动的条件是接受上述原则，还要同意以前提出的其他必要条件然后将迅速缔结一项军事-技术协定，其中除其他的事情外将规定更多模式，包括科索沃境内南斯拉夫和塞尔维亚族人员的作用和职能。

撤出：撤出程序，包括分阶段撤出的详细时间表，以及在塞尔维亚划定缓冲区——部队将撤至缓冲区之后。

返回的人员：与返回人员有关的设备；其职责范围；返回的时间表；划定人员工作的地理范围；关于他们与国际安全存在和国际民事特派团之间的关系的条例。

其他必要条件：迅速而精确的撤出时间表，即例如在7天内完成撤出和在48小时内将防空武器撤至25公里相互安全区之外；为执行上述四项任务而返回的人员将受国际安全存在的监督，人数应限于议定的一个小数目（几百人，而不是几千人）；在可核实的撤出开始之后将暂停军事行动；军事-技术协定的讨论和达成不应使原先决定的完成撤出行动的时间延长。

联合国通过上述决议的同时，北约宣布暂时停止轰炸。南斯拉夫军队如期从科索沃撤出后，北约宣布停止对南斯拉夫的军事打击，南斯拉夫议会也根据政府的建议取消了国家的战争状态。这场持续了近80天的侵略战争终于结束了。从上述和平协议来看，虽然是以《朗布依埃协议》为蓝本，但是其中的一些严重侵害南斯拉夫国家主权和领土完整的条款不在其中，诸如以北约为主的维和部队没有限制的活动范围，有关明显肢解科索沃的内容等。最重要的事实是，这一和平方案是由联合国安理会通过的，而不是以美国为首的北约自行其是的结果。从这个意义上来说，尽管这一和平方案使美国为首的北约达到了南斯拉夫军队撤出科索沃和北约维和部队进驻科索沃的目的，但是由于这一结果纳入了联合国的监控之下而没有使美国等西方列强国家的政治阴谋完全得逞。当然，以美国为首的北约并不会因此而善罢甘休，它们的阴谋仍在继续，尤其是在彻底搞垮米洛舍维奇政权的问题上，美国通过战犯起诉和发出通缉令、煽动南斯拉夫反对派和军方强硬势力来进行颠覆活动，甚至包括暗杀行动等，而且在南斯拉夫重建问题上则提出了以米洛舍维奇下台为获得援助的前提条件，克林顿在结束这场战争的电视讲话时对塞尔维亚人表示："只要他仍掌权，只要你们的国家由一个受到起诉的战犯统治，我们就不会为重建塞尔维亚提供任何支持。"美国人及其所主导的北约，必欲在南斯拉夫建立一个亲西方的政权不可。以美国为首的北约在实现了对科索沃的军事占领后，继续在更广泛的范围干涉南斯拉夫的内政，它们给南斯拉夫国家造成的灾难、对南斯拉夫人民犯下的罪行、为实施其霸权主义的政治阴谋仍在继续，发生在科索沃的现实正在为此而提供佐证。

第五节 "维持和平"旗号下的种族清洗

在科索沃实施联合国安理会通过的和平协议过程中，最富有戏剧性的插曲是正当以美国为首的北约部队集结调动准备进入科索沃时，1999年6月12日俄罗斯的一支戴有科索沃维和部队标志的200余人的部队出其不意地率先进入科索沃并占领了普里什蒂纳的机场。俄罗斯采取的这一先声夺人的行动，一时间打乱了北约部队进入科索沃的计划，表明了俄罗斯对以美国为首的北约在解决巴尔干半岛危机中排斥俄罗斯的强烈不满。俄罗斯的这一行动，再次向美国等西方国家乃至整个国际社会表达了不会放弃它在巴尔干半岛的传统势力范围和影响，在南斯拉夫科索沃同样要有俄罗斯军事力量存在的一席之地。当然，除了这些地缘政治竞争的因素外，我认为还有一个重要的原因是属于南斯拉夫人和俄罗斯人心理方面的因素。南斯拉夫在接受8国外长提出的协议时，曾坚决反对派驻到科索沃的维和部队中包括对南斯拉夫实施侵略行动的北约国家部队。南斯拉夫的这一态度除了对以美国为首的北约联军对南斯拉夫的军事打击所造成的势不两立仇怨外，对美国等西方国家一味偏袒科索沃阿尔巴尼亚族分离主义势力的态度是不能接受的。所以，南斯拉夫政府能够预料到以美国为首的北约部队进驻科索沃后会出现阿尔巴尼亚族极端势力针对当地塞尔维亚人、黑山人的迫害和报复行动。而科索沃这个对于塞尔维亚人具有深厚历史情结的地方，在南斯拉夫政府基本上丧失控制权力后唯一能够依靠的保护力量只能是信仰东正教的俄罗斯人。所以促使俄罗斯的军队进驻科索沃，是南斯拉夫对科索沃塞尔维亚人及其宗教文化遗迹的保护唯一的寄托。同时，促使俄罗斯军队首先进入科索沃，对南斯拉夫政府来说也是战争屈辱的一种心理上的安慰，南斯拉夫的塞尔维亚人决不愿意看到自己仇敌的战靴首先踏上自己母亲的身躯。南斯拉夫战后的这种民族心理需要同蒙受美国等西方大国欺辱的抗拒心理以及俄罗斯战略竞争的需要，导致了这一突如其来的插曲发生。

事实上，南斯拉夫对科索沃塞尔维亚人、黑山人即将面临的境遇的忧虑决非杞人忧天。在南斯拉夫军队撤离科索沃的同时，高唱美国西点军校操练歌曲的"科索沃解放军"就开进了科索沃。随之而来的就是一场旷日持久的对塞尔维亚族、黑山族等少数民族平民的种族清洗。在科索沃的首府，他们高举阿尔巴尼亚国旗，高呼"北约""科索沃解放军""索拉纳""克林顿"等表达胜利的口号，先后占领了普里什蒂纳塞尔维亚社会党的大楼、普里什蒂纳市政府议会大楼和科索沃自治省政府的其他几座大楼，将所有的工作人员驱赶出去，并抢走所有的钥匙和汽车以及所有的私人物品。在普里什蒂纳大学，他们将塞尔维亚族教授驱赶出家门，声称征用这些房屋。而这类驱赶和征用房屋的事件在各个城镇普遍发生。与此同时，枪杀平民、强奸妇女、焚烧房屋、抢夺财物、毁坏塞尔维亚人文化古迹、骚扰东正教堂和强奸修女的事情在北约维和部队的眼皮下面频繁发生。对于这类事件，北约的国际维和部队的士兵往往熟视无睹，没有采取任何制止行动。6月24日，据塞尔维亚东正教神职人员表示，自科索沃维和部队6月12日开始部署以来，已有约50名塞尔维亚族人被杀，约140名塞族人被阿尔巴尼亚族人绑架。6月29日清晨，一伙"科索沃解放军"恐怖分子身着英军维和部队军装，闯入50多户塞尔维亚族居民家中，责令他们立即离开住宅。同时，由于南斯拉夫边防部队撤离科索沃，阿尔巴尼亚境内的武装匪徒纷纷进入南斯拉夫的科索沃对塞尔维亚人、黑山人和其他非阿尔巴尼亚人进行洗劫，人们可以看到大量带有阿尔巴尼亚注册牌照的卡车、面包车空着驶入科索沃，但驶回阿尔巴尼亚边境时却装满了各式物品。南斯拉夫方面已多次要求关闭与阿尔巴尼亚交界的那些关口，但未得到国际维和部队的响应。另据联合国难民组织的统计，到6月底已有44.7万阿尔巴尼亚族难民返回科索沃，但同时也有71400名塞尔维亚族居民逃离自己的家园。根据1991年科索沃地区共有19.4万塞尔维亚族居民的统计，自北约维和部队进驻科索沃以后的20多天中已经有1/3以上的塞尔维亚族被迫逃亡，形成新的难民。克林顿在发动侵略南斯拉夫战争时对美国人民描绘的科索沃"种族清洗"在战争结束开始发生,成批的塞尔维亚族居民被从家中驱赶出来,越来越多的人遭到枪杀。6月25日,据普里什蒂纳联合国国际维和部队发言人透露,在过去的24小时内,仅在英国维和部队负责的区域中就有14名塞尔维亚族平民丧生。佩茨是科索沃的一个小城镇,隶属北约的意大利维和部队的指挥部就设在这里,但是当地的黑山族人还是不断遭到科索沃解放军的报复,为此他们委托当地的东正教神父去见负责这一地区安全的意大利军队指挥官,要求北约按照承诺保证他们的安全。当地的镇长表示,那里的局势非常紧张。当地居民则愤怒地问:"北约的意大利维和部队指挥部就设在我们这里,如果我们在这儿都无法得到安全,那么北约控制的哪一块地方对我们是安全的?"

在南斯拉夫按照联合国的决议将军队和警察提前撤出科索沃后,科索沃成了阿尔巴尼亚族恐怖主义分子的犯罪"天堂",而履行联合国决议对"科索沃解放军"的缴械工作并没有得到有效的执行。直到6月21日凌晨,北约维和部队司令杰克逊和"科索沃解放军"领导人特哈契才签署了一项有关"科索沃解放军"非军事化和分阶段解除武装的协议。协议立即生效,维和部队当日即开始收缴"科索沃解放军"的武器。协议规定,"科索沃解放军"必须立即停止一切军事行动,停止埋设地雷和在公路上设置路障,停止袭击、绑架平民。根据协议,"科索沃解放军"必须在4天之内关闭其全部阵地和公路两旁的岗楼,并在其埋设地雷处设置标志;"科索沃解放军"必须在7日之内将其武器库置于维和部队监督之下,排除其埋设的全部地雷,并从其全部阵地上撤出;"科索沃解放军"必须在30天之内将其拥有的全部被禁武器交到指定地点;3个月之后,"科索沃解放军"成员不得再着其军装并携带该组织的任何标志。据报道,到6月29日为止,在科索沃地区建立的40个武器收缴站只收缴到576件武器,这些协议显然没有得到有效实施。

当然，以美国为首的北约并不把"科索沃解放军"这样的乌合之众放在眼里，而且也不打算让这支穆斯林武装存在下去。但是，当时这支反塞尔维亚人、黑山人，反南斯拉夫政府的武装力量对于他们所要实施的政治阴谋是一个可以利用的工具。所以，北约的维和部队对"科索沃解放军"的恐怖活动和种族清洗采取了纵容的态度。同时，北约对日益增多的科索沃阿尔巴尼亚族返乡难民的安置迟迟不采取措施，任凭他们去占据那些逃亡的塞尔维亚族、黑山族难民的家园，从而堵绝塞尔维亚族、黑山族难民返回科索沃的后路。以美国为首的北约在维持科索沃地区和平过程中采取的这种做法，其直接目的是乘机造成科索沃地区真正的种族清洗，将科索沃的塞尔维亚族、黑山族驱赶出去。而他们所要实现的真正目标是通过造成科索沃塞尔维亚族、黑山族难民向塞尔维亚族、黑山族聚居地区的逃亡，引发饱受战争创伤并且得不到国际援助的塞尔维亚、黑山地区的社会动荡和民众不满，从而将塞尔维亚民族失去科索沃历史家园的责任归咎于米洛舍维奇，造成反对米洛舍维奇的民众运动。此外。通过对科索沃地区塞尔维亚族、黑山族的驱赶和清洗，还可以彻底削弱塞尔维亚人在科索沃地区的政治、经济、文化等社会各领域中一直占据的优势，从而为建立一个种族净化的阿尔巴尼亚族居于实际统治地位的高度自治的科索沃创造条件。以美国为首的北约不会允许科索沃同阿尔巴尼亚合并在一起。因为，这不仅关系到马其顿和希腊境内的阿尔巴尼亚族问题，更重要的是它们决不允许在欧洲、特别是巴尔干半岛这个战略要地出现穆斯林的联合或更大的伊斯兰国家。美国在处理波斯尼亚和黑塞哥维那问题上之所以制造"穆-克联邦"，其目的与其说是为增强对付塞尔维亚人的实力，还不如说是通过克罗地亚族及其母国来遏制波黑穆斯林追求建立伊斯兰国家的野心。但是，为了牵制南斯拉夫的塞尔维亚人，在过渡期之后美国很可能会使科索沃成为南斯拉夫联盟国家的一个同塞尔维亚、黑山共和国一样的科索沃共和国。这一目的在之后科索沃民事政权的建立过程中伴随着北约重建科索沃的"马歇尔计划"逐步显露出来。北约重建科索沃乃至将米洛舍维奇搞下台之后将"马歇尔计划"扩大到整个南斯拉夫,决不仅仅是一种经济重建,而是按照西方的模式来对这个国家进行政治上的重建。

自从 6 月 12 日俄罗斯抢先进驻普里什蒂纳以后,美俄两国总统多次通过电话就俄罗斯参加科索沃维和行动问题进行磋商,以寻求一个在不削弱以北约维和部队的统一指挥机制的前提下把俄罗斯部队融入其中的办法。从 16 日开始,美国国防部长科恩和俄罗斯国防部长谢尔盖耶夫抵达赫尔辛基,开始就解决俄罗斯参加科索沃维和行动的争端问题举行会谈。次日,谈判双方在有关俄罗斯部队控制的普里什蒂纳机场的使用问题、俄罗斯和其他国家维和部队之间的分工问题以及国际维和部队的指挥框架等问题上达成一致,但在俄罗斯维和区问题上仍然分歧严重,俄罗斯希望得到独立的维和区。18 日深夜,美俄两国在赫尔辛基就俄军参与科索沃维和的问题达成协议。俄罗斯将派一支 3600 人组成的部队参加维和行动,并在北约和国际维和部队的指挥框架内派驻代表,但在科索沃没有单独的维和区。根据协议要点,俄罗斯被允许派遣的兵力不超过 5 个营,2850 人,另外还可派遣750 名机场和后勤基地工作人员以及 16 名联络官参加维和;俄罗斯维和部队将部署在分别由美国、德国和法国控制的三个区内;俄罗斯在北约总部和科索沃国际维和部队的指挥框架内派驻代表;所有国际维和部队都可以使用科索沃普里什蒂纳机场。俄罗斯联邦委员会(议会上院)召开非常会议,以多数票通过向科索沃派遣维和部队的决定。26 日,叶利钦总统签署《关于动用俄罗斯武装力量参与南斯拉夫科索沃国际维和行动的命令》。根据这一命令,参加科索沃国际维和行动的俄罗斯武装力量人数将达到 3616 人,其中包括其编内武器和军事技术设备,服役期至 2000 年 6 月 10 日。俄罗斯驻科索沃部队将执行联合国安理会所规定的任务,并服从俄罗斯武装力量总参谋部的指挥。同日，叶利钦总统还发布了《关于向科索沃派遣内卫部队和联邦边防军人的命令》。根据该命令，俄罗斯将向科索沃派遣 210 名俄罗斯联邦内卫部队机构工作人员和 30 名联邦边防局军人。俄罗斯 3000 多人的维和部队，在整个科索沃维和行动中位居英、德、美、法之后，但是俄罗斯没有独立的维和区而只能屈就于美、德、法维和区中，力量比较分散。当然，俄罗斯也没有能力派遣更多的部队，仅这 3000 多人的维和部队一年下来就需要 6000 万美元的支持，这对于正处于还债高峰而国库空虚的俄罗斯来说已经是难以承受的数字了。当然，俄罗斯在维和部队的规模、分区部署和统一指挥等问题上对北约的让步，也得到了西方国家的回报。俄罗斯维和部队进驻科索沃后，或许对当地塞尔维亚族、黑山族等东正教信徒的境遇有所改善，同时对执行联合国决议和在一定程度上维护南斯拉夫政府的利益也会起到一些积极作用，但是在经济实力强大的美国等西方国家主导下，俄罗斯的作用只能是有限的。而且，俄罗斯在南斯拉夫需要的是抗拒西方的领导力量，但未必一定是有前共产党人背景的米洛舍维奇。

对于这场战争胜负的评说，可谓多种多样。以美国为首的西方势力认为自己取得了胜利，南斯拉夫认为自己在道义上、成功的军事抵抗上也取得了胜利，还有的说法是这是一场没有赢家的战争，等等。事实上，现在评论这场战争的胜负还为时过早。战场上的刀光剑影是一种战争，以美国为首的北约通过强大的军事打击重创了南斯拉夫国家，造成了南斯拉夫国家经济社会的大倒退。在这种情况下，即便南斯拉夫的军队并没有受到北约所宣称的那种程度的削弱，但是在科索沃问题上已经派不上用场了。以美国为首的北约虽然达到了兵进科索沃的目的，但是没有实现其发动这场战争时所预期的军事存在目标——占领，它们的军事存在不仅被纳入联合国维持和平行动的范围，而且将其竞争对手俄罗斯引进了科索沃。此外，北约侵略所造成的双向难民潮，对"科索沃解放军"的处理，维和部队之间的关系协调（尤其是同俄罗斯），北约内部的矛盾和在处置科索沃问题上的歧见，南斯拉夫政局的变化，被这场战争再次加深的塞尔维亚人同阿尔巴尼亚人之间的民族仇恨等一系列问题在此后很长时间都还是变数。所以，科索沃的和平并没有实现，整个前南斯拉夫地区的问题靠炸弹是解决不了的。民族问题、宗教问题靠强权政治是解决不了的。巴尔干半岛的历史，是一部帝国争霸的历史，是一部帝国制造"火药桶"并不断向里面充填火药的历史，是一部每当"火药桶"积蓄胀满"帝国之手"就来点燃的历史。克林顿在发动战争时向美国人信誓旦旦地宣称，美国及其欧洲盟友采取的行动是为了卸除巴尔干"火药桶"的引信。如果说这个引信是巴尔干半岛上由来已久、频繁发生的民族、宗教矛盾，那么这个引信不仅没有卸除，反而使它变得更加敏感、更加易燃。所以，以美国为首的北约制造"科索沃模式"虽然在战术上取得了优势，但是在战略上却已经失败。

第十二章

美国制造"科索沃模式" 的背后

对美国来说,欧亚大陆是最重要的地缘政治目标。欧亚大国和欧亚民族主导世界事务达500年之久,其间它们为了争夺地区主导权而相互争斗并力争成为全球性大国。现在,美国这个非欧亚大国在这里取得了举足轻重的地位。美国能否持久、有效地保持这种地位直接影响美国对全球事务的支配。

〔美〕兹比格纽·布热津斯基:《大棋局》

俄罗斯激烈地反对北约东扩的任何行动,那些被认为是较开明和较倾向西方的俄罗斯人争辩说,东扩将大大加强俄罗斯国内的民族主义和反西方的政治力量。然而,北约东扩仅限于历史上是西方基督教世界的一部分国家……北约东扩只限于西方国家,也强调了俄国作为一个独立的、东正教文明的核心国家的作用,以及因此它应对东正教边界内和沿边界的秩序负责。

〔美〕塞缪尔·亨廷顿:《文明的冲突与世界秩序的重建》

冷战结束，制造出观察家称之为"单极的世界"（unipolar）或"一个超级大国"（one super power）的世界。但是，美国实质上并没有比冷战开始时更能单方面独断全面问题。美国比十年前更占优势，可是够讽刺的是，权力也更加分散。因此，美国能够运用来改造世界其他地区的力量，实际上也减弱了。

〔美〕亨利·基辛格：《大外交》

第一节　美国的欧亚大陆地缘政治目标

欧亚大陆是地球上最大的陆地板块，所以也有"世界岛"之称。虽然欧亚大陆不是人类发源的初始地，但是人类社会的古代文明大多发生在欧亚大陆。同时，从人类社会的民族和国家过程来看，欧亚大陆居于领先地位，而且世界三大宗教也起源于欧亚大陆。在人类社会的帝国历史上，欧亚大陆是唯一的诸帝国兴衰嬗替、争霸不休的地区。在人类的种族、民族的世界性流动和文化传播方面，欧亚大陆的作用同样令人吃惊，它对其他各大陆的影响也极其重大。亚洲人通过白令海峡进入美洲，使印第安文化覆盖了美洲大陆的南北。欧洲人在"地理大发现"的驱使下开拓海外殖民地，向美洲、非洲、大洋洲的移民改变着这些大陆的种族和民族以及文化，同时它们还将非洲的黑人像牲畜一样贩卖到美洲。资产阶级革命和民族国家模式发生在欧亚大陆，并对全球产生了影响。进入 20 世纪以来，两次世界大战都发端于欧亚大陆，无产阶级革命运动也兴起于欧亚大陆，冷战对抗的主战场及其具有象征意义的分界线——东西德的柏林墙、南北越的北纬 17 度线、朝鲜半岛的"三八线"、中国的海峡两岸——也在欧亚大陆，等等。所以，当老牌的地缘政治家麦金德将其著名的格言——谁统治了东欧谁就可以控制中心地带，谁统治了中心地带谁就能控制世界岛，谁统治了世界岛谁就能控制世界——公之于世后，人们才开始从地缘政治的视野注意到欧亚大陆在整个世界历史上的特殊作用和战略地位。东欧作为欧亚大陆的中心地带，从历史上到现实中之所以为东西方列强竞相争夺，其意义恐怕也正在于此。

美国不是欧亚大陆的成员国，但是它是历史上唯一的一个介入欧亚大陆帝国角逐的非欧亚国家。当然，美国的建立是欧洲殖民帝国向美洲延伸的结果。美国的独立战争虽然从总体上构成了殖民地摆脱宗主国统治的民族解放运动的一部分，但是它毕竟是西方殖民主义政策内部矛盾的结果。所以，美国的独立并不意味着美国土著印第安人和被迫来到美国的非洲黑人的解放。美国仍然是以盎格鲁-撒克逊文化为主流的殖民主义国家，并在其独立后的发展中逐渐成为西欧以外最强大的资本主义国家。不过，1823 年美国的门罗宣言明确了美国与欧洲的关系，即"美国不涉入欧洲的权力斗争"，同时"欧洲也不得涉入美国的事务"。[1] 但是这主要是针对美国在西半球建立自己的霸权而言的。如果说 19 世纪末美国在马汉的"海权论"警醒下表达了"不管美国人乐意与否，他们如今必须开始注意外部世界"的战略抉择，[2] 那么随之而来 1898 年与西班牙在海外殖民地问题上的冲突使美国在独立以后第一次同欧洲的帝国霸权发生了冲突。

在第一次世界大战中，美国的中立政策于 1917 年发生了改变，美国站在协约国一方加入了欧洲战场。而这场"战争完全改变了美国在世界的地位。除了日本，所有其他一些强国都在经历这场激变之后，不是削弱了，就是一蹶不振了。美国非但未损及毫毛，而且强大了不知多少"。[3] 战后威尔逊的理想主义曾使欧洲充满了新的希望，尤

---

① 〔美〕亨利·基辛格：《大外交》，第 19 页。
② 〔美〕马汉：《海权论》，中国言实出版社，1997，第 305 页。
③ 〔法〕安德列·英鲁瓦：《美国史——从威尔逊到肯尼迪》，第 19 页。

其是中东欧地区按照民族自决原则的国家重组，甚至使战败的德国也看到了未来的前途。但是，在《凡尔赛条约》形成过程中，美国内部的政治歧见和欧、美之间的分歧逐步暴露出来。威尔逊主义所倡导的通过建立国际联盟而实现"集体安全"不仅确立了"美国的安全与全人类的安全密不可分"的原则，并表达了"今后美国有责任对抗任何地区的侵略行动"和充当"四处行善的世界警察"的先声；① 而且与欧洲国家几百年来追求的"均势"原则发生了矛盾，以致最后签署的《凡尔赛条约》中包含了美国威尔逊主义对欧洲传统的地缘政治观念的妥协和美国再度陷入孤立主义。

在第二次世界大战后，罗斯福在处理欧洲事务方面并不打算将美国的武装力量和资本投入欧洲的复兴计划当中。但是在杜鲁门入主白宫的同时，欧洲的东西方地缘政治对抗的态势已然形成。而美国驻苏联使馆的代办乔治·凯南于1946年2月起草的8000字"长电"对美国确立对苏联的"遏制"政策产生了根本性的影响，随之而来的是"马歇尔计划"、北大西洋公约组织和西欧国家的军备发展，"欧洲式的势力均衡观念，以独特的美式修辞复活了"②！在此之后的几十年间，美国在主导欧洲事务方面的作用围绕着东西方冷战对抗展开的同时，称霸世界的野心同苏联在全球范围进行了竞争。据统计，到70年代初"美国在30个国家中驻军100万，是4个地区性防务联盟的成员，也是第5个此类联盟的积极参与者，与42个国家签有共同防御条约，是53个国际组织的成员，向全球近100个国家提供军事或经济援助"。不过，"对美国更为利益攸关的还是西欧（至少从军事部署上看）……美国一般任务部队的50%或60%事实上是用于北约"。③ 在美国的对外政策中，尽管出现过诸如越南战争之后对全球干

---

① 〔美〕亨利·基辛格：《大外交》，第29页。
② 〔美〕亨利·基辛格：《大外交》，第413页。
③ 〔美〕保罗·肯尼迪：《大国的兴衰》，第437、532页。

预的自我批判和反省，以及尼克松时期"以地缘政治观点诠释国际事务已成为必然"和里根时期"美国的目标不再是缓和紧张局势，而是十字军任务和改变苏联帝国主义"，但是威尔逊主义的底蕴一直在促使"美国总统一个接一个宣称美国没有丝毫'自私的'利益；即令不是唯一的目标，美国主要的国际目标是举世和平与进步"。① 美国在同苏联的争霸中，将美国的价值观念和制度模式向全球推广和充当"世界警察"的理念是始终不渝的。在美国与苏联两个超级大国的竞争中，从 80 年代中期开始，美国在全球视野的争霸中仍将欧亚大陆作为最重要的地缘政治目标，只是这一"地缘战略的焦点"不再限于过去的东西欧洲战线，"争夺欧亚大陆是一场全面的斗争，在三条中心战略战线上进行：远西战线、远东战线和西南战线"。② 由于美国在冷战初期的判断，美国在西欧的军事存在远远高于欧亚大陆的其他地区，"这是美国力量在美国国外唯一数量最多、花费最大的固定部署，仅集中驻扎在西德的军队就有约 25 万人"。③ 但是，美国的北约盟国"却把其国民生产总值中的很小一部分用于国防开支（批评者经常指出这一点），尽管欧洲的总人口和总收入现在已经超过美国"。④ 而且如同日本一样，欧洲共同体在经济上已经成为美国的竞争对手。美国人认为在同苏联的欧亚大陆竞争中，忽略了西亚和南亚地区的军事力量部署，使这些地区处于苏联易于扩张的薄弱状态。为此，美国应该改变偏重于欧洲的军事态势，"逐步地——当然只是部分地——消减美国在欧洲的军队，对增加美国在对付其他地方的安全威胁方面的灵

---

① 〔美〕亨利·基辛格：《大外交》，第 573、703、710 页。
② 〔美〕兹比格涅夫·布热津斯基：《竞赛方案——进行美苏竞争的地缘战略纲领》，第 26 页。
③ 〔美〕兹比格涅夫·布热津斯基：《竞赛方案——进行美苏竞争的地缘战略纲领》，第 158 页。
④ 〔美〕保罗·肯尼迪：《大国的兴衰》，第 532 页。

活性是必不可少的"。同时"欧洲人应当为他们自己的防务做更多的事"。① 在美苏的全球战略竞争中，美国人希望出现一个在军事防务上自立的欧洲，以便美国能够在全球范围内取得对苏联的竞争优势。因为美国希望把大西洋的优势向太平洋扩展，通过建立太平洋的美国、日本和中国三角关系来遏制苏联在远东地区的扩张。同时，美国将加强它在被认为是"西南亚的软腹部"地区的控制能力，因为美国认为包括伊朗、阿富汗和巴基斯坦这些国家在内的地区最容易受到苏联扩张威胁，何况在此之前苏联已经入侵了阿富汗。对于缺乏欧洲人历史上形成的"均势"观念和地缘政治思想的美国人来说，称霸全球必须确立欧亚大陆的地缘政治纲领，因为"只有把历史意识和地缘政治意识注入美国的长期地缘战略竞赛方案中，美国才有可能实现这些目标"。② 但是，提出这一套地缘政治纲领的美国战略思想家虽然表达了通过外部的竞争和遏制会加速苏联及其阵营的内部解体，然而却没有想到苏联的解体会如此之快地发生。甚至直到1989年，美国政要虽然预计和勾画了苏联解体的图景，但是也仍然比较保守地将这一重大的事变设想为俄国"十月革命"100周年的2017年。③

自1979年苏联入侵阿富汗和伊朗扣押美国人危机之后，美国就加强了同苏联在波斯湾地区的战略竞争。美国政府为了从反美情绪高涨的伊朗手中解救人质采取了通过以色列向伊朗输送武器的方式，并希图建立一个亲美的伊朗政权，其中也包括了对抗在苏联支持下的伊拉克。④ 是时，伊朗对科威特进行了军事威胁以控遏科威特等国对伊

---

① 〔美〕兹比格涅夫·布热津斯基：《竞赛方案——进行美苏竞争的地缘战略纲领》，第62、166页。
② 〔美〕兹比格涅夫·布热津期基：《竞赛方案——进行美苏竞争的地缘战略纲领》，第226页。
③ 〔美〕兹比格涅夫·布热津斯基：《大失败——二十世纪共产主义的兴亡》，第287页。
④ 〔美〕卡斯珀·温伯格：《温伯格回忆录——为和平而战》，世界知识出版社，1991，第289页。

拉克的支持。为此,科威特先后向苏联和美国提出保护油轮安全的要求。当时,科威特虽然与苏联保持良好的关系,但是同样为美国在波斯湾的海空军事力量提供燃料。所以,对于美国人来说,西方对这一地区石油资源的控制是其进行战略竞争的重要原因,如果使苏联人在这一"关键的地区得势,则他们在海湾的地位必然使我们遭到排斥。他们会因此在战略上获得巨大的好处,而我们决不想让他们得手"。①美国承担了保护科威特油轮和波斯湾航道安全的责任,在此期间伊朗并没有停止对科威特油轮的袭击,甚至也击中了美国的油轮,为此也招来了美国的武力报复。在这次海湾危机中,还出现了两个插曲,一是 1987 年 5 月 17 日伊拉克的一枚导弹击中美国的"斯塔克号"驱逐舰,造成 37 名美国军人死亡和舰船严重受损;二是 1988 年 7 月 3 日美国的"文森斯号"导弹巡洋舰击落了一架伊朗客机,造成 290 名乘客和机组人员全部遇难。这两件都被称为意外的"误击事件"是否存在伊朗"人质危机"和 90 年代海湾战争美国打击伊拉克的某种心理因素,其实并不重要,但是美国人在不得不承认击落了伊朗客机并造成重大民事伤亡时,却念念不忘 1983 年 9 月 1 日苏联(而且刻意强调是第二次世界大战爆发 44 周年的日子)在其领空击落了一架韩国的客机并造成 300 多名乘客死亡的事件,同时强调说"这次事故的原因和情形一直没有得到充分的解释","事实真相永远不得而知"。②美国人的冷战心态和对抗意识之强也由此可见一斑。而 1999 年 5 月 7 日午夜美国人用 5 枚导弹袭击中国驻南斯拉夫大使馆的事实真相是否能够大白于天下?中国政府和人民仍在拭目以待!美苏在波斯湾的战略竞争以 1989 年苏联从阿富汗撤军宣告了美国的胜利。随之而来的是美国同年 12 月突袭巴拿马将诺列加抓到美国审判;1991 年 1 月在海湾展开"沙漠风暴"战争,以美国为首的多国部队对伊拉克进行了

---

① 〔美〕卡斯珀·温伯格:《温伯格回忆录——为和平而战》,第 298 页。
② 〔美〕塔德·舒尔茨:《昨与今:战后世界的变迁》,东方出版社,1991,第 505 页。

38 天的空中打击和 100 小时的地面突击，开启了高科技战争的先声，也确立了美国在海湾军事存在的地位。海湾战争结束后，美国向全世界所显示的高科技战争模式，的确使世人感到震惊。这一冷战结束前夕最大规模的战争，显示了美国可以迅速向世界各地调兵遣将并以最小限度的己方伤亡和最大限度地杀伤对手而实现战争优势的力量。但是，为了冷战对抗而建立和发展起来的这一强大无比的军事力量突然在 1991 年 12 月底苏联宣告解体而失去了对手。

苏联解体的确是一件世纪大事，世人为之震惊。尤其是苏联解体得如此之快，甚至连时时盼望其消失的对手们也为之惊愕。以美国为首的西方世界在惊愕之余，随之而来的是"战胜共产主义"的弹冠相庆。然而庆幸之后的"冷静"却让美国发现自己强大的军事力量由于苏联不复存在而失去了继续存在的理由。从布什的"超越遏制"安全战略开始，美国的确开始从海外收缩其军事存在，转而通过建立地区性的安全体系来形成以美国为核心、北约为基础、地区防务安全体系为触角的全球性战略体制。但是，随着冷战时期两极体制的瓦解，经济一体化所推动的全球化进程加快，构建新的国际秩序成为世界各国所关注的问题。特别是随着和平与发展主流趋势推动，各个国家在开放性发展中不断加强着区域性和集团化的合作，世界走向多极化的前景也随之显现。而与此相伴的是随着苏联解体、东欧剧变而出现的 20 世纪第三次民族主义浪潮。这股源于苏东地区而向西欧蔓延并对世界各个地区发生影响的民族主义浪潮，使历史的、现实的尤其是冷战霸权体制长期压抑的种族、民族、宗教、领土等矛盾沉渣泛起，形成了冷战后此伏彼起的内战、地区冲突、分离主义运动和右翼势力（包括法西斯主义）回潮的混乱。西方人曾为苏联解体过程中的民族主义运动（包括东欧摆脱苏联控制和苏联非俄罗斯民族独立建国）而额手称庆，认为民族主义瓦解了共产主义，而且所有的社会主义多民族国家都将步此后尘。然而，他们没有料到，在西方发达资本主义国家中，民族主义的分离运动也出现了高潮，种族主义和法西斯主义甚嚣尘上；同时，在许多实行资本主义制度的发展中国家出现大量的种族、民族、部族、宗教等冲突，甚至酿成大规模的仇杀和经久不息的战争。即便是世界上仅存的超级大国——美国，在布热津斯基所开列的构成美国自身缺陷和内部挑战的 20 项问题的清单中，也包括了"日益加深的种族和贫困问题"和"潜在的制造分裂的多元文化主义抬头"，而且这方面的问题"可能使多民族的美国巴尔干化"。① 美国内部诸多积重难返的问题，正如苏联内部难以克服的弊端会影响其对外的竞争能力一样，也会构成对"美国全球卓越地位"的威胁。同时，虽然苏联消失了，但是美国所面临的挑战似乎更多了。苏联虽然解体了，但是向传统沙俄帝国回归的俄罗斯仍继承了苏联时期的核武库，更重要的是俄罗斯的民族主义在苏联分崩离析过程中由于受到非俄罗斯民族普遍的民族主义挑战而产生了强烈的内聚力，这一方面加速了苏联的解体，另一方面也刺激了传统俄罗斯帝国意识的复活，除了那些具有象征意义的沙俄帝国时期的符号再度复活外，极端民族主义势力也为重振俄罗斯帝国的雄风而宣扬"最后一次南进"的扩张思想，"说它是最后一次，是因为这将是最后一次瓜分世界。这可以解决一切问题，我们将一劳永逸。俄国将获得四极版图：我们将北倚北冰洋，东临太平洋，通过黑海、地中海和波罗的海西接大西洋，在南方，我们将能靠着印度洋，只有那时，我们才会获得平静的邻邦。友好的印度，俄印边界将是最安静、最和平的边界"；"我们将在 21 世纪对世界提出我们的模式：巩固东欧与俄罗斯，肢解土耳其、伊朗和阿富汗，这是些没有前途的、人为的国家。它们永远是游牧民，永远是抢劫、掠夺、虏获、强制，永远是对和平的威胁"；"因此，应当使一切恢复原样，使基督教世界在耶路撒冷重新统一，使君士坦丁堡也

---

① 〔美〕兹比格涅夫·布热津斯基：《大失控与大混乱》，中国社会科学出版社，1994，第 117、118 页。

响彻东正教堂的钟声";"欧洲将彻底摆脱边界,将无须检查身份证,用不着限制居住和求职";等等。① 对于这些近乎希特勒式的疯狂言论,虽然人们可以嗤之以鼻,但是日里诺夫斯基的俄罗斯自由民主党却在 1993 年 12 月的议会选举中以 24.22% 的选票位居各政党之首,这从一个侧面反映了苏联解体后俄罗斯人比较普遍的民族主义心态。此外,亚洲特别是东亚经济的惊人增长和"亚洲世纪"到来的舆论,也使被称为"反自由非民主的体系也许会让技术性经济合理主义和家长威权主义互相结合,而在远东获得支持"的所谓"新威权主义",②会在共产主义历史终结之后对西方价值观念构成新的挑战。当然,对于美国来说,80 年代中期所主张的"更加自立的欧洲"是为了同苏联抗衡和加强对东欧的影响。而 90 年代初的欧洲,随着两德的统一和多党民主制席卷东欧所产生的一系列变化让美国人也目不暇接。是时,虽然在巴尔干半岛爆发了前南斯拉夫解体过程中的内战,但是并没有影响 1992 年 2 月《欧洲联盟条约》("马斯特里赫特条约")的签订。欧洲尤其是法国、德国在冷战后为推动欧洲的统一表现出急促的雄心壮志,使欧洲的崛起由于东欧剧变和苏联解体而早已超越了美国在冷战时期对欧亚大陆地缘政治的设计。更何况旷日持久的乌拉圭回合谈判在进入 90 年代以后,欧共体与美国在农产品问题上的分歧非常严重,并造成 1990 年底布鲁塞尔会议的流产。当然,欧美之间的分歧还包括欧共体反对美国提出的视听产品自由化贸易、美国要求欧共体进一步开放文化市场、其他方面的市场准入问题以及建立世界贸易组织问题等方面。直到 1993 年 7 月美国、欧共体、日本和加拿大达成四方协议和 12 月美国、欧共体就农产品和视听产品等达成协

---

① 〔俄〕弗·沃·日里诺夫斯基:《俄罗斯的命运》,新华出版社,1995,第 126、132、133 页。

② 〔美〕弗兰西斯·福山:《历史的终结》,远方出版社,1998,第 278 页。

议，才使乌拉圭回合谈判正式结束。[①] 在这种形势下，美国当然不是退出欧洲，而是重返欧洲来主导"大欧洲"事务，否则按照经典的地缘政治纲领，美国将不可能统治世界。

冷战结束后，美国以世界上无人匹敌的经济实力和军事优势以及它自认为最先进的政治理念（包括民主化、人权观等）图谋领导世界。但是，西方世界内部的分歧和经济竞争（主要是欧洲和日本），中国的发展，俄罗斯潜在的实力，非洲、拉美、中东、南亚等地区的各种冲突以及联合国维持和平作用的加强，又削弱着美国构建单极世界的霸权图谋。为了维护美国在西方世界的领导地位和在世界上的强权政策，美国必须为它的霸权主义寻求理由，重新制造冷战时期的对抗态势来设定对美国利益的威胁，从而也就导致了美国为自己同时为保持西方世界继续团结在它的身边来制造新的敌人或对手。从冷战思维的意识形态角度，美国首先确定的目标是中国。90 年代中期从"大中华经济圈"到后来直言不讳的"中国威胁论"正是在这种条件下出现的。"世界上人口最多的国家中华人民共和国和世界上力量最强的国家美国已经成了全球对手"，而就在美国的传媒不断地"妖魔化"中国的同时，美国人宣称："美国被中国官方传媒正式定为全球敌人"，他们针对中国在改革开放的进程中所取得的成就说："在西方对中国怕得要命的那个时候，中国实际上是处于停滞的无所作为状态。西方欢迎中国的改革，认为这个国家会因此而变得比较温和、讲道理，与其他国家更相似，因而危险性也就会减小。殊不知，中国至此才第一次有力量威胁西方特别是美国的利益。"[②] 在这样一种树立对手的敌对心态下，美国确定了"西化"和"分化"中国的战略，从人权、计划生育、"西藏问题"、粮食问题（谁来养活中国）、加入世

---

① 任泉：《GATT 乌拉圭回合内幕》，世界知识出版社，1996，第 362—364 页。
② 〔美〕理查德·伯恩斯坦、罗斯·芒罗：《即将到来的美中冲突》，新华出版社，1997，第 1、28、46 页。

界贸易组织、台湾问题、最惠国待遇问题、武器出口与核扩散、在美国进行贿选、窃取美国核技术等方面对中国进行诋毁、攻击和制裁，以致发展到利用科索沃危机对中国驻南斯拉夫大使馆进行导弹袭击公然向中国的主权挑战，而且在无法对此作出交代的情况下试图以"考克斯报告"来转移国际社会视线。从全球的范围来看，美国试图主导世界的重要手段就是将其价值观念通过物质文化和精神文化对世界各国进行侵袭，它借助经济一体化和通信传媒日新月异的发展推动下的文化帝国主义，正在同现代化进程中的日益强劲的文化多样性理念形成冲突。包括西方资本主义世界内部，如果说80年代初法国代表在参加联合国教科文组织的"文化政策世界会议"时大力抨击美国的文化帝国主义霸权使其"在国际上占尽了文化生产及配销的支配地位"，曾引起法国国内对这种"鸵鸟而沙文式的孤立想法"的哗然批评，甚至认为美国的文化帝国主义"霸权有理"；① 那么到90年代，法国在乌拉圭回合的谈判中却毫不犹豫地提出了"文化例外"的强硬主张，甚至为了保护法兰西文化的传统和纯洁在法国老百姓中也出现了拒说英语的现象。在广大发展中国家，现代化不是西方化，更不是美国化的共识与日俱增，保留、传承和弘扬民族文化的呼声和行动日渐高涨。亨廷顿的"文明冲突论"正是在这种形势下出现的。按照亨廷顿的观点，"在冷战后的世界中，国家日益根据文明来确定自己的利益。它们同具有与自己相似或共同文化的国家合作或结盟，并常常同具有不同文化的国家发生冲突"。② 他所划分的中华文明、日本文明、印度文明、伊斯兰文明、西方文明、拉丁美洲文明、非洲文明（可能存在），以宗教作为界定诸文明主要特征，由此也就有理由将西方基督教文明的天主教和东正教加以区分，从而将以俄罗斯为代表的东正教文明作为了冲突的一端。这是因为"俄罗斯跨有麦金德（Halford

---

① 〔英〕汤林森：《文化帝国主义》，上海人民出版社，1999，第34—35页。
② 〔美〕塞缪尔·亨廷顿：《文明的冲突与世界秩序的重建》，第15页。

Mackinder) 称为地缘政治心脏地带的领土,也继承了最丰富的帝国传统"。① 在现代化进程中出现的非西方化的本土化运动和宗教复兴,特别表现为"亚洲的自信植根于经济的增长;穆斯林的自我伸张在相当大的程度上源于社会流动和人口增长"。所以,亚洲的"儒教"认同和伊斯兰世界的宗教复兴将"有时单独地、有时携手对西方国家表现出日益自信的自我伸张"。②"文明冲突论"一个很重要的目的是将日益显现的貌合神离的西方世界重新凝聚到美国的周围,通过放大的非西方文明——尤其是有浓重意识形态背景的"中华文明"、从历史到现实同西方世界冲突的"伊斯兰文明"、"死而不僵"且可能东山再起的俄罗斯"东正教文明"——对西方世界文明的挑战来造成西欧国家的受威胁感,从而继续在政治、军事、经济和文化上依赖并听命于美国。

美国在冷战后制造"对手"以巩固和加强它在西方国家的领导地位,从而实现其领导全世界的霸权主义目的,使它争夺欧亚大陆的地缘政治目标也形成了更加全面的战略构思。在这方面最有代表性的是布热津斯基的欧亚大陆"大棋局"理论。这一理论的前提或假设是充满自信的:"美国对手的垮台使美国处于一种独一无二的地位。它成为第一个也是唯一的一个真正的全球性大国。"从历史的经验看,近代"欧洲在全球的霸权并不发端于任何一个欧洲大国在欧洲获得的霸权"。③ 所以,欧洲曾经取得的全球霸权地位毫无例外地会丧失,其原因是欧洲传统的均势外交。对于美国的霸权主义来说,虽然具备了向全球任何一个地区进行军事干预的能力,但是"没有欧洲,美国在心理上,以及地球上、地缘政治上,都将成为欧亚大陆外海的岛屿"。④

① 〔美〕亨利·基辛格:《大外交》,第 754 页。
② 〔美〕塞缪尔·亨廷顿:《文明的冲突与世界秩序的重建》,第 102 页。
③ 〔美〕兹比格涅夫·布热津斯基:《大棋局——美国的首要地位及其地缘战略》,上海人民出版社,1998,第 13、26 页。
④ 〔美〕亨利·基辛格:《大外交》,第 762 页。

更何况在欧亚大陆这一"大棋局"中，美国并非没有对手。法国、德国、俄罗斯、中国和印度是欧亚大陆的主要和积极的地缘战略棋手，而乌克兰、阿塞拜疆、韩国、土耳其和伊朗则以其地理位置"有时在决定某个重要棋手是否能进入重要地区，或阻止它得到某种资源方面能起特殊的作用"被视为这一"棋盘"上的"地缘政治支轴国家"。①这种"地缘政治支轴国家"可能成为一个重要国家或地区的防卫屏障，同时也会对相邻的重要棋手产生重要的政治和文化影响。所以，美国在欧亚大陆的"大棋局"博弈中对这些"地缘政治支轴国家"提供保护是实现全球战略的一个重要方面。在这样一个基本布局下，布热津斯基对美国在欧亚大陆地缘政治目标的战略抉择进行了全面分析。

首先，北约不仅是美国影响欧洲事务的主要途径，而且是美国在西欧保持具有重要政治意义的军事存在的基础。所以，美国必须在支持欧洲联合的基础上对北约进行结构和程序上的重大变革，为此美国要利用欧洲在一体化进程中的分歧和法国、德国试图各自发挥领导作用的矛盾以维护欧洲团结的名义介入并进行决定性的干预，特别是支持德国的关于欧盟扩大和北约东扩的思想来确定欧洲的范围，从而实现美国在欧洲的主要地缘战略目标："通过更加真实的跨大西洋伙伴关系来巩固美国在欧亚大陆的桥头堡，以便使扩大中的欧洲成为向欧亚大陆传送国际民主与合作秩序的更有活力的跳板。"②

其次，苏联解体以后，俄罗斯势力的退缩使欧亚大陆中心地带出现了力量真空的"黑洞"。尤其是失去了波罗的海、乌克兰、中亚，使俄罗斯的地缘战略竞争受到极大限制。将乌克兰纳入北约东扩的目

---

① 〔美〕兹比格涅夫·布热津斯基：《大棋局——美国的首要地位及其地缘战略》，第55页。

② 〔美〕兹比格涅夫·布热津斯基：《大棋局——美国的首要地位及其地缘战略》，第114页。

标，保持独立的阿塞拜疆以便使西方进入能源丰富的里海盆地和获得中亚地区的通道，控制最有活力的也是构成俄罗斯重返中亚的主要障碍的乌兹别克斯坦，从而造成前苏联地区内地缘政治的多元化，不仅会迫使俄罗斯在得到西方经济援助的实惠和向沙俄帝国回归的扩张野心之间作出加入欧洲的选择，而且"俄国同欧洲靠拢的速度越快，欧亚大陆的黑洞就越早由一个越来越现代化和民主的社会填补"。[①]

再次，如果说欧洲的巴尔干半岛是争夺欧洲主导权斗争的地缘政治目标，那么欧亚大陆的"巴尔干"则关系到控制联结欧亚大陆东西最富裕地区和运输网，它包括了东南欧的一部分、中亚、南亚的一部分、波斯湾地区和中东，这里蕴藏着巨大的天然气和石油储量以及包括黄金在内的重要矿产资源。同时，这一地区普遍存在着种族、民族、宗教和领土的争端，而俄罗斯、土耳其、伊朗对这里都有野心，甚至包括中国的潜在"政治兴趣"。在这个距离美国过于遥远但美国又过于强大而不得不参与其中的地区，"美国的首要利益是帮助确保没有任何一个大国单独控制这一地缘政治空间，保证全世界都能不受阻拦地在财政上和经济上进入该地区"。而"建立和加强这样一种平衡，必须成为美国对欧亚大陆的任何综合性地缘战略的一个主要目标"。[②]

最后，美国在欧亚大陆的地缘政治战略必须有一只"远东之锚"。而这只"远东之锚"应该成为美国在欧亚大陆东端的民主化桥头堡，也就是被"西化"了的中国。然而，目前在美国人的眼里，中国民族主义高涨、经济繁荣、人口众多、军费高达"国内生产总值约20%"、与巴基斯坦结盟、在缅甸保持军事存在、对东南亚特别是马六甲海峡

---

① 〔美〕兹比格涅夫·布热津斯基：《大棋局——美国的首要地位及其地缘战略》，第160页。

② 〔美〕兹比格涅夫·布热津斯基：《大棋局——美国的首要地位及其地缘战略》，第197、200页。

存在战略影响、卷入中亚地缘政治、对俄罗斯远东地区存在兴趣、积极参与东北亚经济合作、在中国南海形成主导力量、构建大中华经济圈、对朝鲜半岛统一发挥主导作用、谋求武力解决台湾问题，等等。为此，"美国只有通过同日本的密切联盟才能适应中国的地区抱负，并制约其表现"。这其中包括美日安全防务方面的密切合作，同时美国不能允许中国"使用军事力量强行统一台湾的尝试"，因为那使"美国在远东的地位将受到毁灭性的破坏"。对此，"美国将不得不进行干预"。美国承认只有一个中国，"但是，中国统一台湾的方式可能触犯美国的根本利益"。所以，"日本应该是美国在处理世界事务新议程中的全球性伙伴，地区内举足轻重的中国则应该成为美国的远东之锚，由此促使欧亚大陆出现一种力量均势。在这个方面欧亚大陆东部的大中华与欧亚大陆西部日益扩大的欧洲，作用同等重要"。[①]

从历史上看，美国并不是个重视欧洲传统的"均势"和"地缘政治"的国家，但是冷战时期的两极体制又迫使美国接受了这种传统。尽管在冷战结束后，美国成为唯一的超级大国想独霸世界，但是包括欧洲在内的诸多国际因素又对其野心形成了制约。它不得不对"均势是追求其历史目标的基本先决条件"加以重新认识，[②] 而"大棋局"所设计的美国欧亚大陆地缘政治战略，正是这一认识的结果。布热津斯基毫不隐讳地声称这一"新型霸权"模式所具有的三个有史以来的"第一次"，即"只有一个国家才是真正的全球性大国"；"一个非欧亚国家是世界上唯一地位突出的国家"；"欧亚大陆这个世界的中心舞台被一个非欧亚大国所主导"。[③] 但是，任何霸权主义势必受到反对和抗拒，这对美国人来说是十分清楚的。所以，防止任何一个国

---

① 〔美〕兹比格涅夫·布热津斯基：《大棋局——美国的首要地位及其地缘战略》，第245、246、249、251页。

② 〔美〕亨利·基辛格：《大外交》，第772页。

③ 〔美〕兹比格涅夫·布热津斯基：《大棋局——美国的首要地位及其地缘战略》，第259页。

家或联盟对美国霸权的挑战也就成为其欧亚大陆地缘政治战略“棋局”的题中之义。在欧洲，“北约组织是针对来自任何地区军事威胁的最佳保障；欧盟则是维持中欧、东欧安定的基本机制”。① 而“在亚洲，我们的安全战略有 4 个优先目标：维持我们对该地区的军事承诺；支持亚洲国家间进行更密切的安全合作；在对付新出现的威胁方面提供引导；支持新兴民主国家。我们努力与中国交往，确保它支持核不扩散，同意遵守自由和公平贸易的规则，在地区和全球安全倡议方面予以合作，并对它自己的公民提供基本人权——简言之，确保复兴中的中国为自己的人民、为这个世界而选择恰当的、作为积极变化的领导者的位置”。② 事实上，美国的欧亚大陆地缘政治战略在亚洲就是通过遏制、渗透来促使中国发生它所期望的变化，克林顿所说的“4 个优先目标”没有一个不是针对中国的。其目的是将中国纳入西方“民主化”的所谓国际框架中，因为据说“民主化有利于防止国家被动员起来追求帝国野心”。③ 当然，如果这一说法成立的话，美国的旧霸权也好，新霸权也罢，正好说明美国还不是一个其自己所标榜的并且力图将其自诩的标准强加于他国头上的“民主化”的国家，或者至少是一个假民主国家。因为美国是当今世界上最经常进行战争动员和最露骨表达帝国野心的唯一国家。所以，它在设定亚洲存在“中国威胁论”和欧洲存在俄罗斯帝国复兴的野心时，将自己摆在了“欧亚大陆的仲裁者”位置，宣称“欧亚所有的重大问题，没有美国的参与或有悖于美国的利益，都无法得到解决”。④ 对如此狂傲露骨的霸权主义表白，克林顿总统所作的修饰是：“当然，美国不能充当世界警

① 〔美〕亨利·基辛格：《大外交》，第 763 页。
② 〔美〕比尔·克林顿：《希望与历史之间》，海南出版社，1997，第 106 页。
③ 〔美〕兹比格涅夫·布热津斯基：《大棋局——美国的首要地位及其地缘战略》，第 275 页。
④ 〔美〕兹比格涅夫·布热津斯基：《大棋局——美国的首要地位及其地缘战略》，第 254 页。

察。但是我们能成为世界和平的缔造者。"① 对于美国这个"世界和平的缔造者",世人通过南斯拉夫科索沃危机有了极其现实和深刻的认识,用霸权来侵犯主权,用"维护人权"来制造人道主义灾难,用战争来缔造和平,这就是美国作为"欧亚大陆的仲裁者"解决"欧亚所有的重大问题"的基本手段,同时这也是美国实现欧亚大陆地缘政治战略目标进而统治全世界所将采取的具有普遍意义的基本方式。

第二节　北约东扩与"科索沃模式"

如上所述,在 20 世纪 80 年代中期随着冷战对抗的缓和,特别是美苏核裁军的进程,有关苏联将在东欧社会主义国家日益高涨的民族主义反苏情绪和其国内民族问题危机崭露头角的双向促动下发生变化,甚至最终解体的判断已经出现。在对这种即将到来的变化后果进行分析时,美国的战略分析家曾提出 5 种可能性,一是出现一个由苏联控制的欧洲;二是出现一个中立的欧洲;三是出现一个在政治上和军事上更加统一的西欧;四是由于西欧在政治和军事上更加统一迫使美国和苏联在欧洲脱离对峙,西欧与东欧发展更为密切的关系;五是北约组织中的欧洲扩大到整个欧洲,直至苏联的西部边界。第五种可能大概是涉及北约东扩最早的思想假设。不过,当时提出这五种可能的布热津斯基申明:"在上述五种情况中,第一种和最后一种极不可能出现,可以排除,因为这两种情况意味着美国或苏联的大规模失败,这两个超级大国将不惜巨大代价加以阻止的。……第五种前景只有当苏联内部出现大规模动乱,迫使它单方面从中欧撤军,并使克里姆林宫丧失维持其帝国的政治意愿之时,才有可能出现。"② 可见,尽

---

① 〔美〕比尔·克林顿:《希望与历史之间》,第 103 页。
② 〔美〕兹比格涅夫·布热津斯基:《竞赛方案——进行美苏竞争的地缘政治纲领》,第 187 页。

管苏联以及它所控制的东欧社会主义阵营正在出现美国和西方长期以来所期望的"和平演变",但是美国和西方对这一演变过程的渐进性、缓慢性是有充分估计的,而对苏联如同柏林墙忽然倒塌一样的突变性解体基本没有"奢望",所以对北约有朝一日东扩至苏联西部边界的可能性是难以想象的。然而,戈尔巴乔夫的"改革"不仅为此提供了现实可能性,而且使西方世界可望而不可即的苏联垮台以加速度的过程得以实现,从而也使几年前尚认为"极不可能出现"的北约东扩成为美国和西方世界在庆贺"取得冷战胜利"后随即作出的重大战略抉择。

北大西洋公约组织是 1949 年 4 月成立的一个以美国为首的欧洲军事同盟组织,它行使成员国的集体防御权利,是冷战的直接产物,也是美国介入欧洲政治、军事以及同苏联对抗的最重要的依托。1955 年以苏联为首的东欧社会主义阵营成立了华沙条约组织,它同样也是一个军事防御联盟,是北约的冷战对手,同时也是苏联控制东欧社会主义国家的工具。从华约建立以后,在冷战对抗的大陆性前沿这两大军事集团对峙了近 40 年,是欧洲大陆对抗双方保持均势和维护地缘政治边界各自所依托的根本力量。在 90 年代初苏联和东欧的演变过程中,华约在苏联的内乱和东欧各国纷纷走向多党民主制的社会动荡中已经失去了聚合力,苏联军事力量的收缩和东欧国家毫无例外地对苏联的排拒,使华约组织于 1991 年 3 月宣布解散,苏联驻华约组织成员国的军队也开始陆续撤回苏联本土。苏联解体使美国失去了冷战的对手,华约解散使北约失去了防御的对象。北约继续存在的理由应该是什么?这是美国以及北约的欧洲成员国面临的基本问题。

1991 年 5 月,北约根据冷战后欧洲的形势相继召开了国防部长和外交部长会议,商讨北约的前途。与会者一致认为应对北约的军事机制进行调整,向正在走向"民主化"的东欧国家提供某种安全保护,通过广泛的合作来扩大北约在欧洲的政治影响。11 月,北约在罗马召开首脑会议，强调北约在欧洲防务中继续发挥主导作用，决定加强北约与苏联和东欧的关系，成立"北大西洋合作委员会"，邀请苏联和东欧国家每年与北约举行一次外长会，以确定双方在政治、安全方面的合作关系，其中特别要优先满足东欧国家同北约合作的要求。北约的这一举措，立即在东欧一些国家引起反响，波兰、捷克、匈牙利、保加利亚、罗马尼亚、波罗的海三国纷纷表示了加入北约的愿望。12月，在苏联解体前一周，北约在布鲁塞尔总部举行了一次极其特别的会议，除了北约的 16 个成员国外，东欧的捷克、波兰、罗马尼亚、保加利亚和波罗的海三国的外长也应邀出席了会议。会议发表了"关于对话、伙伴关系与合作的声明"，决定加强北约同东欧国家的联系机制，建立定期的磋商会议，在防务计划、军备控制、科技和环保等方面进行合作。北约的这一系列会议及其所作出的有关决定实际上已经拉开了北约东扩的序幕，只是在是否接纳东欧国家作为北约成员国问题上还没有作出抉择。在北约对自身的作用进行调整的过程中，北约的欧洲成员国普遍希望在欧洲事务发挥更大的作用，提出了北约的欧洲特性问题，试图调整冷战时期对美国的依赖关系。当时，美国的注意力主要集中在苏联解体后美国与俄罗斯的关系问题上，对北约东扩的问题没有过多的关注。1992 年 2 月，俄罗斯总统叶利钦对美国进行访问，启动了冷战后的美、俄关系。双方发表的戴维营联合声明对两国关系的指导原则进行了充满和平和友谊词汇的描述。随后，布什总统还敦促国会通过了援助俄罗斯的一揽子计划，作为巩固俄罗斯民主化进程的保障。随着叶利钦第二次访美和双方达成削减战略核武器的谅解协议，美、俄关系似乎完全走出了冷战的阴影。而在此期间，南斯拉夫解体过程中的内战，使美国和俄罗斯都将视线转到了北约东扩问题上并开始了新的地缘政治角逐。

苏联解体和东欧剧变过程中出现的南斯拉夫内战，是西欧国家在冷战结束后面临的突如其来的大规模武装冲突。这场冲突发生在巴尔干半岛，特别是首先出现在斯洛文尼亚，随之出现在克罗地亚这些与北约国家接壤的共和国，对于战后 40 多年无战事（除了英国北爱尔兰问题、西班牙的巴斯克问题等恐怖主义对抗外）的欧洲来说，所引起的忧虑甚至恐慌似乎比冷战对抗时期更加现实。所以，从斯洛文尼亚内战爆发后，欧安组织就开始介入调停。及至克罗地亚内战以更大规模的态势发生后，欧洲在进行调停的同时，也试图启动西欧联盟（1948 年 3 月建立）来进行干预，但是早已被北约取代的西欧联盟只是一个空架子，它一方面没有军事力量可以调动；另一方面西欧联盟成员国都是北约成员国，如果调动军队又受到北约的制约，而且势必使美国加入其中，这又是一些欧洲大国所不情愿的，尽管当时北约已经确定了在防务和安全方面向东欧延伸的计划。在这种情况下，欧洲只好向联合国提出要求。但是，当 1992 年波黑内战爆发后，随着战争不断升级，联合国维和部队开始进驻波黑。然而，联合国确定的安全区并不安全，波黑冲突三方，尤其是塞尔维亚和穆斯林不仅对安全区进行攻击，而且维和部队也常常陷入困境，国际社会对波黑的人道主义援助也无法实施。在这种情况下，美国向联合国提出了建立禁飞区的建议。1993 年联合国在批准这一计划时，向联合国维和部队和"地区组织"授权可以对破坏人道主义援助的行为实施打击，北约由此获得了在其防御范围之外动用武力的权力。当然，这是在美国主导下造成的结果。欧洲虽然在冷战后试图实现"欧洲人的欧洲"而排拒美国在欧洲事务中的主导作用，但是在巴尔干半岛危机爆发后，欧洲却难以施为。对此，美国是十分清楚的。"因为我们很难想象，没有美国的政治和后勤支援，欧洲能在什么地区发动自己的军事行动。"[①]以美国为首的北约介入波黑内战，并在美国主导下最后达成"代顿协议"，再次证明了欧洲离不开美国，而美国主导下的北约是维护欧洲

---

① 〔美〕亨利·基辛格：《大外交》，第 763 页。

安全的唯一保障。

在南斯拉夫内战中，特别是波黑内战爆发后，在联合国和其他国际力量交相调停和干预中，俄罗斯通过对南斯拉夫的直接支持介入了波黑危机。俄罗斯对南斯拉夫的支持当然没有意识形态的背景（包括在科索沃问题上），因为俄罗斯已经是一个按照西方多党民主制原则构建的国家。俄罗斯支持南斯拉夫或更加具体地支持塞尔维亚，无疑与苏联解体后东正教在俄罗斯的复兴和大俄罗斯民族主义的伸张有直接关系，但是这同样是一种浅层的原因。最重要的原因是北约东扩问题的威胁。1992 年 2 月，北约秘书长访问了乌克兰，除了有关核武器的问题外，还邀请乌克兰总统、国防部长、外交部长访问北约总部。3 月，"北大西洋合作委员会"继接纳了东欧一些国家之后，又将独联体国家中的 11 个国家（除格鲁吉亚外）接纳为成员国。同月，北约秘书长访问波兰时声称北约不允许中东欧地区出现安全真空，北约极为关注中东欧的和平、民主和改革，在发展合作的基础上不排除中东欧国家最终加入北约。当时东欧国家加入北约的要求十分迫切，罗马尼亚甚至提出如能加入北约愿意在黑海海滨为北约提供海军基地。北约在东欧乃至独联体国家中的这些活动，终于引起俄罗斯的警觉，但是当时俄罗斯正处于国内政治危机和经济危机交相作用的危难时期，叶利钦为了获得美国的援助，于 1993 年初同来访的美国总统布什再次签署了第二阶段削减进攻性战略核武器条约，其中俄罗斯削减的核武器中包括美国人最感威胁的 SS-18 多弹头洲际导弹。当时，美国对苏联解体后最大的担心是核扩散问题，而俄罗斯对美国和西方国家寄予的最大希望是经济援助问题。由于俄罗斯的经济问题一直没有取得根本性的转机而不得不依赖于西方，所以俄罗斯在对外事务方面始终受到美国和西欧在经援方面的制约。1993 年以后，特别是克林顿上台以后，美国与俄罗斯在北约东扩问题上矛盾开始公开化，但是由于俄罗斯在经援方面受制于人，它对北约东扩以及所有认为危及俄罗斯地缘政治安全的事务，都难以作出真正有力的抗拒。从 1993 年开始，在美国主导下的北约东扩计划正式启动。是年 10 月，美国国防部长提出"为和平而建立伙伴关系"的主张；1994 年 1 月，克林顿总统在北约首脑会议上提出了北约东扩的"和平伙伴关系计划"。罗马尼亚第一个同北约签署了该计划。随后，一些东欧国家纷纷加入了这一"和平伙伴关系"的行列，并按照西方军队模式改组本国的军队，积极参加以北约为主导的联合国维和行动，同北约军队进行联合军事演习，为加入北约创造条件。

北约东扩问题的提出，使俄罗斯在苏联分崩离析后的余波中处于更加困难的境地。俄罗斯与乌克兰在黑海舰队以及克里米亚问题上的冲突、俄罗斯境外 2500 万俄罗斯人的境遇引起的国际关系问题、与独联体各国的边界问题、从前苏联各共和国撤军的问题、高加索地区的动荡问题、中亚地区的塔吉克内战和土耳其和伊朗的渗透问题，以及包括车臣危机在内的一系列国内民族问题等，已经使俄罗斯在虚弱不堪的经济环境和动荡不安的政治形势下处于焦头烂额的境地。而北约东扩不仅使苏联的"卫星国"纷纷倒向西方，同时北约东扩的触角已经进入了包括苏联本土范围的波罗的海、乌克兰、中亚、高加索地区，这对于历来热衷于在西部边界建立安全缓冲带的俄罗斯（包括苏联）传统来说，外部形势的这一变化是不能容忍的。所以，像日里诺夫斯基创办的自由民主党这样的俄罗斯极端民族主义势力的政党之所以能够在大选中获得最多的选民支持，正是因为它迎合了苏联解体后俄罗斯民族由于"小兄弟们"的众叛亲离和国家一蹶不振的虚弱以及昔日的敌手蔑视俄罗斯而产生的民族屈辱感。因此，当以日里诺夫斯基为代表的具有法西斯主义意味的大俄罗斯民族主义狂热分子，振臂一呼提出了俄罗斯"新地缘政治概念：向南方的最后'冲击'"，并声称"俄罗斯还将有世界上最强大的军队，有战略部队，有多弹头导弹"；并警告美国"请见好就收吧。我们要对比尔·克林顿说：不要重犯拿破仑和希特勒的错误"时，① 俄罗斯被屈辱的大民族主义社会意识得到了伸张，很多选民希望俄罗斯出现一个能够恢复历史上打败拿破仑和希特勒那样的领袖人物。因为"从群众的角度看，民族主义的元首是民族的人格化。只要这个元首实际上是按照群众的民族感情来使民族人格化，就会产生一种群众同他的个人纽带"。② 与此同时，在俄罗斯还出现了另一种怀念苏联时期的群众心理，这种心理使重组的俄罗斯共产党力量在大选中也获得了相当高的选民支持率。这两种趋向在相当程度上遏制了美国推动的北约东扩进程，因为西方世界面对俄罗斯国内的政治形势变化和已经同美国建立了"热恋"关系的叶利钦能否继续当政充满了忧虑，如果推动北约东扩势必激活大俄罗斯民族主义在俄罗斯甚嚣尘上的发展以及帝国主义化，从而导致历史上的俄罗斯专制帝国的再现；同时，如果无视俄罗斯的安全观传统和凌辱俄罗斯的大国地位，对于有70余年苏联共产党领导历史的俄罗斯民众来说，刺激他们对曾经强大到使整个资本主义世界恐惧不安的"苏联情结"的复苏，也有可能使俄罗斯重新回到共产主义的轨道。为此，美国等西方国家一度不得不放慢北约东扩的计划以表达对俄罗斯毫无野心的"善良愿望"，"并向俄国作出保证，它（指北约——笔者注）将不包括塞尔维亚、保加利亚、罗马尼亚、摩尔多瓦、白俄罗斯和乌克兰（只要乌克兰继续保证统一）"。③

1994年6月，俄罗斯加入了北约的"和平伙伴计划"，这一抉择引起了俄罗斯国内民族主义的再次高涨和反美情绪的滋长。在这种形势下，叶利钦不得不在一定程度上顺应民意，在俄美关系上采取了较为强硬的态度。是年12月，北约决定启动北约东扩的计划，遭到俄

---

① 〔俄〕弗·沃·日里诺夫斯基：《日里诺夫斯基自传——向南方的最后冲击》，中央编译出版社，1994，第107、114页。
② 〔美〕威尔海姆·赖希：《法西斯主义群众心理学》，重庆出版社，1990，第56页。
③ 〔美〕塞缪尔·亨廷顿：《文明的冲突与世界秩序的重建》，第174页。

罗斯的反对。一场有关北约东扩的论战在俄罗斯与美国之间，在北约国家内部展开。1995 年 5 月克林顿总统利用参加反法西斯战争胜利 50 周年的机会。同叶利钦总统举行了最高级会晤，并达成有关欧洲安全、反导弹防御系统、核不扩散、核不逆转和经济合作等内容的 5 个联合声明，但在北约东扩问题上分歧严重，在车臣问题上俄罗斯坚持内政原则但同意欧洲安全与合作组织派出一个协调小组。9 月，以美国为首的北约在波黑对塞尔维亚族军事力量进行了打击，俄罗斯立即威胁要中断与北约的和平伙伴关系，并开始更加积极地参与解决波黑问题的国际调停。12 月，俄罗斯共产党在国家杜马选举中名列第一，俄罗斯国内政治形势发生了新的变化。1996 年 1 月被认为是亲西方的外长科济列夫被解职，由苏联最后一任克格勃第一副主席、情报局长和俄罗斯第一任情报局长普里马科夫担任外交部长。是时，俄罗斯杜马在审批美俄第二阶段削减战略核武器条约问题上同北约东扩联系在了一起，拒绝叶利钦总统建议的审定时间表，没有对美国参议院通过了这一条约作出响应。3 月，普里马科夫在与美国国务卿克里斯托夫会晤后表示：俄罗斯不能接受北约东扩的做法，不是因为俄罗斯有否决权，而是因为俄罗斯必须在恶化了的地缘政治环境中捍卫自己的利益。并且指出，俄罗斯只能同不东扩的北约合作。同年 6 月，俄罗斯国防部长格拉乔夫在北约国防部长会议上也声明，北约东扩与加强北约和俄罗斯的合作是两件水火不相容的事情。1996 年是美、俄总统的大选年。由于俄罗斯国内政治形势的微妙变化，美国十分担心俄罗斯共产党候选人久加诺夫获胜，为了继续推动俄罗斯的民主化进程，美国必须促使叶利钦连任。同时，这关系到克林顿的连选连任问题，如果俄罗斯共产党上台，就意味着克林顿政府对俄罗斯政策的失败，甚至可以放大到"丢掉冷战胜利成果"的地步。所以，对于俄罗斯反对北约东扩的强烈反应，美国不得不出于上述考虑而暂缓推动北约东扩的进程。7 月 3 日，俄罗斯大选揭晓，叶利钦再次当选总统。当天，克林顿在向叶利钦表示祝贺的同时，便提出将派副总统戈尔赴莫斯科就北约东扩与俄罗斯的关系进行磋商。在叶利钦当选后，克林顿需要利用北约东扩的坚决态度和实际行动来作为自己 11 月的选举中的重要对外政策资本。这也就是他在大选期间发表的著述中所宣称的："我感到自豪的是，美国率先将北约的大门向欧洲新民主国家敞开——这首先是通过和平伙伴关系协议、不久又通过扩大北约本身来进行。我相信，北约能为欧洲东部做到、也将会做到它为欧洲西部做过的事：巩固民主以对抗未来的威胁，创造使市场经济繁荣的条件，防止地区内破坏性对手的再次出现。我们希望北约和俄罗斯及其他欧洲统一机构一道努力，创造出整个欧洲历史上一直只是一种梦想的东西：一个真正统一、自由的欧洲。"[1] 到美国大选进入关键阶段，克林顿终于宣布 1999 年北约将吸收首批中东欧国家。由此，北约东扩已经进入实施阶段。美国和俄罗斯围绕北约东扩问题的斗争虽然一直在继续，但是北约东扩成为现实却已指日可待。从 1997 年开始，北约秘书长索拉纳遍访有意加入北约的中东欧国家，其中乌克兰的意愿尤为引起北约的兴趣，同时他还访问了中亚和高加索各国。1998 年美国同哈萨克斯坦进行联合军事演习，也表明了对欧亚大陆"巴尔干"加强控制的实际行动。美国政要关于实现欧亚大陆地缘政治战略目标的"大棋局"已经开局，被视为具有"地缘政治支轴国"地位的乌克兰、阿塞拜疆、乌兹别克斯坦，已经纳入了美国的布局之内。

在美国关于争夺欧亚大陆战略"棋局"优势的酝酿阶段，美国从旁观到插手并主导波黑危机的解决，实际上是在为实现这一目标进行准备。它一方面让欧洲人明白欧洲的事务离开美国的主导作用是行不通的，另一方面则是通过启动北约的军事引擎来检验北约介入和解决

---

[1] 〔美〕比尔·克林顿：《希望与历史之间》，第 106 页。

地区冲突的能力和作用。当然，美国和北约在巴尔干地区的军事介入及其压服塞尔维亚人和搞垮南斯拉夫的目的，使叶利钦对美国曾作出的有限东扩，即不包括东正教国家的保证有了新的认识。所以，俄罗斯积极支持南斯拉夫并"坚决抗议自己被排除在外，强调它与塞尔维亚人有着历史上的联系，而且在巴尔干比其他任何主要国家都有着更为直接的利益。俄罗斯坚持自己应作为解决冲突的全面参与者，并严厉谴责'美国按照自己的意愿制定条件的倾向'"。① 事实上，从俄罗斯介入巴尔干半岛的历史进程来看，俄罗斯追求出海口的扩张重点是在保加利亚，虽然曾经支持过黑山，也是由于当时黑山在反抗土耳其人斗争中一直将谋求亚得里亚海的出海口作为重要的目标。当时的塞尔维亚往往处于摇摆之中，有时依靠俄罗斯，但更多的时候是倾向于法国。这也是第二次世界大战结束前斯大林与丘吉尔之间秘密的"百分比"交易中将南斯拉夫列为各自施加50%影响力的重要历史原因。同时，在第二次世界大战后苏联和南斯拉夫立即交恶，在意识形态方面进行了长期的斗争，南斯拉夫始终没有加入苏联所控制的社会主义阵营。所以，虽然冷战后由于意识形态斗争的弱化和民族主义的上升，俄罗斯在信仰危机中从东正教复兴和泛斯拉夫主义复活方面寻求领导地位，但是东欧国家普遍的西方选择以及对大俄罗斯民族主义的防范，使俄罗斯在西斯拉夫人和南斯拉夫人这两大支斯拉夫民族中的影响几乎丧失殆尽，加之西斯拉夫人的天主教背景和南斯拉夫人中复杂的宗教分野和民族仇怨以及对西方政治的态度，使俄罗斯在巴尔干半岛只剩下了重组的南斯拉夫可以作为阻止北约东扩的盟友。虽然希腊作为北约成员国具有更加深厚的东正教背景，并且在西方介入巴尔干事务并刻意偏袒天主教的克罗地亚、斯洛文尼亚和波黑穆斯林的干预中表达了它对南斯拉夫和塞尔维

① 〔美〕塞缪尔·亨廷顿：《文明的冲突与世界秩序的重建》，第338页。

亚人的支持，但是在阻遏北约东扩这一事关重大的地缘政治战略问题上，希腊对俄罗斯的作用是微乎其微的，当然希腊可以在一定程度上违背北约的意志为俄罗斯提供从海路运送维和部队进入科索沃的条件。因此，俄罗斯介入前南斯拉夫问题，所谓"文明冲突论"所展示的共同宗教的聚合只是反映在民间性的层面上，对于俄罗斯的政治家来说保持自己在巴尔干半岛的一席之地并避免整个巴尔干半岛"北约化"是根本的需要。从这个意义上来说，俄罗斯在波黑问题上所作出的努力并参与维和行动以保证自己在巴尔干半岛的一定军事存在，在一定程度上遏制了北约东扩的势头。但是，从 1997 年以后，北约东扩的进程进入具体实施阶段，俄罗斯在同美国的对抗中已经处于下风，它在坚守波罗的海三国、白俄罗斯、乌克兰这五个同俄罗斯西部边界接壤国和摩尔多瓦不能加入北约以便建立"缓冲区"的前提下，对其他国家加入北约不得不以口头反对、实际默认的方式来对待。当然，它对米洛舍维奇领导下不可能提出加入北约要求的南斯拉夫，作为自己在这一战略要冲阻止北约东扩的桥头堡仍寄予厚望。俄罗斯从自己地缘政治的战略利益出发，对南斯拉夫的支持也因此更加明显地表现为对米洛舍维奇执政地位的支持，它不能允许美国人将米洛舍维奇搞掉。而美国也同样不允许在已经全部民主化了的中东欧地区，还存在一个共产党背景深厚的民选总统领导着巴尔干半岛最倔强的塞尔维亚、黑山民族成为北约东扩的障碍。在一开始就纳入联合国工作范围的波黑危机中，美国没有实现推翻米洛舍维奇政权的目的。但是，在全面推动北约东扩和实施争夺欧亚大陆地缘政治战略目标的"棋局"博弈开局后，作为重要的对弈棋手俄罗斯控制下的这枚巴尔干"棋子"，也就成为美国首先要吃掉的对象。南斯拉夫解决科索沃问题所造成的武装冲突态势，被视为对欧洲安全的威胁给美国提供了武装干涉的理由，同时也为正在酝酿的北约面向 21 世纪的战略新概念提供了实验场。

　　科索沃问题是南斯拉夫国家的内部事务，它具有复杂和深厚的历史背景。在铁托时期，对于南斯拉夫解决国内少数民族问题和事关国际关系的敏感事务的科索沃问题，一直采取姑息和照顾的方式来加以淡化。而且，这一过程是伴随着铁托时期在总体上对"大塞尔维亚民族主义"加以裁抑甚至以通过不公正地对待塞尔维亚民族来使其他民族感到平等的方式实施的。铁托去世后，南斯拉夫已经形成的分权化体制在失去领袖权威后暴露出各个联邦实体各自为政的分裂态势，而被压抑已久的塞尔维亚人也在这种情况下开始重新扮演联邦权力核心的角色，在科索沃问题上出现政策上的调整和紧缩也成为必然。对于已经得到很大自主权力和大量经济利益的科索沃阿尔巴尼亚族来说，任何权利的削减或制约都会引起民众的不满，而且任何现实的不满都会同历史的积怨联系在一起，以致造成了塞尔维亚共和国与科索沃自治省，同时也是塞尔维亚族与阿尔巴尼亚族之间不断升级的民族主义斗争。压制与反抗，更大的压制与更大的反抗，矛盾日益激化、方式日益极端，最终导致了全面的弹压和公开的分裂，并在南斯拉夫解体过程中相继爆发的内战影响下发生了武装冲突和分离主义势力武装力量的建立。虽然从 1998 年以来科索沃危机所表现的武装对抗基本上是游击性的，与克罗地亚、波黑的军事冲突相比无论是规模、伤亡、损失等都不可同日而语，但是它却引来以美国为首的北约进行了一场长达 78 天的高科技空中侵略战争。北约对南斯拉夫科索沃危机采取大动干戈的军事干预，实属小题大做。因为像科索沃危机所表现的冲突程度，还谈不上战争状态，这种规模的冲突在冷战结束后世界各地爆发的各类武装冲突中无疑属于"小题"。但是，以美国为首的北约目的并不是专门来解决这个"小题"，而是要通过处理这个"小题"作一篇面向 21 世纪的"大文章"，为在庆祝北约成立 50 周年时要出台的"北约战略新概念"提供一个以小见大的"科索沃模式"注释。

北约对南斯拉夫科索沃危机的军事介入，包括三层相互关联的目的。最显见的目的是通过对南斯拉夫的惩罚性打击推翻米洛舍维奇政权，实现整个欧洲的"民主化"。因为南斯拉夫是东欧前社会主义国家中唯一没有加入"和平伙伴关系"和提出加入北约的国家；表层以下的目的是表达北约东扩的决心，在接纳波兰、匈牙利和捷克为北约东扩的第一批成员国的同时，对在事实上影响北约东扩的巴尔干障碍进行军事"扫除"，以东扩的事实和斩获俄罗斯在巴尔干半岛上的"棋子"来进一步挫败俄罗斯在北约东扩问题上的抗拒；最核心的目的是进行一次完全不受联合国或任何国际组织制约的、超越北约成员国范围的大规模军事行动来制造一个"科索沃模式"，从而使以美国为首的北约成为世界上独一无二的、可以对世界任何一个地区进行军事干预的维护"单极世界"的军事工具。事实上，美国在为实现"单极世界"和称霸全球的目的方面，早有预谋。在1998年底，美国国务卿奥尔布赖特就向北约执行机构指出，西方世界目前面临的威胁来自许多不同的方面，其中包括来自北约边界以外的地区。北约必须作好充分准备，对这些（非自卫性）危机作出反应。1999年3月初，美国国防部副部长沃尔特·斯洛科姆在非正式场合表示，北约不需要得到联合国授权。联合国宪章第51款已经对单独的或集体的自卫行动作出规定，其中包含着非常广义的授权，准许一些国家甚至在没有联合国安理会特别授权的情况下采取行动。然而，《联合国宪章》第51款的规定是：联合国任何会员国受到武力攻击时，在安理会采取必要办法以维持国际和平与安全以前，本宪章不得认为禁止行使单独或集体自卫之自然权利。在南斯拉夫境内科索沃发生的武装冲突，没有形成对任何一个国家的"武力攻击"，北约对南斯拉夫动武更谈不上是"自卫"。不难看出，美国在科索沃危机发生后即开始为进行武装干涉寻求理由，只是上述说法实在是牵强附会才确定了以"维护人权"为由的干预理由。无论如何，美国利用南斯拉夫国内的民族问题来制造一个"科索沃模式"可以说是预谋已久的,有关国际舆论称美国1998年就开始为"科索沃解放军"提供武器、训练和军事指挥来制造科索沃的危机,这恐怕也是言出有据。以美国为首的北约对南斯拉夫发动的侵略战争,其实验性的特点很强,例如从美国本土起飞的B-2轰炸机采取空中加油、远程奔袭,显然是一种对未来发动对世界任何一个地方进行袭击的军事能力的实验。

以美国为首的北约本打算把一个成功的"科索沃模式"作为庆祝北约成立50周年的"礼物"带到华盛顿,为"北约战略新概念"的出台提供一个实证或范例。但是,美国人低估了南斯拉夫国家和塞尔维亚民族抵抗外来侵略和帝国霸权的能力。1999年4月23日(对南斯拉夫轰炸一个月时),北约19个成员国的首脑在华盛顿举行庆祝会时,北约的飞机仍在南斯拉夫领空呼啸飞行,北约的炸弹仍在南斯拉夫的领土上制造灾难。就是在这种充满火药味和血腥气的氛围中,北约的首脑们批准了《北大西洋联盟战略概念》。这份"新概念"最醒目的内容,就是将北约过去通过集体防御构筑安全的内向性特点,改变为今后通过对北约界限以外的地区进行干预来实现安全的外向性特征。北约一方面强调了东扩没有边界,另一方面又将威胁"欧洲-大西洋安全与和平"的敌人设定为来自联盟边缘和以外的地区,从而将北约形成对联盟以外的任何威胁进行干预来保证"欧洲-大西洋安全结构"。所以,北约联盟的军事力量的规模、准备状态、有效性和部署状况必须能够反映出它对集体防务和处置危机反应的承诺,一旦接到命令立即行动,哪怕是"远离祖国,包括北约以外的地区"。如果说冷战时期的北约是一个防御性的军事集团,那么在20世纪最后的时刻它从理论上——《北大西洋联盟战略概念》和实践中——"科索沃模式"向世人宣布了它已成为一个进攻性的军事集团了。这个经过改造的军事集团,已经成为美国实现其欧亚大陆地缘政治战略目标的工具。

第三节　帝国霸权的梦幻与前途

在漫长的人类国家历史演进中，帝国霸权一直是一些国家追求的目标。所以，在世界历史迄今为止的图景中，帝国争霸的兴衰嬗替尤为引人注目，尤其是在欧亚大陆。但是，没有哪一个帝国能够"武运长久"地维持其霸权的延续，特别是进入 20 世纪以来，欧亚大陆的诸帝国随着第一次世界大战、第二次世界大战纷纷解体，近世西方构建的全球性殖民帝国统治也在其中。在这一"霸权周期"的历史进程中，国际政治体系（或者说国际政治秩序）的变革往往是帝国霸权兴衰的动力和结果。这也使冷战后两极霸权体制的崩溃，再次提出了帝国霸权的前途以及新的国际秩序模式问题。

毫无疑问，美国在同苏联的霸权主义竞争中虽然取得了对手突然"消失"的优势，但是美国本身的衰落也是事实。从古到今，帝国霸权的衰落是一个基本趋势，而推动这一趋势的重要力量本身就来源于帝国所进行的霸权战争。20 世纪两次世界大战和一次冷战，是在旧的国际政治体制结构和建立新的国际政治体制的交互作用下出现的，这三次"大战"都是霸权主义战争。正如罗伯特·吉尔平所说："统观历史，解决国际体系结构与权力再分配之间不平衡的主要手段是战争，尤其是我们所称的霸权战争"。而且，"世上所知的每一个国际体系都是这种霸权战争之后领土、经济和外交重新结盟的产物。……胜利和失败在体系中重新确立了明确的威望等级，从而与新的权力分配相适应。战争决定了谁将统治国际体系，谁的利益将在新的国际秩序中得到优先照顾。战争导致了该体系中国家之间领土的重新分配，等等"。① 这一点我们从第一次世界大战后的"凡尔赛体制"和第二次

---

① 〔美〕罗伯特·吉尔平：《世界政治中的战争与变革》，中国人民大学出版社，1994，第 195 页。

世界大战后的"雅尔塔体制"及其所产生的包括势力范围在内的广义领土变更中不难体会。但是,冷战是一种现代的新型霸权主义战争,它是通过以意识形态分野和核威慑对抗为主要特征的霸权主义战争。冷战结束的同时,也使"雅尔塔体制"瓦解,无论是欧洲还是世界都面临着建立新的国际秩序的问题。由于冷战结束不是一种历史上的霸权主义"热战"的终结方式,不存在战胜国与战败国之间通过缔结某种事关全局的条约来创建新的均势体系,而且自认为是战胜国的美国及其西方盟友除了在精神上得到某种"庆祝胜利"的安慰外,整个世界已经进入了以和平、发展为主流趋势的崭新阶段。冷战时期压抑的各种矛盾,包括美国和西方世界在内的内部问题也纷纷暴露出来,美国自身的衰落和西方世界内部的分歧,促使整个国际社会在超越冷战思维的层面上进行对话与合作,而不是对抗与遏制。同时,世界经济一体化所推动的全球性问题日益增多,使世界各国更加普遍地寻求公正、平等的国际合作,加强联合国的作用和建立更广泛的区域性的、全球性的经济组织和安全构架,都不再是少数大国能够左右的了。世界正在走向多样性的发展,国际政治秩序的多极化趋势已经显现。这种多样性和多极化,是拆散帝国霸权的重要力量,特别是在民族主义普遍高涨的推动下,表现在国际关系层面上的民族主义对于霸权主义来说是一种天敌。面对这样一种世界形势,美国作为世界上经济最发达、军事力量最强大的国家当然是不甘心世界走向多极化的,因为多极化也就意味着美国霸权的瓦解。所以,美国在失去了争霸对手后图谋独霸世界的野心,也随着自身的相对衰落、日本和德国的崛起、欧洲的统一和对美国依附关系的调整、东亚和东南亚的迅速发展、中国令人瞩目的经济增长以及众多地区性经济集团的建立等一系列被认为是对美国利益构成挑战的因素而膨胀起来。特别是当欧亚首脑会议将美国这个自命的世界"领导者"排除在外,澳大利亚要求加入亚洲这类新的东西方关系出现时，美国在一个正在走向以经济发展为优先选择的世界面前，感到这个充满巨大希望的时代的"许多因素——特别是其中的观念、信息、技术和人民在开放社会的迅速流动——也使我们在破坏力量面前更加脆弱"。这对于为赢得冷战而付出高额代价的美国来说的确是"啼笑皆非"的。美国的基本理念是它"作为一个国家，一个民族，我们的福祉、我们的力量都依赖于保持我们在国际上的领导地位"。[①]为此，美国要责无旁贷地承担起建立世界新秩序的使命。正如威尔逊曾主导了"凡尔赛体制"的构建，罗斯福曾影响了"雅尔塔体制"一样，克林顿也要为后冷战建立一个面向21世纪的"国际新秩序"。不过，"美国在发起本世纪第三次创建世界秩序的任务时，最重要的工作是在隐藏于其例外主义内的两大诱惑之间，取得平衡。这两大诱惑一是认为美国有必要纠正一切错误、安定一切骚动；一是她有潜伏的本能要退却回去。毫无区分就介入后冷战世界的一切种族纷争和内战，势必让美国资源耗竭。可是美国若是自顾门前雪，关起门来砥砺国内道德，势必把美国的安全与繁荣交给偏远的其他社会代为决定，美国将因而逐渐失去控制"。[②]

在这种充满抱负但又面临矛盾的情况下，美国面临的选择是将帝国周期的历史轮回继续下去直至人类毁灭自己，还是"学会发展一种有效的和平变革的机制"，这取决于美国是否能够客观地看待自己和世界，从而认识到"在这个世界中，权力以前所未有的速度向众多权力中心扩散"。[③]但是，事实证明美国的传统和几乎无法克服的"自命不凡"不可能承认这种多极化的客观世界。"美国在其长久历史上，超人一等的思想使它自命道德优于他人"的心理，[④]使它难以摆脱富

---

① 〔美〕比尔·克林顿：《希望与历史之间》，第100、102页。
② 〔美〕亨利·基辛格：《大外交》，第771页。
③ 〔美〕罗伯特·吉尔平：《世界政治中的战争与变革》，第207、238页。
④ 〔美〕亨利·基辛格：《大外交》，第647页。

布赖特所指出的强权意识:"人类最大的虚荣心莫过于相信自己的价值观能放之四海而皆准,最大的蠢事也莫过于试图将某一个社会的偏好强加给一个并不心甘情愿的世界。"① 但是,对于一个充满多样性生机的人类世界来说,美国的民主、自由、人权等一系列它所推崇的"世界规范",只不过是这种多样性中的一种,而且是往往存在许多虚假的一种,正如最先提倡"天赋人权"之理念的人是"自家也在蓄奴的杰弗逊"一样。② 美国向全球推行其社会制度和价值观念必然受到抵制,而美国却把这种强加于人所得到的回应视为对美国利益的挑战,并为此来设定或制造敌人。事实上,美国是世界大国中在建国以后唯一没有遭到过外来侵略的国家,而美国却经常以安全和利益受到威胁来侵略其他国家,并且成为 20 世纪对外侵略最多的国家;美国是在世界上拥有军事基地和海外驻军最多的国家,几乎对世界各个地区都存在着威胁,但是它反而认为这个世界对它充满了威胁和挑战;美国在人权记录方面并非是世界上清清白白的国家,但是它却是世界上对别国人权说三道四最多的国家;美国宣称自己是一个最先进的新闻自由国家,甚至可以将总统的各种丑闻公之于世,但是同时它也是世界上新闻造假最多的国家;美国自认为自己的文明和道德准则是世界上最先进的而不容任何人向它提出挑战,同时美国也是各种有违人类文明和伦理道德行为所造成的社会问题最多、最全的国家。只不过,美国在所有的事务上和观念上,都是采取双重标准而已。它总是站在人类崇高理想的原则基础之上,将它对其他国家的所作所为称为维护世界和平、维护民主人权,"美国人从来没有办法坦然公开承认他们本身有自私的利益。无论是参与世界大战或是介入地方性冲突,

---

① 〔美〕威廉·富布赖特:《帝国的代价》,第 99 页。

② 〔美〕乔伊斯·阿普尔比、林恩·亨特、玛格丽特·雅各布:《历史的真相》,中央编译出版社,1999,第 92 页。

美国领袖永远声称是为原则而战,不是为利益而战"。① 这种"理想主义"的宣传目的是愚弄美国的选民,并对它在世界上依靠最强大的武力谋求霸权的行为辩护。美国构建单极霸权的世界新秩序,正是以此为基础的。

在美国确定了争夺欧亚大陆的地缘政治战略后,《北大西洋联盟战略概念》就成为其构建"世界新秩序"的宣言书,而"科索沃模式"则成为"世界新秩序"的"试验品"。但是,如前所述的美国试图通过"科索沃模式"所要实现的三个层次的目的并未如期望的结果得以实现。当贝尔格莱德体育场中响起"米洛舍维奇下台"的口号时,是针对米洛舍维奇接受了联合国的和平协议,而不是迎合美国。从南斯拉夫解体开始,南斯拉夫的塞尔维亚民族就处于国际制裁、军事打击的困境中,而导演这些事情的主要是以美国为首的北约。而南斯拉夫在历史上,面对外来侵略和帝国压力必然会激发民族主义的反抗。在科索沃这场侵略战争中,南斯拉夫人民,特别是塞尔维亚民族所表现出的抗拒心理和行动已经说明了这一点。美国人对解决民族问题所引起的争端采取的偏袒一方、惩罚另一方的武力干涉措施,只会带来更加深刻的民族仇怨,并且引火烧身。而且包括"科索沃解放军"在内的阿尔巴尼亚族极端势力,也会给美国人带来越来越多的麻烦。事实上,美国人在世界上到处伸手,在干涉别国内政的军事行动、颠覆行动中扶持这个、打击那个,结果往往是失败的。美国人在越南是如此,美国人在索马里也是如此。美国人的自高自大使他们从来不知道如何承认错误,所以也就导致他们从来不知道如何接受教训。美国人通过对一个国家毁灭性的打击、对一个民族惩罚性的施暴,并且利用民族矛盾纵容科索沃阿尔巴尼亚族极端势力对塞尔维亚族进行报复,然后想通过民意选出一个亲美总统,从而扫除北约东扩

---

① 〔美〕亨利·基辛格:《大外交》,第751页。

的巴尔干障碍，这也许就是美国人经常对自己所作的评价："美国政治信仰的本质是天真朴实，并且由这份天真朴实中产生动力做经常的努力。"① 至于科索沃的前途，美国人试图通过维和部队和治安警察全部到位前通过"科索沃解放军"和阿尔巴尼亚族极端分子对塞尔维亚族等少数民族的迫害和报复来制造一个"种族纯净"的科索沃，从而使它成为南斯拉夫联盟中的第三个共和国和第二个亲西方政权，但是美国人对"科索沃解放军"的养痈成患之弊已现端倪，西方人意想不到的包括伊斯兰教与西方势力之间的冲突在内的诸种因素，使科索沃的阿尔巴尼亚族极端势力未按照美国人的指挥棒转动，而且西方人在科索沃过分的行动同样招来伊斯兰世界的反应。这种冲突发生在科索沃要求完全独立之际，出现这种态势，马其顿的阿尔巴尼亚人、保加利亚的马其顿人、希腊的阿尔巴尼亚人、阿尔巴尼亚的希腊人、罗马尼亚的匈牙利人、波斯尼亚和黑塞哥维那的塞尔维亚人、克罗地亚的塞尔维亚人会作何反响？以美国为首的北约有能力面对这个多民族国家为主体的世界来按照"科索沃模式"实施"外科手术"吗？那么加拿大的魁北克、西班牙的巴斯克和加泰罗尼亚、法国的巴斯克和科西嘉、比利时的佛莱芒人和瓦隆人、英国的北爱尔兰、土耳其的库尔德人，以及北约东扩将面临的更多的多民族国家，以美国为首的北约能够扮演调解民族冲突、解决民族问题的"救世主"吗？事实上以美国为首的北约打着"人道主义"的旗号来维护科索沃阿尔巴尼亚族的"人权"，已经使它陷入了巴尔干半岛异常复杂的民族纠纷泥潭，这一点会越来越清楚的。作为科索沃行动的核心目的，以美国为首的北约实际上也未能如愿以偿，靠武力之强来侵扰他国内政最终陷于难以自拔的困境，就如同在越南战场。所以，它们不得不回到联合国来确认科索沃的"和平方案"。其实，在 1999 年 5 月 27 日美国前总统卡特

①〔美〕亨利·基辛格：《大外交》，第 574 页。

发表的一篇文章中已经揭示克林顿政府和北约在科索沃问题上陷入困境的原因，其中包括规避早已确立的耐心谈判的原则会导致战争，而不会带来和平；绕过安理会的做法会使联合国受到削弱，而且常常会使一些本来可以影响交战各方的常任理事国采取不友好的态度；即便采取最严厉的军事或经济惩罚也不大可能迫使别人对美国的要求屈服；等等。

以美国为首的北约通过武力强权对一个主权国家发动侵略战争，图谋以《北大西洋联盟战略概念》取代《联合国宪章》和国际法准则，为其构建单极世界的"国际新秩序"制造一个行动"模式"，的确是开了一个极其恶劣的先例，但是这个先例是失败的。其失败之处不仅是没有实现其预定目标，更重要的是它警醒了世界。虽然世界已经进入了以和平和发展为主流趋势的时代，但是正如邓小平在1992年就指出的：和平与发展这两大问题一个也没有解决。以美国为首的北约对南斯拉夫的侵略，是20世纪末世界上打着最好的旗号干得最坏的一件事，但是坏事带给世人的警醒又变成了使人们对新世纪充满的和平憧憬和发展希冀所应有的理智。人们已经清楚地认识到，以美国为首的西方世界并没有从冷战的思维定式中摆脱出来，美国向全世界推行的以西方民主、自由、人权为代表的现代化模式背后是"炮舰政策"支持下的强权政治和霸权主义。这种认识，将使美国多年来向发展中国家通过各种渠道和方式灌输的西方观念所取得的效果大打折扣。同时，科索沃事件的发生，使世界和平受到了严重的威胁，各个国家在主权和领土安全问题上不仅提高了警惕，而且将通过发展维护国家安全的军事防御力量来防止帝国霸权的侵略。为此，各个国家和地区之间为抗拒霸权主义和维护集体安全的联盟关系也将进一步发展。北约启动东扩的车轮，结果出现了一个"俄、白联盟"，北约侵略南斯拉夫又造成南斯拉夫加入"俄、白联盟"的态势。此外，对于图谋称霸世界的霸权主义来说，表现在国家层面上的民族主义这个霸权主义的天敌被再次激活。历史上所有的帝国霸权解体都不可避免地面对民族主义的反抗,这在巴尔干半岛的历史上是极具代表性的。美国人曾为日本可以说"不"、马来西亚可以说"不"、中国可以说"不"而惊恐万分,今天当美国的导弹在别国领土上、在别人的头上爆炸,难道能指望被轰炸的对象向美国说"是"吗?

人类社会是一个民族大千世界,民族是人类群体形态从原始群到氏族、部落、部落联盟演变进程中所达到的目前最高级的群体形态,它具有相当的稳定性。在当今世界近 200 个国家中,生活着近 3000个民族,这也决定了世界上绝大多数国家是多民族国家的基本格局。在多民族国家中,如果存在维系民族不平等的大民族主义,就势必存在作为防御形式的地方民族主义。消除了大民族主义,也就自然消除了地方民族主义,这是马克思主义在解决民族问题方面的一个基本原理。如果我们将这一原理放在国际社会范围来观察更为广义的民族问题,也就是表现在国家层面上的民族问题,霸权主义的存在必然地导致各个遭受大国沙文主义威胁、压迫的国家产生抗拒性的民族主义。20 世纪以来伴随着世界性的两次"热战"和一次冷战兴起的民族主义运动,导致了奥匈帝国、奥斯曼帝国、俄罗斯帝国、法西斯帝国、殖民主义帝国和社会帝国主义的解体,以国家独立、民族解放为特征的政治民族主义基本得到了释放;80 年代以来,随着世界经济一体化的发展趋势,以贸易保护、关税壁垒为特征的经济民族主义也受到越来越强的制约和消解;90 年代以来,随着全球化进程的加快和美国文化帝国主义借助通信、媒体和视听产品以及包括餐饮在内的载体向世界各地侵袭,以保护、传承和发展民族文化多样性为特征的文化民族主义则以方兴未艾的势头在发达国家、发展中国家普遍出现,并推动着世界多样性的发展和多极化的走向。在这种形势下,美国的挟军事霸权主义构建单极世界的野心,也必然会导致民族主义反抗霸权主义的高涨。甚至在欧洲,也"有迹象表明一体化和扩大化的势头正在减弱，欧洲传统的民族主义不久可能会重新抬头"。① 民族主义是一把"双刃剑"，在反对霸权主义的方面它具有不可忽视的积极作用。但是，民族主义极端化的发展又会导致法西斯主义的复活。在欧洲一些国家，如德国的新法西斯主义势力也会由于德国在欧洲事务中的崛起和参与北约对他国的侵略战争而受到鼓舞。在俄罗斯，极端民族主义势力也在伸张沙俄帝国的霸权野心，随着北约东扩和美国对俄罗斯的遏制，这股政治势力会与社会中已经存在的以"光头党"为代表的暴力集团合流。在科索沃，美国扶持和纵容的"科索沃解放军"是当地阿尔巴尼亚人极端民族主义势力的核心，它已经构成了科索沃实现和平的主要障碍。从这个意义上讲，美国的霸权主义为这个世界所带来的决不是和平，而是对和平的威胁。

无论从哪一方面来看，以美国为首的北约所制造的"科索沃模式"，对于人类社会都是一个重大的威胁。美国人认为，冷战后世界的无序状态"如果没有美国持续和有针对性的介入，不用多久全球动乱的力量就会主宰世界舞台"。② 但是，事实将证明如果美国继续将其霸权主义或者将"科索沃模式"推而广之，那么这个世界肯定会出现全球的动乱，甚至世界大战。也许这正是美国的真正目的，造成动乱才能维持帝国霸权存在的理由，才能确立依仗武力维持的单极世界。因为，人类社会帝国的历史已经到了尾声，"从长远看，全球政治注定会变得与一国独掌霸权力量的状况越来越不相协调。因此，美国不仅是第一个和唯一的真正全球性超级大国，而且很可能也是最后一个"。③ 美国政治家自己也很明白，多极化的世界是势不可挡的必然趋

---

① 〔美〕兹比格涅夫·布热津斯基：《大棋局——美国的首要地位及其地缘战略》，第257页。

② 〔美〕兹比格涅夫·布热津斯基：《大棋局——美国的首要地位及其地缘战略》，第256页。

③ 〔美〕兹比格涅夫·布热津斯基：《大棋局——美国的首要地位及其地缘战略》，第274页。

势，但是美国又不甘心为称霸世界所造就的包括整个国家的政治、经济、文化，特别是军事体制在多极化的必然性已经显现面前无所作为，这也就导致了它在20世纪末为帝国霸权的存亡绝续铤而走险。殊不知，霸权主义嚣张之际，也正是反对霸权主义的斗争高涨之时。在冷战尚未结束前富布赖特所说的一段话对认识美国今天的霸权主义前途仍旧是十分深刻的："前车之覆，后车之鉴。我们美国可能重蹈历史上如此众多强国的覆辙——走的是强权政治并与另一强国昏然争霸的道路，一条古雅典走过的老路，一条过去一世纪欧洲诸帝国此兴彼衰的老路。我们'人间天国'的伟大诺言，一度掷地有声，已经成为武力炫耀的押宝并最终成为武力炫耀的祭品。"① 以美国为首的北约对南斯拉夫的武力征服似乎得势一时，但是"科索沃模式"的消极后果所代表的美国霸权主义的失败尚未完全显现。北约"战略新概念"所展示的"世界新秩序"不过是为世人研究和探索冷战后的世界新秩序形成过程的复杂性和曲折性提供了一种警示。事实上，美国所追求的所谓"单极世界"不过是霸权主义的一厢情愿。对此，美国人自己也是有清醒认识的。亨廷顿在美国《外交》杂志（1999年3—4月号）上发表的题为《孤独的超级大国》中对此进行了较为详尽的分析。虽然他仍旧以其"文明冲突论"来分析冷战后近10年全球政治力量变化所展现的新特点，同时他主张建立一个"单极+多极"的世界，但是他对美国自我标榜"仁慈的霸主国"的揭露却是深刻的。美国作为世界上最强大的国家，可以说是公认的。但是，因为自己的强大就要迫使其他国家乃至全世界听命于美国，却同样引起公愤。更何况当今的世界正在发生前所未有的变化，在美国指责越来越多的国家"胡作非为"时，世界上越来越多的国家也认识到真正"胡作非为"的国家恰恰是美国自己。

① 〔美〕威廉·富布赖特：《帝国的代价》，第3页。

当"布什和克林顿谈到世界新秩序时,仿佛它是唾手可得。事实上,它还在酝酿期,恐怕要到下个世纪,其最后形态才会清晰。世界新秩序,部分是过去的延伸,部分则毫无先例,它和它所取代的旧体制一样,必须对下述三个问题提出答案:国际秩序的基本单位是什么?它们互动的方式是什么?它们互动,以什么为目标?"① 这些问题的答案决非"科索沃模式"所能回答的。不过,"科索沃模式"也的确回答了一个问题或者说是展现了一个事实:对于巴尔干半岛来说,在经历了千百年的帝国争霸的统治之后,南斯拉夫国家曾经有过 40 多年的自主发展时期。但是,在冷战结束之后,虽然西方的民主制席卷了巴尔干半岛,可同时也使它再次失去了自由。尤其是南斯拉夫这个国家,在巴尔干半岛的历史上是灾难最多的一个国家,也是在东欧剧变中民族仇杀、国家裂变最惨烈的国家,同时也是 20 世纪末遭受世界最强大的帝国军事集团侵略的国家,帝国霸权再度侵袭了巴尔干半岛,同时它们也再次向这个"火药桶"中充填了火药,科索沃仍然是一个"火药桶"。已经有一个多世纪历史的"巴尔干属于巴尔干人民"的口号,至今仍旧是一个理想,也注定要在 21 世纪传达下去,因为这场战争的结果仍像列宁在 20 世纪初期巴尔干战争之后所指出的那样:既不会有自由,也不会有团结;既不会有经济繁荣,也不会有独立与和平。这就是以美国为代表的帝国主义势力为这个世界带来的威胁。

---

① 〔美〕亨利·基辛格:《大外交》,第 747 页。

结语与余论

　　巴尔干半岛以其联结欧亚大陆和控遏两河六海而成为具有重要战略地位的地区。因此，从罗马帝国开始，巴尔干半岛就处于欧亚大陆诸帝国的交相争夺之下。从 14 世纪奥斯曼帝国侵入巴尔干半岛后，奥匈帝国、沙俄帝国和其他西方列强纷纷介入巴尔干半岛的争夺之中。在这种帝国竞相争夺的过程中，巴尔干半岛不仅受到民族大迁徙的影响而造成了民族成分的复杂性，而且也在不同宗教的影响下形成天主教、东正教和伊斯兰教的交汇区。

　　巴尔干半岛民族、宗教状况的复杂性，使各个帝国在争夺和维持它们在该地区的统治权力过程中，不断挑起和利用民族、宗教矛盾，造成巴尔干半岛各民族、各国家、各宗教集团之间的历史仇怨，以此来分化巴尔干半岛各民族在反抗帝国统治斗争中的联合。这种"分而治之""以夷治夷"的政策也造成了巴尔干半岛各民族之间相互为领土、为信仰而厮杀不断的历史，并且在帝国意识的污染下不断为建立各自的"大民族国家"而斗争。帝国列强则利用巴尔干半岛各民族的这种愿望,通过各种公开的、秘密的斗争为了维护自己的利益和制衡对手将巴尔干半岛的民族集团和国家领土肆意分割,造成你中有我、我中有你的相互牵制状态,为后来的历史留下了纷繁复杂的民族矛盾、宗教冲突和领土争端。

20世纪的两次世界大战,巴尔干半岛都是欧洲的主要战场,在德国和意大利法西斯的肢解、瓜分、挑唆、利诱下,巴尔干半岛的民族仇杀也格外残酷。而战胜国的列强和巨头们在战后分赃和构建各自的地缘政治势力范围时,从来没有把巴尔干半岛的人民以及他们要求独立和解放的意愿放在眼里。所以,在第二次世界大战结束以后,巴尔干半岛的各个国家或者被纳入苏联的势力范围,或者被纳入西方国家的影响之下,唯有独立自主意识很强并且是依靠自己的力量战胜法西斯的南斯拉夫保持了以"不结盟"政策为特点的独立。当然后来还有阿尔巴尼亚脱离了苏联的控制。

铁托领导的南斯拉夫社会主义事业,是20世纪社会主义运动的重要组成部分。其重要性在于它不迷信和盲从苏联的社会主义模式,决心探索符合自己国情的社会主义道路。但是,由于南斯拉夫受到以苏联为首的社会主义阵营乃至几乎整个国际共产主义政党的批判和攻击,它为了证明本国社会主义的真实性和正确性,出现了教条地按照马克思列宁主义的某些论断、在脱离国情实际的条件下来激进地推动和构建南斯拉夫的"自治社会主义模式",并最终导致党的联邦化和国家的邦联化。

南斯拉夫建设社会主义的历史始终同解决民族问题紧密联系在一起。南共出于对南斯拉夫历史上纷繁复杂的民族、宗教矛盾的基本把握,曾简单地认为实行了联邦制,给予南斯拉夫各主要民族以平等的共和国地位、给予南斯拉夫人口最多的两个少数民族以自治实体地位就意味着解决了民族问题。铁托在追求各民族一律平等的社会主义理念时,将历史上对南斯拉夫各民族的解放和国家建立贡献最大、人口最多、大民族主义意识也最强的塞尔维亚民族采取了带有不公正意味的裁抑措施。列宁在反对两种民族主义问题的论述中，提出反对大俄罗斯民族主义就会有效地消除非俄罗斯民族的民族主义的观点，是辩证唯物主义的观点。但是，铁托在反对历史上形成的大塞尔维亚民族主义时并不是通过马克思主义民族观的思想教育来克服这一问题，而是通过联邦权力的分散化、人为划分"穆斯林族"、提高科索沃阿尔巴尼亚族的自治地位来抑制塞尔维亚民族，其间出现的党内斗争也同这一问题联系在了一起。但是，铁托在防范大塞尔维亚民族主义时，却忽视了作为南斯拉夫第二大民族克罗地亚人由来已久的民族分立主义传统。同时也忽视了将伏伊伏丁那、科索沃自治省抬高到与其他共和国一样的联邦单位的"绝对平等"地位，在事实上姑息和迁就了科索沃阿尔巴尼亚人当中由于历史原因沉淀下来的并由于南斯拉夫与阿尔巴尼亚两国交恶促发的民族分离主义倾向，导致1971年克罗地亚问题的爆发和他临终时面临的科索沃阿尔巴尼亚人的民族主义问题。所以，铁托时期虽然南斯拉夫的民族问题并不是突出的事务，但是铁托在对联邦制进行改造和不断通过对中央集权的批判来推进"国家消亡"和权力下放的自治进程，却都摆脱不了民族问题的背景。只是由于铁托在南共联盟和南斯拉夫各民族人民中的崇高威望，才没有使民族问题完全浮现出水面。

铁托在解决民族问题方面十分注重对不发达地区的经济支援，在联邦中央权力不断下放的过程中始终坚持掌握联邦中央在国际贷款和国内支援不发达地区基金的分配权。而科索沃自治省是得到联邦支持最多的一个不发达地区。在科索沃的经济发展方面，南斯拉夫联邦中央没有从当地位居全欧洲最高的出生率这一现实出发，投入的资金大都用于基础设施和资源开发性企业的建设上，没有发展劳动密集型加工业和服务业，以致造成科索沃地区长期缺乏吸纳因日益膨胀的人口产生的过剩劳动力的就业渠道。与此同时，联邦权力的高度下放所造成的各个共和国各自为政现象直接影响了全国统一大市场的形成，这也造成科索沃地区很多资源性产品难以在全国范围内流通和互补。大量的资金投入所提升的科索沃地区国民生产总值，似乎在不断缩小该地区与发达地区的差距，但是一旦按照人均计算，科索沃同发达地区的差距却逐年在拉大。为此，联邦中央对科索沃地区的经济发展政策不是从当地的实际出发调整产业结构和扩大就业门路，而是将更多的资金注入该地区。这种做法必然引起克罗地亚、斯洛文尼亚这些每年为联邦支援不发达地区基金贡献最多但从联邦中央得到投入最少的共和国日益强烈的不满，从而导致民族利己主义的增强和民族分离主义的产生。同时，科索沃虽然不断得到联邦中央的优待，但是人均收入逐年下降（相对发达地区）和越来越多的青年人处于失业状态，特别是50年代后期的人口生育高峰在70年代末形成了对社会就业的巨大压力，大批无所事事的青年人对现实的不满直接促发了民族主义的情绪。1979年铁托直接处理科索沃民族主义问题正是在这种背景下发生的。同时，这也是1980年5月铁托去世前直接处理的最后一件民族问题事务。不过，当时南斯拉夫通过经济手段解决民族问题的实践已经陷入了一种积重难返的恶性循环，它已经造成了出力多的发达地区和受益大的不发达地区双向的、日益增强的不满，而南斯拉夫联邦制的联邦单位都是依托于民族建立的共和国和自治省，这种不满自然也就成为民族的不满，各民族的民族主义不仅没有因为依靠行政手段压抑了大塞尔维亚民族主义而得到消解，反而因此而得到加强。斯洛文尼亚、克罗地亚这两个富裕的共和国之所以成为分裂南斯拉夫的"带头羊"，上述原因是带有根本性的。对现实的不满必然会勾起历史的积怨，从而使由来已久的民族矛盾、宗教歧异围绕着民族利益这个核心使民族主义得以膨胀，并借助苏联和东欧政治演变的大气候全面爆发出来，最终导致了南斯拉夫的国家裂变。

南斯拉夫解决民族问题的实践是失败的。失败的原因同南斯拉夫建设社会主义的路线、方针和政策直接相关。民族问题是社会总问题的一部分，它不可能单一地、独立地得到解决，它只有在解决社会总问题的进程中逐步得到解决。对于取得政权的无产阶级政党来说，社会总问题就是如何根据本国的实际来建设社会主义。苏联模式的弊端及其对东欧社会主义国家的强制性影响，使苏联和东欧社会主义国家在建设社会主义的进程中越来越陷入教条主义的僵化模式，从而也就越来越脱离自己的国情实际。而且在苏联对自身社会主义进程的激进判断下——"20 年进入共产主义""已经建成发达的社会主义"等，东欧国家也纷纷脱离国情实际地提出了自己的激进目标。列宁说过，只有社会主义才能消除民族纷争。但是，对社会主义建设的进程及其所处阶段的超前判断，必然会导致对解决民族问题在内的所有社会问题的简化或人为推进。苏联解决民族问题失败的根本原因就在于此。而在苏联模式影响下的东欧社会主义多民族国家，之所以在解决民族问题方面同样栽了跟头，其原因也在于它们被迫按照苏联模式来建设本国的社会主义从而也就必然要与苏联分享这种模式所造成的后果。南斯拉夫是在反对苏联模式的前提下独辟蹊径探索自己的社会主义道路的社会主义国家，但是为了向苏联和整个共产主义世界证明自己不是"修正主义"更不是"资本主义复辟"，所以就走上了更加激进的、更加符合马克思主义"本本"的道路。南共的理论家对马克思列宁主义有关社会主义的一些论断不顾国情实际地套用到自己的社会主义建设实践中，在推进"国家消亡"的理论前提下实行"工人自治"，为了保障实现"工人自治"不断下放中央权力，削弱党的领导核心地位，等等。这种脱离国情实际和超越社会发展阶段的做法，必然导致越来越多的弊端和问题，而南共认识这些问题的出发点是中央集权主义还没有得到有效的消除，所以解决这些问题的办法是继续促使权力的分散化，对于南斯拉夫这种联邦体制和各个联邦单位来说，中央权力的分散化就意味着联邦权力的民族化。南斯拉夫"自治社会主义"模式的激进性和超阶段性,同样导致对包括解决民族问题在内的所有社会问题的简化。如果说苏联解决民族问题的理论与实践是基于社会主义已经建成所以民族问题已经"一劳永逸"地得到解决的基本认识,从而以高度的中央集权取代联邦宪法赋予各个加盟共和国的权利以及无视各民族之间存在的差异,进而推行了大俄罗斯民族主义政策;那么南斯拉夫解决民族问题的理论与实践则是通过对本国社会主义已经进入"国家消亡"阶段的判断,来将联邦权力充分地"还之于民",实现了各民族毫无差别的绝对平等,从而导致了各联邦单位的民族利己主义政策取向。结果,前者由于大俄罗斯民族主义不仅没有克服反而形成社会化影响,非俄罗斯民族的民族主义高涨,最终倾覆了联盟大厦;后者则由于各民族的利己主义在权力分散化的过程中受到纵容并加剧了利益矛盾,民族分离主义增强,最终拆散了联邦国家。它们的共同特点都是对本国社会主义发展阶段作出了不符合实际的判断,只不过是在解决民族问题方面走到了两个极端,一个是纵容了大民族主义,一个是姑息了地方民族主义,而这两种民族主义都是社会主义国家解决民族问题必须反对的。所以,虽然南斯拉夫的社会主义道路不同于苏联,但是它解决民族问题的理论与实践却由于社会总问题没有得到正确解决而失之偏颇,结果必然与苏联社会主义模式一样,可谓殊途同归。

铁托去世以后,塞尔维亚民族受压抑的状况开始改变,特别是由于其他共和国的民族利己主义趋强,受压抑的塞尔维亚民族主义出现了反弹。塞尔维亚人倡导的"以批判的态度重新审视分权制"的集权趋势和加强党的领导地位的举措,使斯洛文尼亚、克罗地亚等共和国对大塞尔维亚民族主义把持联邦中央权力的前景,产生了民族主义的抵触和政治上的分歧。特别是塞尔维亚共和国在处理科索沃问题上的收权措施,不仅激化了科索沃的民族危机,而且也加速了斯洛文尼亚、克罗地亚的分离主义独立运动。在波黑内战结束以后,南斯拉夫开始解决内部的科索沃问题。从总体上来看，由于科索沃对于塞尔维亚民族所具有的特殊历史意义，所以塞尔维亚共和国和南斯拉夫政府在处理科索沃阿尔巴尼亚人中的民族分离主义问题上采取了强硬的弹压措施，结果导致了当地阿尔巴尼亚人的极端民族主义势力从暴力恐怖活动转化为有组织的"科索沃解放军"的武装对抗。

科索沃的这种态势，不仅使美国找到了扫除影响北约东扩障碍的口实，而且也为美国实现其欧亚大陆地缘政治战略目标提供了一个切入点。美国推动下的北约东扩计划，如同当年希特勒在启动侵略苏联的"巴巴罗萨计划"前需要消除其南翼——巴尔干半岛——的后顾之忧一样，北约向俄罗斯西部边界、中亚、高加索扩展时也需要以一个完全"北约化"的巴尔干半岛为依托。至于动用强大的军事力量侵略南斯拉夫，而且是具有明显帝国征服和民族惩罚特点的侵略，除了为其建立单极世界"新秩序"创造一个打着维护和平、推进民主的幌子、确立"霸权凌驾主权"和"人权高于主权"国际规则的"科索沃模式"外，恐怕与克林顿在美国人面前乃至全世界面前蒙受了一年多的"羞辱"后，力图在将要下台前解决冷战后全球关注的"世界新秩序"来为其政治生涯添一笔如同威尔逊创造"凡尔赛体系"那样的"历史功绩"的心理因素和党派斗争需要有关。

在这场完全由现代高科技左右的几乎没有对抗的侵略战争中，还贯穿着一种被克林顿、布莱尔、施罗德称为新潮流的所谓由"中左派"领导的"第三条道路"的思想。所谓"第三条道路"按照布莱尔的解释，就是既不同于旧左翼的横加干预思想也不同于新右翼的不干涉主义。90年代中期，克林顿的《希望与历史之间》、布莱尔的《新英国》可以说是"第三条道路"的代表作。他们刻意强调的一些原则的确十分相似，例如克林顿强调"美国梦"重获生机的三个基本价值观念是机会、责任和社区；布莱尔的"新英国"将建立在四个支柱之上，即机会、责任、公平和信任。而这些国内政策准则的放大——美国"在欧洲,我们继续履行对北约的责任——这巩固了与老朋友的关系"。在全球范围内,美国"作为世界上最强大的国家,作为各个国家的社区的领导者,我们将创建、支持和领导国家与制度间的联盟"。① 同样,对于英国来说:"事实是,欧洲是今天英国可以行使权力和发挥影响的唯一途径。如果要保持其作为全球性国家的历史性作用,英国必须成为欧洲政治的核心部分。"② 英国作为近代历史上最强大的海外殖民主义帝国,在第二次世界大战后随着殖民地的民族解放运动的蓬勃兴起而土崩瓦解,只留下了一个"大英联邦"的殖民主义"遗迹"和个别殖民统治的地区。而它历来远离欧洲事务、谋求海外霸权的传统,使它在欧洲的影响也日渐衰落。冷战结束以后,"大英联邦"也在其盎格鲁-撒克逊体系的亲缘国家澳大利亚几次提出计划退出"联邦"而面临解构,香港回归中国,美国英语流行世界,英国本土面对北爱尔兰、苏格兰、威尔士带有民族分立主义色彩的权力要求,法国和德国在欧洲事务中日益攀升的领导作用等因素,促使英国的政治出现了以布莱尔为代表的"社会主义"变革思想。但是,正如不难看出美国的意图一样,英国在试图重新树立欧洲大国形象时,恢复它曾经有过的"全球性国家的历史作用"同样隐含着强烈的帝国意识。因此在科索沃问题上,英国始终采取强硬态度,甚至在鼓动战争方面比美国还积极,并且争取到担纲科索沃维和行动的角色。英国利用美国主导欧洲事务的威势来抬高自己在欧洲事务中的领导者地位,力图使自己也成为欧亚大陆地缘政治"大棋局"的一名"棋手"。所以,国外舆论对科索沃战争的评价中,也包括关于科索沃战争是第一场"第三条道路"的战争的评说。这种说法是有道理的,"人权高于主权"的思想实际上就是建立在"第三条道路"理论基础上的。无论"第三条道路"的倡导者们如何对其国内人民描绘和许诺

---

① 〔美〕比尔·克林顿:《希望与历史之间》,第 105 页。
② 〔英〕托尼·布莱尔:《新英国》,世界知识出版社,1998,第 329 页。

那些机会、责任、公平、社区（团结）等理念，当这些原则放大到国际社会时，就变成在武力征服下强迫他国接受其价值观念的霸权主义。

事实上，以美国为首的北约制造的"科索沃模式"还没有形成，它只是向世人展示了一种军事强权的破坏性。在实现科索沃的和平与解决科索沃的前途问题上，以美国为首的北约虽然有能力培植一个按照它们的意愿行事的政权体制，但是它们无法消除由于外来帝国势力的侵略和对塞尔维亚民族的惩罚所造成的更加深刻的民族仇怨。欧洲国家不能允许信仰伊斯兰教的"大阿尔巴尼亚"在欧洲出现，否则必然导致马其顿的阿尔巴尼亚族起而效法，并会使其他国家中的类似问题纷纷出现，甚至危及西欧国家本身。在80年代末至90年代初苏联解体和东欧剧变中出现的民族分离主义运动和国家裂变，是促发西欧、北美民族问题高涨的直接诱因。加拿大的魁北克分离主义运动领导人就声称苏东地区的民族主义运动为他们提供了大环境的支持，比利时难以消解的民族矛盾也是在苏东地区民族主义浪潮推动下导致了国家的分权。美国是一个没有古代历史的国家，所以它不知道巴尔干半岛千百年来形成的纷繁复杂的历史中包含着多么厚重的民族积怨，当它以为靠炸弹可以解决这些问题时，它也就陷入了科索沃这个充满"火药"的泥潭，事实将会证明"科索沃模式"只能是一个失败的模式，而不可能成为美国、英国称霸世界可资推行的普遍模式。也许美国人自己对此作出的评价是有道理的：对克林顿来说，科索沃问题就像莱温斯基丑闻一样，他逃脱了。但是，他绝对不想再次经历这样的事情。

引注及参考文献

一　引注文献

马克思、恩格斯：《共产党宣言》，《马克思恩格斯选集》第 1 卷，人民出版社，1972。

恩格斯：《工人阶级同波兰有什么关系?》，《马克思恩格斯全集》第 16 卷，人民出版社，1964。

恩格斯：《匈牙利的斗争》，《马克思恩格斯论民族问题》上册，民族出版社，1987。

马克思、恩格斯：《神圣家族，或对批判的批判所做的批判》，《马克思恩格斯论民族问题》上册，民族出版社，1987。

恩格斯：《在伦敦举行的各族人民庆祝大会》，《马克思恩格斯论民族问题》上册，民族出版社，1987。

列宁：《论民族自决权》，《列宁选集》第 2 卷，人民出版社，1960。

列宁:《世界历史新的一页》,《列宁论民族问题》上册,民族出版社,1987。

列宁:《最高的厚颜无耻和最低的逻辑推理》,《列宁论民族问题》上册,民族出版社,1987。

列宁:《关于民族问题的批评意见》,《列宁论民族问题》上册,民族出版社,1987。

列宁:《民族和殖民地问题提纲初稿》,《列宁论民族问题》下册,民族出版社,1987。

列宁:《论民族自决权》,《列宁论民族问题》上册,民族出版社,1987。

列宁:《我们纲领中的民族问题》,《列宁论民族问题》上册,民族出版社,1987。

列宁:《关于反对大国沙文主义问题给列·波·加米涅夫的便笺》,《列宁论民族问题》下册,民族出版社,1987。

斯大林《俄罗斯联邦共和国的组织》,《斯大林论民族问题》,民族出版社,1990。

斯大林:《俄共(布)第十二次代表大会》,《斯大林论民族问题》,民族出版社,1990。

彭树智:《东方民族主义思潮》,西北大学出版社,1992。

彭树智:《现代民族主义运动史》,西北大学出版社,1987。

唐逸主编《基督教史》,中国社会科学出版社,1993。

金宜久主编《伊斯兰教史》,中国社会科学出版社,1990。

李宏图:《西欧近代民族主义思潮研究》,上海社会科学院出版社,1997。

韩儒林主编《元朝史》上册,人民出版社,1986。

周一良、吴于廑主编《世界通史·中古部分》,人民出版社,1962。

朱瀛泉:《近东危机与柏林会议》,南京大学出版社,1995。

朱庭光主编《法西斯新论》，重庆出版社，1991。

朱庭光主编《法西斯体制研究》，上海人民出版社，1995。

高放等主编《当代世界社会主义文献选编》，中国人民大学，1990。

郝时远主编《南斯拉夫联邦解体中的民族危机》，四川民族出版社，1993。

郝时远主编《旷日持久的波黑内战》，中央民族大学出版社，1995。

宫达非主编《苏联剧变新探》，世界知识出版社，1998。

徐坤明：《南斯拉夫内战和解体》，新华出版社，1993。

李嘉恩等编《东欧六国和南斯拉夫政治概况》，中国人民大学出版社，1989。

迎秀：《我所看到的南斯拉夫》，人民日报出版社，1982。

石继成：《动荡中的南斯拉夫》，四川人民出版社，1992。

欧阳东：《东欧大裂变纪实》，中国经济出版社，1994。

阚思静等主编《东欧演变的历史思考》，当代世界出版社，1997。

吴华等主编《全球冲突与争端：欧洲·美洲卷》，世界知识出版社，1998。

任泉：《GATT乌拉圭回合内幕》，世界知识出版社，1996。

《南斯拉夫共产主义者联盟章程汇编》，求实出版社，1986。

《南斯拉夫大事记》（1945—1963），人民出版社，1964。

《南共联盟第十二次代表大会主要文件集》，人民出版社，1984。

〔苏〕萨纳柯耶夫等编《德黑兰、雅尔塔、波茨坦会议文件集》，中译本，三联书店，1978。

〔英〕艾伦·帕尔默：《夹缝中的六国——维也纳会议以来的中东欧历史》，商务印书馆，1997。

〔苏〕兹拉特科夫斯卡雅：《欧洲文化的起源》，三联书店，1984。

〔美〕斯塔夫里阿诺斯：《全球通史：1500 年以前的世界》，中译本，上海社会科学院出版社，1988。

〔美〕斯塔夫里阿诺斯：《全球通史：1500 年以后的世界》，上海社会科学院出版社，1992。

〔美〕斯塔夫里阿诺斯：《全球分裂——第三世界的历史进程》，商务印书馆，1993。

〔美〕威尔·杜兰：《世界文明史》第 2 卷《希腊的生活》，东方出版社，1999。

〔美〕威尔·杜兰：《世界文明史》第 4 卷《信仰的时代》，东方出版社，1999。

〔美〕威尔·杜兰：《世界文明史》第 8 卷《路易十四时代》，东方出版社，1999。

〔美〕威尔·杜兰：《世界文明史》第 11 卷《拿破仑时代》，东方出版社，1999。

〔美〕爱德华·麦克诺尔·伯恩斯等：《世界文明史》第 1 卷，商务印书馆，1987。

〔英〕汤因比：《历史研究》下册，上海人民出版社，1964。

〔南〕伊万·博日奇等：《南斯拉夫史》，商务印书馆，1984。

〔英〕斯蒂芬·克利索德主编《南斯拉夫简史》，黑龙江人民出版社，1976。

〔法〕勒内·格鲁塞：《草原帝国》，商务印书馆，1998。

〔苏〕格列科夫、雅库博夫斯基：《金帐汗国兴衰史》，商务印书馆，1985。

〔阿〕克·弗拉舍里：《阿尔巴尼亚史纲》，三联书店，1972。

〔美〕保罗·肯尼迪：《大国的兴衰》，世界知识出版社，1990。

〔英〕艾瑞克·霍布斯鲍姆：《资本的年代》，江苏人民出版社，1999。

〔英〕艾瑞克·霍布斯鲍姆：《革命的时代》，江苏人民出版社，1999。

〔英〕艾瑞克·霍布斯鲍姆：《帝国的年代》，江苏人民出版社，1999。

〔英〕艾瑞克·霍布斯鲍姆：《极端的年代》，江苏人民出版社，1999。

〔英〕C. W. 克劳利等编《新编剑桥世界近代史》第9卷，中国社会科学出版社，1999。

〔英〕J. P. T. 伯里编《新编剑桥世界近代史》第10卷，中国社会科学出版社，1999。

〔英〕F. H. 欣斯利编《新编世界近代史》第11卷，中国社会科学出版社，1999。

〔英〕C. L. 莫瓦特编《新编世界近代史》第12卷，中国社会科学出版社，1999。

〔苏〕波将金等编《外交史》第1卷，三联书店，1979。

〔苏〕赫沃斯托夫编《外交史》第2卷，三联书店，1979。

〔苏〕维戈兹基等编《外交史》第3卷，三联书店，1979。

〔苏〕戈尼昂斯基等编《外交史》第4卷，三联书店，1980。

〔罗〕安德烈·奥采特亚主编《罗马尼亚人民史》，商务印书馆，1981。

〔南〕兰科·佩特科维奇：《巴尔干既非"火药桶"又非"和平区"》，商务印书馆，1982。

〔美〕亨利·基辛格：《大外交》，海南出版社，1998。

〔匈〕利泊塔伊·埃尔文：《匈牙利苏维埃共和国史》，中国人民大学出版社，1987。

〔克〕弗拉尼奥·图季曼：《历史真相的泥淖》，中央编译出版社，1998。

〔美〕塞缪尔·亨廷顿：《第三波——20世纪后期民主化浪潮》，中译本，上海三联书店，1998。

〔美〕塞缪尔·亨廷顿：《文明的冲突与世界秩序的重建》，新华出版社，1998。

〔美〕爱·麦·伯恩斯：《当代世界政治理论》，商务印书馆，1990。

〔南〕弗拉吉米尔·杰吉耶尔：《铁托传》，三联书店，1977。

〔英〕菲利斯·奥蒂：《铁托传》，黑龙江人民出版社，1979。

〔南〕佩·达姆扬诺维奇等编《铁托自述》，新华出版社，1984。

〔南〕爱德华·卡德尔：《卡德尔回忆录》，新华出版社，1981。

〔苏〕罗·亚·麦德维杰夫：《让历史来审判——斯大林主义的起源及其后果》上下册，人民出版社，1983。

《战后南斯拉夫人口普查中各民族人口变动情况》，《民族译丛》1992年第三期。

〔南〕布拉什科维奇：《南斯拉夫各民族》，《民族译丛》1979年第一期。

铁托：《波斯尼亚和黑塞哥维那的民族团结》，《民族译丛》1981年增刊第1期。

〔美〕阿尔希·皮帕：《南斯拉夫阿尔巴尼亚人的政治形势》，《民族译丛》1991年第6期。

〔英〕弗雷德·辛格尔顿：《二十世纪的南斯拉夫》，中国财政经济出版社，1980。

〔美〕查尔斯·麦克维克：《铁托主义》，商务印书馆，1963。

〔南〕杜尚·比兰契奇：《南斯拉夫社会发展的思想和实践》，商务印书馆，1986。

〔波〕扬·普塔辛斯基：《瓦·哥穆尔卡》，新华出版社，1988。

〔保〕托多尔·日夫科夫：《日夫科夫回忆录》，新华出版社，1999。

《战后世界历史长编》（1945.5—1945.12）第一编第一分册，上海人民出版社，1975。

《战后世界历史长编》（1946）第一编第二分册，上海人民出版社，1976。

〔英〕斯蒂芬·克利索德编《南苏关系》，人民出版社，1980。

〔美〕丹尼森·拉西诺：《南斯拉夫的试验》，上海译文出版社，1980。

〔西〕费尔南多·克劳丁：《共产主义运动——从共产国际到共产党情报局》（下册），求实出版社，1982。

〔南〕米拉·马尔科维奇：《黑夜与白昼》，新华出版社，1996。

〔南〕米拉·马尔科维奇：《东方与南方之间》，中译本，中央编译出版社，1997。

〔南〕普勒德拉格·弗兰尼茨基：《马克思主义和社会主义》，人民出版社，1982。

〔民德〕埃贡·克伦茨：《大墙倾倒之际——克伦茨回忆录》，世界知识出版社，1991。

〔俄〕普列汉诺夫：《论个人在历史上的作用问题》，三联书店，1961。

〔苏〕勃列日涅夫：《论苏维埃社会主义共和国五十年》，《苏联民族问题文献选编》，社会科学文献出版社，1987。

〔法〕埃莱娜·卡·唐科斯：《分崩离析的帝国》，新华出版社，1982。

〔美〕兹比格涅夫·布热津斯基：《竞赛方案：进行美苏竞争的地缘战略纲领》，中国对外翻译出版公司，1988。

〔美〕兹比格涅夫·布热津斯基：《竞赛方案：进行美苏竞争的

地缘战略纲领》，第 212 页。

〔美〕兹比格涅夫·布热津斯基：《大失败——二十世纪共产主义的兴亡》，军事科学出版社，1989。

〔美〕兹比格涅夫·布热津斯基：《大失控与大混乱》，中国社会科学出版社，1994。

〔美〕兹比格涅夫·布热津斯基：《大棋局——美国的首要地位及其地缘战略》，上海人民出版社，1998。

〔苏〕戈尔巴乔夫：《改革与新思维》，新华出版社，1987。

〔美〕阿尔文·托夫勒、海迪·托夫勒：《未来的战争》，新华出版社，1996。

〔美〕罗伯特·S. 麦克纳马拉：《回顾——越战的悲剧与教训》，作家出版社，1996。

〔南〕约万·乔治耶维奇：《社会主义民主国家南斯拉夫》，法律出版社，1963。

〔美〕迈克尔·H. 亨特：《意识形态与美国外交政策》，世界知识出版社，1999。

〔美〕威廉·富布赖特：《帝国的代价》，世界知识出版社，1991。

〔意〕维科：《新科学》，人民文学出版社，1986。

李希光、〔美〕刘康等：《妖魔化中国的背后》，中国社会科学出版社，1996。

〔俄〕弗·沃·日里诺夫斯基：《俄罗斯的命运》，新华出版社，1995。

〔美〕弗兰西斯·福山：《历史的终结》，远方出版社，1998。

〔俄〕弗·沃·日里诺夫斯基：《日里诺夫斯基自传——向南方的最后冲击》，中央编译出版社，1994。

〔美〕威尔海姆·赖希：《法西斯主义群众心理学》，重庆出版社，1990。

〔英〕托尼·布莱尔：《新英国》，世界知识出版社，1998。

〔美〕比尔·克林顿：《希望与历史之间》，海南出版社，1997。

〔美〕理查德·伯恩斯坦、罗斯·芒罗：《即将到来的美中冲突》，新华出版社，1997。

〔英〕汤林森：《文化帝国主义》，上海人民出版社，1999。

〔美〕塔德·舒尔茨：《昨与今：战后世界的变迁》，东方出版社，1991。

〔美〕卡斯珀·温伯格：《温伯格回忆录——为和平而战》，世界知识出版社，1991。

〔美〕马汉：《海权论》，中国言实出版社，1997。

〔美〕罗伯特·吉尔平：《世界政治中的战争与变革》，中国人民大学出版社，1994。

〔美〕乔伊斯·阿普尔比、林恩·亨特、玛格丽特·雅各布：《历史的真相》，中央编译出版社，1999。

Trpimir Macan & Josip Sentija：*A Short History of Croatia*，Zagreb 1992.

Nicholas V. Gianaris：*Geopolitical and Economic Changes in theBalkanCountries*，USA. 1996.

Dan Smith：*The State of War and Peace（Atlas）*，Oslo，1996.

二　参考文献

〔英〕阿诺德·托因比、维罗尼卡·M. 托因比编《欧洲的重组》（1939—1946），上海译文出版社，1981。

〔英〕阿诺德·托因比、维罗尼卡·M. 托因比编《希特勒的欧洲》（1939—1946），上海译文出版社，1980。

张小明：《乔治·凯南遏制思想研究》，北京语言学院出版社，1994。

刘靖华：《霸权的兴衰》，中国经济出版社，1997。

汪徐和编著《血洗伊甸园——南斯拉夫内战大曝光》，时事出版社，1994。

陈志良、黄明哲主编"世界新纪元丛书"：《欧罗巴变奏》《亚太快车》《美利坚浮沉》，中国人民大学出版社，1997。

马胜荣主编《科索沃：点燃的火药桶》，新华出版社，1999。

晓明主编《南联盟拉响空袭警报》，军事科学出版社，1999。

高秋福主编《中国愤怒了——中国驻南使馆被炸之后》，新华出版社，1999。

新华社国际部编著《科索沃战火》，改革出版社，1999。

石凤军、柴永忠：《新世纪的阴云：科索沃危机透视》，世界知识出版社，1999。

孙云编著《世纪末的热战——聚焦科索沃》，当代世界出版社，1999。

叶自成：《东扩：克林顿与叶利钦》，东方出版社，1999。

http：//www. xinhua. org/

http：//dailynews7. sina. com. cn/

http：//gbchinese. yahoo. com

http：//www. un. org/

http：//www. kosovo. com/

http：//www. albanian. com/

http：//www. nato. int/

http：//europe. cnn. com/

http：//abcnews. go. com/

后　记

　　在 1999 年 3 月 24 日以美国为首的北约发动对南斯拉夫的侵略战争后，我曾为《世界经济评论》写了一篇题为《北约制造"科索沃模式"意欲何为》的短文。但是，文章发送后又感到意犹未尽。巴尔干"火药桶"这个语句总是在头脑中萦回不断。终于有一天我下决心作这个题目，没想到提纲会出得那样顺利。从那以后的近百天，每天下班后就开始写这本书，每天晚上都要在两三点以后才罢手，可谓夜以继夜。在此期间唯一的一次消遣，是 7 月 2 日晚上带女儿去看俄罗斯红军歌舞团的演出，一是机会难得，二是书稿已近尾声，没想到俄罗斯红军歌舞团会演唱那首南斯拉夫的歌曲——《啊！朋友》，也没有想到这首歌会引起全场那么强烈的共鸣和经久不息的掌声。如果说其中包含着某种南斯拉夫"情结"的话，那么也就是中国人民伸张正义、不畏强权、维护公理的强烈意识。在南斯拉夫的战火已经停止 20 多天时，这歌声又把人带回到《桥》《瓦尔特保卫萨拉热窝》所展示的南斯拉夫人民抵抗德国法西斯侵略而英勇奋斗的年代。不过，对于我来说这本书始终伴随着巴尔干半岛和南斯拉夫千百年来无休止的战争。的确，正如本书扉页上的那句话，在整个欧洲的历史上，射向巴尔干胸膛的枪弹最多。

在写作期间，从一些书籍的引注中我才发现，国外对巴尔干问题和南斯拉夫进行研究的著述之多是令人吃惊的。也许是由于巴尔干半岛距离我们太过遥远，国内对巴尔干半岛以及南斯拉夫的研究显得那么单薄。实际上，当美国的导弹落在中国驻南斯拉夫联盟大使馆之后，巴尔干半岛、南斯拉夫联盟对我们来说已经没有距离了。如果北约的东扩在下个世纪的某一年扩张到中亚地区，那么帝国霸权的地缘政治边界也就触及中国的边界。当然，这不会是轻而易举之事，在北约东扩问题上的斗争高潮还没有到来，俄罗斯将如何应对，世界形势将会发生何种变化，这里未定的因素还很多。而且，对于以美国为首的北约来说，"科索沃模式"所造成的弊端并没有完全显现，这种在"炮舰政策"推动下的强权政治和霸权主义的失败之处将在未来几年中逐步表露出来，所以对巴尔干半岛形势的演变和"科索沃模式"以及南斯拉夫前景的研究对于我们来说还只是开始。中国要成为一个繁荣昌盛的强国，但是中国永远不会称霸，帝国主义的霸权意识不仅与中国无缘，而且它恰恰是中国各民族人民深恶痛绝的。为此，中国更应该加强对国际问题方方面面的研究，通过研究来把握人类社会发展的历史规律和现实变化以及未来走向，从而为迎接那些逆历史潮流而动的"霸权替代主权""人权高于主权"的帝国主义理论与实践的挑战做好思想准备。在这里我要特别提到的是，奥斯陆国际和平研究所的丹·斯密斯所长在听说我正在撰写本书后，专门为我寄来一些资料。我的学兄罗贤佑和曾在民族研究所工作过、现旅居美国的关健女士也为我提供了若干本有关巴尔干半岛的书籍。对此，我向他们表示深深的谢意。

作为一名从事社会科学研究的工作者，在完成了某一课题的研究之后，最重要的恐怕就是要用读者的眼光来审视甚至挑剔自己的作品。在我通览和改毕这部书稿时，我发现书中留下的遗憾好像多于成就，但是由于功力所限，目前又难以弥补这些不足，尤其是国际政治方面的理论知识短缺。不过，意识到不足，就会对今后的学习和长进产生新的动力。

　　7月11日的晨曦已经透过窗口，中国的女子足球队与美国女子足球队争夺世界杯冠军的实况转播已经开始，看来我今天必定是要通宵达旦了。我希望这是今年的最后一次熬夜。

郝时远

1999年7月11日凌晨4点13分谨记

图书在版编目（CIP）数据

帝国霸权与巴尔干"火药桶"：从南斯拉夫的历史解读科索沃的现实 / 郝时远著 . --北京：社会科学文献出版社，2025.1
（社科文献学术文库．文史哲研究系列）
ISBN 978-7-5228-3323-1

Ⅰ.①帝… Ⅱ.①郝… Ⅲ.①巴尔干问题-研究
Ⅳ.①D815.9

中国国家版本馆 CIP 数据核字（2024）第 052031 号

社科文献学术文库·文史哲研究系列

帝国霸权与巴尔干"火药桶"

——从南斯拉夫的历史解读科索沃的现实

著　　者／郝时远

出 版 人／冀祥德
组稿编辑／宋月华
责任编辑／周志静
责任印制／王京美

出　　版／社会科学文献出版社·人文分社（010）59367215
　　　　　　地址：北京市北三环中路甲 29 号院华龙大厦　邮编：100029
　　　　　　网址：www.ssap.com.cn
发　　行／社会科学文献出版社（010）59367028
印　　装／三河市东方印刷有限公司

规　　格／开　本：787mm×1092mm　1/16
　　　　　　印　张：32.5　字　数：430 千字
版　　次／2025 年 1 月第 1 版　2025 年 1 月第 1 次印刷
书　　号／ISBN 978-7-5228-3323-1
定　　价／128.00 元

读者服务电话：4008918866

版权所有 翻印必究